本书部分内容为作者主持的天津市哲学社会科学规划基金项目（后期资助）"法制变迁的痕迹——以清末民初法律文书为考察对象"（FXHQ-03）的结项研究成果

法制变迁的痕迹

以清末民初法律文书为考察对象

杨鸿雁——著

TRACES OF LEGAL SYSTEM CHANGES
TAKE THE LEGAL DOCUMENTS IN
LATE QING DYNASTY AND EARLY REPUBLIC OF CHINA
AS THE OBJECT OF INVESTIGATION

法律出版社
LAW PRESS·CHINA

北京

图书在版编目(CIP)数据

法制变迁的痕迹：以清末民初法律文书为考察对象 /
杨鸿雁著. -- 北京：法律出版社，2022
ISBN 978-7-5197-6818-8

Ⅰ．①法… Ⅱ．①杨… Ⅲ．①法制史－中国－近代
Ⅳ．①D929.5

中国版本图书馆 CIP 数据核字（2022）第 107859 号

法制变迁的痕迹 ——以清末民初法律文书为考察对象 **FAZHI BIANQIAN DE HENJI** —YI QINGMO MINCHU FALÜ WENSHU WEI KAOCHA DUIXIANG	杨鸿雁 著	责任编辑 韩满春 装帧设计 臧晓飞

出版发行 法律出版社	**开本** 710 毫米×1000 毫米　1/16
编辑统筹 学术·对外出版分社	**印张** 18.75　　**字数** 299 千
责任校对 晁明慧　王　皓	**版本** 2022 年 7 月第 1 版
责任印制 陶　松	**印次** 2022 年 7 月第 1 次印刷
经　销 新华书店	**印刷** 北京建宏印刷有限公司

地址:北京市丰台区莲花池西里 7 号(100073)

网址:www.lawpress.com.cn　　　　　　　　销售电话:010-83938349

投稿邮箱:info@lawpress.com.cn　　　　　　客服电话:010-83938350

举报盗版邮箱:jbwq@lawpress.com.cn　　　　咨询电话:010-63939796

版权所有·侵权必究

书号:ISBN 978-7-5197-6818-8　　　　　　　　定价:88.00 元

凡购买本社图书,如有印装错误,我社负责退换。电话:010-83938349

序　言

　　清末民初对于中国人来说，实在是一段刻骨铭心的历史。民国政府的建立，不再仅是"你方唱罢我登场"式的改朝换代，而是国体的更张，是由亲亲、尊尊的传统礼治社会向尊崇法律、依法治国的近代法治社会的转变。甚至它也不仅是中国人自己革自己命的事，从一开始，法制变革的动因之一就在于清政府意欲收回被外国列强攫取的领事裁判权。

　　清末法制的变迁就在这样的背景下开始了，它深刻影响着中国社会，使之告别中华法系时代，开始了被迫且艰难的近代化进程。由于清末法制变迁对于中国社会的重大意义，因此它总是强烈地吸引着研究者的目光。

　　在法律领域，用文字形式记录制度变迁有两个主要渠道：一是各种成文法法律文本，二是司法实践中留下的法律文书。前者是目前清末民初法制变迁研究的热点，研究者们对于立法层面进行了持久而热烈的关注；对于后者却少有人问津。因而，人们对于那些已经发生的重大事件的认识更多来自对纸面法律的研究，而缺少对司法实践中"活的法律"的认识。这种认知的片面性导致了各种争议，而始终无补于最大限度地接近和还原历史真实的研究初衷。

　　从司法层面，运用法律文书对清末民初的法制变革进行考察，是对纸面法律研究缺陷的校正与补充，也是本书的立足点。

　　本书共六章。具体内容如下：

　　导论部分对本课题的国内外研究状况及论题的选定进行了简单介绍；界定了包括清末民初、法律文书、判决文书等本书使用的重要概念；对于所使用的基础性材料——《塔景亭案牍》《各省审判厅判牍》《最新司法判词》《华洋诉讼判决录》四部文书专集进行了介绍；最后陈述了本书所采用的研究方法。

　　第一章"法律文书发展的历史考察"。对不同历史时期法律文书的发展状况做了认真梳理。指出西周《倏匜铭文》是我国目前发现的一件最早的判决文书；《封诊式》为秦国后期及秦朝时期的关于调查笔录、讯问笔录、勘验笔录之类法律文书的汇集，这类司法侦查笔录，在《封诊式》中被称为"爰书"。中国古代的法律文书被保存下来的大多数都是案件审判阶段所用裁判文书，在侦查阶段所用的文书保存下来的十分有限。《封诊式》的价值因而愈显突出。"爰书"以甲乙丙丁代表具体当事人的做法，表明已经开始对文书进行样本化处理了，对后世法律文书的格式化影响极大。汉代《春秋决狱》是董仲舒为司法官员提供的对疑难案件的处置意见，可以作为法律意见书来看待，但不应当看作判词；唐朝"拟判"大量出现，《龙筋凤髓判》为拟判专集代表；宋朝出现了第一部实判专集——《名公书判清明集》；明朝在大批实判专集出现的同时，以吴讷《文章辨体》、徐师曾《文体明辨》为代表的论著，从文体学的角度对判词进行解读，使中国法律文书首次迈入了理论研究领域；清朝是法律文书发展的重要时期，此时拟判消亡，司法详文与批词得到了广泛运用，大量实判专集及诉讼档案得以保存，法部首次制定全国性立法对诉状与判词进行法律规制；进入民国之后，近代意义的判决书、决定书正式出现，标志着近代法律制度在中国社会的初步建立。

第二章"从判词、批词到判决书、决定书：名称的变化"。本章从实体文书名称、程序文书名称及裁判文集名称三方面，考察了判决书取代判词、决定书取代批词、裁判大全取代判牍三个层面法律文书名称上的变化。指出"判词""批词""判牍"与"判决书""决定书""裁判大全"分别为中国古代法律制度与近代法律制度的表征。"判决书"既是中国法律向西方法制"借贷"的产物，也是古代法律术语"判"从古代汉语的单音词变为现代汉语的双音词、多音词或短语的结果，两条法律术语演进的路径殊途同归，最后形成了融中国传统法律因素与西方法律传统为一体，为中国民众乐意接受的法律术语——"判决书"。"批词"这一名称是与传统法律体系、法律文化相联系的。在这一名称的背后是传统司法在处理程序问题时强烈的职权主义色彩。与判词主要解决实体问题不同，批词主要用于解决程序问题。经过清末法制变革及辛亥革命的国体更张后，批词逐渐被一种叫"决定书"的文书所取代。"判牍"是传统司法中单篇裁判文书的汇集，而近代法律体系下的单篇裁判文书汇集则往往以"判决录""裁判大全"之类为专集命名。与文书名称变化相联系的是中西方法律文化的融合，是审判模式由传统司法与行政不分背景下的纠问式向近代司法与行政分立背景下的告劾式的改变。

第三章"从准要式到要式：格式的变化"，探讨法律文书格式上的变化。格式对于包括法律文书在内的一切公文具有特殊意义。所谓法律文书的要式性，是指法律文书是否遵照法定格式制作或加以补正，是该文书是否有效的形式要件，也是该文书所代表的法律行为是否有效的必要条件。也就是说，法律文书所代表的法律行为的成立需要以法定格式为生效要件。古代法律文书的格式化在《封诊式》中就已经开始了。不过，进行格式化与对文书进行格式要求是不尽相同的。清末以前的文书并非没有格式要求，但这种要求只体现在诉状上，而且作出格式要求的是各省地方衙门。只有符合当地诉状格式要求的诉状，所提起的诉讼才有可能获得受理。从这种意义上说，清末以前的诉状格式只具有准要式性。至于判词格式，在清末以前，则连各省地方衙门都没有专门的规定，判词的准要式性更多体现在拟判中。清末民初，法律文书格式获得了完全的要式性，法部制定出了全国性法律来规范法律文书，其中尤其引人注目的是《各级审判厅试办章程》《大清民事诉讼律草案》《大清刑事诉讼律草案》对判决文书格式的规范。自此以后在何种情况下应当使用何种文书，每种文书应当按什么样的格式规范来制作都有明确的法律规定。不符合格式的文书，将被视为无效。这样，从格式的角度来看，清末民初的法律文书就经历了从准要式向要式过渡的历程。这种变化背后透视出来的是从传统法律重视实质正义而相对轻视形式正义，到近代吸收西方法律，兼重形式与实质正义的变化。

第四章"从正印官到审判厅：制作主体的变化"。从判决文书制作主体来看法制变迁，是本章的着眼点。之所以只选择判决文书，是基于判决文书制作主体的变化是司法巨大变革的直接反映这样一个事实。与诉状等法律文书相比，判决文书主体受制于制度安排的程度最高，因此，它在清末法制变革中的变化也是最大最明显的。从判决文书制作主体变化这一"果"去反观造成这种变化的"因"，应当是一个理想的角度。正如在导论中所说，本书所指的判决文书包括传统司法中的判词和近代法制下的判决书。而制作主体则包括了该文书的责任主体、效力来源与实际制作者。所以本章将分别从判词与判决书两方面考察它们各自的责任主体、效力来源与实际制作者的变化。在传统司法体系下，判词的主要责任主体与效力来源为可以审结自理词讼的地方正印官，而其实际制作者则是官僚体制外的刑名幕友，他们因为具有法律专业知识，而受正印官私人的聘请，帮助完成司法审判工作。这与中国古代科举选官及司法与行政不分的体制有直接关系。法制变革后，独立的司法审判机构设立起来，理论上说，自此以后的审判机构用于记录解决实体问题的文书为"判决书"了，其责任主体与效力来源则变为了各级按西方近代法律体系构建起来的新式审判厅；其实际制作者不再是刑名幕友，而是接受西方法律知识体系的推事了。各级审判厅的设立及法官考试制度的施行，为法律文书制作主体的变化提供了制度支撑。

第五章"从准情、酌理、依律到依法裁判：裁判依据的变化"，主要从"情""理"的淡出及"法"地位的提升两方面探讨司法裁判依据的变化。"揆诸天理，准诸人情"是贯穿于中华法系的价值标准。它既是立法的原则，也是对司法的要求。自唐代以后，随着中华法系的完善与成熟，情、理、法，成为传统司法的三大裁判依据。清末法制变革，各省审判厅成立以后，"情""理""法"一起共同作为传统司法主要裁判依据的格局发生了很大的变化，"情""理"逐渐淡出了主要裁判依据的范围，而"法"则受到强化与尊崇，成为裁判的首要依据。辛亥革命及民国的建立，更使以法治国成为社会精英的政治理想。"法"至少在理论上成为裁判的唯一依据，获得了至尊地位。上述结论的得出主要是基于对四部裁判专集中所收判决文书记明的裁判依据的考察与统计。另外，通过四部专集判决文书中关于程序法的引用，呈现了独立的程序法典在传统中国从无到有，从为人轻视到逐渐受到重视这样一个渐变过程，反映出西方法律观念与制度在中国的深层渗透与扩张。

第六章"从十恶犯罪、户婚田土纠纷到选举、知识产权争议：文书内容的变化"，本章关注法制变迁社会背景下，因原有法律关系发展变化或全新法律关系的出现而导致的裁判文书内容的变化。

通常法律文书的内容主要由案件事实、裁判理由、裁判依据及裁判结果构成。其中，案件事实的变化直接决定着裁判理由、依据及结果的变化，是法律文书内容变化最明显的部分，也是本章关注的重点。

中国传统诉讼以狱、讼为主，前者类似于现代的刑事诉讼，这类诉讼中量刑最重，也最具代表性的类型是十恶案件，对十恶案件的重点打击意在维护皇权与家族权，由传统司法中的最高裁判机关裁决；后者类似于现代的民事诉讼，在传统诉讼中所占比重最大，以户婚田土等"州县自理词讼"为主，所涉及的案件主要有两类：一是围绕土地边界、租佃、金钱借贷、分家析产、婚姻缔结与解除等财产、身份地位而发生的争执；二是轻微的只应被处以笞杖以下刑罚的犯罪。相应地，主要围绕十恶犯罪、户婚田土等类案件展开的事实陈述构成了传统法律文书内容的主体。

清末民初，上至国体、下至庶民百姓的日常生活都发生了翻天覆地的变化，传统社会最典型的法律关系如君臣及家族关系有的不复存在，有的则发生了新的变化；此外更有全新的平等主体之间的社会法律关系出现了。新的法律关系意味着新型案件的出现，需要有新的规则加以规范与调整。这些变化在法律文书的内容上有突出体现。有些传统法律文书中常见的案件事实，在清末民初的法律文书中不复存在了，比如与皇权有关的案件事实;而有些在传统法律文书中从未出现过的案件事实,在清末民初的法律文书中出现了,比如与商标、著作权、选举有关的案件事实。

　　总而言之,清末民初法律文书在文书名称、格式、制作主体、裁判依据、内容等方面的变化根源于法律制度的变迁,是各种新法适用于司法实践的直接后果。法律文书在上述几方面的变化,既是法制变迁的一个组成部分,同时作为一种载体,又是法制变迁留下的痕迹。

目 录 Contents

前　言

一、关于论题

清末民初是中国社会的转折点,面临着政治、经济、军事、外交、文化、教育等全方位的变革,其中,西法东渐及清末民初的法制变革与建设格外引人瞩目。"预备立宪"的活动,各级审判厅的筹设活动,删改旧律、制定新律的立法活动,改革审判制度、警察制度及监狱管理制度的司法活动,涉及了上至国体、政体,下至民众婚姻家庭生活的方方面面。具有浓厚中华文化底蕴的传统法律体系,要彻底转变为近代法制体系,这样的突变对社会机体的冲击力是极其巨大的。法律如何在变革中自适? 其转型过程存不存在窒碍? 遇到了什么问题? 最后是怎么解决的? 这类传统与现代的冲突,总是强烈地吸引着研究者的目光。同样成为笔者研究的兴趣点。

笔者某次阅读费孝通先生的经典著作《乡土中国》,其中关于 20 世纪三四十年代乡民们对新式司法的隔膜与司法官员面对法律不能保护良善,反为邪恶所利用的无奈与困惑,深深地触动了我,促使我最后决定以清末民初法制变迁作为自己研究的方向。

方向确定了,但应当从哪儿入手,选择什么作为切入点呢? 依笔者之见,如此深刻的法制变迁必然要留下变迁的痕迹。而这种痕迹的保存不外乎两个途径:一是在立法层面由各种法律、法规、法典保留下对旧法的修订、新法的起草与制定等变化过程;二是在司法层面由各种法律文书保留下来,体现法律实施过程中由制度变迁联动司法活动的变迁。比较而言,法律史学界对传统立法的关注由来已久,却少有人问津传统司法留下的法律文书。其实,由于法律文书是司法官员运用立法成果的结晶,不仅包含着法律条文、原理这样的客观因素,也包含着司法官员对法律的解释这样的主观因素,因而蕴藏着更加丰富的信息。正如日本学者滋贺秀三所说:"不管国家有无立法,民事的纷争在现实中总会不断地发生,并会闹到地方官的法庭。与立法的简单的文言相比,在对这些争讼的审判中所作出的判语,则有着远为丰富而又现实的内容,因而具有十分珍贵的资料价值。"①

---

① 　[日]滋贺秀三:《中国家族法原理》,张建国、李力译,法律出版社 2003 年版,第 9 页。

由于这些文书比较如实地,以有血有肉的形式反映了人民的生活。透过白纸黑字,我们不仅可以弄清楚法律文书名称、格式、制作主体、制作依据、内容在法制大变革的背景下有无变化;更可通过对上述问题的深层追问,考察文书变化背后的制度变迁原因。比如法律文书制作主体由各级衙门的正印官变为各级审判厅,顺着这个变化的痕迹,我们可以看到:自清末法制变革开始,为收回领事裁判权,实现独立司法,将司法事务从原来作为行政事务的一部分独立出来,交由各级审判厅办理。这就是引起法律文书制作主体变化的制度原因。通过法律文书,不仅可以反观制度层面的变化,更可以观察制度层面与司法实践层面是否存在脱节的问题。也就是说可以考察这些应然的、制度层面的东西,究竟在多大程度上得以贯彻、实施、运行,在社会生活中真正起到作用,实现立法者预期的功能。因此,从司法的角度,以法律文书为切入点去观察清末民初的法制变迁,应当是一个不错的选择。

二、研究现状

法史学界对清末民初法律的研究状况,更使我坚定了这样的选择。目前对于清末民初法律问题的研究成果可谓多矣,但大多集中于制度层面的研究。这种对纸面的法的研究,是必须且有价值的。然而,仅有这些显然又是不够的,是不足以还原法律历史的真实的。作为法律史研究者,应当随时记住,我们研究法律,不仅应研究这些法律应当如何制定,制定得如何,更应当关注这些法律是否被运用了,是否达到了立法预期。而这种对"活的法律"的研究,目前还比较薄弱,有很大的研究空间。

基于这样的认识,以此一时期的法律文书为实证材料,考察文书变化背后的制度变迁原因,尽可能还原清末民初真实的法律生活,当是本文希望具有的理论意义。

中国学术界对清末民初法律文书的研究始自民国时期,研究方式以收集、整理与出版为主。如上海法政学社收集出版的《樊山判牍》;上海法学编译社在1912年、1931年先后出版了《各省审判厅判牍》《民刑事裁判大全》;上海商务印书馆1923年出版了《最新司法判词》;上海中央书店1935年出版的襟霞阁主编的《张船山判牍》等。

1949年至今,大陆开始出现以法律文书为研究对象的点校成果、论文和专著。点校成果有中国社会科学院历史研究所宋辽金元史研究室点校的《名公书判清明集》;郑秦、赵雄的《清代"服制"命案——刑科题本档案选编》;中国政法大学法律古籍整理研究所整理标点的《盟水斋存牍》;郭成伟、田涛点校整理的《明清公牍秘本五种》;田涛、郭成伟的《〈龙筋凤髓判〉校注》;何勤华点校的《华洋诉讼判决录》;杨一凡、徐立志主编的《历代判例判牍》;俞江点校的《塔景亭案牍》;李启成点校的《各省审判厅判牍》;卢静仪点校的《民刑事裁判大全》。专著有杨国桢的《明清土地契约文书研究》;汪世荣的《中国古代判词研究》;童光政的《明代民事判牍研究》;刘俊文的《敦煌吐鲁番唐代法制文书考释》;陈永胜的《敦煌吐鲁番法制文书研究》;田涛、许传玺、王宏治的《黄岩诉讼档案及调查报告》等。另外,张我德、杨若荷、裴燕生的《清代文书》,梁治平的《法意与人情》,李启成的《晚清各级审判厅研究》,均有专章论及判词、判决书。

20世纪70年代,由于秦简的发掘,带动了法律文书的相关研究,这方面的学术论文主要有程武的《一篇重要的法律史文献——读亻朕匦铭文札记》;李均明的《简牍法制史料概说》;唐兰的《陕西省岐山县董家村新出西周重要铜器铭辞的译文和注释》等。近年来,随着一批判牍的整理出版,以之为研究对象的论文有上升趋势。其中比较有代表性的有杨一凡的《十二种明代判例判牍版本述略》;霍存福的《〈龙筋凤髓判〉判目破译》《张鷟〈龙筋凤髓判〉与白居易〈甲乙判〉异同论》;王斐弘的《敦煌写本〈文明判集残卷〉研究》;王志强的《〈名公书判清明集〉法律思想初探》《南宋司法裁判中的价值取向——南宋书判初探》;苗怀明的《中国古代判词的文学化进程及其文学品格》《唐代选官制度与中国古代判词文体的成熟》;陈小葵的《中国古代司法的法律宣教传统——以宋代判词为例》;胡凌的《中国古代判决书中的逻辑问题》;赵静的《司法判词的表达与实践——以古代判词为中心》;展凌的《明清判词研究》;陈博的《南宋书判中的父母官诉讼》;潘峰的《〈龙筋凤髓判〉律文探析》;张广济的《唐代判文献及其社会控制思想研究》;高见的《从〈名公书判清明集〉看宋代判词的特点和精神指向》。

总括起来看,大陆对法律文书的研究现状存在以下问题:一是有些论文并非完全从法学的角度进行研究;二是涉及清代判牍的研究很少,没有一篇是以清末民初阶段的法律文书为研究对象的;三是没有专论民国法律文书的。

与大陆研究成果相比,我国台湾地区对清末民初,尤其是民国判词的研究,显得更深入和成熟。以台湾政治大学黄源盛教授为代表,出版了有分量的专著和一批论文。如黄源盛的《民初法律变迁与裁判》《民国时期裁判史料整理研究》《民初大理院司法档案的典藏整理与研究》《民初大理院关于民事习惯判例之研究》《民初平政院裁决书整编与初探》《法理与文采之间——读〈龙筋凤髓判〉》。除此之外,大量的民初判决和判例的汇集整理工作也已完成,有《大理院刑事判决汇览》《大理院刑事判例全文汇编》《大理院民事判例全文汇编》《大理院民事判决汇览》等。另外,南投暨南国际大学历史学系 2009 届硕士吴景杰写有《明代判牍中的妇女买卖现象》;巫仁恕也有一篇相关论文《明代的司法与社会——从明人文集中的判牍谈起》。

国外专门以中国古代法律文书为对象的研究成果不多,所见有日本学者滨岛敦俊的《明代之判牍》,三木聪、山本英史、高桥芳郎的《传统中国判牍资料目录》。另外一些论者在文章中部分涉及一些法律文书,如滋贺秀三的《清代诉讼制度之民事法源的概括性考察——情、理、法》《中国法文化的考察》;夫马进的《明清时代的讼师与诉讼制度》;寺田浩明的《日本的清代司法制度研究与对"法"的理解》等,数量虽少,却颇有见地。

三、重要概念的界定

概念是人们对事物共同特征、本质特征的抽象认识,是逻辑思维和表达的基本元素,是理论研究的起点。概念的内涵与外延在反映事物的共同特性、本质特性的同时,也划定了研究范围,奠定了学术争鸣基础,能有效地避免读者与作者基于不同的概念理解而出现的自说自话、各执一端的弊病。为此,特将本文几个重要概念的界定列示如下:

(一)清末民初

清末民初是学界常用但却没有严格界定的时间概念。通常"基于对 1840 年以后中国社会的特殊性认识,学术界习惯上都把清朝的 1840 年至 1911 年间统治称为'清末时期'"。[①] 把 1911 年中华民国临时政府建立到 1927 年南京国民政府建立之前这段时间称为"民初"。在不突破 1840 年与 1927 年这两个时间上下限的情况下,清末民初所指的具体时间范围往往被使用者根据需要灵活确定,因而在学术论著中会出现不同学者所指的"清末民初"时间的起止并不相同的情况。通常只要是在 1840 年至 1927 年这一时间段内,学界不持非议。

本书所谓"清末民初"是指自 1901 年清廷发布变法上谕开始至 1927 年南京国民政府成立之前这一时间段。当然,这并不意味着本书的论述不得越此雷池一步。事实上,为了说明某一问题而进行的上溯,可能会远至西周时期。

---

① 曾宪义主编:《中国法制史》,中国人民大学出版社 2000 年版,第 236 页。

（二）法律文书

法律文书是指在司法过程中，以审判机构或当事人为制作主体，为解决诉讼纠纷，根据一定的依据作出裁判后制作的具有法律效力或法律意义的文书。本书中，这一概念既包括属于传统司法体系下的判词、批词、详文、诉状、司法笔录，也包括近代司法体系下的刑事、民事判决书和决定书。其中，判词、批词、判决书、决定书具有法律效力，由国家强制力保证其执行；而详文、诉状具有引起下一步诉讼程序的法律意义。

（三）裁判文书

裁判文书指司法审判机关对案件的实体与程序问题进行审理后制作的法律文书。当所指的对象既有传统司法中的批词、判词，又有近代司法体系下的判决书、决定书时，就以裁判文书指称。

（四）判决文书

判决文书是介于法律文书与判词、判决书之间的概念。相对于判词、判决书而言，判决文书超越了判词与判决书各自所代表的时间界限，是能包容二者的上位概念。当问题既指涉传统法制体系下的判词，又关系近代法制体系下的判决书时，就用判决文书加以统摄。

（五）判词与批词

在本书中，判词是指传统司法体系下依据情、理、法对案件实体问题审理终结后，记载审理决定的文书，而批词则是记录程序问题处置决定的文书。它们是与传统司法体系共生的。有传统司法体系则有判词、批词，反之，没有了传统司法体系，判词、批词也就消亡了，是时间性很强的概念。

（六）判决书与决定书

本书是在中华法系解体，近代化法制建立起来的语境下使用这两个概念的。它们与近代法制体系相联系。只有进入近代法制体系以后，独立的司法审判机构对案件审理终结，依法制作的用于解决案件的实体问题，并具有法律效力的文书才能叫判决书，为解决程序问题而制作的文书则称为决定书。

（七）判牍

在本书中，判牍也是一个历史概念，所指的是在传统司法体系下单篇判词、批词、详文的汇集。

（八）判决文书的制作主体

制作主体包括了该文书的责任主体与实际制作者。文书上所盖印信表示判词效力的来源，同时印信代表的对象，对该份法律文书负责，是文书的责任主体。实际制作者指具体制作文书的人。文书的实际制作者与文书的责任主体通常是不同。在传统司法中,大量判词、批词的实际制作者通常是各级衙门正印官的刑名幕友,而在文书上盖印以表示效力来源并对文书负责的则是正印官,则该正印官为责任主体;在近代司法中,判决书、决定书的实际制作者为判案的推事,但其上盖的印信则为审判厅,表明责任主体为审判厅,它既是该份文书的效力来源,同时也对该文书承担责任。

四、基础性材料介绍

本书以法律文书为考察对象,因此,除了关于清末民初的各种史籍、法规汇编、法(律)学著作而外,最重要的基础性材料就是文书专集了。本着符合清末民初时间的要求,同时又具有典型性与代表性的原则,最后确定以《塔景亭案牍》《各省审判厅判牍》《最新司法判词》《华洋诉讼判决录》为裁判文书的基础性材料。

选择基于如下理由:首先,四部裁判专集中裁判文书的制作时间以1907年始,1919年止,符合"清末民初"的时间要求。① 其次,四部裁判专集各具代表性。《塔景亭案牍》更多沿用了传统司法州县自理词讼的审理方式,为传统州县司法的代表,从中可考察传统司法运行状况;《各省审判厅判牍》则是清末各级审判厅刚刚设立时期,新旧杂糅的混合体,从中可以考察处于新旧交替时期各级审判厅的设立及运行状况;《最新司法判词》和《华洋诉讼判决录》则是进入民国以后新式司法的代表,其中,前者为国内诉讼而后者为涉外诉讼。以上述四部裁判专集为基础材料,可以从文书名称、制作主体、文书格式、裁判依据、内容的变化透视上述因素变化背后的制度变迁。

《塔景亭案牍》是清末民初江苏句容知县(民国以后称知事)许文濬的案牍文书,刊印于民国年间。2006年年底,北京大学近代法研究所李贵连教授任主持编辑了《近代司法判决丛编》,《塔景亭案牍》是其中之一。由俞江博士点校,北京大学出版社于2007年出版。《塔景亭案牍》书前有许文濬的"自序"一,后有俞龙的"跋"一。正文共分十卷。其中,卷一为"呈文",卷二为"通告",卷三为"指令",卷四至卷十均为"庭判"。据俞博士研究,《塔景亭案牍》的写作时期大致在1908年至1914年间,即光绪三十四年至民国三年之间。是难得一见的纵跨清末和民初两个时代的县知事案牍资料。以《塔景亭案牍》中的判词来看,全部判词虽未注明年月,但隐然

---

① 注意:这里强调的是裁判文书的制作时间,而非裁判文书的结集出版时间。

以卷八为界。卷八之前为1909年至1911年的判词,卷八以后为1912年至1913年9月的判词。①

《各省审判厅判牍》与《塔景亭案牍》一样,都是北京大学近代法研究所李贵连教授任主编《近代司法判决丛编》中的一种,2007年由李启成博士点校,北京大学出版社出版。李贵连教授1995年在日本东京东洋文化研究所发现了《各省审判厅判牍》藏本,两年后由台湾政治大学黄源盛教授据此藏本复印并赠与李教授,点校本即是以此复印本为母本点校整理出版的。编撰凡例称此书"编纂于辛亥冬,成书于壬子春",可知此书编纂时间为1911年冬到1912年春,最后于1912年印行出版,所收录的法律文书是各级审判厅、检察厅在1907年至1912年制作的。《各省审判厅判牍》共六编,第一编为批词类,第二编为判词类,第三编为公牍类,第四编为章程类,第五编为规则类,第六编为附则。批词和判词为本书的核心内容。《各省审判厅判牍》作为跨越清朝与民国的裁判专集,为我们保存了在这一转型时期各级审判厅运行的大致面貌,是弥足珍贵的。从所收录的批词和判词所涉及的区域和审检厅数目来看,具有一定的代表性,同时也存在程度不同的局限性,这是使用时需要注意的。

《最新司法判词》为民初司法判决文书汇集,共四册,由上海商务印书馆1923年出版发行。笔者所见版本是中国人民大学图书馆东馆线装旧平装书阅览室的藏本。第一册的封面已然不存,以例言开始,其他三册的封面完好,但其上只有"最新司法判词"和"上海商务印书馆发行"两竖排行,其他信息如编者是谁,编辑目的等,均无从知晓。目前也未见有关《最新司法判词》的研究成果。其内容由四卷和附录组成。第一卷为大理院,第二卷为高等审判厅,第三卷为地方审判厅,第四卷为初级审判厅。除第四卷外,每一卷下又分第一类民事判词,第二类刑事判词。第四卷下,除民事、刑事判词外,又增加第三类审检所判词。附录为大理院公判笔录。从全部四册所收尾部标有时间的判词来看,这些判词的制作时间都是在民国元年至民国二年。从该书例言可知,为保存判词的真实样貌,"本书所选皆全录原文,以示程式,其间援引法规,参证学理有无错误,及判决是否确当,概不加以批评及删节"。甚至"判词所载事实,多根据当事人之口供。口供以真实为要,故多参以各处方言及习惯,故所用名词,有非他省人所能全然明白者,本书悉仍其旧,不加改窜,恐失真也"。这是《最新司法判词》的价值

---

① 俞江:《〈塔景亭案牍〉导读》,载(清)许文濬:《塔景亭案牍》,俞江点校,北京大学出版社2007年版,第5页。

之一。另外,由于选择的年代限于民国元年至二年,而此时已经成立并开始运转的各级审判厅数量有限,尤其是初级审判厅、地方审判厅设立数量更少。受到这两方面因素的制约,所以《最新司法判词》的编者不得不放宽选录标准,只要是文理通顺,未参入鄙俚语气与不雅驯骈词的判词,往往就能入选。这样的选录标准客观上扩大了入选判词的覆盖面,有利于全面地反映全国各地各层次的司法状况,这是《最新司法判词》又一价值之所在。

《华洋诉讼判决录》收录的是 1914 年至 1919 年,中国人与外国人发生民刑事纠纷时,法院在审理后制作的判决书及小部分决定书。《华洋诉讼判决录》由直隶高等审判厅编辑,内容包括三部分:一是民事判决书,共 50 件;二是民事决定书,共 19 件;三是刑事判决书,共 9 件。《华洋诉讼判决录》具有以下特点:首先,它是中国历史上第一部涉外诉讼的裁判文书专集。① 其次,《华洋诉讼判决录》为观察领事裁判权的变迁提供了一个极佳的样本。再次,《华洋诉讼判决录》中的民事案件文书共 69 件,而刑事案件文书才有 9 件,二者比例悬殊,此前的裁判专集中民事案件从未占如此之大的比重,这是《华洋诉讼判决录》的又一个特点。这既与涉外诉讼案件的特殊性有关,也与新的法律体系划分民事与刑事部门,并将民事法律关系提升到与刑事法律关系同样重要的地位有关,对于全面考察当时法律生活提供了重要补充。最后,《华洋诉讼判决录》收录判词的制作主体都是直隶高等审判厅,这既是它的优点,也是它的缺点。优点是这样一批刑事民事的判决书和裁定书能比较深入地反映直隶高等审判厅在涉外诉讼方面的审理状况,能保障对观察对象一定时间的持续跟踪考察;而缺点则在于受审判厅的唯一性与涉外案件性质的特殊性制约,所收录的判词就只能在直隶高等审判厅中的华洋诉讼案件中挑选,收录判词的覆盖面及代表性受到影响。这是在使用《华洋诉讼判决录》作为论证材料时需要加以留心的。

《华洋诉讼判决录》最早的版本是 1919 年由直隶高等审判厅书记室编辑,北洋印刷局刊印的竖排铅印本。1997 年,"二十世纪中华法学文丛"将其作为丛书之一,由中国政法大学出版社出版了何勤华教授点校的横排版本。本书所用即为此横排本。

五、研究方法

法律史最基本的研究方法是历史方法。这是由法律史学科的特点所

---

① 此前有《通商条约章程成案汇编》,收录的是同治年间的涉外成案,而非裁判文书。

决定,不是研究者可以选择的。以历史为研究对象,没有史料的支撑,无异于信口雌黄。但是如何从众多的史料中寻找自己所需要的部分,对于找到的史料如何鉴别真伪,如何确定史料所具有的代表性,则必须运用历史的方法进行梳理与分析。尤其是如何确定史料的代表性,是利用法律文书研究法律制度与司法实践需要特别谨慎的环节。正是综合考虑了各方面的因素,因而本书将法律文书的基础材料确定为《塔景亭案牍》《各省审判厅判牍》《最新司法判词》《华洋诉讼判决录》四部文书专集。

本书的论题决定了对比分析法是本书另一种主要研究方法。除了第一章以外,其余章节均从"法律文书"这一概念出发,分别选择文书的名称、格式、制作主体、裁判依据、内容几方面作为比对的对象,以清末法制变革为界,将此前传统司法中的相关情形与此后近代司法中的相关情形一一进行对比,找出其差异及原因,并最终完成对法制在哪些方面发生了变迁,为什么会有这样的变迁等问题的论证。

本书的研究是基于大量法律文书实例、当时的法律法规、法(律)学论著及各种背景史料上的,按照梁慧星先生的分类,这属于文本研究方法范畴。①

为了进行研究,笔者搜集的相关资料除了文书专集而外,还有这一时期大量的史料如《大清会典》《清史稿》《光绪朝东华录》《清实录》《大清法规汇编》《临时政府公报》等。要从这些海量的文献资料中摘出合用的部分,没有一定的方法是不行的。首先,必须对文章各部分内容进行框架设计,以便在阅读到相关内容时,做好摘录;其次,将这些摘录出来的资料按类型整理,在此基础上进行一定的数据统计;最后,根据这些统计出的数据作出分析,得出结论。比如在考察清末民初裁判依据的变化时,按"情""理""法"对裁判依据进行类型化处理,然后将阅读中凡与这三类有关的资料都摘录出来,再对它们依出处进行细分和统计,计算出《塔景亭案牍》《各省审判厅判牍》《最新司法判词》《华洋诉讼判决录》中收录的判决文书中依"情""理""法"裁判的分别有多少件,各占多大的比重等,最后依据这些统计数据得出依"情""理"裁判的案件在逐渐减少,依"法"裁判的案件在逐渐增多的结论。显然这里采用了类型化研究和数据统计与分析的方法。

① 参见梁慧星:《法学学位论文写作方法》,法律出版社 2006 年版,第 79 页。

第一章　法律文书发展的历史考察

第一节　西周至明朝

本节对西周至明朝的法律文书发展历史进行梳理,选择各朝代最有代表性的法律文书进行重点陈述,并显示在标题中,用以突出其在本朝法律文书发展史中的特殊地位。

一、西周·中国最早的判词

中国历史上最早出现的法律文书种类是判词。

判词最早产生于何时,明清学者判断认为大致产生于汉朝以后。明朝徐师曾在《文体明辨序说》中将"判"作为文体的一种,并说:"字书云:判,断也。古者折狱,以五声听狱,致之于刑而已。秦人以吏为师,专尚刑法。汉承其后,虽儒吏并进,然断狱必贵引经,尚有近于先王议制及《春秋》诛意之微旨。其后乃有判词。唐制,选士判居其一,则其用弥重矣。故今所传如称某某有姓名者,则断狱之词也;称甲乙无姓名者,则选士之词也",①认为汉朝以后才有判词。这一观点对后世影响很大。清代学者大都持此观点。

清朝吴曾祺指出:"判始于西汉,本为试士而设,扬雄综判取士是也。皆为两造之词,加以判断,而定曲直焉。唐时身言书判各为一科,至宋此典不废。"②王兆芳的《文体通释》也说:"判者,分也。决事而分,别事理也。自古有决事必有其辞,惟其简质,故前古无见文,亦不名判也。六朝决事曰判。唐试士有判,至于明代亦然。主于判断事理,审辞平议。"③

王兆芳认为"决事之辞"在古代早期不称为"判"是对的,但并非"惟其简质,故前古无见文"。

事实上,地下发掘的文物证实,记载我国古代司法活动的判决书早在西周时期就已经存在了。《周礼·秋官·小司寇》记载:小司寇这种官职的职务之一就在于"以五刑听万民之狱讼,附于刑,用情讯之;至于旬乃弊

---

① （明）徐师曾:《文体明辨·序说》,罗根泽点校,人民文学出版社 1998 年版,第 127 页。
② （清）吴曾祺编:《涵芬楼文谈》,商务印书馆 1935 年版,第 29 页。
③ 转引自武树臣:《中国传统法律文化辞典》,北京大学出版社 1999 年版,第 365 页。

之,读书则用法。"这里所谓的"读书"就是指当众宣读判决书。当时称判决书为"书"。

西周时期已有判决书的观点已被出土文物所证实。1975年在陕西省岐山县出土了一件西周时期的青铜器,被称为"匜",①上面刻有13行铭文,共157字,记载了这样一起诉讼案:倗和其下属牧牛为五名奴隶的买卖纠纷进行诉讼,法官伯扬父审理案件并做出了判决。全文如下:

> 隹三月既死霸甲申,王才莱上宫。白(伯)扬父廼(乃)成劾曰:"牧牛,嚴,乃可(苟)湛。女(汝)敢以乃师讼。女(汝)上代先誓。今女(汝)亦既又御誓,尃咎啬睦倗,周亦兹五夫。亦即御乃誓,女(汝)亦既从辞从誓。卡(傲)可(苟),我義(宜)鞭女(汝)千,𩂣𩂣女(汝)。今我赦女(汝),義(宜)鞭女(汝)千,黜𩂣女(汝)。今大赦女(汝),鞭女(汝)五百,罚女(汝)三百乎(锊)。"白扬父廼或(又)吏(使)牧牛誓曰:"自今余敢扰乃小大史(事)。""乃师或(如)以女(汝)告,则到,乃鞭千,𩂣𩂣。"牧牛则誓。乃以告吏邦吏曶于会。牧牛辞誓成,罚金,倗用乍(作)旅盉。②

这篇铭文被称为《倗匜铭文》。案件的双方当事人为倗和牧牛,前者是后者的上司;案由是关于五名奴隶的所有权纠纷;案件的承办官员为伯扬父。关于它的性质,学术界通常认定"倗匜铭文是我国目前发现的最早的一篇法律判决书"。③

二、秦朝·司法侦查笔录

1975年在湖北省云梦睡虎地出土了一批秦简,称为《云梦秦简》或《睡虎地秦简》,其中包含了大量记载秦国法律、法律文书样式和实例的竹简,主要有《秦律十八种》《效律》《秦律杂抄》《法律答问》《封诊式》等。其中

---

① 匜是一种盥洗用青铜器,形状似水瓢。
② 胡留元、冯卓慧:《长安文物与古代法制》,法律出版社1989年版,第53页。此外还可参见唐兰:《陕西省岐山县董家村新出西周重要铜器铭辞的译文和注释》,载《文物》1976年第5期;汪世荣:《中国古代判词研究》,中国政法大学出版社1997年版,第26页。
③ 较早做出这一判断的学者有程武与唐兰。他们先后在1976年第5期、第6期《文物》上发表了《一篇重要的法律史文献——读倗匜铭文札记》《用青铜器铭文来研究西周史》两篇文章,均有上述判断。其后,这一关于《倗匜铭文》为中国最早判决书的判断成为学界通说。武树臣等著《中国传统法律文化》(北京大学出版社1994年版,第241页)亦对此表示认同。

《封诊式》在中国法律文书发展历史上有特殊地位,它主要收录了秦国的"爰书"。

关于《封诊式》的性质,中国文物研究所文物古文献研究部主任李均明认为:"《封诊式》是治狱文书的样本,为审讯、侦察、收捕等提供范例。"①华东政法学院教授殷啸虎认为:"从现存出土文献资料来看,产生于战国时期秦国的《封诊式》可以说是现存最早的比较完整、详细地记载司法鉴定情况的法律文献。《封诊式》是在湖北云梦睡虎地出土的秦代竹简中的一篇,'封'是指查封;'诊'是指诊察、勘验、检验;'式'指格式、程式,是古代法律文书的一种形式。因此,《封诊式》实际上就是关于案件调查、勘验、审讯等方面的方法和程序的著作。"②北京大学法学院教授汪建成则认为:"在我国,勘验检查笔录的历史是很发达的。早在秦朝时期,秦简中的《封诊式》就有关于审理案件程序的司法规则或文书程式,供司法官员审理案件时参考使用,其中兼有案件的调查、检验、侦破笔录,称'爰书'。"③

尽管表达不尽相同,但都认为《封诊式》为战国后期及秦朝时期关于调查笔录、讯问笔录、勘验笔录之类法律文书的汇集,这类司法侦查笔录,在《封诊式》中许多都被称为"爰书"。④ 如一篇名为"经死"的"爰书",其原文如下:

> 某里典甲曰:"里人士五(伍)丙经死其室,不智(知)故,来告。"即令令史某往诊。令史某爰书:与牢隶臣某即甲、丙妻、女诊丙。丙死(尸)县其室东内中北廇权,南乡(向),以枲索大如大指,旋通系颈,旋终在项。索上终权,再周结索,馀末衺二尺。头上去权二尺,足不傅地二寸,头北(背)傅廇,舌出齐唇吻,下遗失弱(溺),污两郤(脚)。解索,其口鼻气出渭(喟)然。索迹椒(椒)郁,不周项二寸。它度毋(无)兵刃木索迹。权大一围,衺三尺,

---

① 李均明:《简牍法制史料概说》,载《中国史研究》2005 年第 S1 期。
② 殷啸虎:《〈封诊式〉与古代司法鉴定》,载《中国司法鉴定》2005 年第 2 期。
③ 晏向华:《从高莺莺案看勘验检查笔录的困惑》,载《检察日报》2006 年 9 月 19 日,第 3 版。
④ 关于"爰书",李均明研究员认为就是司法笔录。他说:"'爰书',《史记·张汤传》:'传爰书,讯鞫论报。'苏林注:'谓传囚也。爰,易也。以此书易其辞处。'师古注:'爰,换也。以文书代换其口辞也。'爰书涉及内容广泛,名目繁多,今见如'验问爰书'、'自证爰书'、'驿马病死爰书'、'秋射爰书'、'病诊爰书'、'相牵证任爰书'、'卒不贳卖爰书'、'戍卒病死爰书'、'毋责爰书'等。从其内容可知'爰书'作为笔录文书包括原告、被告、证人言辞及现场勘查、侦察记录等。"

西去堪二尺，堪上可道终索。地坚，不可智（知）人迹。索衰丈。衣络禅襦、裙各一，践□。即令甲、女载丙死（尸）诣廷。诊必先谨审视其迹，当独抵死（尸）所，即视索终，终所党有通迹，乃视舌出不出，头足去终所及地各几可（何），遗矢弱（溺）不殴（也）？乃解索，视口鼻渭（喟）然不殴（也）？及视索馥郁之状。道索终所试脱头；能脱，乃□其衣，尽视其身、头发中及篡。舌不出，口鼻不渭（喟）然，索迹不郁，索终急不能脱，□死难审殴（也）。节（即）死久，口鼻或不能渭（喟）然者。自杀者必先有故，问其同居，以合（答）其故。①

这篇名为"经死"的勘查笔录，制作水平已达相当高度。它记录的是一起上吊死亡的现场勘验情况，由两部分组成。从"某里典甲曰"到"即令甲、女载丙死（尸）诣廷"为第一部分，是一份勘查笔录实例；从"诊必先谨审视其迹"到最后，为勘查时的原则及勘查经验总结。

《封诊式》中这类属于司法笔录的"爰书"还有"封守 乡某爰书"，"盗自告□□□爰书"，"□捕 爰书"，"盗马 爰书"，"争牛 爰书"，"群盗 爰书"，"夺首 军戏某爰书"，"□□ □□某爰书"，"黥妾 爰书"，"迁子 爰书"，"告子 爰书"，"疠 爰书"，"贼死 爰书"，"穴盗 爰书"，"出子 爰书"，"毒言 爰书"，"奸 爰书"，"亡自出 乡某爰书"等。

大多数保存下来的中国古代法律文书都是案件审判阶段所用裁判文书，侦查阶段所用的文书保存下来的十分有限。《封诊式》是从西周到清朝整个中国古代社会中少见的以司法侦查、讯问、勘验笔录文书为主体的法律文书汇集，十分引人注目。其中"爰书"以甲乙丙丁代表具体当事人的作法，表明当时已经开始对文书进行样本化尝试了，对后世法律文书的格式影响极大。

秦朝除了司法笔录在法律文书历史中独树一帜而外，人们在20世纪80年代末出土的秦代竹简中，还发现了珍贵的秦代判决文书实物。1989年，在湖北省云梦龙岗秦墓中出土了一批秦代竹简。这是继1975年在云梦睡虎地秦墓出土第一批秦简（下称睡虎地简）后发现的又一批秦简（以下简称龙岗简）。内容基本上都与法律有关。龙岗简的整理者研究认为："龙岗简主要的法律条文行用于秦始皇27年（公元前220年）至秦二世3

---

① 睡虎地秦墓竹简整理小组编：《睡虎地秦墓竹简》，文物出版社1990年版，第158页。

年(公元前 207 年)的 14 年间。墓葬的年代自比律文颁布的年代为晚,我们初步定为秦代末年。"①相比而言,龙岗简在时代上晚于睡虎地简。龙岗简中有一块木牍,上有文字:

> 鞫之,辟死论不当为城旦,吏论失者已坐以论。九月丙申,沙羡丞甲、史丙免辟死为庶人。令自尚也。②

据研究,该牍文是乞鞫免罪的判决书。"辟死"系人名,曾因被误判有罪而服城旦刑,后乞鞫复审,得以昭雪。"沙羡"为地名。"免"意指刑徒服刑未满时因某种原因而获释免除刑罚。"沙羡丞甲、史丙免",意为沙羡丞甲、史丙签署了关于辟死免罪的文书。"为庶人",指免除刑徒身份而重新成为自由民。"令自尚"即"令自常",指此判决文书由当事人自持以作为"常法"(长期有效的法律凭据)。③

这块木牍记载的就是对此错案复审后进行判决的法律文书,内容是这样的:一个名叫辟死的人被误判城旦之刑,有关官吏已经为此而受到了法律制裁。九月丙申,沙羡丞甲、史丙签署了关于辟死免罪、重新成为庶人的文书,让当事人持之以为"常法"。

这木牍当是给予辟死以证明其免罪的凭据。故,本书将此木牍称为"辟死木牍"。崔永东教授研究指出,这块木牍"是迄今所能见到的秦代判决文书的惟一实物(可据以考察当时的司法制度)"。④ 若此判断成立的话,则更是迄今所见唯一以木牍为载体的法律文书。

三、汉朝·法律意见书

汉朝的法律实践活动十分活跃,无论在立法还是在司法层面,都发生了许多对中国社会影响至深的重大法律事件。如汉文帝改肉刑;《九章律》《越宫律》《傍章律》《朝律》等汉律的制定;董仲舒"罢黜百家,独尊儒术",将儒家经典作为立法和司法的指导原则和依据,实现了儒法合流,在司法实践中首创"春秋决狱"。应当说"春秋决狱"标志的礼法结合,构成了中华法系伦理法的特点,使中华法系得以与其他法系真正区别开来。可

---

① 刘信芳、梁柱编著:《云梦龙岗秦简》,科学出版社 1997 年版,第 48 页。
② 刘信芳、梁柱编著:《云梦龙岗秦简》,科学出版社 1997 年版,第 45 页。
③ 相关解释参见崔永东:《出土文献的法学价值》,载《政法论坛》2006 年第 2 期;刘信芳、梁柱编著:《云梦龙岗秦简》,科学出版社 1997 年版,第 47 页。
④ 崔永东:《出土文献的法学价值》,载《政法论坛》2006 年第 2 期。

惜的是,关于这些活动的史料包括汉代判词大都亡佚,没能流传下来。

"春秋决狱"除了是一种独特的司法审判模式而外,还是一本书的名字。据《汉书·艺文志》载有"《公羊董仲舒治狱》十六篇",《后汉书·应劭传》亦载:"董仲舒老病致仕,朝廷每有政议,数遣廷尉张汤亲至陋巷,问其得失。于是作《春秋决狱》二百三十二事。"可惜的是这本书也失传了,唯据程树德先生考证,《通典》六十九中存有两则;《白帖》二十六、九十一各有一则;《太平御览》六百四十有两则。①

《通典》的两则为:

时有疑狱曰:甲无子,拾道旁弃儿乙养之,以为子。及乙长,有罪杀人,以状语甲,甲藏匿乙,甲当何论?仲舒断曰:甲无子,振活养乙,虽非所生,谁与易之?《诗》云:螟蛉有子,蜾蠃负之。《春秋》之义,父为子隐,甲宜匿乙而不当坐。

甲有子乙以乞丙,乙后长大,而丙所成育。甲因酒色谓乙曰:汝是吾子。乙怒,杖甲二十。甲以乙本是其子,不胜其忿,自告县官。仲舒断之曰:甲生乙,不能长育,以乞丙,于义已绝矣。虽杖甲,不应坐。

《白帖》上的两则为:

君猎得麑,使大夫持以归。大夫道见其母随而鸣,感而纵之。君愠,议罪未定,君病恐死,欲托孤,乃觉之,大夫其仁乎,遇麑以恩,况人乎,乃释之,以为子傅。于议何如?仲舒曰:君子不麛不卵,大夫不谏,使持归,非义也。然而中感母恩,虽废君命,徙之可也。

甲为武库卒,盗强弩弦,一时与弩异处,当何罪?论曰,兵所居比司马,阑入者髡,重武备,责精兵也。弩檗机郭,弦轴异处,盗之不至,盗武库兵陈。论曰,大车无輗,小车无軏,何以行之?甲盗武库兵,当弃市乎?曰虽与弩异处,不得弦不可谓弩,矢射不中,与无矢同,不入与无镞同。律曰,此边鄙兵所臧直百钱者,当坐弃市。

---

① 程树德:《九朝律考》,中华书局2003年版,第160页。

《太平御览》上的两则为：

> 甲父乙与丙争言相斗，丙以佩刀刺乙，甲即以杖击丙，误伤乙，甲当何论？或曰：殴父也，当枭首。论曰：臣愚以父子至亲也，闻其斗，莫不有怵怅之心，扶杖而救之，非所以欲诟父也。《春秋》之义，许止父病，进药于其父而卒，君子原心，赦而不诛。甲非律所谓殴父，不当坐。

> 甲夫乙将船，会海风盛，船没溺流死亡，不得葬。四月，甲母丙即嫁甲，欲皆何论？或曰：甲夫死未葬，法无许嫁，以私为人妻，当弃市。议曰：臣愚，以为《春秋》之义，言夫人归于齐，言夫死无男，有更嫁之道也。妇人无专制擅恣之行，听从为顺，嫁之者归也，甲又尊者所嫁，无淫行之心，非私为人妻也。明于决事，皆无罪名，不当坐。

关于《春秋决狱》的性质，有学者是将其作为判词来看待的："由于初创阶段，汉代判词仍然较为粗疏。如果对'春秋决狱'和有关史籍资料略作分析，就不难发现这一基本事实。"在引用了现存《春秋决狱》的三则事例后，作者这样总结："对上述三道判词略作分析，不难发现：第一道判词关于养父子之间的容隐可以比照亲父子之间的容隐规定，第二道判词关于亲父子关系因收养行为而消灭，第三道判词关于过失行为不适用于殴父罪等等法律解释，都是基于律而超出了律的范围。充分表现出汉代判词创制法律规范的作用。"①

对此笔者不敢苟同。理由如下：

其一，董仲舒从未做过司法官员。判词的制作者毫无疑问应当是案件的审判者。而从史料的记载来看，董仲舒从未有做司法官员的经历。

《汉书》卷五十六《董仲舒传》记载："董仲舒，广川人也。少治《春秋》，孝景时为博士。下帷讲诵，弟子传以久次相授业，或莫见其面。盖三年不窥园，其精如此。进退容止，非礼不行，学士皆师尊之。

武帝即位，举贤良文学之士前后百数，而仲舒以贤良对策焉。……

对既毕，天子以仲舒为江都相，事易王。易王，帝兄，素骄，好勇。仲舒以礼谊匡正，王敬重焉。……

仲舒为人廉直。是时方外攘四夷，公孙弘治《春秋》不如仲舒，而弘希

---

① 参见汪世荣：《中国古代判词研究》，中国政法大学出版社 1997 年版，第 29~31 页。

世用事,位至公卿。仲舒以弘为从谀,弘嫉之。胶西王亦上兄也,尤纵恣,数害吏二千石。弘乃言于上曰:'独董仲舒可使相胶西王。'胶西王闻仲舒大儒,善待之,仲舒恐久获罪,病免。凡相两国,辄事骄王,正身以率下,数上疏谏争,教令国中,所居而治。及去位归居,终不问家产业,以修学著书为事。"

由此看来,董仲舒主要的人生经历是这样的:景帝时任博士,讲授《公羊春秋》。汉武帝时期任江都易王刘非的国相 10 年;元朔四年(公元前 125 年),任胶西王刘端的国相,4 年后辞职回家。

无论是博士还是国相,显然都不是司法官员。实际上,在汉朝,地方上有司法审判权的是郡守与县令,而中央除了皇帝而外,有审判权的官员主要是廷尉。① 董仲舒在汉朝中央只担任过一种职务——博士,其余时间都是在诸侯国任丞相。

其二,《春秋决狱》作于董仲舒"去位归居"之后。汉初中央的丞相曾有一定的司法审判权。虽然董仲舒在中央的官职是博士,但如果把他在江都王、胶西王两个诸侯国任国相的事实考虑进去的话,同时还假设汉初诸侯国与中央的官制相同,那么他在这段作诸侯国国相时期有可能曾行使审判权,则不是不可能的。但是,即便如此,也不能认为《春秋决狱》就是他审理案件所制作的判词。因为,《汉书·董仲舒传》所记载的"及去位归居,终不问家产业,以修学著书为事"。强调董仲舒修学著书是在"去位归居"之后。这里唯一不能确定的就是"修学著书"是否就是或者是否包括写作《春秋决狱》在内。《后汉书》卷四十八《应劭传》记载的:"故胶西相董仲舒老病致仕,朝廷每有政议,数遣廷尉张汤亲至陋巷,问其得失。于是作《春秋决狱》二百三十二事,动以经对,言之详矣。"两相对应,可知《春秋决狱》是董仲舒"去位归居"后写作的。那么接下来的结论就是,即使认为董仲舒在汉初两任诸侯国国相时行使了一定的司法审判权,但《春秋决狱》仍然不是董仲舒审理案件的判词。因为写作《春秋决狱》时的董仲舒已经以"老病致仕",即使他以前曾有审判权,这时也已经丧失了审理案件的资格了。

其三,《春秋决狱》问答式的结构方式,也表明了其非判词的特性。古今中外,案件的判决书无论怎么变化,都不可能出现一问一答这样的章法。因为,需要判决的案件至审判官这里时,就没有谁比他更了解案件的情况

---

① 汉朝中央享有审判权的官员范围前后有所变化。在西汉初期,中央享有审判权的,除了皇帝、廷尉而外,还有丞相和御史大夫。东汉时,罢丞相,改御史大夫为司空,于是这二者也失去了审判权。

了,他需要的是在此事实基础上按照法律依据做出处理决定。而问答式章法是建立在作答人对案情不清楚的逻辑基础之上的。所以,问者总是先陈述案情,然后提出问题,最后由答者回答。可以这样说,判词不可能为问答式的"问"提供逻辑前提,问答式不可能作为判决书的章法结构;而一旦以问答式结构出现的话,就意味着两种情况:一是问者与答者为两人,且答者对案情不清楚,需先由问者概述案情,此时可以肯定答者不是案件的审判者;二是问者与答者为同一人,是自问自答,则这只可能是作者所做的疑难案例的汇编。

结合《后汉书·应劭传》上"故胶西相董仲舒老病致仕,朝廷每有政议,数遣廷尉张汤亲至陋巷,问其得失。于是作《春秋决狱》二百三十二事"的记载,我们找到了《春秋决狱》之所以采取回答式章法的合理答案,那就是在董仲舒退休后,朝廷依然看重他的意见,故常常派遣中央最高司法长官张汤前往咨询对一些疑难案件的处理意见,董仲舒将张汤等人的"问"与自己的"答"记录下来,写成了《春秋决狱》。

事实上,最早以问答方式出现的法律文件是秦朝的《法律答问》。其行文方式与《春秋决狱》完全一样,都是对一些法律疑难问题的解答。只不过,《法律答问》是以官方的角度作答的。在当今法史学界,《法律答问》通常被视为秦朝官方的司法解释,没有人认为《法律答问》是秦朝的判词。

同样,《春秋决狱》是董仲舒为司法官员提供的对疑难案件的处置意见。形成文字后的《春秋决狱》,可以作为学理性质的法律意见书来看待,不应当看作判词。

四、唐朝·拟判

唐朝时期对法律文书发展有很大影响的事件是"拟判"的出现。

我国科举制度发端于隋朝,到唐朝渐渐兴盛起来。唐代的科举选官制度实际包括两次考试。一是由礼部主持的礼部试。这关考试的科目之一为"明法科",以律令为考试内容。考试通过以后,叫作得第或登第,也叫取得了出身,即是说取得了做官的资格,但还不算入仕。二是由吏部主持的"释褐试"。通过了礼部试的士子们在获得官职委任前,还要经过一道门槛,那就是吏部的铨选考试。这关考试合格后,才能分配官职,才能脱去庶民的粗布衣服,换上官服,"释褐试"由此得名。① 吏部考试分"身""言"

---

① 参见(清)王鸣盛:《十七史商榷》卷八十一《登第未即释褐》,黄曙辉点校,上海书店出版社2005年版,第705页。

"书""判"四科。① 对此元人马端临评价道:"然吏部所试,四者之中,则判为尤切。"原因在于"盖临政治民此为第一义。必通晓事情,谙练法律,明辨是非,发摘隐伏,皆可以此觇之"。② 考查合格后,才正式授予士子们官职。在这样的人才选拔机制下,律令及判词受到了前所未有的重视,唐代也因此进入了法律文书发展的繁盛时期。这一时期的法律文书不仅数量激增,而且有了比较清晰的种类划分:实判、拟判和杂判。但在这三类中,拟判的数量最多,影响也最大。

实判又称作案判,是指当时官员在处理真实案件或公务活动中制作的具有法律效力或法律作用的文书。敦煌文献中的《开元二十四年歧州郿县县尉判集》《大历元年河西巡抚使判集》③均属于实判。

拟判是制作者以虚拟的事件作判题而制作出判词,其中占很大比重的拟判是科举考试练习的结果。在唐朝,为了准备礼部明法科考试和吏部的铨选,考生们会在考前做大量的模拟练习,成为一时风潮。白居易的《甲乙判》、张鷟的《龙筋凤髓判》就是这类拟判代表。对此,宋人洪迈曾有记述:"既以书为艺,故唐人无不工楷法;以判为贵,故无不习熟。而判语必骈俪,今所传《龙筋凤髓判》及《白乐天集甲乙判》是也。"④除此而外,骆宾王、王维、元稹也都写有拟判。《文苑英华》从卷五〇三到卷五五二,整整五十卷,收录了一千多道唐人判文,也大多属于拟判。

白居易《甲乙判》是唐代拟判的代表之一,被收在其诗文合集《白氏长庆集》(四部丛刊本)的第四十九、五十卷,有 101 道判词,故称"百节判",或"百道判",南宋洪迈的《容斋随笔》及元代马端临的《文献通考》又称之为"甲乙判","盖谓假设甲乙,自为问答也"。之所以写这一百多道拟判,实际上就是白居易为准备科举考试而作的模拟练习。他先将当时社会普遍关注的热点问题制成一百道判题,然后再根据模拟的事实与情节,按照《唐律》与情理进行追责量刑、解难释纷,写成一百道判决对文。这既是一种考前训练,也是为进入仕途而做的吏政知识积累和能力锻炼。事实证明,这种练习是有成效的。据清人徐松的《登科记考》,白居易曾在贞元十

---

① (唐)杜佑:《通典》卷十五《选举》记载:"其择人有四事:一曰身,取其体貌丰伟;二曰言,取其词论辨正;三曰书,取其楷法遒美;四曰判,取其文理优长。四事皆可取,则先乎德行。德均以才,才均以劳。……凡选,始集而试,观其书、判。已试而铨,察其身、言,已铨而注,询其便利,而拟其官。"《新唐书》卷四十四也有相同的记载。

② (元)马端临:《文献通考》卷三十七《选举考》。

③ 这两部文献于本世纪初出土于敦煌,后被法国考古学家伯希和掠走,现均藏于法国巴黎国立图书馆,编号分别 P・2593,P・2979。

④ (宋)洪迈:《容斋随笔(上)》卷十《唐书判》,孔凡礼点校,中华书局 2005 年版,第 129 页。

六年登进士第,十八年参加吏部考试,以书判拔萃顺利入选,进入仕途。

白居易的拟判文风平实、典雅,善于结合典故分析事实,说理透彻。试举卷四十九第 1 道判文:

判题是:"得甲去妻后,妻犯罪,请用子荫赎罪,甲怒不许。"

判词为:

> 二姓好合,义有时绝;三年生育,恩不可遗。凤虽阻于和鸣,鸟岂忘于返哺? 旋观怨偶,遽抵明刑,王吉去妻,断弦未续;孔氏出母,疏网将加。诚鞠育之可思,何患难之不救? 况不安尔室,尽孝犹慰母心;薄送我畿,赎罪宁辞子荫? 纵下山之有怒,曷陟屺之无情? 想苕莒之歌,且闻乐有其子;念葛藟之义,岂不忍庇于根? 难抑其辞,请敦不匮。

该判题拟定了这样一个事实,甲休妻,后妻子犯罪,希望用她与甲的儿子的恩荫赎罪。作者拟定判文的主旨是说,虽然甲与其妻的夫妻关系不存在了,但其妻与其子的母子关系是不可能改变的。而孝道既是儒家道德所提倡的,更是法律所维护的,因此,甲不许其妻用其子的恩荫赎罪是不对的。这样的判词固然合情合理,但我们要追问的是它合乎唐代法律吗? 要知道这毕竟是判文,即便只是模拟,也必须要有法律的依据。查《唐律疏议·名例律》:"其妇人犯夫及义绝者,得以子荫(虽出亦同)"。该条《疏议》曰:"妇人犯夫及与夫家一绝,并夫在被出,并得以子荫者,为母子无绝道故也。"可知白居易拟此判题,着眼点就是此条规定。因此"难抑其辞,请敦不匮"的判语当然符合唐律规定。

《甲乙判》中的判文风格与上例一致,均为骈体,大量使用典故,文学色彩深厚,与法律文书客观、准确的制作要求还有一定距离。这主要与当时科举考试对"判"的评价标准有关。

除了上述保留在文集中的拟判而外,唐代还出现了拟判专集,现存的有敦煌写本《文明判集残卷》《麟德安西判集残卷》《开元判集残卷》[①]《龙筋凤髓判》。

《文明判集残卷》收录了 19 道判文,"判文皆采唐代事例,引律令条文

---

① 以上判集于 20 世纪初出土于敦煌,后被法国考古学家伯希和掠走,现均藏于法国巴黎国立图书馆,编号分别为 P·3813、P·2754、P·2942。北京大学图书馆有微缩胶卷。目前的研究成果主要有陈永胜的《敦煌吐鲁番法制文书研究》(甘肃人民出版社 2000 年版),刘俊文的《敦煌吐鲁番唐代法制文书考释》(中华书局 1989 年版)等。

为断,而所标之人名,或拟于古人,如石崇、原宪、郭泰、李膺、李陵、缪贤、宋玉等。盖系取材于现实,而又加以虚构润色者。"①

《麟德安西判集残卷》收录了6道判文,其中2道不全。6道判文"除一道言民事外,余五道所言皆为安西都护府管内伊州、西州及龟兹之兵事,估计系集录安西都护府官文书而成"。② 两本残卷中的判文,虽然都有唐代事实的影子,但终究是在此基础上进行了人物虚构,所以《文明判集残卷》与《麟德安西判集残卷》中的判文都属于拟判性质。

《龙筋凤髓判》为唐朝张鷟所撰,也是流传下来的唐代拟判集代表。成书时间疑为中唐开元年间,共收录78道拟判。张鷟字文成,自号浮休子,深州陆梁人,调露初登进士第,授襄阳尉,累官四门员外郎,终于龚州长史。因儿时梦紫文大鸟止其庭而得名。员半千称其文词如同精选出来成色极好的青钱一样,时号"青钱学士"。南宋藏书家、目录学家陈振孙在《直斋书录解题》对该书的解题为:"唐以书判拔萃科选士。此集凡百题。自省台、寺监、百司,下及州县、类事、属辞,盖待选预备之具也。"③

张鷟的判词辞藻华丽,大量引经据典,在唐代很有影响力,被应试举子们奉为判文范本。"是时天下知名,无贤不肖,皆记诵其文"。这种影响甚至及于周边国家。《四库全书总目提要》卷一三五,曾记载张鷟名闻天下,连新罗、日本的遣唐使也"出金帛以购其文"的盛况。

《龙筋凤髓判》的内容主要与吏治及中央机关各部门的管理问题有关,每个部门下最多只有两道判,排列顺序是"官领其属,事归于职"。如卷一门下省第二条判词:

判题为:"左补阙陈邃司制敕,知敕书有误,不奏辄改,所改之次,与元敕同,付法下伏。"

判文为:

> 陈邃缪司纶綍,忝掌枢机,参详兰叶之文,宣越芝英之字。拾遗补阙,蹑山甫之清尘,献可替否,寻晏婴之胜迹。设令鱼鲁绝谬,理合上闻,亥豕参差,无疑下断。岂容斟酌圣意,加减綸言,用寸管以窥天,持小瓠而测海。未经上白,辄敢雌黄。定字虽复无差,据罪终须结正,八十之杖,自作难逃;三千之条,理宜明罚。

---

① 刘俊文:《敦煌吐鲁番唐代法制文书考释》,中华书局1989年版,第450页。
② 刘俊文:《敦煌吐鲁番唐代法制文书考释》,中华书局1989年版,第470页。
③ (宋)陈振孙:《直斋书录解题》卷十六,上海古籍出版社1987年版,第469页。

这道判文是关于陈邃在知道敕书有误的情况下,不奏擅改的判文,最后的拟判结果是,应判处陈邃杖刑八十下。这个依据就是《唐律疏议·职制律》中"制书、官文书误辄改定条"的规定:"诸制书有误,不即奏闻,辄改定者,杖八十……"

张鷟《龙筋凤髓判》中的判文辞藻华丽,用典与白居易相比,有过之而无不及。宋人洪迈对张鷟判文的风格多有批评,认为:"百判纯是当时文格,全类徘体,但知堆垛故事,而于蔽罪议法处不能深切,殆是无一篇可读,一联可味。如白乐天《甲乙判》则读之愈多,使人不厌。"①从法律文书的角度来说,"但知堆垛故事,而于蔽罪议法处不能深切"的评价是切中要害的。

尽管存在缺陷,白居易的《甲乙判》、张鷟的《龙筋凤髓判》在唐代社会具有广泛和深远的影响却是不争的事实。尤其是《龙筋凤髓判》,作为中国历史上第一部拟判专集,在中国法律文书发展史上具有里程碑意义。

五、宋朝·实判

宋朝法律文书现存的主要还是判词。不过,人们在论及宋代判词时,往往只知南宋的《名公书判清明集》,北宋的判词则几乎无人问津。原因之一,恐怕在于北宋时期除余靖有比较完整的判词两卷传世外,其他人的判词流传下来的极少。

总体来说,北宋时期的判词与唐代判词比较接近,类型还是以拟判为主,文体则继续使用骈文,讲究用典。北宋判词作者的代表人物为余靖和王回。

余靖(1000—1064 年),广东韶关人,北宋仁宗朝名臣,从政四十余年,洁身自好,为"四贤"之一(其余三贤分别为范仲淹、尹洙和欧阳修),谥号为"襄",故也称余襄公。著《武溪集》二十卷,收入判词二卷 53 道。宋人洪迈在《容斋续笔》谈及余靖判词时颇有好评:"余襄公集中,亦有判两卷,粲然可观。"

余靖判词受白居易的影响很大,语言质朴平易,句式上骈散结合,以骈为主,句式更为灵活多变,用典自然,不再为用典而用典,而且判词"法"的意味有所增强。这样的特点在下面这篇题为"丙越度官府垣篱,官司罪之,辞云随甲而往"的判词中表现得很清楚:

---

① (宋)洪迈:《容斋随笔》(上),孔凡礼点校,中华书局 2005 年版,第 364 页。

协谋抵禁，法有减论；冒度干刑，理无从坐。既投足而同往，岂原心而或殊？

丙，德之弗修，动而有悔。不如己者，方逾数仞之墙，因而从之，遂罹三尺之法。自疏明慎，犹启薄言；况穴陈以相从，惟蔽茨而是履。前王著令，徒攀共犯之条；君子向儒，盍守独行之节？刿府寺之攸设，惟藩屏而是崇。不得其门，同临蔽恶之地；必求诸道，当惭由径之非。虽曰比之匪人，实亦动而过则；原其发虑，遽云职汝之由。详彼治躬，岂可效人之僻？咎将谁执，戚实己招。视篱落之具存，当跬步而为过。别冒汉家之网，或异首科；自绝蒲人之祛，谅难降等。三千之条备纪，七十之杖何逃？罪必甘心，词奚苦诉？

——《武溪集》卷十二

该道判词虽然还用骈文，但故意堆砌用典的地方却几乎没有了，不再那么晦涩难懂了。所涉及的事实是，丙跟着甲违法翻越官府围墙，因而要被科以刑罚。丙辩解自己只是跟着甲去的，因而希望降等处罚。关于这种行为，宋代法律《宋刑统》卷八明确规定："越官府廨垣及坊市垣篱者，杖七十，侵坏者亦如之"，因此，余靖判定丙如果只与甲有犯罪动机，还处于"谋"的阶段，则还可以减轻处罚，但事实是丙与甲不仅有"越官府廨垣"的犯意，而且还实施了，因此，丙的辩解及减轻处罚的请求不能成立，应当依法判处杖刑七十下。

北宋时期，另一位在法律文书发展史上必须提及的人物是王回，是他率先冲破骈体的藩篱，采用散体来制作判词。因此，虽然王回传世的判词只有两道，却足以奠定其在判词发展史上的地位。明代徐师曾在《文体明辨序》中给予王回这样的评价："唯宋儒王回之作，脱去四六，纯用古文，庶乎能起二代之衰"。①

王回（1023—1065 年），字深父，长乐人，王向之兄。王回判词现保存下来两篇，均收入吕祖谦的《宋文鉴》中。该书共收判词 8 篇，其中王回 2 篇。现撮录其一：

甲为县令，乙与其故人丙醉，殴乙，乙诣县讼丙。令问曰："伤乎？"曰："无伤也"。"相识乎？"曰："故人三十年矣。""尝相失

---

① （明）徐师曾：《文体明辨·序说》，罗根泽点校，人民文学出版社 1998 年版，第 128 页。

乎?"曰:"未也。""何为而殴汝乎?"曰:"醉也。"解之,使去。有司劾甲故出丙罪。甲曰:"斗不致伤,救许在村了夺。耆长则可,县令顾不可乎?"

令亲民而殴之于善者也,士所以学为君子也。今释一醉忿相殴笞四十之过,全其三十年间未尝相失之交。殴民于善,而责士以君子之道者也。仲尼为鲁司寇,救父子之讼;汉冯朝韩延寿,不肯决昆弟之争。笃于亲而故旧不遗,其义盖一耳。甲之所为,于古为能教,于今为应法。不可劾。

——《宋文鉴》卷一百二十九

这道判词仍属拟判,但已摆脱了骈体的束缚,代之以先秦古文。唐及北宋的大多数拟判都属于"骈判",自王回以后,才出现了"散判"。这种判词没有了形式上的约束,句子可长可短,自由灵活,而且措辞准确,长于说理,不要求刻意用典,多是平铺直叙,更容易为人所理解,增强了判词的准确性与客观性,与"法"的品质更接近了。应当说,王回的散判,开启了中国古代法律文书新的一页。事实上,自王回以后,中国古代判词基本上以"散判"为主体了。

除余靖、王回外,北宋还有韦骧的判词保留下来。韦骧(1033—1105年),字子骏,钱塘人。其判词3道收录于《全宋文》中。

到了南宋,判词制作发生了很大的变化。一些士大夫将自己担任知县、知州或提点刑狱使审理案件时制作的判词收集起来,编入自己的文集,传之后世。人们开始热衷于收集整理真实案件的判词(也即"实判"或"案判"),拟判则日渐式微了。

宋宁宗开禧元年进士、曾官至大理寺少卿的范应铃,在知崇仁县时,"夙兴,冠裳听讼,摘发如神。故事无不依期结正,虽负者亦无不心服。真德秀扁其堂曰'对越'"。[①] 有《对越集》四十九卷,专收他的"断讼语",即判词。可惜《对越集》已经失传。

又如南宋著名诗人、词人、诗论家刘克庄(1187—1269年),字潜夫,号后村,福建莆田人。曾在多地任地方官,因而也有不少审判案件时制作的判词。在其诗文集《后村先生大全集》中,第一九二、一九三两卷收集的就是书判。他在开庆元年(1259年)为这两卷书判写了跋语:"……余少喜章句,既仕,此事都废,数佐人幕府,历守宰庾漕,亦两陈臬事,每念欧公夷陵

---

① 《宋史》卷四百一十《列传》一百六十九。

阅旧牍之言,于听讼折狱之际,必字字对越乃敢下笔,未尝以私喜怒参其间。所决滞讼疑狱多矣,性懒收拾,存者惟建溪十余册,江东三大册。然县案不过民间鸡虫得失,今摘取臬司书判稍紧切者为二卷,附于续稿之后。昔曾南丰《元丰类稿》五十卷,续稿四十卷,末后数卷如越州开湖顷亩丁夫,齐州粜米斗斛户口,福建调兵尺籍员数条分件例,如甲乙帐微而使院行遣呈覆之类,皆著于编。岂非儒学吏事、粗言细语,同一机椟,有不可得而废与?姑存之以示子孙。"①可见,这两卷判词确实是他在建溪、江东任上,作为司法官员对案件审判后制作的真正的判决书。

此外,朱熹大弟子黄干和著名民族英雄文天祥的文集中也收入了他们在任时审理案件的书判。

最能代表南宋判词发展水平的,当是《名公书判清明集》。这是中国历史上最早出现的实判专集。该书收录了胡颖、蔡杭、翁甫、吴势卿、范应铃、吴革、方岳、真德秀、刘克庄、宋慈等 49 人担任官吏实际审理案件时所制作的书判 473 篇。②

现在看来,这 473 篇书判大都属于民事判决书,制作时突破了骈文的束缚,更多使用散体,注重事实、证据的分析,并在判词中引律为判,使得法律文书的准确性有所提高。有学者这样评价这一时期的判词:"与前述《文苑英华》《宋文鉴》所载唐、北宋的书判相比,真是大异其趣。一、每一书判都反映了当时社会生活中确实发生的具体事实,而不像唐、北宋书判那样是虚拟的,假设的。……二、每一书判都援引判决的准则,即有关法律条文。南宋法令总集《庆元条法事类》现存流传的是一个残本,缺户婚门,所以《清明集》提供了许多珍贵的法律史料。……三、每一书判都载明,官府如何根据已查证的事实,援引法律,作出判决。值得注意的是,在实际运用法律作出判决时,往往不是简单照搬条文,而且要考虑其他因素,实际判决一般从轻。……"③

由于《名公书判清明集》是真实案件的判决书,是南宋社会生活的真实记录,因而成为后世学者研究南宋政治、法律、经济、文化的重要标本。据笔者粗略地统计,日本学者滋贺秀三的代表作——《中国家族法原理》一书中,所引用的《名公书判清明集》中的判词多达 29 份。

---

① (宋)刘克庄:《后村先生大全集》卷一百九十三,四部丛刊本。
② 参见陈智超:《宋史研究的珍贵史料——明刻本〈名公书判清明集〉介绍》,载《名公书判清明集》附录七,中华书局 2002 年版,第 680~685 页。
③ 陈智超:《宋史研究的珍贵史料——明刻本〈名公书判清明集〉介绍》,载《名公书判清明集》附录七,中华书局 2002 年版,第 665~667 页。

《名公书判清明集》这一实判专集的出现,引出了一个问题:为什么在南宋实判专集出现之前,唐朝就已经出现了拟判和拟判专集了呢?按道理来说,拟判比实判出现得晚才符合发展规律。以《侯匜铭文》为代表的实判早在西周时期就已经有文字记载下来了,但从那以后,一直到南宋以前,实判能见诸文字记载的很少。难道是现实生活中没有实判吗?这显然是不可能的。史料显示,自西周以后的历朝历代,法律的运转从未间断过,它意味着真实的判决在现实生活中的存在。笔者认为除了史料记载的衰减与年代推移成反比这一通识而外,大概有如下一些其他因素导致这种情况的出现:

其一,儒家大德小刑观念的结果。中华法系伦理化的特点十分突出,这是中国古代法律儒家化的结果。法律儒家化的进程从西周开始,到唐朝发展到了登峰造极的地步。浸淫于儒家文化之中的文人学士,对法律的观念和认识必定深受儒家思想的影响。在儒家看来,道德与法律都是治理国家不可或缺的,但二者不可等量齐观,有高下优劣之别。最理想的境界是"导之以德,齐之以礼",其次才是"导之以政,齐之以刑"①。因此,在文人学士的心目中,最尊崇的是与"德""礼"相关的"儒学",而与"政""刑"有关的"吏事"相应则是等而下的。正如前引刘克庄所言:"岂非儒学吏事、粗言细语,同一机杼,有不可得而废与?姑存之以示子孙。"它反映了在文人学士们心目中"儒学"与"吏事"区别的存在,同时也反证出,刘克庄之前的人们,对于与法律相关的"吏事"的忽视。既然不重视,甚至有些轻视的话,不屑于将"吏事"的标志性记号——判词收集起来,加以保存就是逻辑上的必然了。

其二,古代司法制度的结果。除了前述思想意识因素而外,还有制度原因。中国古代司法制度,案件审理结束后,不一定将判决文书交由当事人收执。只需要向当事人宣告,由他们具结遵守保证即可。这当然不意味着审判官可以不制作判词,但至少减少了当事人对审判官制作判词的这一层监督。因此,审判官制不制作判词,如何制作,都不是制度所重点关注的。这样的结果就是在审判官水平与态度的共同作用下,判词的水平参差不齐,使判词因为缺少了自身的价值而增大了流传的阻力。

其三,唐朝出现的拟判及拟判专集,与严格意义上的司法判词存在一定距离,它们的文学色彩过于浓厚,以至于"以文害意",失却了判词应有的法的"味道"。拟判的收集与传播,更多是借重于其文学性来实现的。

---

① 《论语·为政》。

其四，到了南宋，朱熹对"德"与"刑"关系进行了重新解读，使"刑"的地位有所上升。他认为："礼字，法字，实理字"。① "明刑以弼五教，而期于无刑焉。盖三纲五常，天理民彝之大节而治道之本根也。故圣人之治，为之教以明之，为之刑以弼之，虽其所施或先、或后、或缓、或急，而其叮咛深切之意，未尝不在乎此也"。② 朱熹的论断使"刑"上升到了与"德"同样的位置。在这样的思想背景下，"吏事"的地位也有所上升，逐渐有一些文人学士出身的官员开始将他们在任上所作的判词收入文集，使判词得以跻身于经国之大业、不朽之盛事的"文章"之列。③ 以上当是实判专集之所以晚于拟判专集，且出现于宋朝的原因。

六、明朝·法律文书理论研究

明朝是裁判文书发展中又一个重要阶段。这一时期留下了珍贵的判词档案原件，即《民事档遗存》和明代《辽东档案》。据考证，《民事档遗存》是一部审理田土、房产、钱粮等民事案件的遗档汇编，所收录的是明嘉靖年间四川成都府、夔州府、达州、潼川府、嘉定州、蓬溪县、灌县等地区呈送四川布政使审批的正式呈文原件。另外，明代《辽东档案》④、中国第一历史博物馆馆藏明代档案、徽州法律文书中也保存有一些判牍。⑤ 这些档案中的判词当是迄今为止的中国古代历史上所能见到最早的判词原本了。⑥

除了上述判词档案原本外，明朝涌现了大量实判专集如李清的《折狱新语》、祁彪佳的《莆阳谳牍》《按吴亲审檄稿》、毛一鹭的《云间谳略》、张肯堂的《督辞》、应槚的《谳狱稿》、颜俊彦的《盟水斋存牍》、钱春的《湖湘谳略》、孔恒的《新纂四六谳语》、李日宣的《谳豫勿喜录》等，其中尤以《折狱新语》《盟水斋存牍》《莆阳谳牍》对后世的影响为大。这些实判专集，都是作者在任上审理案件所作的判词。

---

① （宋）朱熹：《朱文公文集·答吕子约》。
② （宋）朱熹：《朱文公文集·戊申延和奏札一》。
③ 曹丕在《典论·论文》中说："夫文章乃经国之大业，不朽之盛事"。文章历来是一个宽泛的概念，通常是指诗、词、歌、赋、书、表、策、论等，是士大夫们"立言"的主要载体。
④ 据杨一凡先生考证：明代《辽东档案》，原藏辽宁省档案馆，现移交中国第一历史档案馆藏。辽宁省档案馆、辽宁社会科学院历史研究所编《明代辽东档案汇编》，1985 年由辽沈书社出版。此外，中国第一历史博物馆藏明代档案、北京大学图书馆藏"状文"原件及徽州法律文书中也辑有一些判例判牍。
⑤ 杨一凡先生将现存的明代判例判牍辑录起来，成为《历代判例判牍》中的一个组成部分。该书已由中国社会科学出版社于 2005 年出版。参见童光政：《明代民事判牍研究》，广西师范大学出版社 1999 年版，第 9~22 页。
⑥ 原本，指拟定并经审判人员签字的判词，用于存档备查，与加盖印信送达当事人的正本有所区别，但正本与原本的内容必须完全一致。

《折狱新语》的作者李清,字心水,一字映碧,号碧水翁,晚号天一居士,明朝南直隶兴化人,是明季重臣。天启元年(1621年)举人,崇祯四年(1631年)进士,授宁波府推官,后任刑科给事中,均执掌法司。《折狱新语》是其任宁波府推官时审理讼案后制作的判词,计收判词213件。

《莆阳谳牍》《按吴亲审檄稿》的作者祁彪佳,字弘吉,浙江山阴人。明天启二年(1622年)17岁时中进士,次年任福建兴化府推官,崇祯四年(1631年)升任右佥都御史,巡按苏、松诸府,崇祯十四年(1641年),起为河南道御史,后相继官至大理寺丞,擢右佥都御史巡抚江南。凡治狱事,剖决精明,皆大畏服。《莆阳谳牍》《按吴亲审檄稿》就是其任福建兴化府推官和苏松巡按时所制作的判词专集。

《云间谳略》的作者毛一鹭,字序卿,号孺初,浙江遂安人。明万历三十二年(1604年)进士,初授松江府司理,并摄篆华亭、青浦、上海县事,天启年间,升任大理寺右寺丞、右少卿,后再升右佥都御史,巡抚应天,驻节吴中。因依附阉党,为宦官魏忠贤立生祠于苏州虎丘,遭复社组织者张溥以《五人墓碑记》挞伐。《云间谳略》是其任松江府推官时的判词专集,原有10卷,现缺卷5与卷6,计收有181件,缺50件。

《嵒辞》的作者张肯堂系明末松江华亭(今属上海市)人,字载宁。天启五年(1625年)进士。授浚县知县。崇祯七年(1634年)擢御史,累迁大理丞,右佥都御史巡抚福建。南都亡,唐王即位于福州,进太子少保、吏部尚书,寻改左都御史,掌都察院事。《嵒辞》是其任北直隶大名府浚县知县时所审案件时制作的,共收有判词245件。

《谳狱稿》的作者应槚,字子材,号警庵,浙江遂昌人。明嘉靖五年(1526年)进士,授刑部主事,历常州知州,山东布政使,都御史巡抚山东,巡抚山西兼督三关,兵部左侍郎、总督两广军务。精刑律,善决狱。该书是他审理实际案件留下的判词。

《盟水斋存牍》的作者颜俊彦曾先后任广州府、松江府推官。该书就是他于崇祯元年至三年任广东广州府推官时所审案件的判词,计收有1315件。

《新纂四六谳语》的作者为孔恒,该书共收录10个案件判词,其中5个是为已定死刑罪犯平反。本书判语是对实际发生案件的处理决定,且并非骈体,不知为何以"四六"为名。

实判专集而外,还有些判词并未独立成集,而是作为一部分被收入作者文集中。如海瑞的《海瑞集》、归有光的《震川别集》、范景文的《文忠集》、胡敬辰的《檀雪斋集》、沈演的《止止斋集》、吴亮的《止园集》、祁彪佳的《祁忠惠公遗集》等。依据现有资料如杨一凡、徐立志编《历代判例判牍》，三木聪、山本英史、高桥芳郎编的《传统中国判牍资料目录》以及《明清法制史料辑刊》等统计，明代存留有判词等法律文书的文献有 50 多种，数量有所增加。

明朝在裁判文书发展史上另一个引人注目的地方，是不再局限于对判词原本的保存及判词的结集，而有了将判词、诉状等作为研究对象的论著出现。如吴讷的《文章辨体》、徐师曾的《文体明辨》都把判词列为专门的文体。《文体明辨》还把唐宋以来的判词分为十二类：科罪、评允、辨雪、番异、判罢、判留、驳正、驳审、未减、案寝、候审、褒嘉等。吴讷的《文章辨体》提出了"简当为贵"的制判理论。《肖曹遗笔》则将研究的目光放在诉状上，作者十分重视诉状在诉讼中的作用，认为它关系到诉讼的胜负，并总结出了写诉状的"十段锦"，也就是十项要领，它们是：(1)"朱书"(案由)；(2)"缘由"；(3)"期由"(时间)；(4)"计由"；(5)"成败"；(6)"得失"；(7)"证由"(证据)；(8)"截语"；(9)"结尾"(诉讼请求)；(10)"事释"(目的)。

另外，由于地方官聘请幕僚处理行政、司法事务自明朝开始①，一些颇有政声的官员和著名的幕友会将他们在各级衙门处理政务的心得写成官箴书或幕学著作，其中往往有相当篇幅论及裁判文书制作的问题。因此，这一时期的法律文书一个突出特点就是与幕学紧密联系，法律文书制作成为幕学一项重要的研究内容，幕友们在他们的幕学著作或官箴书中，深入讨论如何制作好各类法律文书，更有一部分幕学著作、官箴书则干脆提供判决书半成品。它们往往以律文为中心结构篇章，因此一般包含律例条文及作者逐条进行的理解注释，再就是与该条相关可能会涉及的各种实用公文如告示、判词、具招条例的拟制。涉及裁判文书制作时，作者往往采用这样的方式：对应每一律例的条文，写一份相对完整的判词和具招条例的半成品，在判语中用"今某"，在具招条例中用"赵甲""钱乙""孙丙""李丁""周戊""吴巳"等方式标示案件当事人的姓名，使用者只需要将"判语"与

① 瞿同祖先生认为，在地方官衙聘用幕友的做法肇始于明代。究其原因，李塽认为这是因为在汉朝后期、唐朝和宋朝，官员们还可以聘用精明能干的儒生担任自己的下级官员；但在明朝却不具备这一条件，儒生进入仕途的唯一路径就是通过科举考试、由吏部任命。官员无力单独行使权力，就只有聘请幕友。还有人认为，明代开始聘请幕友的原因在于僚属官员地位下降。在明代，能通过科举考试的人备受尊敬，但是僚属官员却备受歧视，因此文人学士就不愿意担任僚属之类卑微官职。结果是，僚属官员中有才能的人寥若晨星，博学的人则宁愿以幕友的身份到衙门中服务。参见瞿同祖：《清代地方政府》，范忠信、晏锋译，法律出版社 2003 年版，第 157 页注[8]。

"具招条例"联缀起来,并将"赵甲""钱乙"与"某"改换成真实案件的当事人就行了。有了这样的官箴书,作为司法官员,如果想要偷懒,就可以首先按对号入座的方式找到那一律条,然后套用与此条对应的判词和具招条例的半成品,将需要个案处理的因素如案件当事人姓名等填充进去,就可得到一份套话连篇,但大致不会出错的判词。

明代的《刑台法律》《重刻释音参审批驳四语活套》《律例临民宝镜》《新纂四六合律判语》《新纂四六谳语》等官箴书都是以这样的方式,提供判决书半成品的。①

可以说,明朝时期我国的法律文书首次迈入了理论研究领域。

第二节　清朝至民初

一、清末以前·法律文书的重要发展

(一)拟判的消亡

清朝的实判可谓汗牛充栋。除了实判专集而外,还有大量判词被收录于作者的文集中。影响最大的实判专集有:《吴中判牍》《清朝名吏判牍选》《樊山判牍》《陆稼书判牍》《张船山判牍》《曾国藩判牍》《塔景亭案牍》等。这些在后面的章节中会反复涉及,在此不赘述。

拟判在清朝走到了末路。除了文学作品中还有作者自行创作的拟判而外,大量为科举考试而作的拟判到乾隆二十一年后,已经几乎没有了。这与明清时期官学与科举考试制度变化有直接关系。

明代中央的官学机构为国子监,监生来源于地方的府、州、县学岁贡生员。这些生员在参加国子监的入学考试中要写判语一条,考入国子监后,第四个月的月考中也包含制判的考题。② 考试合格才能"与出身"。

再从科举考试来看,明代定型后的科举制度包括三场考试,初场考《四书》义三道,经义四道。二场考论一道,判五道,诏、诰、表内科一道。三场

---

① 关于《刑台法律》的版式及各部分组成,请详见第三章"拟判获得准格式功能的途径"部分。

② 《明史》卷六十九《选举志一》记载:国子监的学生来源于:"府、州、县学岁贡生员各一人,翰林考试经、书义各一道,判语一条,中式者一等入国子监,二等送中都,不中者遣还,提调教官罚停廪禄。""六堂诸生有积分之法……一年半以上,文理条畅者,升修道、诚心。又一年半,经史兼通、文理俱优者,乃升率性。升至率性,乃积分。其法,孟月试本经义一道,仲月试论一道,诏、诰、表内科一道,季月试经史策一道,判语二条。每试,文理俱优者与一分,理优文劣者与半分,纰缪者无分。岁内积八分者为及格,与出身。不及者仍坐堂肄业。"

试经史时务策五道。① 显然，科举考试中仍有写判词的考题。

清朝早期的官学与科举一仍明制。② 可见，判词的制作无论是在官学还是在科举考试中都占有一席之地。但是这时已经流于形式了。顾炎武指出，应试的考生并不真正研读律例与判词写作，一心只为应付考试，所以他们每人只须记住律典"户律"或"吏律"的任意五条，然后就可在考场中互相交换，以至于出现了考中者的试卷大半雷同的情形。③

写判词的考试，在1757年最终被废除了。④ 与之相联系，大量以应试练习性质出现的拟判在清朝，尤其是清中叶以后，几乎不见了踪影。

（二）司法详文、批词的广泛运用

清初至清末期间，裁判文书除了主干部分——判词（或称"判语"）而外，另有"详文""批词（或批语）"等被大量使用。判词与详文、批语的主要区别在于，判词是各审级审判官对属于本级管辖的案件进行审判后，对诉讼当事人权利义务的判定，所解决的是实体问题；而"详文""批词（或批语）"则要么是各下级审判机构向上级审判机构移送案件用的文书，要么是审判官告知是否受理起诉时用的文书，不论哪一种，大体属于解决程序问题的文书，其功能类似于现代的裁定书。

关于"批词"，将在第二章第二节中专论，这里只就"详文"及详文中的"看语"进行讨论。

裁判文书作为公文中的一种，与这一时期的公文一样，其上行、下行与平行的方向性已经十分明显了。这当中，常用于向上级请示汇报、提出审理意见的上行法律文书主要有"详文"，下行文书以上（级）对下（级）答复的"批词"为代表，因为在文尾以"此批"或"此复"为结语而得名。

详文本是一种使用范围特别宽泛的公文，凡下级衙门向上级衙门申报、请示政务都可使用，也不是清朝才有。不过，清朝"详文"用于司法的比例很高。清朝法律规定，下级对不属于本级管辖、本级司法官无权作出

---

① 《明史》卷七十《选举志二》："初设科举时，初场试经义二道，《四书》义一道；二场论一道。三场策一道。中式后十日，复以骑、射、书、算、律五事试之。后颁科举定式，初场试《四书》义三道，经义四道。……二场试论一道，判五道，诏、诰、表内科一道。三场试经史时务策五道。"

② 《清史稿》卷一〇六《选举志一·序》："古者取士之法，莫备于成周，而得人之盛，亦以成周为最。自唐以后，废选举之制，改用科目，历代相沿。而明则专取《四子书》及《易》《书》《诗》《春秋》《礼记》五经命题试士，谓之制义。有清一沿明制，二百余年，虽以他途进者，终不得与科第出身者相比。"

③ （清）顾炎武：《日知录》卷十六"判"。举子第二场作判五条，犹用唐时铨试之遗意。至于近年，士不读律，止钞录旧本。入场时每人止记一律，或吏或户。记得五条，场中即可互换。中式之卷大半雷同，最为可笑。

④ 瞿同祖：《清代地方政府》，范忠信、晏锋译，法律出版社2003年版，第155页注[3]。

判决的案件,亦应当引律拟罪,提出本级的处理意见,以"详文"报上级衙门等候裁夺。因此,这里所说的"详文"是专门指其中的司法详文而言的。

这些变化引起了时人的注意。在这方面颇有研究的当属黄六鸿。[①] 他在《福惠全书》卷五《莅任部·详文赘说》中说:"夫详文者,详言其事而申之上台者也。贵源委清楚,词意明切,而陈以可否之义,仰候宪裁。其大旨不过刑名钱谷、地方利弊之事。如言刑名应宽者,则据其实可矜恤之情;应严者,则举其法无可宥之状。如言钱谷应追者,则举其侵吞逋抗之奸;应免者,则举其艰难穷困之苦。至于利所当兴,则举其所以利民者何在;弊所当革,则举其所以害民者何存。总宜事理透彻,出之委曲详尽,使阅者诵之,其可喜可怒可泣可悲之情不觉其油然而动,勃然而生,则虽欲不从吾言以为可否得乎。夫详文亦有司之要务,且详之其行与否,均关有司体面。故事非不得已,亦不可轻易动详。"

司法详文在内容结构上包括叙述案情,根据案情和律例进行分析,提出法律处理意见三部分。其中,根据案情和律例进行分析、提出法律处理意见这部分又被称为"看语",因常用"看得"等领述词开头而得名。

黄六鸿在《福惠全书》中有专条论及"看语"。他说:"看语即审单也,亦曰谳语。其法或先断一语而后序事,或先序事而后断,必须前后照应。有贴状附审者,亦须一一序入,而又要不失首词位置,犹之乎作文之有轻重也。大约据招供以序事,依律例以断罪,辩论精详,使无驳窦,能事毕矣。"[②]接着又说:"夫所谓看语,乃上司告词批审与本县详宪之事,复批究拟而审明具狱之情罪以谳者也。不曰审语而曰看语者,以所谳不敢自居成案,仅看其原情以引律拟罪而仰候宪裁也。所谓审语,乃本县自准告词,因情判狱,叙其两造之是非而断以己意者。夫不曰看语而曰审语,以主推在我,直决之以为定案,而更书其判狱之词以昭示之也。"[③]

黄六鸿的说法给人一种印象,仿佛"看语"是一个独立的司法文书种类。尤其是他指出司法看语在结构上包括事实、分析与判决结果三部分,在顺序上既可先叙事,再分析,后下判;也可先下判,后叙事、分析。这样的结果使人觉得"看语"就是一种结构完整的司法文书。其实,这是一种误解。"看语"指的仅是详文中据案情和律例进行分析、提出法律处理意见

---

① 黄六鸿,字思湖,江西新昌(今江西宜丰)人。康熙初任山东郯城、东光知县,后调为京官,任工科掌印给事中,著有《福惠全书》。该书为著者长期担任州县正印官的经验之谈,包罗万象,事无巨细,被视为州县管理之大全,列入《清史稿·艺文志》官箴之属,并于康熙三十三年(1694年)开始刊行。
② (清)黄六鸿:《福惠全书》卷十二《刑名部·释看语》,康熙三十八年金陵濂溪书屋刻本。
③ (清)黄六鸿:《福惠全书》卷十二《刑名部·看审赘说》,康熙三十八年金陵濂溪书屋刻本。

这部分。"看语"虽然也有定罪量刑的内容，但却不是定案的判决结果，而只是下级提出的处理意见而已，不能对案件的当事人产生约束作用。瞿同祖先生对"看语"有一个精当的认识："关于判决的建议，用'看语'（意即'考虑的陈述'）的形式表达。判决表述之所以被称为'看语'，是因为州县官假定自己不能作出判决，因而仅仅就他所看到的案情适用哪些律例提出建议并呈请批准。"①需要说明的是，这里不是州县官假定自己不能作出判决，而是法律规定对这类徒刑以上的案件，州县官就是没有作出判决结案的权利，只有提出判决意见的义务，之后将案件向上级呈报。

"看语"不是一种独立的司法文书种类，它只是"详文"这种上行司法文书中一个组成部分，被装叙在"详文"里，向上级衙门呈报。这就是在各种档案文件中只有"××申××详"，而没有"××看语"的原因。在《清代巴县档案汇编》（乾隆卷）中，有"乾隆三十三年秋巴县申解绞犯惠明章申册""乾隆五十六年正月二十二日綦江县孀妇吴罗氏禀状""乾隆三十年七月三日巴县详报戴氏自缢一案申册""乾隆三十年九月十七日巴县移资州申文""乾隆三十九年三月巴县费全章砍伤伊女二姑身死案申册""乾隆二十九年七月巴县为李洪窃案结案申册""乾隆三十七年十二月十二日巴县申解制造赌具人犯清册"②，这些详文、申册、禀状中就有"看语"。为了更直观地了解"看语"，特全引"乾隆三十九年三月巴县费全章砍伤伊女二姑身死案申册"全文。

乾隆三十九年三月巴县费全章砍伤伊女二姑身死案申册③

为报明事。

卷查乾隆三十八年十月二十□日，据县民费全章报称：缘本年九月二十九日，身妻弟周琴书将白布一匹卖与戴娃子。十月二十五日，有石怀德来身家，称周琴书所卖之布系伊被窃原赃，即指身与周琴书同窃。身力辩不信，欲立誓明心，一时无知，用菜刀将己女胳膊砍伤，次日身死，报乞验讯。等情。同日，又据约保叶瑞彩、卢永碧报同前由。

据此，卑职随单骑减从，带领刑仵前诣尸所，将尸移放平明地面，对众如法相验。据仵作甘起荣喝报：验得已死费二姑，问年二

---

① 瞿同祖：《清代地方政府》，范忠信、晏锋译，法律出版社 2003 年版，第 165～166 页。
② 以上所引分别见四川省档案馆编：《清代巴县档案汇编（乾隆卷）》，档案出版社 1991 年版，第 80、82、85、90、92、103、159 页。
③ 四川省档案馆编：《清代巴县档案汇编（乾隆卷）》，档案出版社 1991 年版，第 92 页。

岁,身长二尺五寸,仰面,不致命右胳膊一伤,斜长二寸二分,翻宽四分,深见骨,系刀伤,余无别故,实系生前砍伤身死。喝毕,复验无异,查起菜刀比对伤痕相符,将尸棺殓,取具仵作不致增减伤痕甘结附赍。

当即查讯:

问,据费全章供:小的是巴县人,年三十年,这死的二姑是小的女儿,今年才二岁。周琴书是小的妻弟,与小的住处不远。本年九月二十九日,周琴书拿一匹布卖给戴娃子,小的原同在场。十月二十五日,周琴书不在家,石怀德来向小的说,九月二十六日他染房里失了五匹白布,今见张仕朝拿布去染,认明他家原赃,查是周琴书与小的同卖,就说小的同偷,要小的还他原赃。小的并不知道周琴书偷他的布,叫他等周琴书回来查问,他总不依,要把小的送官,小的着急,一时糊涂,用菜刀把女儿二姑右臂砍伤明心,哪知二姑到二十六日死了。小的并没伙窃情事,求查讯。问,据乡约叶瑞彩、保正卢永碧同供:本年十月二十六日,费全章来投说,二十五日石怀德说他同周琴书偷窃布匹,要把他送官,他立誓明心,把自己女娃砍伤死了,小的们拢去看明具报的。至周琴书在小的们甲内居住,偷窃石怀德布匹,小的们并不知道,失于查察是真。

问,据周廷书供:周琴书是小的兄弟,分居另住,向来佣工度日。本年十月二十五日,石怀德说周琴书同费全章偷窃布匹,费全章立誓明心,自己把女儿砍伤身死。至周琴书怎样偷窃石怀德的布匹,小的实不晓得。

问,据石怀德供:小的在新店场开染坊生理,本年九月二十六日,李光模拿一匹白布到小的铺里去染,小的在布上写了字号,同自己的四匹白布收放柜内,下河去洗布,被贼乘空进铺把这五匹布偷去,因离城里远,赔还了布价,没有具报。到十月二十一日,张仕朝拿一匹布来染,小的认得布上写有李光模字号,查问是向戴娃子买来,又去问戴娃子,才知是周琴书同费全章卖的。二十五日,小的先到费全章家查问,他说见周琴书卖过布匹是真,并不曾同偷,与小的赌誓,叫小的向周琴书查问,小的见他说话不像,要来告状,哪知他竟去把女儿砍伤,到二十六日身死。小的被窃布匹已经查获，并没有诬指逼勒情事。至那匹赃布现在呈验，求传事主查认，余布求追给。

问，据戴娃子供：本年九月二十九日，周琴书拿一匹白布要卖，小的不知道是贼赃，用三百钱买下，到十月十六日，小的又要钱用，照原价转卖与张仕朝，被石怀德查问布的来历，小的原告诉他是向周琴书同费全章买的，至费全章怎样砍死女儿，小的不知道。

问，据张仕朝供：本年十月十六日，小的用钱三百文买了戴娃子一匹白布，二十一日拿出去染，石怀德认是他店里被窃原赃，向小的查问布的来历，小的告诉是向戴娃子买来的，那知石怀德又查出是费全章、周琴书同卖，说费全章偷的，要来送官。费全章立誓明心，把女儿砍伤死了。求查究周琴书追还布价就是。

问，据李光模供：本年九月二十六日，小的拿一匹白布交石怀德去染，后来他说被贼偷去，已经赔还。如今石怀德呈验的这匹白布，小的认明实是原布是实。

问，据周琴书供：小的是巴县人，年二十七岁，向来佣工度日。与哥子周廷书分居多年，同姊夫费全章同村居住。本年九月二十六日下午，小的路过新店场，见石怀德染坊没人照管，一时起意，进铺在柜内偷了五匹白布回家，把四匹做衣裤穿了。九月二十九日，拿剩下的一匹白布卖与戴娃子，得钱三百文，那时费全章原在场看见，小的也就出外佣工。那知石怀德查着赃布，跟问戴娃子；说出小的卖布时费全章同在跟前，十月二十五日到费全章家要原赃，费全章把自己女儿砍伤明心，二十六日身死。小的实因一时起意偷过这一次，此外并没窝伙窃劫别案，哥子周廷书与费全章都是不知情的，求恩典。各等供。

据此，随传经纪估未获石怀德被窃布四匹，值银一两二钱，已获李光模布一匹，值钱三钱，共估值银一两五钱。除将尸棺给属领埋，赃布给主具领，菜刀带回贮库，周琴书等分别禁保，再行研审周琴书起意行窃，费全章是否同伙知情，砍伤伊女身死有无图赖各实情议拟详报外，所有验讯缘由，理合填图录供具文通报。等情。

详奉署总督部堂文批司、行府饬审详报等因，备仰下县。奉此，卑职遵即提集犯证到案，当堂复加研讯〈下略〉。

据此，该署四川重庆府巴县事长寿县知县曾审看得周琴书起意行窃，致费全章砍伤伊女二姑明心身死一案，查周琴书系费全章妻弟，同村居住，乾隆三十八年九月二十六日，周琴书路过石怀德染铺，值石怀德下河洗布，周琴书四顾无人，起意行窃布匹而逸。至二十九日，周琴书持白布一匹偕费全章赶场，卖给戴娃子，得钱三百文花用。迨后，戴娃子需钱，又卖给张仕朝，张仕朝持布赴染，被石怀德查问布匹来历，知系周琴书同费全章转相卖给。十月二十五日，石怀德向费全章逼要原赃，费全章答以不知周琴书行窃情由，应向周琴书询问。石怀德不依。欲行送究。费全章无从剖辩，一时情急，砍伤幼女明心，殊二姑伤重，延至二十六日身死。报县验讯通详，奉批饬审，遵提犯证复讯。据供前情不讳。研讯周琴书，实系一人起意行窃，赃经主认正贼无疑。周琴书合依窃盗赃一两以上杖七十律，应杖七十，折责二十五板，系初犯，照例刺臂。费全章因石怀德查知同周琴书卖布，疑其伙窃，欲赴县送究，费全章不能剖辩，辄砍二岁幼女明心致毙，虽究无伙窃图赖情事，实与故杀无异，费全章合依子孙而父母故杀者杖六十徒一年律，应杖六十，徒一年，至配所折责二十板。石怀德疑指为窃，虽系有因，但酿成人命，实属不应，应合依不应重律，杖八十折责三十板。戴娃子不指清卖布原主，合属不合，姑念年未及岁，请免置议。乡约叶瑞彩讯无知情容琴书行窃情事，合依失察例笞四十折责十五板，保正卢永碧减一等折责十板，均革役。余属无干，概免省释。已获赃布先已给主具领，未获之赃在于周琴书名下追起给领。尸棺饬给尸亲领埋，凶刀随详解验。是否允协，理合连犯解候宪台俯赐审转。为此，备由申乞照详。须至申册者。

　　计申解犯人一名费全章，扭锁镣，年三十一岁，身中材，面白微须，左手五指俱箕，右手五指俱箕，系巴县人。

　　文书中，"看语"出现在全文的末尾，即从"据此，该署四川重庆府巴县事长寿县知县曾审看得……"以下一直到"须至申册者"，引述词是"审看得"，是暂时署理四川重庆府巴县事的长寿县曾知县对本案的案情认定以及自己对案件当事人的定罪量刑意见，即认定周琴书一人起意行窃，无关费全章事，依窃盗赃一两以上杖七十律，应杖七十，折责二十五板；系初犯，照例刺臂。费全章虽经查明未与周琴书伙盗且不知周琴书窃盗事，但其对砍伤幼女致毙一事，要承担故杀的责任，依父母故杀子孙者杖六十、徒一年律，应杖六十，徒一年，至配所折责二十板。戴娃子不指清卖布原主，亦有过错，但因其年岁未及刑事责任年龄，提请免除对他的刑事责任追究。乡约叶瑞彩应当知道而不知悉周琴书行窃一事，应依失察例笞四十，折责十五板,保正卢永碧减一等折责十板,均革役。其余人等与案无干。已缴获的赃布先行给付失主具领,未获之赃待追回后再发还。尸棺令尸亲领埋,凶器菜刀一把随详册上解勘验。该看语对案件各当事人分别罪与非罪提出定性意见,然后对有罪须处刑的,详细说明了定罪的法律依据,所定的罪名、刑种、刑期,最后对赃物及作案工具如何处理进行了建议。

本案定性为命案,且按曾知县的意见,案件当事人有被判处徒刑的,则该案不属于州县的案件管辖范围。但这不意味着州县官可以将本案直接移送上级衙门。相反,他必须在进行查验、讯问,弄清案情后,提出法律处理意见,再上报待批。这种法律意见形成文字后,就成为"看语",以表示这并非本案的判决,需要待上级衙门审核无误后,由上级衙门作出判决。

另外还须说明,"看语"也并非只在上报案件或与司法有关的详文中出现。一些请求上级衙门旌表孝子节妇、推举贤良方正以及申请名宦乡贤等上行公文,也有用看语的。不过相对来说,看语被用于司法审判中向上级移送案件,提出法律处理意见的情形较多。黄六鸿在《福惠全书》中径直将"看语"与民刑案件审理挂钩,无形中强化了"看语"与司法审判的联系。

(三)幕学中的法律文书研究

法律文书有哪些种类?在诉讼过程的各个环节相应使用何种文书?各文书应包括哪些事项?记载哪些内容?这些问题在传统司法制度下,都是按相沿成习的约定解决的。历代法典没有对上述问题进行规制的条文。以《唐律》来看,只在"斗讼"律"为人作辞牒加状"条下,有这样的规定:"诸为人作辞牒,加增其状,不如所告者,笞五十;若加增罪重,减诬告一等。"代书人在制作词状过程中,不按所告内容如实陈述,而是添附情状,要受笞五十之刑;如果因为添附情状后让对方当事人受到重于添附之前的刑罚,则要受到减诬告一等罪的刑罚。显然,这一法条只是针对诉状的代书人而言,而且是从刑事责任的角度来加以规范的。以后的《宋刑统》《大明律》《大清律》上承唐律,在这方面的规定与唐律不相出入。

如前所述,明朝正印官及其幕友已开始关注法律文书制作研究,这种传统为清朝所沿袭。清代的幕学著作及官箴书十分丰硕。黄六鸿的《福惠全书》、徐栋的《牧令书》、方大湜的《平平言》、刚毅的《牧令须知》是官箴书的代表,而汪辉祖的《学治臆说》《佐治药言》、王又槐的《办案要略》则是幕学著作的代表。这些官箴书和幕学著作或多或少都会论及法律文书的制作。它们往往从对某类文书的界定、认识入手,兼及制作的心得。如黄六鸿的《福惠全书》中《莅任部》的《详文赘说》《看审赘说》《刑名部·释看语》;汪辉祖的《学治臆说》《佐治药言》、王又槐的《办案要略》中的"论批呈词""论详案""叙供""作看""论作禀""论驳案""论详报"等,分别对裁判文书中的"批词""详文""禀文"进行了界说与讨论。这些研究是作者在实践基础上的理论升华,将作者对律学的理解与司法实践经验结合起来了,使法律文书的理论研究具有了专业性,并因此得以深入。

二、清末·对文书进行法律规制的开始

上述这些民间对法律文书进行研究与规范的自发状况,到了清末法制变革时期发生了很大改观,国家法律开始对判词与诉状进行规制了。

光绪三十三年十月出台了第一部对诉状进行统一规范的法律文件:《试办诉讼状纸简明章程》;宣统元年十二月二十三日法部再次奉准施行的《筹订状纸通行格式章程》,是清朝第二部对诉状进行规制的法律文件;光绪三十三年十月二十九日奉准施行的《各级审判厅试办章程》,是第一部有规范判词制作相关条文的法律文件;《大清民事诉讼律草案》《大清刑事诉讼律草案》则成为"判决书""决定"及"命令"等新文书产生的法源。关于这三部章程及大清民事、刑事诉讼律草案中对法律文书的规制将在第三章"规定法律文书格式的法律文件"中详细论及,此不赘述。尽管三章程并未将诉状及判词的内容与格式作为其规范的重点,①但毕竟还是有所涉及。尤其是对判词,此前传统法律还未有过专门的规范,因此,《各级审判厅试办章程》《大清民事诉讼律草案》《大清刑事诉讼律草案》中对判词的相关规定,在清末至民国元年之间,对判词所起到的规范作用还是很明显的。《各级审判厅试办章程》的第三十八条,首次规定了判词之程式:

第三十八条　判词之定式除记载审判厅之名称并标明年月日,由公判各官署押盖印外,其余条款如左:
刑事
一、犯罪者之姓名、籍贯、年龄、住居、职业
二、犯罪之事实
三、证明犯罪之缘由
四、援据法律某条
五、援据法律之理由
以上系有罪判决之款式。其无罪之判决,但须声明赦免之理

---

① 关于这点理由的陈述,请参见第三章关于三章程的相关部分。

由,不列定款。

民事

一、诉讼人之姓名、籍贯、年龄、住居、职业

二、呈诉事实

三、证明理由之缘由

四、判断之理由

这条规定在司法实践中得到贯彻与否？让我们来看看《各级审判厅试办章程》颁行前后的两件判词,对比之下可得出结论。

例一:王朱氏控丁廷诏①

丁廷诏不知有母,何有于母之母。即丁廷诰又何曾知有母。特生性庸懦,不敢公然忤逆耳。其为人活心死,犹廷诏也。王朱氏所控丁廷诏盗卖田亩一节,既据丁廷喜等调解妥洽,姑免深究。惟弃母不养,以致丁王氏佣乞度日,则廷诏、廷诰,厥罪维均。现查丁王氏寄食邻村,并未远徙。勒令廷诏、廷诰于五日内寻回奉事,仍按月贴给王朱氏熟米一斗,以报其昔年抚恤之恩。著具结。并著丁廷喜等具保。如王朱氏再来控诉,丁王氏仍旧缺养,该保人并干严罚。此判。

例一是清末民初江苏句容知县许文濬的案牍文书《塔景亭案牍》卷五中的一道判词。据该书校者研究,书中判词虽未注明年月,但隐然以卷八为界。卷八之前为1909年至1911年的判词,则例一这道判词的制作时间也在其间,正当国家法律对判词、诉状进行的规范将行未行之时,司法实践中的判词依然沿袭传统制作方式没有改变。

该判词显示了传统判词制作的典型特征:行文根据裁判者的个人习惯与喜好进行,完全没有一件判词应包含哪些必须要写明的固定内容,更没有这些内容应当按一个什么样的固定结构顺序依次展开的意识,体现出强烈的随意性、非正式性与私人性,反正诉讼双方当事人自己明白案件的来龙去脉就行,至于其他读者则完全没在考虑之列。这一特点与古代政府体制有关。

古代政府体制由于司法与行政不分的传统,使州县一级的地方政府形

---

① (清)许文濬:《塔景亭案牍》,俞江点校,北京大学出版社2007年版,第105页。

成了瞿同祖先生所说的"一人政府"。① 在这样的体制下,公与私的界限在很多场合是没办法区分开的。以司法而言,州县官在案件的审理时往往以"父母官"的身份出现,对案件往往更愿意像家长一样以调解、劝谕的方式加以处置。这些因素使得司法也具有强烈的"非正式的私人性"色彩。② 反映在文书制作中,则裁判者与当事人都认为审判是具有私人性的,判词更是针对特定范围的当事人,双方当事人及相关事实、情节大家都再熟悉不过。基于这样的潜意识,传统判词在开始时都不交待当事人的身份事项,在陈述案件事实时,也以大家都知道案情为假设,并不严格按陈述事实必需的要素进行,因此,看完一件传统判词,不一定能了解案件事实的来龙去脉。

以例一来看,完全没交代丁廷诰、丁廷诏、王朱氏、丁王氏四者的身份事项,不知他们是哪儿的人,年岁几何,住在哪里;也未交代他们之间是什么关系及他们在诉讼中所处的地位。谁是原告,谁是被告,因为何事提起诉讼等情况,要在看完整件文书后,方能明白个大概:丁廷诰、丁廷诏当为兄弟俩,因不孝养丁王氏而被起诉。不过,丁廷诏与丁廷诰谁为兄,谁为弟? 他们与王朱氏、丁王氏是何关系? 案件完整的事实情节如何?"盗卖田亩""弃母不养"究竟是怎么回事等疑问依然存在。

传统判词制作中存在的问题,在国家以法律形式对判词进行规范后有了改观。

例二:李杰光故杀缌服兄李肇光　梧州地方审判厅案③

李杰光务农度日,曾向缌麻服兄肇光批种公田四分之一,批银未照交清。宣统元年二月二十二日,李肇光之父秉葵嘱肇光向取批田银两,与杰光口角,遂起斗殴,李肇光将杰光推倒地上,用手压住,杰光见肇光腰上佩有火镰刀,遂顺手抽出向戳,适中肇光心坎,肇光负痛释手跑归,移时毙命。当由李肇光之父秉葵报经苍梧县验明尸身。心坎一伤,长五分、深二分,深透内,系刀伤。右胁一伤,长一分、阔二分、皮微损,系刀尾碰伤。余无别故。填格附卷,案悬未结。宣统三年三月内复经李秉葵呈由地方检察厅起诉到厅,讯据李杰光供称:父母俱存,兄弟三人,民居长,二弟承

① 参见瞿同祖:《清代地方政府》,范忠信、晏锋译,法律出版社2003年版,第334页。
② 参见瞿同祖:《清代地方政府》,范忠信、晏锋译,法律出版社2003年版,第334页。
③ 汪庆祺编:《各省审判厅判牍》,李启成点校,北京大学出版社2007年版,第116~117页。

继堂叔秉莘,三弟被拐出洋,闻已身死。宣统元年二月二十二日上午,缌服堂兄李肇光到民家问民逼取批田银两,因口角互相斗殴,肇光推倒民卧地上压紧不放,民尽力用手推,上推时见肇光身上佩有敲火镰刀,一时忙迫,顺手掣出火镰刀向戳,意图解脱,不料切中要害,肇光抱痛奔回,移时毙命。民畏惧,将镰刀丢弃厕坑。肇光与民素无仇怨,实非有心杀伤,求宽恩。又据尸父李秉葵供称,有子四人,肇光居次,杰光系肇光缌麻弟,平日素无仇怨,因批田与杰光种,宣统元年二月二十二日嘱肇光到杰光家取批头银两,不料被杰光用刀戳伤身死。当时民不在场,问他何人杀伤,他说系杰光杀伤的,移时即身死。闻得当时原无他人帮凶,至称伊母授刀杀伤的话系属误传,请惩办杰光各等情。

(证明犯罪之缘由)审得李肇光因向杰光取批头银两,彼此口角起衅。肇光推压杰光在地,杰光意图解脱,掣出肇光所佩火镰刀向戳,适中肇光心坎,移时毙命。审无挟嫌逞忿及有心干犯情事,亦无帮凶同谋之人。李杰光实犯卑幼殴本宗缌麻兄至死罪。

(援据法律)李杰光照(幼卑)[卑幼]殴本宗缌麻兄死者至绞律,处绞监候。凶刀审系抛弃,应免没收。此判。

(援据法律之理由)查律载:卑幼殴本宗缌麻兄至死者,绞。又律注:殴本宗缌麻尊长至死,俱照常监候等语。此案李杰光与缌麻服兄肇光素无仇怨,当时系因向取批田银两,口角起衅,李杰光被压在地,一时情急,遂将肇光所佩火镰刀掣出向戳,适中肇光要害,回家移时毙命,委系事出仓猝,尚非有心干犯。按服制卑幼殴缌服兄至死者,仍照常监候,李杰光自应依卑幼殴本宗缌麻兄至死照常监候律,处绞监候。李秉葵等曾控李杰光之母授刀故杀,既经讯无其事,应予免议。判决。

例二选自《各省审判厅判牍》,代表着该书中相当数量判词的制作方式。《各省审判厅判牍》编纂时间为1911年冬到1912年春,所收录的判词是清末法制变革时期,各省审判厅成立并开始运转后,各级审判厅在1907年至1912年间制作的判词。独立于行政机关的专门审判机构——各级审判厅的建立在中国是开天辟地的第一次。按西方法律体系建立起来的各级审判厅摆脱了古代行政与司法不分的状态,司法审判不再是各级衙门正印官的私人事务,其运行开始受到法律的规制而逐渐显现出其正式性与规范性。在各级审判厅成立后，为使其能正常运转，清朝法部在诉讼法一时还不能正式制订颁行的情况下，出台了应急性、替代性法律文件——《各级审判厅试办章程》。如前所述，这部章程的第三十八条规定了"判词"应记载的内容。那么这条规定在司法实践中的执行情况如何呢？例二给了我们明确的答复。

判词首先对被告人、被害人之间的身份及相互关系进行了说明："李杰光务农度日"，说明李杰光以务农为业，"曾向缌麻服兄肇光批种公田四分之一，"说明李杰光与肇光系缌麻服兄弟关系；"批银未照交清"，说明事情的起因。"宣统元年二月二十二日，李肇光之父秉葵嘱肇光向取批田银两，与杰光口角，遂起斗殴，李肇光将杰光推倒地上，用手压住，杰光见肇光腰上佩有火镰刀，遂顺手抽出向戳，适中肇光心坎，肇光负痛释手跑归，移时毙命"，陈述的是事实经过与情节。接着以勘验结果与供词加以佐证。接下来的三段分别以"证明犯罪之缘由""援据法律""援据法律之理由"开头，完全是按《各级审判厅试办章程》第三十八条对刑事有罪判决书应当记载事项的规定来制作的。

需要注意的是，制作本文书的广西梧州地方审判厅处于相对边远的地区，对于《各级审判厅试办章程》第三十八条的执行尚能如此到位的话，其他众多距离京城更近地区，因为受京城辐射力的影响更大，对于此条规定的适用自然是题中之意了。查《各省审判厅判牍》中直隶各级审判厅、浙江各级审判厅、江苏各级审判厅制作的文书中，有很多都是严格按照第三十八条规定的事项来制作的。

三、民初·判决书、决定书的出现

辛亥革命后，中国社会发生了翻天覆地的变化。与国体更张相联系的是一系列制度变迁。法律制度首当其冲。孙中山宣布民国政府"首重法律"，并将建立一个民主法治国家作为政府的政治理想。传统法律体系的整体框架已经坍塌，传统司法判词失去生存的土壤，逐渐退出了历史舞台。[①]

经过清末法制变革的前期铺垫和民国临时政府的宣传与鼓吹，法治思

---

① 不过这里需要说明的一点是，民国时期尤其是民国初期，判决文书仍然有被称为"判词"的，如出版于 1923 年的《最新司法判词》，收录的是民国元年至二年期间的判决文书，所依据的程序法律大多为《大清民事诉讼律草案》或《大清刑事诉讼律草案》，而非《各级审判厅试办章程》。但该专集仍以"判词"命名。好比用的是"判词"这一"旧瓶"，装的却是现代"判决书"这瓶"新酒"。应该说，这里称"判词"不过是惯性使然罢了。

潮在进入民国后,形成了高潮。一时间,以法治国成为朝野上下的共同话题。法律以令人惊异的力度影响着人们的生活,受到了民众前所未有的尊崇,①对法律的强调渗透到了生活的方方面面。在司法领域,随着曾作为裁判依据的"情""理"的逐渐淡出,"法"日渐成为裁判的主要依据。"法"所具有的规范性在司法的各个环节凸显出来了。当时主要可资依凭的法律实际是前清法律中凡与民国政体不相抵触的部分,包括《各级审判厅试办章程》《大清民事诉讼律草案》及《大清刑事诉讼律草案》等。后据需要对草案条文加以修正,并以单行法律形式公布施行。如 1912 年 5 月颁布《民刑事诉讼律草案管辖各节》《县知事审理诉讼暂行章程》等。

随着近代法律制度在中国的稳固推行,贯穿了大陆法系思想精神的《大清民事诉讼律草案》《大清刑事诉讼律草案》对审判实践的影响越来越大,成为了各级审判厅中普遍援引的诉讼法律。自然,其中的条文也成为司法的指针。就文书而言,《大清民事诉讼律草案》成为"判决书""决定"及"命令"等新文书产生的法源。

在《大清民事诉讼律草案》第三编第一章第一节"裁判"之下,修律大臣对"裁判"作了这样的草案说明:"司法机关因达司法之目的,依民刑事诉讼法所为之处分谓之裁判。民事诉讼之裁判或专指审判官所为之处分(狭义),或包括审判官所为之处分及审判衙门书记所为之处分(广义)。本案以为裁判字样应专指示审判官所为之处分,而书记之处分则特规定为书记之处分,不规定为书记之裁判。至总括各种审判之通则规定于一节,实际上颇为便利,故设本节而并规定关系书记处分之通则也。本案分裁判为判决、决定及命令。判决乃审判衙门就当事人实体上及重要诉讼上请求之当否,本于当事人言辞辩论所为之裁判;决定乃审判衙门就简易诉讼上请求之当否或关于诉讼上指挥所为之裁判,不必本于当事人之言辞辩论;命令乃审判长受命推事或受托推事就简易诉讼上请求之当否或关于诉讼上指挥所为之裁判,亦不必本诸当事人之言辞辩论也。此区别之实用在不服裁判之声明方法不同,对于判决,得以控告或上告声明不服,对于决定及命令则反是。"

在这里,修律大臣对除了对"裁判"进行界定外,最主要的是对"判决""决定"及"命令"进行了区别。而记录这三种裁判行为的书面文字自然为"判决书""决定书""命令书"了。

(一)判决书的出现

法律文书作为司法实践的载体,其呈现的状态与在背后支撑它的法律

---

① 关于此间法治思潮的形成与状态,社会对法律书刊、法律专门学校追捧的详情,请见第五章。

制度是紧密相关的。从这个意义上说,有什么样的制度就会有什么样的法律文书。

以笔者目前掌握的资料来看,"判决书"作为一种法律文书种类,其在中国的最先出现是在《华洋诉讼判决书》中。该裁判专集由直隶高等审判厅编辑出版,收录的是 1914 年至 1919 年,该审判厅审理中国人与外国人之间发生的民刑事纠纷后制作的判决书及小部分决定书。由三部分组成,分别是"一、民事判决书","二、民事决定书","三、刑事判决书"。自此以后,判决书作为一种近现代法律制度下的主要法律文书种类,一直沿用至今。

《华洋诉讼判决录》中之所以有"判决书"出现,当然不是直隶高等审判厅自行的创制,而是法律规制的结果。《大清民事诉讼律草案》第四百七十二条就是关于"判决书"的专门法律条文,它也因此成为"判词"向"判决书"转变的制度原因。第四百七十二条的条文为:"判决书应记明左列各款事宜……"明定记录审判衙门就当事人实体上及重要诉讼上请求之当否,本于当事人言辞辩论所为之裁判的书面文字为"判决书"。

(二)决定书的出现

传统司法中也有实体问题与程序问题,相应地也有主要用于解决实体问题的文书——判词和主要用于解决程序问题的文书——批词。两种文书都沿着各自的轨道向前发展。进入民国后,判词逐渐消亡了,代之而起的是判决书;批词逐渐消亡了,代之而起的是决定书。

如前所述,最先创制"决定书"这种法律文书的法律是《大清民事诉讼律草案》。其中明确说明"决定乃审判衙门就简易诉讼上请求之当否或关于诉讼上指挥所为之裁判,不必本于当事人之言辞辩论",而记载这种解决简易诉讼请求或指挥诉讼的裁判行为的法律文书就是"决定书"。

决定书实例首次出现也是在《华洋诉讼判决录》中。该裁判专集收录的三类文书中,其中第二种就是"民事决定书",共 19 件,都用于解决诸如管辖异议、缺席判决申请、假扣押申请等一个个程序问题。

在清末的《各省审判厅判牍》与民初的《华洋诉讼判决录》中,我们发现同样记载对民事诉讼标的级别管辖的处理决定,前者用的是批词,而后者用的则是决定书。

这里需要指出的是,在决定书出现的时候,批词并没有马上消亡,实际上还与决定书并存了一段时间。关于这方面的详细内容,请详见本书第二章"决定书"部分。

第二章　从判词、批词到判决书、
　　　　决定书:名称的变化

　　文书名称的变化无论是大还是小,都容易被人忽略。但实际上,任何法制变革总是要落实到一个个诸如文书名称这样的细节上,最后才能形成全新的机体。因此,不可忽视研究中的蛛丝马迹,也许它就包含着问题的全息,又或者,它可以指引研究的方向与线索。关于这一点,费孝通先生曾有过一段精辟的论述:"讼师改称律师,更加大字在上;打官司改称起诉;包揽是非改称法律顾问——这套名词的改变正代表了社会性质的改变,也就是礼治社会变为法治社会。"①

第一节　判词——判决书:实体文书名称的演变

一、判词

　　汉字中与古代判词有关的单音词有"书""判""谳""牍",双音词则有"书判""判词""判牍""谳牍""案牍"等。

　　清末广泛使用"判词"来指代记载审判官员对案件处理决定的文字。不过,"判词"这一名称并非一开始就有,而是长期演变的结果。

　　目前学界通说认为判决书发现最早的年代为西周,当时判决书被称为"书"。许慎《说文解字》云:"书,箸也。"段玉裁注曰:"叙目曰:箸于竹帛,谓之书。书者,如也。箸于竹帛,非笔末由矣。"这样看来,西周时期之所以将判决书称之为"书",其着眼点在于对书写材料的关注。西周时期的书写材料包括竹简、木牍、青铜器、缣帛,相比较而言,青铜器、缣帛因成本昂贵,不可能成为广泛使用的书写材料,像判决书之类的文字,其载体绝大多数为竹简、木牍应当是合理的推论。这当是西周判决书名为"书"的主要理由。对于为何现在所能见到的西周时期最早的判决书恰恰不是书写在简牍上,而是镌刻于青铜器上的疑问,只能解释为两种不同材质而导致保存期限的不同所致。以青铜为载体的文字自然比以竹木为载体的文字更能经受时间的考验。

---

① 费孝通:《乡土中国　生育制度》,北京大学出版社 2005 年版,第 54 页。

显然，以"书"指称判决书，距离判决书的实质很远，这种名实不符的情况，为判决书名称的变化发展提供了空间。自西周以降，各朝判决书的名称不尽相同。西周以后，从何时开始不再以"书"指称判决书，目前因为缺乏史料，不敢擅断。可以肯定的是，唐宋时期判决书被称为"判"。《说文解字》："判，分也。从刀，半声。"段玉裁注云："'媒氏掌万民之判。'注：判，半也。得耦为合，主合其半成夫妇也。'朝士有判书以治则听。'注：判，半分而合者。"明徐师曾《文体明辨·序说》按："字书云：判，断也。古者折狱，以五声听讼，致之于刑而已。秦人以吏为师，专尚刑法。汉承其后，虽儒史并进，然断狱必贵引经，尚有近于先王议制及《春秋》诛意之微旨，其后乃有判词。唐制，选士判居其一，则其用弥重矣。故今所传如称某某有姓名者，则断狱之词也；称甲乙无姓名者，则选士之词也"；清王兆芳《文体通释》说："判者，分也。决事而分，别事理也。自古有决事必有其辞，惟其简质故前古无见文，亦不名判也。六朝决事曰判，唐试士有判，至于明代亦然。主于判断事理，审辞平议。"清吴曾祺《文体刍言》说："判始于西汉，本为试士而设，扬雄综判取士是也。皆为两造之词，加以判断，而定曲直焉。唐时身言书判各为一种，至宋此典不废。"看来"判"的最初含义是"分"，由此引申出的"分别""分析""分辨"等字义，与审判须厘定是非、判别事理的本质是相吻合的，故"判"取代"书"作为唐宋时期判决书的指代。

唐宋时期，判词除了用单音词"判"指称而外，也出现了以双音词"判花"或"判状"等指称的情况，如柳宗元《段太尉逸事状》："太尉判状辞甚巽。"刘克庄《送洪使君》："判花人竞诵，诗草士深藏。"①

明朝直到清末，单篇判词仍然称之为"判"或"判词""判语"。这一方面是传统习惯所致，另一方面也与当时的法律指引有关。正如在第一章中所讨论的那样，清末法制变革后，法律文书开始被纳入法律规范对象之列。首次对判决文书进行规范的法律是《各级审判厅试办章程》。该章程第三十八条对刑事有罪判决文书、刑事无罪判决文书及民事判决文书应当记明的事项进行了规定。第三十八条的起首条文为："判词之定式除记载审判厅之名称并标明年月日，由公判各官署押盖印外，其余条款如左……"显然，该章程仍以"判词"作为前述三种判决的文书名称。

二、判决书

以笔者目前掌握的资料来看，"判决书"最早运用于中国司法实践并

---

①　因判词后面有当事人的签字画押故名判花。

被收录进来是在《华洋诉讼判决录》中。该裁判专集由直隶高等审判厅编辑出版,收录的裁判文书都在尾部标明了制作年月。翻检可知,这批文书制作得最早的在民国三年(1914 年),最晚的在民国八年(1919 年)。

该书由三部分组成,每部分的标题分别为:"一、民事判决书""二、民事决定书""三、刑事判决书"。"判决书"这一文书名称在这里出现了。

该书目录列示每一部分收录的具体文书时,先标明案件的案由,再标明文书名称,比如"高介臣与美商兴泰洋行因赔偿欠款一案判决书""张世臣等与俄商克立洋行因拖欠货款一案判决书""李陶孙与美商经理崔炳臣等因货款纠葛一案判决书"等,"判决书"在这样的位置再次出现。

虽然从发展脉络来看,判决书是由判词发展而来,但实际上判词与判决书的差别显然不仅仅只是名称的不同。判词之所以叫"判词",判决书之所以叫"判决书",它们之所以呈现不同的样貌并非偶然,而是制度安排的必然。因此,与这看似不起眼的名称变化相连的是这种变化背后隐藏的巨大制度变迁。

"判词"作为与古代法律共生的法律术语,是传统司法的载体,显然,作为一种文化的符号与表征,"判词"很难融入近现代法律术语体系,难以承担表征与近代法制理念下孕育出来的判决文书的任务。再将按近代法律体系进行审理后制作的判决文书称为"判词"愈益显出了圆凿方枘,龃龉难入的窘态。相反,某些外来的法律术语似乎才能更准确地传达被移植法律在其原有文化背景下的本质特性。正如美国语言学家萨丕尔所说:"语言,像文化一样,很少是自给自足的。""只要有文化的借贷,就可能把有关的词也借过来。"① 没有谁会怀疑在中国近代法制史上这一场轰轰烈烈的法律变革本质上是一次法律移植,与之相伴的必然是外来法律术语的"借贷"。

在会通中西的立法思想指导下,清末立法从一开始就选择了与中国政体最为接近的大陆法系中德国与日本立法作为模范与参考的对象,大臣们普遍认为格物制造,宜取法于英美;政治、法律,宜取法于日德。修订法律馆在变法修律的过程中,以实际行动"取法于日德"。它组织翻译了 300 余种西方各国的法律文本和法律著作,聘请外国法学家如日本的冈田朝太郎、松冈义正、小河滋次郎、岩井尊文、志田钾太郎等为法政学堂讲授法律课程,更延请他们为清末新式法典编纂的顾问。② 由于日本

① [美]爱德华·萨丕尔:《语言论》,陆卓元译,商务印书馆 1985 年版,第 173、174 页。

② 参见李贵连:《沈家本评传》,南京大学出版社 2005 年版,第 330~331 页。

近代法律是以德国法为继受源头，因此，追本溯源，应当说中国近代法律体系的建立是近师日本，远取德国的结果。各种法律制度的建设无不深深打上日德烙印。

以诉讼法来看，经过近 3 年的努力，至 1910 年沈家本等修律大臣在日本法学家冈田朝太郎和松冈义正的帮助下，终于完成了《大清民事诉讼律草案》和《大清刑事诉讼律草案》。① 据黄源盛教授研究，《大清刑事诉讼律草案》"主要是参酌日本明治二十三年（1890 年）的《刑事诉讼法》研拟而成"。其实《大清民事诉讼律》也几乎为日本 1890 年《民事诉讼法》的翻版。②

将《大清民事诉讼律草案》《大清刑事诉讼律草案》与当时德国与日本民事诉讼法典两相对照，确实可以清楚看到这种继受渊源关系。以其中对判决文书的规定来看：德国《民事诉讼法》第 313 条规定了判决书的内容："（1）判决书应记载……"日本《民事诉讼法》第 253 条也规定："判决书应当记载下列事项……"可以看出，德、日诉讼法中均以"判决书"指称法庭审理终结后所制作的裁判文书。以日本、德国诉讼法律为模范的《大清民事诉讼法草案》在第四百七十二条中亦规定："判决书应记明左列各款事宜……"

由此可见，民初司法中以"判决书"称审理案件结束后制作的解决实体问题的文书是基于清末诉讼律草案中关于"判决书"的相关条文规定。而两部诉讼律草案中的相关条文，则直接脱胎于德、日诉讼法律。确乎可以认为，"判决书"这一名称是中国近代向西方"借贷"法律文化过程中，一并"借来"的西方法律术语。

不过，我们除了认为"判决书"是近代西方法律移植的产物而外，也认为它是古代法律术语"判"从古代汉语的单音词变为在现代汉语的双音词、多音词或短语的结果，两条法律术语演进路径殊途同归，最后形成了融中国传统法律因素与西方法律传统为一体，为中国民众乐意接受的法律术语——"判决书"。

当然，说"判词""判决书"分别为中国古代法律制度与近代法律制度的表征，是在通常意义下的判断。清末民初正处于转型的特殊时期，情况

---

① 本书所引用的《大清民事诉讼律草案》《大清刑事诉讼律草案》分别为天津图书馆馆藏的清宣统二年（1910 年）上海政学社影印本和同年修订法律馆铅印本。

② 对于两部诉讼法的继受，也有学者持不同意见。夏锦文博士在其博士论文《司法的传统与变革》中认为，这两部诉讼律的体系结构均以德国诉讼法为蓝本，也参照日奥等国的诉讼法，引进了资产阶级诉讼法的内容规范。

则稍有些不同:有部分被称为"判词"的文书具有一定的特殊性。它们兼有传统判词与近代判决书的一些因素,只不过传统与现代所占的比重有所不同而已。以《各省审判厅判牍》而言,其收入的相当多判决文书无论从内容还是格式上已经与传统判词有了很大的区别,但与近代判决书还有不少差距,实际上将这些判决文书称为"判词"或"判决书"都是不准确的;而民国元年至二年间各级审判厅制作的《最新司法判词》,无论从内容到格式,实际上已经基本属于近代判决书的范畴,却仍然被冠以"判词"之名。这样"名不副实"的状态到了 1914 年以后,才基本上得到改变。自《华洋诉讼判决录》以后,审判机构按近代法律体系对案件实体问题审理后,所制作的文书被统一称为"判决书"了。"判词"作为传统司法的文化表征之一,彻底退出了历史舞台。标志着传统法律体系的寿终正寝与近代法律体系的成长发育。

第二节　批词——决定书:程序文书名称的演变

同任何类型的法制一样,中国传统司法也存在实体与程序问题,相应地也有主要用于解决实体问题的文书——判词和主要用于解决程序问题的文书——批词。两种文书都沿着各自的轨道向前发展。我国程序文书从清末至民国时期整体的发展演变经历了由批词而决定书(约 1910 年至 1921 年),由决定书而裁决书(约 1922 年至 1935 年),由裁决书而裁定书(约 1935 年至 1949 年)这样几个阶段。本书着重研究的是清末民初由批词向决定书(约 1910 年至 1921 年)演进的这个阶段。

一、批词

"批词",也称"批语"。是上级对下级呈上的各种详文的批复文书。与"详文"一样,是一种运用得十分广泛的公文,只不过,"详文"是向上的公文,其方向是由下而上;而批词是向下的公文,其方向是由上而下。清朝,州县内各色人等有公务和私务,皆可采取详文(或称呈文、禀文)的方式向县令汇报,县令则采用批词的方式对各种事务发布指示。因此,"批词"批复的内容虽然有很大一部分涉及各类纠纷或案件,但并非仅限于此。运用"批词"的主体既有州县正印官,也有州县以上的各级衙门长官。到了清末及民国初年,随着各级审判厅、检察厅的成立,各级审判厅和检察厅又加入到了运用"批词"的主体队伍当中。本书所要涉及的只是与各类案件审理有关的那部分"批词"。

清朝至民初代表性裁判专集收录"批词"情况表①

(单位:件)

编著者	书名	制作主体	制作者身份	制作年限	批词数
张问陶	张船山判牍	张问陶	山东莱州知府	嘉庆15年至嘉庆17年	12
樊增祥	樊山判牍	樊增祥	陕西宜川、醴泉、咸宁、长安、富平、渭南县知县;陕西、浙江、江苏等省按察使与布政使	光绪3年至宣统元年	1088
汪庆祺	各省审判厅判牍	各级审检厅	各级推事、检察官	光绪33年至民国2年	232
许文濬	塔景亭案牍	许文濬	江苏省句容县令	光绪34年至民国3年	88

民国元年以后,近代法律制度逐渐取代了传统法律制度,因此,在民国以后的裁判文书专辑中,除了《各省审判厅判牍》还收录1907年至1912年间各级审检厅制作的批词外,其余的《最新司法判词》《华洋诉讼判决录》已不再收有"批词"了。"批词"不再被裁判专集收入,可能的原因有:一是"批词"作为裁判文书的一种,已经不再使用了;二是"批词"在裁判文书中的地位和作用下降,不再是一种为人所重视的使用频率很高的文书,故尽管这种文书仍然存在并被使用,但却不被裁判文书专集的编纂者收录了。无论哪种情形,都显示着"批词"从清初的广泛使用到清末、民国初期被逐渐废止不用的趋势。

传统司法实践中,"批词"主要用于对于呈控案件是否予以受理进行批示的环节。故有学者说:"批词在传统司法中是官府对于呈控案件是否予以受理的书面批示。批词除了明白告知当事人准理与否之外,也需要阐

---

① 如前所述,以1914年《华洋诉讼判决录》为中国司法文书近代化的一个分界,此前以传统文书为主,是"批词"得以存在的土壤;而此后,由于借鉴西方近代法律制度,"批词"与"判词"完成它们的历史使命,退出了历史舞台。由于本表显示的是清朝至民初代表性裁判专集收录"批词"情况,因此,这些代表性裁判专辑中就没有计入属于近代西方法制体系下的《最新司法判词》《华洋诉讼判决录》。另外,樊增祥所作的批词数源于李启成:《晚清地方司法改革之成果汇集——〈各省审判厅判牍〉导读》,载汪庆祺编:《各省审判厅判牍》,李启成点校,北京大学出版社2006年版,第7页。

述其作出该裁决的理由……"①

在清末以前的传统司法时期,"批词"在州县官审理案件中被大量运用,再加上运用"批词"往往是对案件是否受理进行的答复,因此,一般而言,"批词"所处的司法环节总是整个案件诉讼程序之初始阶段,讼师与司法官员的首轮较量就从诉状与批词开始。司法官员们认为,人们到官府打官司的原因很多,有当事人平素刁滑健讼,专以斗讼为能事;有当事人捕风捉影,凭空告讼;有讹诈不成,寻端构讼;有因为久有积怨而借讼事泄愤;还有因为双方器量狭窄为蝇头小利、赌气结怨而诉讼等。这当中不乏原本并不希望到官府去打官司,但经不住讼师的挑词架讼和族邻地保的唆使而成讼的。一篇好的批词,要能揭穿上述种种奸刁诈伪情形,使讼师不敢尝试其伎俩,做到不滥准滥驳,左翻右覆,以尽量减少那些本不应有的词讼;而且只要论证严密,就不怕当事人提起上告后被上级衙门驳回成案。这等于是司法官员为自己与讼师在接下来的交锋中奠定了胜算基础。

基于这样的认识,"批词"受到了司法官员相当的重视。乾隆年间名幕王又槐在《办案要略》中,专列"论批呈词",论及自己对如何制作好批词的心得:"批发呈词,要能揣度人情物理,觉察奸刁诈伪,明大义,谙律例。笔简而该,文明而顺,方能语语中肯,事事适当,奸顽可以折服其心,讼师不敢尝试其伎。若滥准滥驳,左翻右覆,非冤伸无路,即波累无辜,呈词日积而日多矣!"②尤其是对于那些不予受理的批词,"必须将不准缘由批驳透彻,指摘恰当,庶民心畏服,如梦方醒,可免上控。此等批词,不妨放开手笔,畅所欲言,但须字字有所著落,不可堆砌浮词也。果能批驳透彻,即有刁徒上控,上司一览批词,胸中了然,虽妆饰呼冤,亦不准矣"③。

从这个意义上,"批词"还是当事人的讼师观察审判官员水平的窗口。通过"批词",挑词架讼的讼师和健讼之人,如发觉批词者是办案的行家里手,就会偃旗息鼓;反之,如他们发觉办案者不能洞察案情,找准关键,就会抓住把柄,提起上控。正如万维翰在《幕学举要》中说:"批发词讼,虽属自理,其实是第一件得民心事。讼师奸民皆以此为尝试,若不能洞见肺腑,无

---

① 李启成:《晚清地方司法改革之成果汇集——〈各省审判厅判牍〉导读》,载汪庆祺编:《各省审判厅判牍》,李启成点校,北京大学出版社 2006 年版,第 7 页。

② (清)王又槐:《办案要略》,载沈云龙主编:《近代中国史料丛刊》二十七辑,张廷骧:《入幕须知五种》,文海出版社 1966 年版,第 484 页。

③ (清)王又槐:《办案要略》,载沈云龙主编:《近代中国史料丛刊》二十七辑,张廷骧:《入幕须知五种》,文海出版社 1966 年版,第 485~486 页。

以折服其心，或持论偏枯，立脚不稳，每致上控，小事化为大事，自理皆成宪件矣。即或不至上控，造入词讼册内亦难免驳查，故必能办理刑钱之案者，方可以批词。"①汪辉祖在《续佐治药言》中"批驳勿率易"条下也说："一词到官，不惟具状人盛气望准，凡讼师差房无不乐于有事。一经批驳，群起而谋抵其隙。批语稍未中肯，非增原告之冤，即壮被告之胆。图省事而转酿事矣。夫人命奸盗及棍徒肆横，原非常有之事，一切口角争斗，类皆户婚细故。两造非亲则故，非族是邻，情深累世，衅起一时，本无不解之仇，第摘其词中要害，酌理准情，剀切谕导，使弱者意平，强者气沮，自有亲邻调处，与其息于准理之后，费入差房，何如晓于具状之初，谊全姻睦。"②

　　作为传统法律文书的两种重要类型，"批词"与"判词"相比，有如下区别：首先，"批词"的末尾以"此批""此复"作为结语，而判词则用"此判"作为结语。其次，"批词"比"判词"受到的格式限制更少。虽然清末以前的判词并没有由法律对格式进行统一，但长期以来还是基本上有一些约定俗成的格式体例。起码在判词中，大多要包含事实的叙述、审判的理由、依据的法律和最后的判决结果几部分。而批词则几乎不受格式规范的限制。字数多的可写千把字，少的则只有几个字；相应地，内容有繁有简，因批词制作者、案件情况的不同而不同。再次，"批词"是在案件审理过程中，为解决某些程序性问题而提出的处理意见，因此是在案件审理中制作的，目的是推动审判进程。而判词则是案件审理之后，对案件的实体问题所作的法律决定，包括对刑事被告人罪与非罪、定罪后如何量刑，民事案件当事人双方是非如何确定、责任如何承担的决定。因此"判词"是在案件完成审理程序后制作的，目的是终结本级诉讼。所谓"善听者，只能剖辨是非于讼成之后；善批者，可以解释诬妄于讼起之初"③是也。最后，也是最主要的区别在于，"批词"比"判词"更便于司法官员对案件的操控与主动干预，因此这种法律文书体现出浓厚的职权主义色彩。尤其是当司法官员运用"批词"驳回起诉时，由于法律并没有明确规定驳回起诉的条件，因此，在绝大多数这类司法批词中，基本上没有引用法律依据，完全是按照事理逻辑进行主观推理，或按伦常道德进行道德宣讲，最后要么以"情词支离""显系捏饰"，要么以"缺乏确证"，要么以其他道德原则为理由，不予

① （清）万维翰：《幕学举要》，载沈云龙主编：《近代中国史料丛刊》二十七辑，张廷骧：《入幕须知五种》，文海出版社 1966 年版，第 26 页。

② （清）汪辉祖：《续佐治药言》，载沈云龙主编：《近代中国史料丛刊》二十七辑，张廷骧：《入幕须知五种》，文海出版社 1966 年版，第 187 页。

③ （清）王又槐：《办案要略》，载沈云龙主编：《近代中国史料丛刊》二十七辑，张廷骧：《入幕须知五种》，文海出版社 1966 年版，第 484 页。

立案。批词的行文给人以强烈的主观判断印象。这类例子在清代的批词中比比皆是。

在《各省审判厅判牍》中,有贵阳地方检察厅这样一则批词:

批张永清呈词①

去岁十二月十一日既系条子场场期,买卖之人自必不少,尔向赵玉贵购买叶烟,杨子清等岂能当众诬尔行使假银,将银搜抢。如有其事,该民投团向理,团甲人等又岂有不斥其非,任其逞凶之理?而该民当时又何不来厅控诉?据呈情节支离,所称受伤又未明列部位请验,显属捏砌。不准。

在《塔景亭案牍》里,有这样一则批词:

朱式桢呈②

查核单开祖遗暨续置田地共六十五亩,是否均已报税,来呈未据声明。但笼统其辞,曰有契有照,其中难保无未税之契,借口被焚为包括取巧之计。据称契照一切因恐匪徒偷窃,是以寄存李昌禄家,以致同付一炬。等语。查此等字据为盗窃所不取,况朱巷村人烟稠密,李昌禄同在一村,该民住房又较李氏墙壁加倍坚固,何必多此一举。种种支离,殊滋疑窦。究竟该民所有田地祖遗几何?续置几何?上业是何户名?立契是何年月?何时报税?契尾是何字号?完粮是何户记?著即逐一声复,一面邀同卖主、原中补立契纸,呈候核夺可也。此批。

这两份批词出自不同人之手,但行文方式与语气却相当一致,均以对事实的追问,显示出对案情调查的关注。

《塔景亭案牍》中另有一些批词,除不受理当事人的起诉外,还直接指斥禀告人的禀告行为。

---

① 汪庆祺编:《各省审判厅判牍》,李启成点校,北京大学出版社 2007 年版,第 60 页。
② (清)许文濬:《塔景亭案牍》,俞江点校,北京大学出版社 2007 年版,第 42 页。另,此虽名为"朱式桢呈",但实际不是呈文本身,而是许文濬对该呈文的批词。

裔元柏禀①

汝父子平日行为,本县素所深悉。此次被族人迫立服据,定
是大干众怒,以致族中人等公抱不平。其所以仅有此举者,谅因
汝毒甚蛇蝎,尾舌难防,尚是放松一着。据禀情节支离,分明捏砌
聋听,希图泄忿。不准。此批。

批词作出决定的凭据,是对禀告人平素为人处世的印象和"定是大干
众怒,以致族中人等公抱不平"这样的推论。

还有一些批词,直接做出决定,不做丝毫的解释说明。如《樊山政书》
中有这样的批词。

批定远县民萧登清控词②

本日接两呈,皆定远县民,何彼之好讼也。禀词支离荒诞,无
情无理,不准。

批白河县民张肇忻控族叔张雯词③

胡说。不准。

最能体现司法职权主义色彩的,当是司法官员会根据他所认定的法律
事实重新确定原被告身份。在以下的"批词"中,就记载了樊增祥作为审
判官员时对诉讼双方当事人的角色调整情况:

批吴智呈词④

倾据张克金控尔夫妇到案,本县已知系因争产起衅。查尔太
岳母向罗氏已死,向家再无他人,所遗之业惟向家亲骨血得以承
受。张克金之妻系罗氏前夫之女,带养向家,张克金不过是一油

---

① (清)许文濬:《塔景亭案牍》,俞江点校,北京大学出版社 2007 年版,第 36 页。同样,此虽名为
"裔元柏禀",但实际也不是呈文本身,而是许文濬对该呈文的批词。
② (清)樊增祥:《樊山政书》卷一,载沈云龙主编:《近代中国史料丛刊》第六十五辑,文海出版社
1966 年版,第 8 页。
③ (清)樊增祥:《樊山政书》卷一,载沈云龙主编:《近代中国史料丛刊》第六十五辑,文海出版社
1966 年版,第 8 页。
④ (清)樊增祥:《樊山集·批判》卷二,载沈云龙主编:《近代中国史料丛刊续编》第六十一辑,文
海出版社 1979 年版,第 2860 页。

瓶女婿,岂能得向家产业? 乃向罗氏在世并不同居,死后以装殓为名,登时前往盘踞,实属贪愚无耻。候唤案讯明剖断,此呈作为原告可也。

批马成禄呈词①

尔之家事,本县素知。马朝义前次具控,早已批驳,覆呈亦未准理。兹据诉称马朝义勾串地户,抗不交尔租课,实属无耻无良。候传案严究,此禀作为原告可也。

批刘枝明词②

尔姐刘氏生前招留女儿女婿同住,如果继嗣乏人,应于尔姐在世时公议立嗣,何得于其死后由尔以三串钱买一幼孩嗣之? ……况尔姐侄媳姚雷氏原控称刘氏之女李姚氏不准其子姚盛仓进门,而李姚氏则称雷氏之子姚仓儿先已退嗣,后又物故,是雷氏以死作生,尔又乘机插讼,均属混账之尤,候一并唤案惩治。此案以李刘氏作原告,姚雷氏、刘枝明作被告。

这三则批词传递出的信息是耐人寻味的。在时人的意识中,原告与被告的角色一旦确定,似乎就对应着官司的胜与败。原告是受屈含冤之人,也是法律要保护的对象,理应是首先提出控告的人;而被告人只应是理屈辞穷之人,是被审问,受追诉的对象,理当败诉。尤其是具有这种意识的人是一名审判官员,而他又在批词中将这种意识用文字形式表达出去的话,便可以得出这种意识的大众化程度相当高的推论,进而可以理解为什么到现在还有人怕打官司,更怕当被告人的心理了。

总结起来,"批词"这一名称首先是与传统法律体系与文化相联系的。在这一名称的背后,可以看到传统司法在处理程序问题时强烈的职权主义色彩。

不过,"批词"的使用并非从进入民国就戛然而止的,事实上在民国初期,"批词"还继续存在,只不过,民国时期的批词与民国以前的批词相比有了很大变化:民国以前批词的制作主体为各级审判衙门,而民国时期批

---

① (清)樊增祥:《樊山判牍续编》,上海新文化书社 1944 年版,第 39 页。
② (清)樊增祥:《樊山集·批判》卷八,载沈云龙主编:《近代中国史料丛刊续编》第六十一辑,文海出版社 1979 年版,第 3300 页。

词的制作主体除了各级审判庭而外,还新增了各级检察厅。1912 年印行出版的《各省审判厅判牍》收录的是 1907 年至 1912 年制作的法律文书,第一编就是批词类,共收有 232 件,其中各级审判厅所作 127 件,各级检察厅所作 90 件,不知究属审判厅或检察厅所作的 15 件。前引例文《批张永清呈词》就是贵阳地方检察厅制作的批词。

二、决定书

经过清末法制变革及辛亥革命的国体更张后,中国由古代法制时期进入近代法制时期。在近代法制下,司法实践中对程序问题的解决不再依靠"批词",而是改用"决定书"了。

在法律中首次规定"决定书"的是 1910 年编成的《大清民事诉讼律草案》。修律大臣在草案说明中指出:"决定乃审判衙门就简易诉讼上请求之当否或关于诉讼上指挥所为之裁判,不必本于当事人之言辞辩论",则记载这种裁判的文书就叫决定书了。

决定书实例的首次出现是在《华洋诉讼判决录》中。该书包括这样三部分:一是民事判决书,共 50 件;二是民事决定书,共 19 件;三是刑事判决书,共 9 件。其中的 19 件"民事决定书",都是用于解决诸如管辖异议、缺席判决申请、假扣押申请等一个个程序问题的。

在清末的《各省审判厅判牍》与民国的《华洋诉讼判决录》中,我们发现同样记载的是对民事诉讼标的级别管辖的处理决定,前者用的是批词,而后者用的则是决定书:

京师地方审判厅批王学同呈诉赵姓等串通铺业一案①

此案前经明白批示,兹据该原告王学同诉称,光绪二十二年四月十一日,伊师郭喜成等将久成桶铺转租李有儿生理,凭中保人说合,十五年为满押,租银十两,每年租家具四两,有旧家具单两张,并有字据,现伊师年老不能来京,交给该原告字据取赎等语。查该原告所诉,价额在二百以下,照章应归初级受理,仰即迳赴该管初级审判厅呈诉可也。

---

① 汪庆祺编:《各省审判厅判牍》,李启成点校,北京大学出版社 2007 年版,第 21 页。

大楠吉五郎与赵毓瑸等因债务纠葛一案决定书①

决定

控 诉 人　大楠吉五郎,年四十岁,日本人,住日租界曙街

代 理 人　大木干一,日本人,住日租界吾妻街

复代理人　小林助次郎,日本人,住所同上

被控诉人　赵毓瑸,年四十二岁,天津县人,住意租界,业商

赵锦堂,年四十一岁,天津县人,住关上,业商

庞佐廷,年三十岁,武清县人,住津埠芦庄子

上述抗诉人为债务纠葛案件,不服天津地方审判厅民国六年十月二十六日第一审之判决,声明控诉。本厅审查,决定如下。

主文

本件控诉驳回,应由天津地方审判厅另以资深推事三人组织合议庭为第二审审判。

理由

按民国四年三月二十五日呈准修正民事诉讼律管辖各节,第一章第二条第一款因金额价额涉讼,其数在一千元以下者,为初级管辖。又修正民事管辖办法第一条,嗣后民事初级管辖案件由地方厅受理第一审者,即由该厅另以资深推事三人组织合议庭为第二审。

本案系争银额四百两,即以最高银价估计,亦仅值洋六百余元。依上修正民事管辖及其办法,应为初级管辖案件,由天津地方审判厅另以资深推事三人组织合议庭为第二审审判。该控诉人迳向本厅声明控诉,殊属不合。本件控诉应予驳回,特为决定。

中华民国七年三月五日

直隶高等审判厅民二庭

审判长推事　胡凤起

推　　　事　高梦熊

推　　　事　张德滋

书 记 官　李维祺

---

① 直隶高等审判厅:《华洋诉讼判决录》,何勤华点校,中国政法大学出版社 1997 年版,第 300～301 页。

两相对比,可以看出民国时期的"决定书"取代了"批词",成为司法机关为解决程序问题而制作的文书了。

这里需要指出的是,在决定书出现的时候,批词并没有马上消亡,实际上还与决定书并存了一段时间。"决定书"取代"批词"是经历了一个过程的。以目前收集的资料来看,可以肯定的是民国五年时,批词还没有完全退出司法领域,但其使用范围显然已经缩小,使用频率更是不高,以至于有当事人质疑法院用批词做出的决定不合法定形式。对此法院即改用"决定书"进行了裁决。传递上述信息的是《华洋诉讼判决录》中一件"王恩普与仁和洋行因债务上告声明窒碍案决定书"。为有全面认识,特引录如下:

王恩普与仁和洋行因债务上告声明窒碍案决定书①

决定

抗告人　王恩普,天津人,住旺道庄,年二十九岁。

上述抗告人因债务纠葛案件不服本厅中华民国五年十一月十一日之决定,声明抗告。经本厅审查,决定如下。

主文

本厅民国五年十一月十一日之决定撤销。限该抗告人五日以内缴纳讼费。

理由

查该抗告人与仁和洋行因债务纠葛涉讼,前经本厅判决抗告人于法定上诉期间以内虽声明上诉,惟未缴纳讼费。经本厅批示限以十日呈缴,乃抗告人过期多日,仍不呈缴。本厅遂用决定将抗告人上诉状撤销在案。

兹抗告人抗告约分两项:(1)抗告人未经收受批词;(2)批词不合法定形式。

查本厅对于诉讼上之指挥向用批词,即大理院不认批词为有效者,亦以批词之中涉及案情内容者而言,非谓批词概无效力也。即以本厅论,前经受理朱点与郭万镛铺事纠葛一案,用批示办理,大理院亦承认为有效(大理院民事决定抗字第三号)。则抗告人谓本厅不应用批示限定其缴纳讼费,殊属无据。

---

① 直隶高等审判厅:《华洋诉讼判决录》,何勤华点校,中国政法大学出版社1997年版,第294页。

惟查抗告人称,因在雷庄,未曾见过批示,并提出陈云书札件数件,以资证明。则该抗告人未见本厅批示尚属实情,自应将本厅原决定撤销。限该抗告人五日以内缴纳讼费。如再迟延不交,是抗告人有意迟延,应即发交天津地方审判厅执行,以保债权人之利益,特为决定如上。

中华民国五年十一月二十七日

直隶高等审判厅民一庭

审判长推事　董玉墀

推　　　事　胡凤起

推　　　事　李兆泰

书　记　官　杨清芳

本决定书中,直隶高等审判厅对"批词"有一个界定,即批词一向是用于"诉讼上之指挥"。这样一种出自司法审判机关的认识,当最能真实反映"批词"实质。所谓"诉讼上之指挥",当然是指对诉讼活动各环节的安排、对各当事人诉讼行为的指引等。从近代司法人员的表达中,再一次证明了批词是用于解决程序问题的文书这样一个事实。本件决定书还表明了民国五年间大理院对待司法批词的态度,那就是认为并非所有批词都被认为是有效的,而是有选择地承认其效力。具体来说,"大理院不认批词为有效者,亦以批词之中涉及案情内容者而言,非谓批词概无效力也"。此时,大理院对批词效力认定的标准在于它是否涉及案情内容,也就是是否涉及案件的实体问题。如果不涉及实体问题,仅与程序问题有关的批词,大理院还是承认其效力的。反之,大理院不承认其效力。推测大理院的真实意图,不外是希望当立法层面已经有了实体法与程序法区别的时候,在司法层面,也当有专门用于解决实体问题的文书和专门用于解决程序问题的文书之别。而这种程序性文书究竟由哪种文书来担当在当时尚未定型,不过"批词"有部分已被淘汰,表现出明显的颓势,已然不再是上选。相比之下,"决定书"在当时司法实践中的应用呈现出上升的态势。从本件实例来看,"决定书"已经部分取代"批词"的功能了。

需要指出的是"决定书"继"批词"以后,作为主要的程序文书,只在民初司法实践中使用过一段时间,也就是《大清民事诉讼律草案》被民国初期的司法实践实际援用至北洋政府 1921 年《民事诉讼条例》①出台以前这 10 年左右。1921 年《民事诉讼条例》颁行以后，司法实践中使用的书面程序文书又由"决定书"改为"裁决书"了。②

发展到今天，我国目前的法律文书已经形成体系，其中，有解决实体问题的判决书，有主要解决程序问题的裁定书，还有主要用于法院对诉讼中某些特殊事项做出处理的决定书。当然，我国法院目前使用的"决定书"已经全然不是民初时期的"决定书"了，二者名称一样，但功能已完全不同。

三、批词向决定书转变的原因

批词向决定书转变的直接原因是立法的变化。

清末法制与此前的传统法制一脉相承，在封建君主专制政体土壤中生长发展，将实质正义作为法的价值旨归，没有实体法与程序法的严格划分，更没有专门的诉讼法典。这样的情况随着清末政府不得不实行的法制变革而发生了变化。法制变革成为中国由传统法制向近代转型的重要标志，开启了中国法制近代化的进程。正如有学者指出的那样："20 世纪初期的中国法律改革，是中国法律史上亘古未有的变革。经过这次改革，现行法律从体系体例到名词概念再到精神价值，都与传统法律断裂。西方化法律取代了传统法律。"③

法制变革的一项重要任务就是删改旧律，制定新律。担此重任的修订法律馆在大量借鉴西方近代法律的基础上，制定了一系列与西方法制接轨的法典，其中之一就是 1910 年编成的《大清民事诉讼律草案》。虽然该草案未及颁布清王朝就寿终正寝了，从理论上讲，该草案不具备适用条件，但民国草创之初，百废待兴，在还未有时间进行重新立法之时，如果将所有这些前清法律都弃之不用，司法将面临无法可依的状况。为此，临时政府于1912 年 3 月 11 日，应司法部总长伍廷芳的呈请，以临时大总统令声明："现今民国法律未经议定颁布，所有从前施行之法律及新刑律，除与民国国体抵触各条应失效力外，余均暂行援用，以资遵守。"

其实，民国初期的司法实践中，除了"从前施行之法律及新刑律"外，

---

① 与此同时，广东军政府制定了《民事诉讼律》。在司法实践中通行的是北洋政府制定的《民事诉讼条例》。

② 这里之所以强调是"书面"的程序文书，因为《民事诉讼条例》规定，裁决不一定以书面形式做出，也可以口头做出。以书面形式记载的自然是裁决书了。

③ 李贵连：《沈家本评传》，南京大学出版社 2005 年版，第 94 页。

那些尚未颁布实施的法律草案也在司法实践中得以运用。比如《各省审判厅判牍》一书所收上海地方审判厅及初级审判厅的三件批词就明确引用了《大清民事诉讼律草案》作为裁判依据。

唐吟江上诉声明不服上海初级审判厅判决徐仁锵呈诉图赖皮套银洋批词[1]

上诉状悉。查民事诉讼律第五百三十五条:凡提起控告应以控告状送达于相对人。仰该商再缮具原状两份送厅呈案,以便分别送达该相对人徐葆和、陆兰岭等知照,视其有无异议,再行核办。

邹鸣吉辩诉沈馨一争款朦断控告批词[2]

查此案前据沈馨一呈诉到厅,即经调卷查核,据称由沪军财政部高明志持文提去洋二千三百二十九元六角。究竟九月十三日以前已收未解共计若干?九月十三起至十月底止所征若干?解去之款是否连九月十三前一律扫清?抑仅符十三以后收入之数?未据详叙,原属含混。仰依民事诉讼律第五百三十五条,再缮具原状一份呈案,候饬送达该相对人沈馨一,俟其有无异议,再行核夺。

杨桂英呈诉杨庆华等抗不迁让再求勒搬批词[3]

查此案于庚戌年四月经前上海县判,将尔与杨庆华、杨吴氏公共房屋一所,邀集亲族,订立合同,尔以分派不公不肯签押。后经前委员复讯,又将该房屋判令庆华让还,庆华亦不允服,两造既不遵断,又不照章上诉,彼此缠讼两年,其中显有挟嫌唆主情弊,自非实地详细调查,不足以成信谳。惟查民事诉讼律第二十条:因不动产之物权或其分析或经界涉讼者,由不动产所在地审判衙门管辖之等语。此案房产系在浦东杨思桥镇,自系浦东管辖初级范围事件。候据情及该卷一并移请浦东裁判分所查核办理可也。

---

① 汪庆祺编:《各省审判厅判牍》,李启成点校,北京大学出版社2007年版,第56页。
② 汪庆祺编:《各省审判厅判牍》,李启成点校,北京大学出版社2007年版,第56页。
③ 汪庆祺编:《各省审判厅判牍》,李启成点校,北京大学出版社2007年版,第57页。

上引三例明确引用"民事诉讼律"第五百三十五条和第二十条作为审断依据，而所谓的"民事诉讼律"只可能是《大清民事诉讼律草案》。因为此前1906年制定的《大清民事刑事诉讼律》因臣僚的强烈反对而搁置了，到1910年才又重新分别单独修订成了《大清民事诉讼律草案》《大清刑事诉讼律草案》，此后直到1921年北洋政府又才制订《民事诉讼法草案》。而这三例均出自1912年编成出版的《各省审判厅判牍》一书，显然这一时期只有《大清民事诉讼律草案》可兹引用，别无他法。证明这两部草案虽然未及颁行，但已在司法实践中得以施行，其中的条文自然成为司法的指针。

就文书而言，《大清民事诉讼律草案》成为"判决书""决定书"等新文书产生的法源。如前所述，该法第三编第一章第七节"裁判"之下，修律大臣除了对"裁判"进行界定外，最主要的是对"判决""决定"及"命令"进行了区别。而记录这三种裁判行为的书面文字自然为"判决书""决定书""命令书"了。

当近代法律制度取代传统法律制度，《大清民事诉讼律草案》《大清刑事诉讼律草案》成为司法实践的新依据时，"批词"转变为"决定书"自属理所当然。

其次，"批词"转变为"决定书"是司法审判模式改变所致。

清末，中国依然实行传统的纠问式审判模式，而与此同时西方各资本主义国家则主要实行的是控辩式审判模式，后者在清末的法律文件中也被称为告劾式审判模式。

主持法制变革的修律大臣沈家本在宣统二年十二月将制定完成的《大清刑事诉讼律草案》《大清民事诉讼律草案》进呈时，在奏折中这样评价这两种模式："查诉讼程式有纠问、告劾之别。纠问式者，以审判官为诉讼主体，凡案件不必待人告诉，即由审判官亲自诉追，亲自审判，所谓不告亦理是也。告劾式者，以当事人为诉讼主体，凡诉追由当事人行之，所谓不告不理是也。在昔各国多用纠问式，今则概用告劾式。使审判官超然屹立于原告、被告之外，权衡两至，以听其成，最为得情法之平。"[1]

在纠问式审判模式下，司法与行政不分，上至君主，下至宰守，作为司法审判的主导者而推进诉讼。同时由于"一人身而兼刑、宪、政三权"，分司不明，容易发生流弊，审判难保公平。为此遭到西方列强的猛烈抨击，并引致司法主权的丧失、"领事裁判权"的产生。

---

[1]　转引李贵连：《沈家本评传》，南京大学出版社2005年版，第180~181页。

当时的学者们,还有一些具有一定国际视野的官员们,也认识到这一点。沈家本在进呈大清刑律草案的奏折中这样说:"国家既有独立体统,即有独立法权。法权向随领地以为范围。各国通例,惟君主、大统领、公使之家属、从官及经承认之军队、军舰有治外法权,其余侨居本国之人民悉遵本国法律之管辖,所谓属地主义是也。独对于我国借口司法制度未能完善,予领事以裁判之权。英规于前,德踵于后,日本更大开法院于祖宗发祥之地,主权日削,后患方长,此诚于时局不能不改者也。"①

梁启超在介绍孟德斯鸠的三权理论时也说:"又谓司法之权,若与立法权或与行法权同归于一人,或同归于一部,则亦有害于国人之自由权。盖司法权与立法权合,则国人之性命及自由权必至危殆,盖司法官吏得自定法律故也。司法权与行法权合,则司法官吏将藉其行法之权以恣苛虐故也。若司法、立法、行法三权合而为一,则其害更甚,自不待言。故尚自由之国,必设司法之制,使司法官吏无罢黜之患者,何也? 盖司法官独立不羁,惟法律是依,固不听行法各官之指挥者也。"②

铲除传统司法与行政不分的弊端被列入清末法制变革之列,进入民国后,政府更希望建立一个在五权分立基础上,严格区分司法与行政权能、在司法中又严格区分实体法与程序法的司法体制,倡导实行依靠当事人双方按照既定的诉讼规则,通过主张权利、举证、辩驳等行为推动诉讼的告劾式审判模式。在这个新的模式下,法官不再是司法审判积极的主导者,只能是消极、客观、中立的裁断者。

"批词"作为与古代法律共生的法律术语,是传统司法的载体之一,它反映出来的强烈职权主义色彩正是由传统纠问式审判模式所赋予的。显然,作为纠问式审判模式中职权文化的符号与表征,"批词"已不符合近现代民主法制的要求,不能融入近现代法律术语体系,难以承担表征与近代法制理念下孕育出来的程序文书的任务。再将按近代法律体系进行审理后制作的程序文书称为"批词",愈益显出了圆凿方枘,龃龉难入的窘态。

最后,"批词"转变为"决定书"是中国法律向日本法律学习的结果。

近代法制下程序文书不再使用"批词",用什么来代替呢? 西方近代诉讼法给了中国立法者启示,那就是"决定书"。这一名称及文书本身来自哪里? 翻检日本《民事诉讼法》,其中在诉讼程序中规定"审判长可开始

---

① 沈家本:《修订法律大臣沈家本等奏进呈刑律草案折并清单》,载《大清法规大全》,考正出版社 1972 年据政学社石印本影印出版,第 1936 页。

② 梁启超:《梁启超全集》第四卷《法理学大家孟德斯鸠之学说》,北京出版社 1999 年版,第 1042 页。

言辞辩论，且指挥言辞辩论。审判长可准许发言，有不从命令者，可禁止其发言……法院认为该案件已为充分说明者时，则审判长停止言辞辩论，并宣告法院之判决及决定。"可知，日本民事诉讼法中的裁判文书既有"判决书"，也有"决定书"。这一传统为日本 1929 年 10 月 1 日正式修订实施的《民事诉讼法》所继承。该法有关"决定"的条文计有 60 余条：分别为第24、30、39、41、66、98、100、101、103、104、110、115、116、117、125、129、139、194、196 之二、197、204、205、206、207、218、221、233、268、269、270、277、308、315、318、328、331、335、339、346、348《355、375、376、399、399 之二、399之三、406、406 之二、410、411、413、418、419 之二、429、433、438、441、443、513、769 条。以其中的几条为例，第 24 条规定：

"以下情形，因申请而由共同上级法院以决定方式指定管辖法院：

（一）管辖法院在法律上或者事实上无法行使裁判权的；

（二）法院管辖区域不明确，无法确定管辖法院的。

对前款规定的决定不服的，可以申请异议。"

第 41 条规定：

"对有理由的除斥和忌避①决定不能申请异议，对没有理由的除斥和忌避决定，可以申请即时抗告。"②

第 66 条规定："当事人对参加③有异议的，应当说明理由并疏明④之，法院是否准许以决定的方式作出。

前款的决定可以即时抗告。"

第 194 条第 1 款规定：

"判决有误算、判决书有书写错误等其他类似明显错误的，法院可以在任何时间，依申请或依职权作出更正决定。"⑤

可以看出，日本诉讼法中决定书使用的情形主要存在于对当事人申请回避、确定诉讼费用、诉讼担保、诉讼继承、诉讼中止、诉的变更、补正文书书写、计算错误等程序性环节。显然，清朝修订诉讼法草案中将裁判文书分别命名为判决书、决定书及命令的做法直接取自日本诉讼法的相关规定，而对于"决定书"主要用于诉讼上之指挥的功能认识也与日本诉讼法中对"决定书"的功能定位相符。

---

① 除忌避类似于我国的回避。

② 因不服决定而提起的上诉，日本法中的术语称为抗告和即时抗告。

③ 相当于我国的第三人参加诉讼。

④ 证明方式的一种。

⑤ 以上关于日本 1929 年 10 月 1 日正式修订实施的《民事诉讼法》中相关条文均由日本一桥大学民事诉讼法博士、天津工业大学文法学院教师田川翻译。

由此可见，民初司法中以"决定书"称案件审理中主要解决程序问题的文书直接脱胎于日本诉讼法。

第三节　判牍——裁判大全：裁判专集名称的演变

明代以前，留存下来的裁判文书专集不多，一般在名称中缀以"判"字，以标明其收录的是判决书。如唐代的《龙筋凤髓判》、敦煌写本《文明判集残卷》和《麟德安西判集残卷》；宋代的《名公书判清明集》等。

明代以后留存下来的裁判文书专集数量很大。其中，一个引人注目的特点是"谳"与"牍"字在明代裁判文书专集名称中的高频使用。

"谳"字早在西周春秋时期的文献记载中就出现了。《礼记·文王世子》有云："狱成，有司谳于公。"《注》云："成，平也；谳之言白也。"《康熙字典》解释"谳"的字义为："议罪也，评狱也。"《后汉书·裴楷传》："州郡玩习，欲避请谳之烦。"《注》："《广雅》曰：谳，疑也，谓罪有疑者，谳于廷尉也。"可见，"谳"从一开始，就是与司法活动、诉讼案件尤其是疑难案件相联系的。明朝以前，"谳"往往作"疑难案件"或"审理案件"解，少见以之为判词标目或为判词专集命名的情况。明朝时，以"谳"字为判词或判词专集命名的情况大大增加。

"牍"字在《说文解字》就有解释："牍，书版也。"段玉裁注："牍，专谓用于书者。然则周礼之版、礼经之方皆牍也。小宰注曰：版，户籍也。宫正注曰：版，其人之名籍也。聘礼注曰：策，简也。方，版也。李贤蔡邕传注引说文而曰长一尺。按汉人多云尺牍。史记：缇萦通尺牍，此臣得用于君也。汉书：陈遵与人尺牍，主皆藏去。此施于侪辈者也。木部云：椠，牍朴也。然则粗者为椠，精者为牍。颜师古曰：形若今之木笏。但不挫其角耳。"由此看来，"牍"本义是用于书写的木板，长约一尺，《汉书》九四上《匈奴传》："汉遗单于书，以尺一牍。"这里的牍就是指写于一尺一寸书版上的诏书。后来，汉朝多以"尺牍"用为书信的通称。[①] 可能因为书信为一种实用文体，与诗词歌赋决然不同，而且常被用于命名公文文集，所以，沿着这样的路数，"牍"就逐渐被抽象化并被以后各代层累地赋予了实用文书、公文及文集的意义。这当是"牍"字在明代被用以命名裁判文书专集的主要原因。也是在这种意义上的使用，使得"牍"字增加了"文集"的意义。

以"谳""牍"命名裁判专集是明代裁判文书专集名称的一大特点。相

---

① 参见《辞源》（修订版），商务印书馆 1986 年版，第 902 页。

比而言,"谳"字在明代的使用频率更高。

名称中带有"谳"字的专集有祁彪佳的《莆阳谳牍》、毛一鹭的《云间谳略》、应槚的《谳狱稿》、钱春的《湖湘谳略》、孔恒的《新纂四六谳语》、李日宣的《谳豫勿喜录》。不以判词专集形式出现,而是收入文集中的判词,以"谳"标目的也比比皆是,如范景文文集《文忠集》卷四所载"谳牍"标题下,是作者刚入仕途任东昌推官时所撰的9件判词;①胡敬辰文集《檀雪斋集》卷十五以"谳牍"标目,收其任知县时的判词29件;②沈演《止止斋集》的第二十七至二十九三卷,以"平谳"标目,其中,卷二十七至二十八收录作者任江西分巡湖东道时所作的判词,卷二十九为沈演任职刑部时的判词摘要;③常州东林党人吴亮的《止园集》卷二十五至卷二十八为司法判牍,其中卷二十五、二十六以"谳书"标目,是重大命盗案件的摘要,卷二十七、二十八以"详牍"标目,是一般案件的批示。崇祯时浙江嘉兴府嘉善县知县李陈玉的《退思堂集》,有三卷"谳语摘略",是作者任职时期所审理案件的判词,约有340余件,涉及大量民事、行政案件。④

名称中出现"牍"字的明代裁判文书专集有祁彪佳的《莆阳谳牍》、颜俊彦的《盟水斋存牍》等。

如果说明代裁判文书专集名称用"谳"字多过"牍"字的话,到了清代,情况正好相反。"谳"字在清朝的裁判文书专集名称中使用明显较少。为何偏偏明朝人喜欢以"谳"字命名裁判专集或在文集中作为判词标目,而这种情况在明朝之前之后都很少见呢?这背后会不会隐藏着值得探究的法律问题?对于这些疑问,因为缺乏史料,不敢妄评。不过,这显然是一个很有意思的话题。

以"牍"命名的公文专集,在清朝数量众多。晚清特别重要的封疆大吏,每每在他们的全集中会收录有关全局的重大事件之公牍。如20世纪60年代由中华书局整理出版《林则徐集》,其中包括有《公牍》1册。曾国藩、胡林翼、左宗棠等人的公牍亦知名于时。胡林翼的《胡文忠公遗集》86

① 范景文(1587—1644年),明末殉节官员。字梦章,号思仁,河间府吴桥(今属河北)人。万历四十一年进士。历官东昌府推官、吏部文选郎中、工部尚书兼东阁大学士,明亡自杀。

② 胡敬辰,生卒年不详,约公元1636年在世,天启二年(公元1622年)进士。字直乡,余姚人。由县令官至江西驿传道,终光禄寺录事。所著有《檀雪斋集》四十卷,《四库总目》传于世。

③ 沈演(约1572—1638年),湖州府乌程县(今浙江省湖州市)人,字叔敷,号何山,进士出身。仕至南京刑部尚书。

④ 关于明代判牍的相关情况,参见[日]滨岛敦俊:《明代之判牍》,载《中国史研究》1996年第1期;杨一凡:《十二种明代判例判牍版本述略》,载渠涛主编:《中外法律文献研究》卷一,北京大学出版社2005年版;童光政:《明代民事判牍研究》,广西师范大学出版社1999年版。

卷中,书牍批札等 35 卷,其中尤以书牍为主。大达图书供应社据曾氏家藏本刊行的《曾文正公全集》中,收入曾国藩批牍 1 卷,其杂著 2 卷亦收有告示等公牍。光绪十六年木版刻本左宗棠的《左文襄公全集》收有书牍 26 卷,批牍 7 卷。另外,1928 年王树枏在之前许同莘编辑本《张之洞遗集》的基础上,增补木刻出版了《张文襄公全集》229 卷,收有公牍 36 卷,电牍(兼收来电)80 卷。1959 年中华书局出版的《刘坤一遗集》收有书牍 17 卷、公牍 2 卷。

以上各位封疆大吏的公牍只是其文集的一部分。另有一些督抚大臣则有专以"牍"命名的单行公文集。

当收录全部公文时,文集往往命名为"公牍""书牍""存牍",如丁日昌的《抚吴公牍》50 卷,皆下行文,涉及面很广,可以说是一省长官率属官办理庶政的代表性公文集;胡林翼的《宦黔书牍》7 卷,已编入《胡文忠公遗集》中,为胡林翼自道光末年至咸丰初年在贵州历任安顺、镇远、黎平知府时写给上级的禀报和给下级的指示,其中有许多是有关办团练、镇压苗民起义和防备太平军入黔的。易佩绅于同治九年(1870 年)署安顺府时的《安顺书牍摘钞》3 卷,主要涉及镇压乌束陇仲家族起义事,于光绪二至六年(1876—1880 年)任职贵东道时留有《贵东书牍节钞》4 卷。李钟珏光绪二十年(1894 年)署理广东陆丰县时有《圭山存牍》、二十一年(1895 年)署理广东新宁县时有《宁阳存牍》、二十五年(1899 年)署理广东遂溪县时期有《遂良存牍》。

当文集并非收录作者全部公文,而仅是收入其中的某一方面的公文时,则在"牍"前加以限定指示,如抗法名将冯子才的《军牍集要》、同治中任山东东昌知府兼山东抚标营务处的龚易图的《东昌军中牍稿》,是关于军事的公文;如果是关于司法审判方面的公文则一般以判牍、案牍命名。①

可以说,到了清朝,"判牍"一词在法律上的意义逐渐清晰起来。正如滋贺秀三所说:"判牍是一种刊行在任地方官判决书的集子。与其说它是判例集不如说是判词文集……它虽然不是能揭示判决过程等情况的文献,但从内容看,它记载了大量刑事、民事、行政案件,同时比较如实地,即以有血有肉的形式反映了人民的生活。""收录了州县处理案件草案的书籍,被分类到判牍名下",另外,"由当事者申诉,在各官厅逐层审批的公文",也

---

① 当然也有以"公牍"命名而专收裁判文书的,如方浚师著《岭西公牍汇存》11 卷,为方氏于同治八年至光绪五年任职广东肇阳罗道时的公牍,大多数是肇庆府、罗定直隶州和阳江直隶厅的民事刑事案件公文。以上关于清朝公牍类文集的相关内容参见《中国通史》第十一卷《近代前编》。

包括在广义的判牍之内。其中，"既有整本汇集判语的书籍，也有部分收判语的书籍。既有汇集多人判语的集子，也有收入单人判语的集子"，"流传下来的很多……有名的有南宋的《清明集》"，"清代，以单人判语的集子为多，在数量上遥遥领先"。① 总体来说，"判牍"是一种司法裁判文书专集。狭义上的"判牍"仅是指收录行政兼理司法的地方官员审理案件时制作的判词集合；广义上的"判牍"，则除了主要收录判词而外，还有一些案件逐层报批时所用的呈文及对当事人进行是否立案等程序问题的答复时使用的批文等。

裁判专集在清末以前以"判牍""案牍""判词"命名的很多，如《吴中判牍》《清朝名吏判牍选》《樊山判牍》《陆稼书判牍》《张船山判牍》《曾国藩判牍》《塔景亭案牍》《最新司法判词》等，其中，《樊山判牍》《塔景亭案牍》《各省审判厅判牍》等所收录的是纵跨清末民初的判词专集。

总之，就目前所见的裁判文书专集来看，明清以前的专集一般在名称中缀以"判"字，以标明其收录的是判决书，如唐之《龙筋凤髓判》、宋之《名公书判清明集》等。明清以后至清末之间，则常以"谳牍""判牍""案牍""判语""判词"为裁判专集命名。清末，伴随着中华法系的消亡与效法于西方的近代法律制度的建立，兼有法律西化与近代化表征的"判决录""裁判大全"全面替代了常用以命名传统裁判文书专集的"谳牍""判牍""案牍""判语"或"判词"。以《华洋诉讼判决录》为标志，民国三年以后的司法裁判专集再没有以"判词""判牍"命名，代之而起是"判决录""裁判大全"之类的专集名称。

---

① 转引自［日］滨岛敦俊：《明代之判牍》，载《中国史研究》1996 年第 1 期。

第三章　从准要式到要式：格式的变化

格式对于包括法律文书在内的一切公文具有特殊意义。正如民国初期学者所言："公文为要式之文书，故其程序、形式，最关紧要。如有误漏，收文机关自有拒绝接受之权，如有奸伪，收发机关均有根究检举之权。公文之不合式或伪造者，收支机关最当注意。如来文之机关名称、以及其印篆、印色、形式之大小，时日之远近，编号之次序，甚至监印、校对之姓名，皆应一一查阅以资凭信。有一不合，即属疑问，此公文之所以为要式之文书者，此也。"①

所谓法律文书的要式性，是指法律文书是否遵照法定格式制作或加以补正，是该文书是否有效的形式要件，是该文书所代表的法律行为是否有效的必要条件。换句话说，法律文书所代表的法律行为的成立需要以法定格式为生效要件。

用现代的眼光来看，格式对于法律文书而言，具有重要的意义。这可以从两个角度来加以解读。

从当事人来说，无论是达官显贵还是一介草民，只要想通过诉讼解决纠纷，就须按要求递交符合条件的文书，才能行使诉讼权利，不得借钱或权的威势获得任何特权。比如，任何人只要作为民事诉讼的原告，都必须，也只能按要求提交一份民事起诉状，才有可能进入初审诉讼程序，不可能因为不同的身份而可以不交诉状，或可以提交一份非诉状形式的文书。不同身份的人都得做同样的事，身份的差别已经没有意义。

从法官的角度来讲，无论面对怎样的当事人，都应当以同样的标准进行审理，不得曲法阿贵。不过，法律的公正与公平如果仅依赖于法官个人的道德修养与自律，对于法官来说显然是无法承受之重。法律制度理当为给它工作的司法官员提供实现公平公正的工具，提供对抗钱权威势的武器。文书格式就是这种工具与武器之一。它的文化表征是类型化、固定化、同质化。其潜在的含义就是以文书的格式向使用者宣示：生活中的身份地位已经虚化，使用者被类型化为两种身份：要么是司法官员，要么是诉

---

① 徐望之：《公牍通论》，载《民国丛书（第三编）》44，上海书店 1991 年据商务印书馆 1931 年版影印，第 244 页。

讼当事人;在不同的诉讼阶段,都需要提交符合格式的文书,方可启动下一个诉讼程序;文书格式是形式正义的一个组成部分,一份不符合格式的、司法官员制作的文书,是不具有法律拘束力的,而一份不符合格式的、当事人制作的文书,则可能导致诉权的不能实现。所有这一切,都是制度的安排。这给了司法官公平公正司法的空间。

文书格式是讲求司法效率的必然结果。当诉讼达到一定规模时,如何使有限的司法资源达至效率的最大化,就成为一个必须面对的问题。以一个法官来说,有许许多多的案件等着他去处理,而各个案件的情况又是千差万别的,如果提供给他的诉状能按固定的格式要求,突出案件当事人、案由、诉讼请求、事实与理由,那么他能很快地厘清头绪、掌握案情,并运用专业知识,对案件进行处理。这显然要比他必须从一堆杂乱无章、毫无规律可循的诉状中,费劲地寻找到底谁是案件当事人,他们的身份情况究竟如何,原告有什么样的诉讼请求,提出这些请求所依据的事实与理由是什么,效率要高出很多。

文书格式还是维护法律尊严的必然要求。法律要获得人们的尊重,就必须同样的事情同样对待。格式化的本质就是高度的同质化,以将事物中相同的部分提取出来固定为样本,供使用者一遍遍复制使用为追求。这种一遍遍按程式重复使用,就是同样事情、同样对待的部分实现。当人们在同样的情形下,被要求使用同一种格式的法律文书,或者接到按同一种程式制作的法律文书,感受到的是法律最基本的秩序与无差别对待,从而在对实质正义的进一步期待中,产生对法律的遵从。

古代法律文书在清末以前并非没有格式要求,但这种要求只体现在诉状上,而且作出格式要求的是各省地方衙门,只有符合当地诉状格式要求的诉状,所提起的诉讼才有可能获得受理。清末以前诉状格式要求的地方性,导致了诉状格式的标准不统一,从这种意义上说,清末以前的诉状格式只具有准要式性。

至于判词格式,在清末以前,则连各省地方衙门都没有专门的规定,但不能由此认为清末以前的古代判词完全没有格式要求。事实上,古代判词也有格式要求,只不过这种格式更多是以拟判形式出现的。由于拟判制作主体并非真实案件的司法审判机关,因此拟判不具有现代法律文书格式样本的强制性,更多体现出一种提倡、鼓励、推荐使用的准要式性。

清末民初,法律文书格式获得了完全的要式性,法部制定出了全国性法律来规范法律文书,其中尤其引人注目的是《各级审判厅试办章程》《大清民事诉讼律草案》《大清刑事诉讼律草案》对判决文书格式的规范。自此以后的法律文书,尤其是司法官员在何种情况下应当使用何种文书,每种文书应当按什么样的格式规范来制作都有明确的法律规定了。不符合格式的文书,将被视为无效。这样,从格式的角度来看,清末民初的法律文书就经历了从准要式向要式过渡的历程。

第一节　拟判的准要式性

一、拟判的界定

中国传统法律文书的格式化早在西周时期就已经开始了。不过,这种格式化是非常初级的,只是对文书种类进行了简单的分类与命名。比如,当时的判决书被称为"书",当事人的买卖契约,较长的用以买卖奴隶、牛马的,被称为"质",较短用以买卖兵器、珍异之物的,称为"剂"。①

西周以后,法律文书的格式化进程代代推进。秦朝时期的《封诊式》已经开始进行实质意义上的文书格式化了。这从《封诊式》这一名称上就可以看出些端倪。学者们大致认为:"封"是指查封;"诊"是指诊察、勘验、检验;"式"是指格式。顾名思义,《封诊式》就是一部关于查封与勘验笔录文书及其格式的书籍。它的行文方式通常是给出每一种司法笔录的实例,在此基础上,有的还加上指导如何进行相关司法活动的文字内容。这种例文是实例与格式样本的混合,既有案件的各事实要素,同时,又对这些事实要素,尤其是当事人进行了抽象与虚化,以甲乙丙丁取代当事人姓名,使文书具有了一定的样本示范功能,明显地具有希望读者通过对这些例文的学习,可以模仿着进行制作,从而使这些文书获得更加普遍适用的目的。《封诊式》这种以天干取代当事人姓名的抽象方式,对后世文书,尤其是拟判的影响很大。以后各代的拟判要么也是以甲乙丙丁代替具体的当事人,如唐代白居易的《甲乙判》就是以这个方式而得名的;要么则以在甲乙丙丁之前加上百家姓,如明代的《刑台法律》等拟判集或官箴书中的拟判就采用了这种方式。

唐代,随着拟判的出现,法律文书的格式化进一步发展。这里,首先有必要弄清楚何谓拟判?有研究者认为,"'拟判'是虚构的、不具法律效力的判词。它包括一般的模拟之作和文学作品中根据情节需要而撰写的判

---

① 参见《周礼·地官·质人》。

词'"。① 简单来说,拟判就是虚拟的判决。那么判断虚拟的标准又是什么呢?以《文苑英华》卷五二二《刑狱》六《受囚财物判》记载的一件拟判为例:

> 题:丁受囚财,增其语,赃轻减罪,省司较议,非当鬻狱。
> 判:鬻狱贾直,实诚鲁史;舞文巧诋,用存汉策。小大之察,必惟其情;轻重之权,固兹无滥。眷彼丁者,职在监临,货以藩身,见鲁豹之裂带;贪而速戾,同叔鱼之败官。且无属厌,难以末减。省司忠告,实谓平反。

可以看出,唐代拟判通常分为"题"与"判(或对)"两部分。"题"即提出需作出判决的案件或事情的材料,"判"就是判词。判词要就"题"作正面论述和分析,引经据典,最后以简括的一两句话提出处理意见。拟判通常用骈文写成,篇幅比较简短。

一般而言,拟判的虚拟性体现为对当事人与案情事实的虚拟。可是如果案情事实不是虚拟的,而是真实发生的案例,是否可以得出据此写就的判决一定不是拟判的结论呢?

以我国最早的拟判专集《龙筋凤髓判》中的判词而言,有学者对《龙筋凤髓判》的"题"或曰"问目",进行考证,认为这些"题"或"问目"所提供的制判材料大多不是虚构的,而是"取州县案牍疑议"者,以当时真实案例、奏状、史事为基础的,很多内容与唐武周、中宗两朝的实录记载相吻合。这使它在唐代的拟判中独树一帜,成为与其他纯粹以"取经籍为问目"命题而制作的判词不同,具有极高的史料价值。②

对于《龙精凤髓判》的"题"或曰"问目",也就是所提供的制作判词的材料大多不是虚构,而是"取州县案牍疑议",是当时真实案例这一点,笔者是认同的,不过这并不影响《龙精凤髓判》的拟判集性质。先让我们来看看《龙筋凤髓判》卷三《修史馆二条》中的第一条:

该条的题为:

> 监修国史刘济状称:修史学士李吉甫多行虚饰,不据实状,有

---

① 蒋先福、彭中礼:《论古代判词的文学化倾向及其可能的效用》,载《长沙理工大学学报(社会科学版)》2007 年第 1 期。

② 参见霍存福:《〈龙筋凤髓判〉判目破译——张鷟判词问目源自真实案例、奏章、史事考》,载《吉林大学社会科学学报》1998 年第 2 期。

善不劝,有恶不惩,得财者入史,无财者删削,褒贬不实,非良史之体。

其下的判词则为:

> 观龙演卦,未闻记事之书;学鸟为文,始立载言之典。平林鬼哭,经籍所以郁兴;中山兔悲,翰墨由其骏发。纪功纪过,沮诵肇之于前;系月系时,迟任踪之于后。莫不惩恶劝善,激浊扬清,千载睹其昏明,一字成其褒贬。吉甫缇紬藏室,握椠词林,遵直笔于南史,跨高踪于东观,理须抑扬训诰,斟酌典谟,辨而不华,质而不俚。退不隐恶,慕周舍之坚贞;进不虚美,追扬雄之故事。何得文随意曲,笔逐情偏,非左氏之三家,有刘公之一弊。密会王道之辈,闻而不言;潜济生人之徒,舍而不录。阿附宰相,贵虚饰以佞一时;谄事明君,尚虚名而夸六国。贪述冠冕,遗卫霍之元勋;竞叙婚姻,忘良平之上策。有青蚨之锅,则倍事揄扬;乏黄鸟之金,则辄加删削。就腐刑于汉室,便作谤书;求斛米于渠州,辄成佳传。毁誉在己,高下由心,异班彪之正色,乖董狐之直道。有奸雄之性,无良史之才,徒紊国经,宜从屏退。

在此案例材料中,刘济、李吉甫都是当时真实的人物,且官居高位。① 据《旧唐书》卷一五上《宪宗本纪》记载:"以淮南节度使、中书侍郎、同平章事、赵国公李吉甫复知政事、集贤殿大学士、监修国史。"可知李吉甫确曾主持修纂国史。刘济与李吉甫是同时代之人,曾官至幽州节度使。则《龙筋凤髓判》中这则判词所提供的案例材料很有可能是真实的。不过,这并不影响它作为拟判的性质。原因在于拟判除了将案件当事人虚拟为甲乙丙而外,它与实判最重要的实质区别在于:其一,是否以真实的案件为存在前

---

① 霍存福在上文中认为:"《龙筋凤髓判》虽每判有涉案人名,却多为杜撰。""张鷟所用皆非真名,这是可以确定的。""刘济即刘允济,故缺其名之上字。""又,'李吉甫'或是未经改写的真名(盖小人物不必忌讳,似《龙筋凤髓判》中双名者皆可作如是观),查唐史资料,无相当人。暂缺不论。"这里存在如下问题:首先,说"刘济"就是"刘允济"完全没有任何的论证过程。实际上,初唐时期,刘济确有其人,《旧唐书》《新唐书》中都有大量的记载,那么《龙筋凤髓判》上这个"刘济"为什么不可能就是唐史上确有记载的"刘济"而偏要说他是"刘允济"呢? 其次说"李吉甫"或是未经改写的真名,原因在于李吉甫是小人物不必忌讳,"查唐史资料,无相当人,暂缺不论",则很难让人信服。李吉甫确是真名,不过,他在宪宗朝曾官至宰相,实在算不得小人物,在《旧唐书》卷一四八中就有他的传记,"查唐史资料,无相当人"一说值得商榷。

提；其二，制作者是否是该案的承审官员；其三，还在于判词是否具有法律效力。实判必须同时具备这几方面，缺少其中任何一点，都只能是拟判。

二、拟判的种类

(一)科举考试中的拟判

拟判最早是伴随着科举考试而诞生的。我国科举制度发端于隋朝，到唐朝渐渐兴盛起来。唐朝取士分制科和常科。制科由皇帝特旨召试，以待"非常之才"。制科主要试对策，科目繁多，比较常见的有直言极谏、贤良方正、博学宏词、才堪经邦、武足安边等科。常科的科名有秀才、明经、进士、明法、明书、明算等。明法科以律令为考试内容，这当是中国最早的法律专业人才考试了。通过了科举考试后，士子们在获得官职委任前，还要经过一道门槛，那就是吏部的铨选考试。这次考试分"身""言""书""判"四科。对此元人马端临评价道："然吏部所试，四者之中，则判为尤切。"考查合格后，才正式授予士子们官职。① 在这样的人才选拔机制下，律令及判词受到了前所未有的重视。

"学而优则仕"是古代文人学士的共同理想。因而衡量学业优劣的考试遴选制度就成了应试者们趋之若鹜的指挥棒。由于要"试判三则"，应试者为了考试过关，在考前要做许多判词写作练习，拟判因此大量产生。白居易的《甲乙判》、张鷟的《龙筋凤髓判》就是这类拟判代表。除此之外，唐代其他著名人物骆宾王、王维、元稹等也都写有拟判。《文苑英华》从卷五〇三到五五二，整整五十卷，收录了1000多道唐人判文，也大多属于拟判。

科举拟判作者中最著名的是张鷟和白居易。张鷟写的拟判在唐代非常有名，他也因此获得了"青钱学士"之誉。② 白居易在贞元十八年参加了书判拔萃科考试，十九年成功登第。由于书判拔萃科取士标准极高，录取数额极少，因此白居易的成功，使其成为时人尊崇的制判高手，所写拟判也被许多士子传为准的。③

科举拟判的虚拟性首先表现在案件当事人的虚拟。拟判中往往不是

---

① 这部分内容在本书第一章讲到唐代法律文书的时候已有详细论述，此不赘言。
② 《新唐书·张荐传》："员外郎员半千数为公卿称鷟文辞犹青铜钱，'万选万中'。时号鷟'青钱学士'。"
③ 元稹在为白居易文集写的序中曾这样说："贞元末，进士尚驰竞，不尚文，就中六籍尤摈落。礼部侍郎高郢始用经艺为进退，乐天一举擢上第。明年，拔萃甲科。由是《性习相近远》《求玄珠》《斩白蛇》等赋及百道判，新进士竞相传于京师矣。"

用名字,而是用天干或百家姓加上天干的方式来分别代表诉讼案件的当事人①,故也简称"甲乙判"。明代徐师曾在《文体明辨·序说》:"唐制,选士判居其一,则其用弥重矣。故今所传如称某某有姓名者,则断狱之词也;称甲乙无姓名者,则选士之词也。"这就是拟判也被称为"甲乙判"的原因,也是拟判与实判的形式区别。当然,这也并非绝对的,事实上,有的判词当事人虽然不以甲乙指代,而是以某某有姓名指称的,也并非都是实判。如是《龙精凤髓判》中的当事人虽然都写着姓甚名谁,有的还确为史有记载的真人,所记载的是历史上确实发生过的事实,但它依然不是实判,而只能是拟判。

其次,表现在对案件事实的虚拟上。拟判一般不是以真实案件为基础的,即便是真实案件,也只不过作为练习的材料供练习者使用。据杜佑说,唐代试判出题经历三个阶段:"始取州县案牍疑议,试其断割,而观其能否。后日月浸久,选人猥多,案牍浅近,不足为难。乃采经籍古义,假设甲乙,令其判断。既而来者益众,而通经正籍又不足以为问,乃征僻书曲学隐伏之义问之,惟惧人之能知也"②。

最后,也是最重要的一点是制判者审判官角色的虚拟。无论判词中当事人是否虚拟,也无论判词的案情是否虚构,只要制判者的审判官身份是虚拟的,那么这份判词就是拟判而非实判,不对当事人具有法律拘束力。这就是为什么有的判词中当事人确有其人,事也确有其事,但还是不能改变其拟判性质的原因。

拟判的另一大特点就是它的文学性。关于这一点,将在今后的研究中深入展开。

(二)官箴书中的拟判

拟判在明代继续存在,一方面继续为科举应试服务,另一方面则是为官员办案制作判决书提供参考,相当于判词制作参考手册。前者如《新纂四六合律判语》。杨一凡先生认为:"'四六'者,骈体之谓也。'合律'者,依律目之谓也。'四六合律判语'即以骈体文形式按律目所列罪名拟出判词。此文体的特点是案件属于虚拟而非实有形式,讲求对仗用典。它类似唐代的甲乙判,编纂此书的目的主要是供参加策科考试的官员参用。"③后

---

① 以天干代表不同的当事人,即以"甲""乙""丙"等来指代;以百家姓加天干代表不同的当事人的做法,如"赵甲""钱乙""孙丙""李丁""周戊""吴巳"等。
② (唐)杜佑:《通典》卷十五《选举三》。
③ 杨一凡:《十二种明代判例判牍版本述略》,载渠涛主编:《中外法律文献研究》卷一,北京大学出版社2005年版。

者如《重刻释音参审批驳四语活套》《律例临民宝镜》《刑台法律》等。

《重刻释音参审批驳四语活套》一书中有《参语》1 卷,《参议》1 卷,《审语》1 卷,《驳语》《批语》《审释语》共 1 卷。该文献系江西泰和萧良泮汇集,瑞金袁应奎同编,泰和康应乾校注。"以骈体笔法和简捷的文字,直叙案由,间予释音注解,就书写参、审、批、驳四种法律文书提供范本,意在为司法官吏在审判实务中裁判类似案件选择合用的词句。所谓'活套',即仿照套用的意思。"①

萧近高注释,熊氏种德堂刻印的《重镌六科奏准御制新颁分类注释刑台法律》(以下简称《刑台法律》)和《律例临民宝镜》,二者同属于给行政、司法官吏提供施政参考的官箴书。且版式有相似之处。每页分二栏,下栏载大明律例,加以注释,每条后附有关例令并虚拟罪情作成指参、审看、批断、评判、议拟、告示等范式;上栏则是各种施政文书,两书这部分的具体项目不太一样。其中《律例临民宝镜》的上栏有新官到任要览、吏部示谕新进士、谕民各安生理示、违禁取利示、新奇咨案札付、吏部严禁私揭咨、丈量不均田地咨、清狱牌、新奇散体审语、新拟招议体式、新颁教民榜文、新编刑统赋等目。而《刑台法律》从第一卷至第十六卷的上部由三部分构成:一是告示,二是判语,三是具招条例。版心下部的三部分分别是:律条、问答与拟罪条例。拟判主要是指其中的"判语"与"具招条例"部分。如在"冒支官粮"罪律目之上,"判语"部分是对"冒支官粮"罪进行定罪的法律理由,而"具招条例"则是对该罪犯人的处理与量刑。这两部分合起来,应该就是一份关于"冒支官粮"案判词的主要内容。如果审判官在现实中审理到一桩"冒支官粮"的案件,完全可以按上述的内容依样画葫芦地制作判词,只不过,将格式样本中的"赵甲"等代换为具体案件中的被告人姓名就行了。

三、拟判获得准格式功能的途径

格式样本的运转机能是靠事物所具有的共性提供动力的。格式样本就是这种共性的抽象、归纳与集合。当现实生活中发生了与格式样本所归纳的共性相同的情形时,人们就可以"按对号入座"的方式,套用相应的文书格式,以方便问题的解决。

拟判之所以能获得类似于格式样本的功能,就在于它有效地使用了抽象与归纳的方法。

---

① 杨一凡:《十二种明代判例判牍版本述略》,载渠涛主编:《中外法律文献研究》卷一,北京大学出版社 2005 年版。

以明代大量官箴书中的拟判来看,这种拟判相当于判决书的半成品。

如前所述,《刑台法律》《重刻释音参审批驳四语活套》《律例临民宝镜》等官箴书往往以律文为中心结构篇章,通常会包含律例条文及作者逐条进行的理解注释,再就是与该条相关可能会涉及的各种实用公文如告示、判词、具招条例的拟制。涉及裁判文书制作时,作者往往采用这样的方式:对应每一律例的条文,写一份相对完整的判词和具招条例的半成品,在判语中用"今某",在具招条例中用"赵甲""钱乙""孙丙""李丁""周戊""吴巳"等方式标示案件当事人的姓名,使用者只需要将"判语"和"具招条例"联缀起来,并将"赵甲""钱乙"与"某"改换成真实案件的当事人就行了。有了这样的官箴书,作为司法官员,如果想要偷懒,就可以首先按对号入座的方式找到那一律条,然后套用与此条对应的判词和具招条例的半成品,将需要个案处理的因素如案件当事人姓名等填充进去,就可得到一份套话连篇,但大致不会出错的判词。明代的《刑台法律》《重刻释音参审批驳四语活套》《律例临民宝镜》《新纂四六合律判语》《新纂四六谳语》等都是以这样的方式,提供判决书半成品的。

为更直观说明这一问题,请以明代的《刑台法律》卷二《户律》中的"典买田宅不纳契税、不过割赋税"一条为例加以说明。

第一部分,照录《大明律》,在条文文字之间,还插入作者关于本条的注释;在条文之后,如有相关的条例,则附于其后;有关于本条应着重关注的地方,则以"问""答"的方式加以提示。第二部分:与该条律文对应的实用公文有"判语"与"具招条例",分别如下:

典买田宅

判语:

文王已亡,既无虞芮之让;苏琼虽在,尚有兄弟之争。故田宅典买不明,斯官司讼狱不息。今某奸心肆起,巧诈百端。不税契书,欲使朦胧照证;不收籍册,复图隐蔽差粮。若此玩法之徒,宜坐笞杖之律。

具招条例:

议得赵甲依得价计赃,准窃盗论,免刺;钱乙、孙丙同拟,各杖一百流三千里;李丁依不过割一亩至五亩,笞四十,每五亩加一等,罪止杖一百;周戊律减笞五十;吴巳笞四十。俱有《大诰》,减等,赵甲、钱乙、孙丙各杖一百,徒三年;李丁杖九十;周戊笞四十;吴巳笞三十;系军民,无力,充徒哨嘹,的决;有力,纳米,完日着伍

宁家。仍于周戊名下追征价钱一半,并李丁原买地土及赵甲盗卖
过价钱并追入官。

由此可见,这里的"判语"就是对典买田宅罪状及违法性的抽象与概
括。真实案件中的被告人被抽象成了"赵甲""钱乙""孙丙""李丁""周
戊""吴己""某";而对所有这类罪行的定罪量刑及法律依据则被概括为具
招条例"议得赵甲……"以下的内容。当法官判定被告人有"典买田宅不
税契""典买田宅不过割"或"将已典卖与人田宅,朦胧重复典卖"等行为中
的任何一种时,就可确定为犯了典买田宅不纳契税、不过割赋税罪,在制作
判词时,先套用"判语"对这种行为进行法律评价,接着套用"具招条例",
根据本案被告人的实际情况,看到底符合其中赵甲、钱乙、孙丙、李丁、周
戊、吴己哪个的情况,比照最相近似的情形定罪量刑。

当然,无论是套用"判语"还是"具招条例"时,都要做相应的变化,应
将"判语"中的"今某"的"某"具体化的所办典买田宅案件的当事人姓名,
将"具招条例"中的"赵甲""钱乙""孙丙""李丁""周戊""吴己"等换成案
件被告人的真实姓名,就可以制成一篇审理典买田宅案件的判决书了。

很明显,官箴书中拟判的制作与现实中的使用者套用拟判制作实判正
好是两个方向相反的过程。拟判的制作是从具体到抽象的归纳过程,而套
用拟判制作实判则是由抽象到具体的演绎过程。

除了拟判而外,《刑台法律》《新纂四六合律判语》卷首的"附卷"部分,
更在"行移体式"的标题下,直接将常用的公文程式样本搜集刻写出来,供
人套用。其中属于法律文书格式样本的大致有:刑部立案式、刑部札付式、
大理寺合用行移立案式、案呈本寺审录立案式、大理寺行勘合式、都察院都
御史立案式、某道御史立案式、某道御史行牒大理寺式、都察院立案式、布
政司立案式、按察司佥事立案式、察院行案验提人式、各府立案式、申文式、
牒呈式、县用行移各式、各县立案式、领状式、保状式、结状式、呈状式、供状
式、部招式、议罪式、实状式、收管式等。上至刑部、大理寺、都察院,下至各
道、府、县,乃至于平民百姓,在诉讼过程中需要制作文书时,都可套用现成
的文书格式。

另外,在附卷中还有关于"题本""奏本"封皮正面、后面的式样、规格
大小①;在题奏中应抬写以示尊敬的字词汇集等。

---

① 关于奏本、题本的规格是这样的:"奏本高一尺一寸九分,阔三寸一分,字六行,一行二十四格,
写二十二字;题本高八寸,今后多只用一尺或一尺或(按,疑此"或"字为衍字)一寸,阔三寸三
分,六行,一行十八字"。

《重刻释音参审批驳四语活套》《律例临民宝镜》《新纂四六合律判语》《刑台法律》所收录的拟判及其他各种法律文书准格式样本功能的获得，是抽象与归纳手段参与的结果，尽管这里的抽象与归纳并未达到现代法律文书格式样本应有的程度，但这种倾向与努力是很明显的。

四、拟判格式功能不完全的原因

之所以说拟判是一种准格式样本，是基于以下事实：无论是科举应试中的拟判还是官箴书的拟判，都只具有参考意义，不具有强制效力。这是拟判与真正意义上的法律文书格式样本的实质区别。

具体来说，拟判的格式样本可以为真实案件的办案者提供一个制作判决书的模板、框架，甚至可以做到每类案件的法律评语都是现成的，但是因为拟判没能被赋予法律效力，因此，办案者是否套用这种格式，就是可以自由选择的了。当他不套用这种格式来制作判词时，他所制作的判词不会因此不合格，更不会因此影响判词的法律效力，他也不会因此承担法律责任。

导致拟判样本功能不完全的原因有：其一，拟判制作主体都是民间个人，而非司法机构。自唐代出现第一部拟判专集算起，《龙筋凤髓判》的作者为张鷟，《甲乙判》的作者为白居易，《刑台法律》为萧近高注释，熊氏种德堂刻印；《重刻释音参审批驳四语活套》系江西泰和萧良泮汇集，瑞金袁应奎同编，泰和康应乾校注；《新纂四六谳语》的作者为孔恒，他们都系民间个体。其二，拟判制作的目的是供人参考而非对文书进行规范。其三，拟判不具有法律效力。这是基于前两个原因的必然结果。

第二节　清末以前的文书格式

一、宋明时期的状式规范

清末以前关于法律文书格式的规范性文献，现存最早的是宋朝关于诉状的禁止性规定。记载诉状不予受理情形的文献为宋人黄震的《黄氏日抄》中的《词诉约束》，在《词诉条画》下着重记载写诉状不予受理的十一种情况，即"不经书铺不受；状无保识不受；状过二百字不受；一状诉两事不受；事不干己不受；告讦不受；经县未及月不受；年月姓名不实不受；披纸枷布枷、自毁咆哮、故为张皇不受；非单独无子孙孤孀、辄以妇女出名不受。"①朱熹

---

① （宋）黄震：《黄氏日抄》卷七八《词诉约束》；也见于中国社会科学院历史研究所隋唐五代宋辽金元史研究室：《名公书判清明集》附录五，中华书局 2002 年版，第 637 页。

《朱文公文集》卷一百有《约束榜》一篇,记载内容与《词诉约束》大致相同。这当是明清时期诉讼状纸后所附的"状式条例"的前身。

明代官府对诉状的规范为日本学者夫马进所注意,他说:"正如关于官府的文书行政有种种规定,当时对民间百姓提出的诉讼文书也设定了各种规格。如前所述,原告告诉所用的文书叫作告状(告词),而被告的反驳叫作诉状(诉词),此外,告状或诉状被受理后,为了说明而提出的文书或一般诉讼文书,叫作投状(投词)。但是,一个案件通常以告状和诉状各提一次为原则。并且,因为如果告状不被受理,案子就会就此完结,所以,原告必须按照所定规格,相当慎重地作成其告状。"①

根据清朝的诉讼档案来看,官府对诉状的规范主要是从要求当事人购买官方印制好的状纸来进行的。状纸内容包含两部分内容,一是"状式",它包含文书名称、告状人、代书、证人等的身份事项、案由及诉讼请求、案情事实、告状日期、代书戳记各项;二是"状式条例",就是附在"状式"尾部的各项关于诉状的禁止性事项。二者从正反两个方面对诉状内容进行了规范。

目前还未见明朝"状式"的程式,所见的都是书写诉状的禁止性规定。如明崇祯十二年(1639)刊印的佘健吾《治谱》卷四,收录了"自理状式"的六不准:②

> 牵告多人,不准;
> 牵告妇女,不准;
> 牵告乡绅,不准;
> 牵告久事,不准;
> 状中里甲姓名籍贯、与廒经不对,不准;
> 状中无写状人、歇家姓名,不准。审出情虚系歇家讼师拨置
> 者,重责。

另据从安徽省南部即所谓徽州地区休宁县发现的《明隆庆六年休宁县诉状》③看,其中附有"状式条例":

---

① ［日］夫马进:《明清时代的讼师与诉讼制度》,载王亚新、梁治平编:《明清时期的民事审判与民间契约》,王亚新、范愉、陈少峰译,法律出版社 1998 年版,第 395 页。
② 转引自［日］夫马进:《明清时代的讼师与诉讼制度》,载王亚新、梁治平编:《明清时期的民事审判与民间契约》,王亚新、范愉、陈少峰译,法律出版社 1998 年版,第 396 页。
③ 转引自田涛:《黄岩诉讼档案及调查报告》"前言",载田涛、许传玺、王宏治主编:《黄岩诉讼档案及调查报告》,法律出版社 2004 年版,第 17 页。

一格写二字者，不准。

有粘单者，不准。

牵连远年无干事情者，不准。

无重大事情而告妇女者，不准。

事已问结而又告者，不准。

被告干证人多者，不准。诬者越诉者，重责。

隐下壮丁，故令老幼残疾妇女出名报告者，不准。

拦路喊告者，不准。

这当是较早将诉状中的禁止性规定称为"状式条例"的史料。这些禁止性规定有着规范诉状的法律效力。如果不按这些规定制作诉状，轻则导致案件不被受理，重则转使告状者自身受到责罚。

二、清初至清末各省的状式规范

诉状的格式在同一历史阶段的不同时期、不同地区，或者在同一地区的不同时期，是各不相同的，不过有一个总趋势，那就是从清初至清末，诉状格式变得越来越繁复，这在"状式条例"中表现得尤其突出。

康熙时期，黄六鸿的《福惠全书》第十一卷《刑名部·立状式》中收录了诉状格式。包括"状式"与"状式条例"两部分。其状式如下：

状式附（前格三行，每行四十八字照画刊。状单副状俱用绵连纸印刷）。

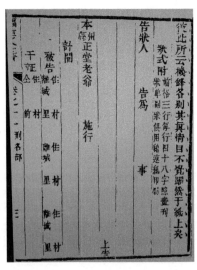

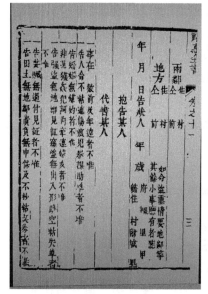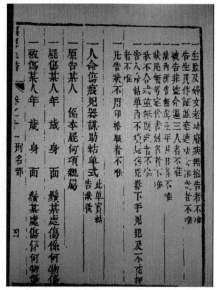

上列状式，从"代书某人"项以下各条，就是"状式条例"。这是比较典型的诉状格式，以后乾隆朝、同治朝及光绪朝的诉状格式与之相比，均大同小异，唯其中的状式条例繁简不同而已。①《黄岩诉讼档案》收入光绪年间诉状状尾的"状式条例"最多的达 24 条。

三、状式规范的遵行情况

显然，官府对诉状进行了规范。不过，上述诉状，无论"状式"还是"状式条例"，依地区、时期的不同而有所不同。说明了这种规范并不是全国性的。

接下来想要探究的是这些诉状格式是否有法律效力，在当时的司法实践中是否得以真正执行呢？

按照程序，当事人的诉状呈上后，审判官马上要做的事就是审阅诉状，决定是否受理该案。准理与否的依据，其实就是看诉状合不合"状式"与"状式条例"的要求。关于这一点，黄六鸿说得很清楚，他说："收过词状，本日即阅。先验堂封未动，方行拆开。查不合状式者，即批明不合某式，不准。彼知式非套设，则告状者自留心于合式矣"。② 这里的合不合状式有

---

① 关于这些朝代的诉状实例，在田涛、许传玺、王宏治主编的《黄岩诉讼档案及调查报告》（法律出版社 2004 年版）中收录不少。

② （清）黄六鸿：《福惠全书》卷十一《刑名部·总论·词讼·立状式》，康熙三十八年金陵濂溪书屋刻本。

两层含义:其一,看诉状是否用购买的官府印制状纸写成,如果不用这种指定的状纸,而是随便用一张纸写成诉状的话,案件肯定不会被受理;其二,再看用买来的状纸写成的诉状中,各事项是否齐备,有无"状式条例"中禁止的情形;最后决定是否受理。不予受理的,在诉状预留的相应批语位置作批,写下"不准"及简明理由。

清朝的审判官是否确是这样做的呢? 让我们看看下面不予受理的批词中,是如何陈述理由的。

批安康县举人钟隆鉴呈词①

满纸虚言,意在耸准,而适自彰其妄。尔钟姓欠龙姓之钱,历年清还有据,嗣乃借荒拖抗,债主呈控,问官比追,乃正理也。来呈突作惊人之笔,谓三月望日,练役四十余人,撞门入室,将尔父母及尔一并殴打受伤,到案后,官将尔父掌嘴收禁。果有如此冤情,尔何以迟延百余日之久,始来呈控? 讼因账债而起,而被告多至四十五人,实属荒谬万状。不准。

批王金氏呈为逞凶佔殴求提讯断事②

伤不请验,据不呈送,无法查核。不准。

批胡杨氏呈词③

省城重地,哪有此等事情。红牛与尔邻居,欠尔钱文不还,反半夜撞门,将尔同院妇人掳走,说得太不近情。同院妇人是何姓氏,有无夫男,掳往何处,何无一人喊控?来词既不遵式,又不列报,碍难准理。姑着本坊乡约查明禀覆候夺。

上述三件批词中,例一是因为"讼因账债而起,而被告多至四十五人,实属荒谬万状",有违"状式条例"中"被告非盗命过三人者"的情形,而不予受理;例二涉及以斗殴相告,但却未列明受伤部位,未请求官府验伤,因

---

① (清)樊增祥:《樊山政书》卷一,载沈云龙主编:《近代中国史料丛刊》,文海出版社1989年版,第20页。

② 田涛、许传玺、王宏治主编:《黄岩诉讼档案及调查报告》(上卷),法律出版社2004年版,第175页。

③ (清)樊增祥:《樊山判牍续编》,上海新文化书社1944年版,第69页。

而不符合"状式条例"中"告斗殴,不开明伤状实据"要求,而不予受理;例三除指明身为妇女,起诉时应当委托抱告,不能自己直接起诉而外,更明确指出其呈递的状词"不遵式",因而不予受理。充分说明各省对诉状的格式是有要求的。不合"式"诉状将导致诉讼不能提起的后果。像这样的批词在清朝的裁判文集中比比皆是,说明了地方官府对诉状的规范在司法实践中是得以遵循的。

第三节　清末民初的文书格式

清末至民初,随着法制变革的展开,法律文书的格式有了巨大的变化。主要体现在:其一,法律文书格式由以前各省自行规范,发展到此时统归法部,在全国范围内进行。其二,规范的对象由诉状扩大到了判决书。此一时期,法部的法律文件中不仅继续对诉状的格式进行规定,更首次出现了对判决书的格式要求。

一、法部的认识

清末变法改制的突破口是官制改革。这件头绪纷繁的事务,经过 5 年左右的考察、筹备,于光绪三十二年(1906 年)九月二十日正式开始了。这天,光绪皇帝发布《裁定奕劻等核拟中央各衙门官制谕》①,批准了中央官制的改革方案。该方案最引人注目之处是对司法机关从中央到地方进行的系列改革,其中明确规定:"刑部著改为法部,专任司法。大理寺著改为大理院,专掌审判。"

法部自成立后,开展了一系列工作,统一规范全国的法律文书格式就是其中之一。如前所述,清末以前,各省虽有由官方制定、具有法律效力的法律文书格式,但只限于诉状,而且省办状纸的效力只限于各省,因而导致各地参差不一,全国没有通行、统一的文书格式。法部对这种情形及其带来的弊端有清醒的认识,并在一份请求由本部统一试办诉讼状纸的奏折中说:

> 窃维依状鞫狱,律有明条。诚以状词为两造诉讼之原,官吏审判之据,虽与别项文牍不同而情伪所生关系究为重要。《周礼·大司寇》一篇首列两剂、钧金之制,厥后汉有狱辞,六代有诉

---

① 故宫博物院明清档案部:《清末筹备立宪档案史料·裁定奕劻等核拟中央各衙门官制谕》(上册),中华书局 1979 年版,第 471 页。

牒，即近世东西各国亦于诉讼书类均莫不有法定状式以为之程，诚重之也。中国各直省问刑衙门虽有呈状格式，然未经臣部规定，率皆自为风气，参差不齐。其重视法律者或故为繁苛之条件，使民隐不得上陈；其重视民隐者，或又弃置不用，听民间随意具呈，授讼师以舞文之渐，甚至一词之入，需费烦多，而官考代书又往往勾串吏差，肆其婪索。种种弊窦，以孳以繁，听讼一端，日形丛胜，不仅腾诮列邦已也……若不将诉讼状纸先行厘定，何以便民情而去宿弊，示颛若划一之规？①

将诉状的规范与民隐上陈、司法弊窦联系起来，甚至上升到了事关维护一国法权的高度。在随后的另一份奏折中，法部再次强调了规范诉状的必要性。②

二、规定法律文书格式的法律文件

清朝对法律文书格式进行规范的法律文件主要有四：其一，法部为试办统一的文书格式，特别于光绪三十三年十月出台了第一部由中央司法行政机关对诉状进行规范的法律文件——《试办诉讼状纸简明章程》；其二，光绪三十三年十月二十九日奉准施行的《各级审判厅试办章程》，除了进一步规定诉状而外，更是第一部涉及对判词规范的法律文件；其三，宣统元年十二月二十三日法部再次奉准施行的《筹订状纸通行格式章程》，是清朝第三部对诉状进行规制的法律文件；其四，《大清民事诉讼律草案》则是对判决书、决定书、命令书格式首次进行规制的法典。

（一）《试办诉讼状纸简明章程》

光绪三十三年十月二十六日法部与大理院基于对统一法律文书格式重要性的认识，会奏请求仿行袁世凯在天津府属审判厅内由审判厅发卖有法定程式的诉状，由法部、大理院制定统一的诉状格式，并由官方统一印行发售。先在京师各级审判厅试行此办法，数月后若效果良好，再由法部酌定详细章程，将所定格式奏请颁发各省，统一遵行。这件奏折就是《法部等会奏京师各级审判由部试办诉讼状纸折并单》③。光绪皇帝准奏后，《试办

---

① 《法部等会奏京师各级审判由部试办诉讼状纸折并单》，载《大清法规大全》，考正出版社1972年据政学社石印本影印出版，第1854页。
② 这份奏折为《法部奏筹订状纸通行格式章程折并章程》，载《大清法规大全》，考正出版社1972年据政学社石印本影印出版，第1843页。
③ 《大清法规大全》，考正出版社1972年据政学社石印本影印出版，第1854页。

诉讼状纸简明章程》成为具有法律效力的规范性文件。[①] 章程共十二条:

  第一条　诉讼状纸系奏定先从京师办起。无论旗汉官民关于民事诉讼、刑事诉讼,在各审判厅具呈者,一律遵用。

  第二条　诉讼状纸自奏定之日起,所有京城旧式状纸一律停止,其自行□便用纸写呈者,□不受理。

  第三条　诉讼状纸分为五种如左:一刑事诉状,凡刑事原告于第一审审判厅呈诉者用之;二民事诉状,凡民事原告于第一审审判厅呈诉者用之;三辩诉状,凡民事被告、刑事被告于各审判厅呈诉者用之;四上诉状,不论民事、刑事控诉、上告或抗告者用之;五委任状,不论民事、刑事,其委任抱告者,于诉状外附用之。

  第四条　诉讼状纸无论何种,每纸定价需当十,铜元十枚作为纸张印刷发行等费。

  第五条　凡刑事由检察官或司法警察官、营汛兵弁及地方官发觉之案,概由检察官起诉,不用状纸。

  第六条　诉讼状纸由部指定官设印刷局所印刷,分交大理院及各审判厅发行之。

  第七条　凡审判官署于发行诉讼状纸时,皆须加盖各该官署发行处所戳记以备稽核。

  第八条　诉讼状纸如须推广外省时,应由法部体察情形酌定详细章程,另行奏明办理。

  第九条　凡于状纸定价外任意需索者,照受赃律计赃论罪。

  第十条　凡未经法部允准而擅行仿造状纸及私售者,计其约数,得科以一两以上二十两以下之罚金。

  第十一条　每月发行各项状纸若干应由各审判官署分别咨

[①]　关于清末的重要奏折与章程的效力问题,李启成博士认为"就清末情况而言,关于这些社会问题的重要奏折和章程的效力与法律规则并没有什么显著不同"。并认为"清末法制变革是传统法律向西方法律的转变,就其变化的程度而言,说它是一场革命倒更为合适。在这个特殊时期,旧的法律渐渐失去它固有的权威,新制定的法律只有主要几部,其中大部分还是以草案形式存在。在此法律新旧交替之际,存在大量的法律空白地带。为应对这些问题,在一个行政性主导的国家首先就是借助于行政性命令。清末法律改革的成果之一,就是司法权独立于行政权和司法行政权。此种分权,只是皇帝之下的分权。推事在裁判案件时,得到皇帝认可的处理相关问题的奏议和章程对推事具有当然的约束力。这可以从清末的司法判决里面找到例子"。参见李启成:《晚清各级审判厅研究》,北京大学出版社 2006 年版,第 105 页。

报申报,以八成解部为纸张等项销费。

第十二条　各项状纸格式嗣后如有应行变通及增加种类之处,由法部援案试办奏请遵行。①

显然,《试办诉讼状纸简明章程》作为一种规范是很笼统的,只规定了今后全国各省诉状要统一的大原则,及目前在京师各审判厅试用诉状的五个种类及每种诉状的使用者和使用范围,规定了每份状纸的价格,对于诉状应载明的具体内容则还未涉及。尽管如此,它毕竟是中国法律文件将目光放在法律文书上的第一次,由此启动了法律文书近代化的进程。

(二)《各级审判厅试办章程》

法部在与大理院会奏《法部等会奏京师各级审判由部试办诉讼状纸折并单》之后的第三天,即光绪三十三年十月二十九日,紧接着又单独向光绪皇帝呈交了《法部奏酌拟各级审判厅试办章程折并章程》②。

该章程的第三十八条,首次规定了判词之格式。

第三十八条　判词之定式除记载审判厅之名称并标明年月日,由公判各官署押盖印外,其余条款如左:

刑事

一、犯罪者之姓名、籍贯、年龄、住居、职业

二、犯罪之事实

三、证明犯罪之缘由

四、援据法律某条

五、援据法律之理由

以上系有罪判决之款式。其无罪之判决,但须声明赦免之理由,不列定款。

民事

一、诉讼人之姓名、籍贯、年龄、住居、职业

二、呈诉事实

三、证明理由之缘由

四、判断之理由

---

① 原载《大清法规大全》上的这份章程,有模糊不能辨认者,悉以□表示。

② 《大清法规大全》,考正出版社1972年据政学社石印本影印出版,第1856页。

将《各级审判厅试办章程》第三十八条转化为格式的话，应当是这样的：

刑事有罪判词之格式：

××审判厅

一、犯罪者之姓名、籍贯、年龄、住居、职业；

二、犯罪之事实

三、证明犯罪之缘由

四、援据法律某条

五、援据法律之理由

民事判词之格式：

××审判厅

一、诉讼人之姓名、籍贯、年龄、住居、职业

二、呈诉事实

三、证明理由之缘由

四、判断之理由

除此而外，《各级审判厅试办章程》第四十九条、五十条、五十一条、五十四条、五十六条、六十四条还分别对刑事诉状、民事诉状、委任状、上诉状进行了规定，其中第五十条、五十一条、五十六条、六十四条则明确了刑事诉状、民事诉状、委任状、上诉状的格式。

第五十条　刑事诉状应填写左列各项：

一、原告之姓名、籍贯、年龄、住居、职业

二、被告之姓名、籍贯、年龄、住居、职业。若为原告所不知者，即不填写亦可

三、被害之事实

四、关于本案之证人及证物

五、赴诉之审判厅及呈诉之年月日

第五十一条　民事诉状应填写左列各项

一、原告之姓名、籍贯、年龄、住居、职业

二、被告之姓名、籍贯、年龄、住居、职业

三、诉讼之事物及证人

四、请求如何断结之意识

五、赴诉之审判厅及呈诉之年月日

六、粘钞可为证据之契券或文书

第五十六条　委任状应填写左列各项：

一、委任人及代诉人之姓名、籍贯、年龄、住居、职业

二、代诉人与委任人之关系

三、委任之原因

四、委任之权限

五、代诉之年月日

第六十四条　上诉状须填写左列各项

一、上诉人之姓名、籍贯、年龄、住居、职业

二、原审判厅

三、原审判厅之判词

四、不服之理由

五、赴诉之审判厅

　　获得光绪皇帝批准后，《各级审判厅试办章程》在此后相当一段时期内，不仅成为筹设各级审判厅的法律文件，而且成为各级审判厅在刑事、民事诉讼法出台之前，按近代司法体系审理案件所遵循并引用的程序性法规。因此，章程对刑事、民事判词的规定，实际上就是中国历史上第一次在立法层面、以法律形式对裁判文书进行的规范。

　　总之，该章程对法律文书格式规范的主要贡献就在于，它具体规定了判词与诉状的内容事项与书写顺序。当然，其不足也是显而易见的。以判词来说，判决结果这一最重要事项，在第三十八条中竟然未有提及，更谈不上规定它在整个判词中的位置与顺序了。

　　(三)《筹订状纸通行格式章程》

　　《法部等会奏京师各级审判由部试办诉讼状纸折》声明，由法部试办诉讼状纸一事，"数月后果能推行便利，再由部精制印纸，酌定详细章程，将所定格式奏请颁发各省遵行以收司法统一之效"。时隔两年后，法部于宣统元年十二月二十三日请旨颁行的《筹订状纸通行格式章程》①，就是《试办诉讼状纸简明章程》中所言再行酌定的"详细章程"。《筹订状纸通行格

---

① 《大清法规大全》，考正出版社 1972 年据政学社石印本影印出版，第 1843 页。

式章程》施行后,所有京外各审判厅官署现行之状纸印纸及此前的《试办诉讼状纸简明章程》一律作废。

《筹订状纸通行格式章程》的颁行是当时新式法院筹设的配套工作。按光绪三十四年,宪政编查馆、资政院会奏的筹备立宪各项事宜清单①,全国各级审判厅的设立以九年为限,预计到光绪四十一年完成。新式法院必须有新的各项审判制度与之配套,首先就是诉讼改革。此前法部在京师审判厅按《试办诉讼状纸简明章程》,试行诉讼状纸两年多,"民间尚无不便",积累了实践经验,在全国范围内各级审判厅推行统一与规范诉状格式的条件已经成熟。于是,法部在宣统元年具奏分年筹备事宜折中,即将推广诉讼状纸一项列入法部第二年应办事件清单内,经宪政编查馆大臣核准后,奏请光绪帝谕令遵行。

《筹订状纸通行格式章程》共 20 条,将京师审判厅现行的诉状增订为民事刑事共八类,同时还对限状、交状、领状及和解状进行了规范。对这十二种状式,章程从状面格式与状纸两方面进行了规制。规定每种状式各制一状面,各刊印精细花纹,粘贴于状纸之上,以杜伪造。在京各审判厅使用的状纸和状面都由法部印制,按以前《试办诉讼状纸简明章程》的办法发行;京外各省审判厅使用的状面,也由法部颁发,但状纸则即由各该督抚饬知提法使或按察使遵定部颁状纸式样,仿照刻印,连同部颁状面粘合成帙,一起发交各级检察厅让当事人购买使用。每种状式都由法部定价,不得任意多取。发卖状纸之所得,由各该管官按照所收成数以五成解送法部,作为制造的工本费,其余五成由本省截留作为司法行政经费。

如此看来,三章程对法律文书规范呈现出由少到多,由粗到细的总趋势。为有直观印象,特将三章程所规范的法律文书种类作一比较。

三章程所规范的法律文书种类比较表

章程名称	制定机关	颁行时间	效力范围	所规范的文书种类	
《试办诉讼状纸简明章程》	法部与大理院	光绪三十三年十月二十六日	京师各级审判厅	诉状5种	刑事诉状 民事诉状 辩诉状 上诉状 委任状

---

① 该折全称为《宪政编查馆、资政院会奏宪法大纲及议院法、选举法要领及逐年筹备事宜折》附清单,载故宫博物院明清档案部:《清末筹备立宪档案史料》,中华书局 1979 年版,第 54 页;也见朱寿朋:《光绪朝东华录》,张静庐等点校,中华书局 1984 年版,总第 5976 页。

续表

章程名称	制定机关	颁行时间	效力范围	所规范的文书种类	
《各级审判厅试办章程》	法部	光绪三十三年十月二十九日	全国各级审判厅	诉状4种	刑事诉状
					民事诉状
					上诉状
					委任状
				判词2种	刑事判词
					民事判词
《筹订状纸通行格式章程》	法部	宣统元年十二月二十三日	全国各级审判厅	诉状12种	刑事诉状
					刑事辩诉状
					刑事上诉状
					刑事委任状
					民事诉状
					民事辩诉状
					民事上诉状
					民事委任状
					限状
					交状
					领状
					和解状

　　诉状的种类从光绪三十三年《试办诉讼状纸简明章程》中的5种,发展到了宣统元年十二月《筹订状纸通行格式章程》中的12种,显出了法律对诉状规范的日益细密。不过,对诉状的格式进行规制显然不是三部章程的侧重点。除了《各级审判厅试办章程》对诉状应写明的各项及顺序有所交待外,其余两部状纸章程反而只规定了诉状的名称与种类,对于各种诉状的内容与格式均未涉及。这应当与清末以前各省对诉状的格式规范已经比较成熟有关。

　　清末以前,各级审判衙门一直对诉状的规范有所要求,这种要求主要体现在对诉状进行官方控制,由各地各级衙门按地方习惯,印制专门的诉讼状纸,其上统一印制填充式的诉状状头与状面格式,当事人要起诉,必须先购买这种印制好的诉讼状纸,按状头印制文字的要求在空格内填上原被告、证人、地保的姓名、年龄、住址、离城距离等相应内容,然后在规定字数内(按黄六鸿《福惠全书》记载,以144字为限),陈述事实与起诉要求等状式的主要内容,起诉才有可能被受理。① 在状头、状式后,诉讼状纸上还印有诉状条例,提醒使用者哪些情况下的起诉不被受理。

应当说,在清末法制变革前,诉状的格式已经比较成熟了。不过,因为是由各省自行进行规范,因此各地诉状虽然大同小异,毕竟还称不上统一与规范。法部对诉状进行规制的工作中,统一诉状格式上存在的"小异"只是一个其中的一个环节,法部最主要的目的是要将此前由各省自行印制和售卖诉讼状纸的权利收归自己。因此,无论是《试办诉讼状纸简明章程》还是《筹订状纸通行格式章程》,除了用一条规定诉状的种类而外,其余各条都规定的是法部统一印制状面后分发各省的各种手续与程序。如规定各种诉状价值应以铜元为本位。如铜元未经通行之处,以制钱折合计算;刑事诉状每套当十铜元十六枚等;各省定期核定所需状面数,派人前往法部领取,同时各省按法部所用状纸的规格自行印制状纸,然后将从法部取回之状面与状纸粘连成一帙后售卖给当事人;对于每月发行各种诉状数量,应由各省提法使按季分别申部以备稽考;所收纸价,京师各级审判厅以二成留支,以八成解部;外省则应以五成留为司法行政费用,以五成提为法部刊刻印刷之资;即由提法使或按察使按照市价折合银两于请领第二次状面时,即将前次应解法部之五成费用一并上缴。

显然,两部章程无不是围绕着由法部掌控全国售卖诉状所得费用这样的经济目的来展开的。这对于刚刚与行政分离,急需大量司法经费以保障其独立地位的司法审判系统而言,应当是一项重要的经济来源。恐怕这才是制定这两部章程的主要目的。即便如此,它们在中国近代法律文书发展史上所起到的重要作用还是不容忽视的。

(四)《大清民事诉讼律草案》《大清刑事诉讼律草案》

近代司法实践中所运用的新式法律文书如"判决书""决定书""命令书"都是在《大清民事诉讼律草案》及《大清刑事诉讼律草案》中,模仿德国与日本诉讼法创制出来的。《大清民事诉讼律草案》以第二百九十六、二百九十七、二百九十八条三个条文分别规定了判决、决定、命令三种裁判方式,并在第四百七十二条对判决书的事项进行了明确规定。而《大清刑事诉讼律草案》则在第二百二十条用三款分别规定了这三种裁判方式。与之相对应的文书则分别有判决书、决定书与命令书。在这三种文书中,法律明确规定了文书事项及顺序的是判决书。

《大清民事诉讼律草案》第四百七十二条是关于判决书的规定:

---

① 关于诉状的格式及实例,请参见第三章清初至清末各省的状式规范部分。

判决书应记明左列各款事宜：

第一，当事人姓名、住址。若当事人为法人则其名称及事务所。

第二，当事人之法律上代理人及诉讼代理人姓名、住址。

第三，判语。

第四，事实。

第五，理由。

第六，审判衙门。

第七，为判决之推事姓名。

事实项下应记明言辞辩论时当事人之声明并摘录所陈述之事项。

对于此条修律大臣作了这样的说明："谨按：判决书内所应记载之事项应以法律定之，使当事人易知自己主张之是否正当而判决之效力范围亦可由此明确焉。当事人、法律上代理人、审判衙门为判决之推事姓名者，盖示以何人为推事所组织之审判衙门，向何人行裁判也。记明代理人者，盖为送达便利计也。至记载为言辞辩论目的之声明，事实上主张，证据之事，证据声明等，则所谓事实是也。记载事实上及法律上说明则所谓理由是也。而判决主文则记载据事实及理由而生之断定也。以上三项互相联属，原告所请求之当否可由此而明，故设本条以明其旨。"①

《大清民事诉讼律草案》中关于判决书应记明的事项及顺序，其实就是对判决书格式的规定。与《各级审判厅试办章程》中第三十八条对"判词"格式的规定比较起来，《大清民事诉讼律草案》第四百七十二条的规定明显要明确、完善得多，并与当时大陆法系典型代表如德国法律对于判决书的格式要求几乎一致了。

总结起来，清末以前，诉状并非没有格式规范的要求，但对诉状进行格式规范的工作主要是由各地方衙门自行完成的，因此各地的格式并不完全一致，程式性未达到应有的高度。而判词格式则连地方性法规都没有加以规定，倒是拟判有一些朦胧的格式意味。从这种意义上说，清末以前法律文书的格式是准要式性的。清末以后，法部以专门的法律文件对诉状、判词、判决书的格式进行了规定，它意味着法律赋予了诉状、判词、判决书格

---

① 见于《大清民事诉讼律草案》第四百七十二条下的立法理由。

式的要式性。因此,法律文书的格式在此期间经历了由准要式向要式的变化过程。

三、裁判专集中判决文书格式的渐变

以现代的眼光来看,法律文书格式规范的重点应当是司法机关制作的,而非当事人制作的法律文书,这是中国近现代法律文书与传统法律文书的一个重要区别。

当事人的法律文书不具有法律效力,只是当事人行使诉权的形式,属于个人权利范畴,国家公权力不应过度干预。而司法机关的法律文书对当事人具有法律效力,是国家公权力具体实施、运用的结果,因而也是特别需要加以约束的对象。这是判决书格式在近代以后随着社会民主化进程的深入,越来越为法律所关注的主要原因。判决书格式化的程度,不仅代表着司法的规范与否,更重要的是通过它能看出社会法律意识的变化。下面将以《张船山判牍》[①]《塔景亭案牍》《各省审判厅判牍》《华洋诉讼判决录》中所收录的判词或判决书为标本,具体观察这种文书在不同时期的格式。

(一)《张船山判牍》《塔景亭案牍》中的传统判词格式

《张船山判牍》的作者是张问陶,四川遂宁县人,乾隆进士,曾官居山东莱州府知府,政声卓著。《张船山判牍》1935 年由襟霞阁主编,上海中央书店印行。在该书前的"著者小史"中,编者称:"其所著判牍批词,均斐然成章,为后世称诵。"这当是襟霞阁主在一百多年后编辑出版张问陶判牍的原因。这里选录的是他制作的一份关于遗产继承纠纷案件的判词。《张船山判牍》收录的判词,都是以这样的方式制作的。

例一:争夺遗产之妙判[②]

滕国柱、滕家圭等控告其五服外族叔滕君立所遗财产有被外姓花销情事,业经提讯。据供,滕君立有子二,长富发娶妻龚氏,有子滕小玲,龚品高系龚氏胞兄,汤秀芳系龚氏表兄。次贵发,早故,遗妻顾氏,无子。先年,龚氏与顾氏构讼,由县控府,经前任知府赵判令滕小玲兼祧在案。滕富发、滕顾氏先后身故,其子滕小

---

① 选择乾隆时期的《张船山判牍》,虽然已经超出了清末的时间段,但这里想要突出传统司法判词"无格式"的格式渊源,故专门将选择的目光放在更早的裁判专集上。
② 襟霞阁主编:《张船山判牍》,上海中央书店 1935 年版,第 12 页。

玲经商在粤,年久未回,亦无音信,闻人传说在琼州病故,亦有云在途次身卒。说虽各异,皆无的信。滕富发故后,所遗银钱经龚氏手,买有壹千伍百捌十伍两银田业一契,取押佃银壹百零肆两,并源康当股本壹半。龚氏旋即乡居。汤秀芳因龚氏家中无人时为帮管家事,龚氏买业涉讼需费,曾将田业押借汤秀芳之婿朱明德处,得银伍百三十两。去岁六月,滕龚氏身故,丧葬一切均汤秀芳经手办理。滕龚氏遗存衣物、契单亦寄放伊家,滕国柱等疑其侵吞,来署具控。查绝灭之家,无人承继,例应将其财产入官,不能听外人侵吞。此案,汤秀芳插管滕龚氏家业多年,滕龚氏故后犹复延不交出,殊属非是。姑念年逾七十,从宽免议。本府斟酌情形,滕龚氏所遗产业既已押于朱德明处,照原价除去抵借银伍百三十两及押佃银壹百零肆两外,余剩价银一千零五十两。此本绝产,例应入官,惟滕小玲在粤身故与否仅得诸传闻,并无确据,遽予入官,设将来生还,衣食何资?而滕君立等坟墓亦复年久失修,滕龚氏身故,仅仅土葬,又未斋荐。著于业价内提银壹百两交滕国柱、滕家主经手修墓、斋荐,余银暂行存案。俟满三年,如滕小玲仍无消息,再行入官。其源康股本,姑念龚品高年老多病,其妹在日,亦曾有给伊养老之说,即仍归其经收,不准让给他人。每年祭扫滕氏祖墓,俟龚品高死后,交滕国柱经收以备岁时祭扫之需。缴案衣箱给滕国柱等承领变价以凑斋荐之用。此判。

第二例判词选自清末许文濬所著《塔景亭案牍》。许文濬,字玉农,浙江省吴兴县(今湖州)人,据研究认为,他大约出生在道光中期,《塔景亭案牍》所收判词的制作时间大致在光绪三十四年至民国三年,即1908年至1914年之间,时许文濬任句容县令。[1] 所有《塔景亭案牍》收录的判词都是以下面的方式制作的。

例二:周笃贵控周孝运等[2]

此案周笃贵无子,本房无丁可继,继次房之长子孝仁。十数年来,房族长幼皆知孝仁为笃贵之子。今周孝运等经修宗谱,将

① 俞江:《〈塔景亭案牍〉导读》,载(清)许文濬:《塔景亭案牍》,俞江点校,北京大学出版社2007年版,第3页。
② (清)许文濬:《塔景亭案牍》,俞江点校,北京大学出版社2007年版,第61页。

孝仁刊继笃贵之长兄笃富名下,而阙笃贵之名下不载。据周孝运等供称:笃贵以孝仁为嗣,并未席邀房族议立继书。笃富系长子,例不可缺,是以继笃富而虚笃贵,待与笃聚一并议嗣。等语。承嗣须立继书固已。然则孝仁之于笃富有继书乎?笃贵子孝仁已久而不得为之子,笃富未尝子孝仁居然得孝仁以为子,是笃贵之转念乎,抑笃富之遗言乎?否则,继嗣久定,固修谱者所得变更者乎?此中缘由,殊难索解。例载:立嫡之法,论昭穆不论亲疏。然昭穆不可紊,而亲疏则可不问。心所不爱,虽亲难强。爱而立之,虽疏犹亲。盖既为父子,朝夕一室,恩情不洽,何以为家?是以子而不孝,虽亲生者可以进出。可知无子立继,但使昭穆相当,应听本人自主,即房族长无权。周笃贵抚孝仁成人,娶妻生子,父慈子孝,无异亲生,断无另继他人之理。该生等乃请以三房之孝庚或孝荣为兼祧子,此何说也?而又何必?所以如此纷纷者,为数十亩田地计耳。笃富、笃贵本系同胞,既据以孝仁刊列笃富名下,此亦笃贵所心愿,应以孝仁兼祧笃贵,以顺人情。笃聚一房,次而又次,本非长房可比。继可也,不继亦可;兼祧可也,不祧亦可。不然,周氏一族其无后者岂少也哉?安得人人而继之,又安得人人而兼祧之?方溪,礼义之乡;周氏,诗书之族。产只区区,长此扰扰,鄙陋之习,深为诸生不取也。该生等以周笃贵居心客鄙,不顾大局为言。无子之人,大都如此。今日之讼,亦正坐此。其实子系继立,睦族为先,修谱纸工,分所应出。区区之费,毋再悭延。房族应酬,应有当有,慎勿硁硁自喜,徒为子孙守财也。笃贵勉之!取结完案。此判。

例一是乾隆时期的判词,例二是清末民初时的判词。以制作者当时身份来看,一个是知州,另一个是知县。但它们在文书格式上都呈现出共同的特点,那就是"无格式"。当然这里所说的"无格式"并不是说它们没有结构章法。事实上,仔细分析,这两份文书都是先叙案情,接着判断是非,最后做出判决。以例一来说,从开始到"滕龚氏遗存衣物、契单亦寄放伊家,滕国柱等疑其侵吞,来署具控"为止,属于案情陈述的部分,而"查绝灭之家,无人承继,例应将其财产入官,不能听外人侵吞"以下,则属于判断是非,陈述判断理由,做出判决的部分。只不过,这部分内容互相掺杂,不好断分从哪儿到哪儿是判决理由,从哪儿到哪儿是判决结果。例二中,从开始到"等语"为止,是案情叙述部分;判决结果一是以周孝仁兼祧周笃贵与周笃富,二是令周笃贵支付应分担的房族为修族谱所花的纸工费。但是这两项判决结果却是被夹在判决理由之间,需要认真分辨,才能将它们提取出来。①

因此,传统判词"无格式"有以下含义:一是官方没有制定统一的判词格式。二是判词不分段落层次,一段到底。三是没有统一的用于标明判词格式各层次的领述词或段落标目。不像现代判决书那样,除了文书的首部和尾部,正文又分为事实、理由和判决结果三部分;不仅每一部分必定另起一段加以提示,而且每一部分再细分的层次也分段叙述。如事实部分又细分为原告陈述的事实、被告辩称的事实、法院认定的事实和证据几个层次,每一层次必定分段加以区分,而且还分别以固定的领述词——"原告诉称""被告辩称""本院经审理认为"——来强调。在传统判词向近现代判决书过渡时期,出现过在每一段首加小标题以示层次的做法。这些小标题有"呈诉事实""判断理由""证明犯罪之由缘""援据法律""援据法律之理由"等,目的都是加强文书的结构上的格式性,从而强化文书的确定性。这自然是借鉴西方法律的结果,同时也是司法官员对传统判词"眉毛胡子一把抓"这类缺陷反思与批判的结果。

(二)新旧判词格式的交汇:《各省审判厅判牍》

《各省审判厅判牍》编纂时间为 1911 年冬到 1912 年春,最后于 1912 年印行出版,编纂者为上海法学编译社的汪庆祺。所收录的批词、判词是清末全国省城商埠各级审判厅和检察厅制作的。清末各级审检厅设立自光绪三十二年天津府试办开始,但各直省省城商埠各级审检厅的正式成立则是光绪三十三年底,陆续从京师、东三省开始的。这样看来,《各省审判厅判牍》所收判牍的制作时间下限为光绪三十二年(1906 年),上限为民国元年,正处于清末与民国之交,国体变更之时,也是中国法律由传统向近代转型的特殊历史时期。此时的司法实践不仅存在着制作文书的法律依据在没有新法可资而沿用前清法律的情况,而且文书的格式上也能充分反映出当时新旧杂糅的时代特色。

1. 按传统判词格式制作的判词

传统判词的结构如前所引例一、例二那样,无论文字多少,都不分段,通篇一段到底,没有明确的结构层次和领述词。其中包含的案情叙述、理

---

① 李启成博士在"《各省审判厅判牍》导读"中也说:"中国古代的判词,不论是司法官有权作出判决的审语,还是其无权作出判决而制作的供上司参考的看语,在内容上,一般而言,虽然也包括了事实、分析和裁判结果三部分,但是在结构上却没有明确的分野,需要读者自己去发现和分析。"

由分析和判决结果是需要读者自己去发现和分析的。《各省审判厅判牍》中有一件新民地方审判厅审理的亏欠巨款破产还债案,当事人较多,案情比较复杂,因此所作的判词达三千六百多字。这在传统判决书中是相当长的篇幅了。尽管如此,该判词依然是一段到底,密密麻麻一大片,阅读起来相当费劲,很不容易理清头绪。光为弄清楚案件的原被告都得花相当的时间。为说明问题,特将该判词全文引出。

例三:亏欠巨款破产还债 新民地方审判厅案①

缘薛明玉之父薛秀章于光绪九年间在新民府街上开设永升店生理,其柜事归执事人方献亭管理,亦在店照看。至十四年间,薛秀章病故,薛明玉胞兄薛明俊接管柜事,按年结算账目,向有余利。因值二十六年地方变乱,生意赔累,以致无本。至三十一年六月间荒闭,所出凭帖经薛明俊陆续开发清楚,各债未偿,薛明俊于三十四年五月间病故。宣统元年二月间,苏秀峰即以抗债不偿等情在新民府控告,经新民府集讯,薛明玉因债多产少不敷开发,自愿破产均分,未及讯结,值审判厅成立,由府将原被卷宗咨送到厅,当经本厅提讯,薛明玉复申前请,并将所欠各账开单呈送,嗣据各欠户亦以薛明玉估变摊还等情,前后呈请前来,经本厅提集质讯,取具各欠户图书账条分别移请各该地方衙门调查数目,均属相符。饬令薛明玉如数开列清单,派员带同原被前往照单查明,公同估计,报告到厅。旋据苏秀峰等以薛明玉尚有隐匿产业开单请查,质之薛明玉。供称,所指之产均已押卖与人,令将押卖之人并文契找送来厅,查得苏秀峰所指隐匿之产在袁瑞堂处地三十九日,永聚增即袁麟书处地二十九日七亩,王香亭处二十三日八亩,周惠风平房五间。提讯袁瑞堂、袁麟书、王香亭、周惠风均称实有此项房地,惟均立契押卖。查验袁瑞堂之地押价市钱六万吊,袁麟书之地押价三万二千吊,王香亭之地押价一万二千吊,契内载明指地借钱。袁麟书之契系三十一年十二月十五日所立,均系薛明玉自置之产。王香亭之契系三十二年六月间所立,系薛明玉原典宗室锡臣之地,随带红契。周惠风之房原价一千吊,系属卖契。其余所指零星之地或系远年典卖,或系薛明玉族叔薛连浦之产。原指之苏秀峰等亦称不必再查,并愿出具别无隐匿产业甘

---

① 汪庆祺编:《各省审判厅判牍》,李启成点校,北京大学出版社 2007 年版,第 98~101 页。

结。本厅以袁瑞堂、袁麟书、王香亭所押之产既系指地借钱，又均得有利息租项，与典卖者不同，自应归入众欠户内，一律摊还，以昭平允。即将原押之契送商务会估明价值，具覆到厅。复经本厅传集，公同查讯明确。薛明玉实欠世昌德市钱四万零四百六十四吊四百文，义盛德二万吊，恒有为九万四千零八十吊零九百五十文，裕盛增一万三千七百八十七吊，裕恒隆九千三百零五吊，王维清即全福堂八千九百五十吊，侯耀先即宝生堂一千七百五十一吊七百五十文。周鹏金即本立堂一千五百五十九吊四百文，魏聘卿即成厚堂六千二百九十九吊四百八十文，协成玉三百六十六吊九百七十文，天益德即尹秀生二千八百六十吊零四百文，义顺东一万三千七百三十八吊六百文，巨盛当即齐玉贤三百九十五吊七百九，福顺店二百二十一吊八百三十文，庆升号八千零二十二吊七百九十文，庆升东二千一百九十一吊八百八十文，东兴堂二千吊，福盛和四百二十三吊七百三十文，庆升当七百七十二吊三百九十文，福顺兴一万一千一百五十七吊八百四十文，谦益亨三百四十五吊七百文，顺成永九千九百四十一吊，万裕隆八百五十吊零八百七十文，增益涌二千二百八十一吊八百四十文，增兴涌五百三十八吊九百文，德聚成一万二千二百二十六吊七百四十文，太和堂八千六百九十一吊六百五十文，祥发栈四千六百八十一吊六百八十文，王占春一千二百六十二吊四百四十文，增盛庆二万四千二百三十吊零八百五十文，苏秀峰三万一千三百四十五吊，福德隆即沈瑞周四百八十吊，袁瑞堂六万吊，袁麟书三万二千吊，王香亭一万二千吊，存发德四千五百三十九吊二百五十文，东升怡一百零七吊五百文，张老俊一千九百八十六吊八百文，福盛号二百八十吊，福顺成四百四十二吊二百文，恒春福二百三十五吊一百六十文，广生贞一百九十八吊，天成永三千六百七十吊，乾生当三百一十七吊三百文，义记二百十三吊二百四十文。以上共欠各户市钱四十四万一千二十六吊三百二十文。惟各号欠户分隶各处，未能按户到厅，既令亲信之人代表，亦均取具担任各结。内有零债数家，或其店业已荒闭，或其人不知去向，查找需时，自应先照永升店原账，合数薛明玉所交之产。经本厅派员带同原被公同估得实价九万六千零二十一吊，袁瑞堂等押产并官斗秤，经商会估明价值八万五千七百一十八吊，两共值价十八万五千九百八十九吊，内有原估官斗四面，值价三千四百五十吊，官秤一杆，值价八百吊,共值价四千二百五十吊,此系永升店原领官斗秤执照,店荒即废,何能变价,应行扣除,净值价十八万一千七百三十九吊。按照估价,摊还各户,均皆允服。惟袁瑞堂再三狡展,据称伊债系薛明玉所欠,与永升店无涉。查永升店为薛明玉完全股东,店与家本系一事,况现在所变之产均系薛明玉家产,岂能分其家债、店债?又称伊债系二十六年因薛明玉被绑,借其救命之款,与别项不同,不能归入大家欠户内摊还。查薛明玉被绑,袁瑞堂借款相救,以对薛明玉一方面而论,固属恩同再造,与寻常借项不同,如系薛明玉自行开发,自应先尽此债,然现在薛明玉之债不敷开发,已将各产交出,听候公估摊还,则各产即属各欠户之产,在各欠户与袁瑞堂并无感情,自应相提并论,何能再分厚(簿)[薄]?又称伊原控时并未列名亦无人告发,因众欠户有契假之说,是以到堂验契,何能扣留估价?查薛明玉破产还债,不敷甚多,凡原有之产无论当、卖,均应查验,如有隐匿者,各欠户亦可指究,本不在原控内,有无其人,亦不在原单内有无此产等语,再三理喻,袁瑞堂总不输服,案关破产,欠户众多,未便以一人不服致滋拖累,应即判决。查此案薛明玉所欠各债或系存留货款或系来往欠项,均属互有账据。惟袁瑞堂、袁麟书、王香亭所借之款另有红契及原典契作抵,现在薛明玉破产还债,既属公估摊还,自不能以有抵与无抵者稍有分别。况袁瑞堂、袁麟书与薛明玉均系至亲,其款据称系二十六年所借,至三十一年另又立契,即使属实,借款与押产相隔数年,其为永升店荒闲,取先发制人之巧可知。况与王香亭得过租项利息,较语别项空欠之债更为优异,应将押产估变公摊,以始大公而示平允。查薛明玉共欠债四十四万三千八百三十四吊七百七十文,其所交之产及袁瑞堂等押产共估价十八万一千七百三十九吊,以估价均匀核算,每一户均可照四成零九毛四丝七忽五微摊还,应即判令各户,无论欠数多寡,何项欠款,一律照四成零九毛四丝七忽五微摊还。惟薛明玉所交之产均系田产杂物,拍卖变价实非易易。现据各债户供称此项产业均愿领回照估变分,本可照准,然欠户众多且有未到者,若遽予发给,难免不有借口之人,应将估产单先行发给各欠户,按照大小欠数,如何友(按:"友"当为"发"字之误)配领产,公同议明后,再行呈领契据。或交商会公同均分,亦听欠户之便。周惠风所受之房既系托卖,不能再行估变,契据发还。薛明玉原典之产,无论何人承受,至期应准出典户备价赎回,不得藉口刁难。薛明玉家产既经各欠户查明具结,谅无隐匿。讼费赤贫免追。账据注销,存案备查。此判。

这样的判词在《各省审判厅判牍》中还有很多。比起《张船山判牍》《塔景亭案牍》来,几乎没有多大差别,只是在开头的时候,不再是随意想怎么写就怎么写了,而是往往以"缘……"起头,然后一段到底。

除此之外,在《各省审判厅判牍》中,还有一些传统判词是以"为判决事"起头的。例如:

例四:娶妾退妾　云南高等审判厅案①

为判决事。据江映青控诉赵胡氏重复索银等情一案。讯得上诉人江映青,四川人,年四十岁,住内西区。被上诉人赵胡氏,昆明县人,年三十八岁,住内东区。据江映青供,宣统二年腊月凭媒邓姓娶赵胡氏之女为妾,当付财礼五十元,不料伊女系属实女,且不能操作。因于本年二月初四日送回。讵赵胡氏不允,控经地方审判厅,断给赵胡氏银五十元,女留母家,听其自便。今实无力呈缴,是以不服上诉。质之赵胡氏,则称伊女于宣统二年腊月嫁与江映青后,并无异言,江映青突于本年二月初四日将女退还,称系实女,故控经地方审判厅断伊缴银五十元,女留氏家,听其自便各等语。查江赵氏系江映青之妾,无论是否实女,均不适用出妻之律。地方审判厅以犯七出饬赵胡氏领回,已属不合。且饬据隐婆邓李氏验明,江赵氏委非实女,但言语不甚清晰,近于癫痫,尤未便断为无子之证。惟江映青既嫌其不能操作,赵胡氏又恐为大妇不容,两愿离异,自应饬由赵胡氏将女领回,免生枝节。惟江赵氏业嫁与江映青为妾,现经退回母家,除财礼五十元不追外,应酌令江映青给赵胡氏银二十五元,以资生活,江赵氏当庭给领银,限本月二十日交付。婚约由地方审判厅涂销存案。(讼费)一元九角责成江映青缴纳。此判。(民)

据笔者统计,在《各省审判厅判牍》中,以"缘……"起头,然后一段到底的格式制作的判词有82件。其中属于奉天省的有奉天高等审判厅制作的6件,新民地方审判厅13件,抚顺地方审判厅6件,营口地方审判厅3

---

① 汪庆祺编:《各省审判厅判牍》,李启成点校,北京大学出版社2007年版,第68页。

件,共计 28 件;属于安徽省的有安徽高等审判厅 4 件,安庆地方审判厅 11 件,共计 15 件;属于江苏省的有江宁地方审判厅 8 件;属于浙江省的有杭州地方审判厅 6 件,宁波地方审判厅 1 件,共计 7 件;属于直隶省的有清苑初级审判厅 6 件;属于四川省的有重庆地方审判厅 6 件;属于贵州省的有贵阳地方审判厅 4 件;属于江西省的有南昌地方审判厅 3 件;属于广东省的有澄海商埠审判厅 2 件,澄海初级审判厅 2 件,共 4 件;属于吉林省的有珲春初级审判厅 1 件。

以"为判决事"起头,然后一段到底格式制作的判词有 20 件。其中除了 1 件为安徽高等审判厅制作,1 件未标明审判厅名称而外,其余全是云南省各级审判厅制作的,计有云南高等审判厅的 10 件,云南地方审判厅的 6 件,云南初级审判厅的 2 件。

云南省各级审判厅判词格式的高度一致,给人留下了深刻的印象。从云南高等审判厅至地方审判厅再到初级审判厅,判词大都是以"为判决事"起头,通篇一段写下去。在入选的 195 件判词中,以这样的格式来制作判词的,除了云南而外,就只见到了安徽高等审判厅使用过一次。① 从云南各级审判厅的成立时间来看,云南高等审判厅成立于宣统二年十一月。由于清末各省审判厅的筹设按规划是自上而下进行的,因此,云南地方审判厅和云南初级审判厅的成立时间必然要晚于宣统二年十一月。此间同时成立的各省审判厅还有许多,如黑龙江、直隶、江苏、安徽、山东、山西、河南、陕西、新疆、福建、浙江、江西、湖北、四川、广东、广西、贵州等②,为何只有云南使用既不同于各省制定的,又不同于法部制定的文书格式? 这是一个值得进一步探讨的问题。不管怎样,云南各级审判厅的判词传递出这样的信息:云南省内有不同于其他各省也不同于法部的判词格式;各级审判厅有统一适用本省判词格式的要求。

《各省审判厅判牍》中以这两种开头格式制作的传统判词加起来共107 件,占总数 195 件的 55%。按传统判词格式制作的审判厅既有高等审判厅(奉天高等审判厅、安徽高等审判厅、安庆高等审判厅),地方审判厅(新民地方审判厅、安庆地方审判厅、江宁地方审判厅、抚顺地方审判厅、杭州地方审判厅、重庆地方审判厅、贵阳地方审判厅、营口地方审判厅、南昌地方审判厅、澄海商埠审判厅、宁波地方审判厅),又有初级审判厅(澄海

---

① 当然,因为《各省审判厅判牍》所收录的判词毕竟有限,而且还有编者的主观选择标准,这是使用这些数据时必须谨慎考虑的,但它们毕竟是真实的,而且也具有一定的代表性。

② 李启成:《晚清各级审判厅研究》附录表一《直省省城商埠各级审判厅一览表》,北京大学出版社 2004 年版,第 224 页。

初级审判厅、清苑初级审判厅、珲春初级审判厅),涉及的省份有奉天、吉林、安徽、直隶、浙江、江西、四川、广东、云南、贵州。

上述以传统格式制作于光绪三十二年(1906 年)到宣统二年(1912年)间的判词在全国各级审判厅中的普遍存在,说明了法部于光绪三十三年《各级审判厅试办章程》中对判词格式的要求,未能完全得以实施。这固然有新制度的建立与推行不可能一蹴而就的原因,同时也说明法制传统的强大惯性依然在发生作用。

但这并不意味着这些省份就是固守传统,抵制法制改革。实际上,上述大部分省份各级审判厅的判词既有用传统格式来制作的,也有用法部规定的格式来制作的。在下面的论述中就要谈到这一点。

2. 按法部规定的判词格式制作的判词

如前所述,清光绪三十三年法部奏准施行的《各级审判厅试办章程》第三十八条对判词格式作了规定。仔细研究第三十八的条文:"判词之定式除记载审判厅之名称并标明年月日,由公判各官署押盖印外,其余条款如左……"套用现代的术语,该条文应当是命令性规范。它暗含着审判厅应当按这样的格式来制作判词的命令,同时有如果不这样就不符合规定的意味。因此,第三十八条对格式的规定,使得判词在这里具有了要式文书的性质。那么这部章程颁行后的实行效果如何呢?所要求的文书格式在实践中得到遵循没有?尽管前面的统计表明以传统方式制作的判词在《各级审判厅试办章程》颁行后依然有相当的数量,但不容否认的是,全国各级审判厅中按法部规定的格式来制作的判词也颇具规模,在《各省审判厅判牍》中收录的这类判词适足与传统判词分庭抗礼。例如:

例五:强盗奸污人妻 宁波地方审判厅案①

缘吴生元即胡生元,孙兴庚即孙新更,王阿根,高阿荣即高阿用,分隶奉化、鄞县,均游荡度日,先未为匪犯案。宣统三年三月十二日,该犯甘在鄞江桥会遇,各道贫难,吴生元稔知事主乌金庙祝励有增眷属即住庙旁,家尚殷实,起意行劫得赃分用,各犯允从。即于是夜二更时分在鄞江桥关帝庙内会齐动身,吴生元持刀并携木棍,余执油稔(按:"稔"当为"捻"之误),四更时分同至事主家门首,吴生元用木棍捣开竹篱门,与孙兴庚等进内觅得绳索,将励有增及其父励齐福一并捆缚,励有增之妻励吴氏喊捕,吴生

---

① 汪庆祺编:《各省审判厅判牍》,李启成点校,北京大学出版社 2007 年版,第 151 页。

元用刀砍伤励吴氏右眉右腮颊发际,喝令孙兴庚等用绳捆缚,一面搜劫衣饰等物,正欲出门,吴生元复起意将励吴氏奸污,商允孙兴庚等将励吴氏抬置床上,孙兴庚先行动手褪去小衣,轮流行奸,致将床脚损断,并因励吴氏六岁幼女及生甫四十日之幼子在床哭喊,孙兴庚用手将其幼子肾囊捏伤,并取灶灰塞入幼女幼子之口,奸毕后分携赃物回庙俟分后分别典钱并穿着使用。十三日早,经不识姓名买毛竹客人路过查见,将励齐福、励有增解放,并由励有增解放励吴氏,延医调治,正拟来厅呈报,适遇该犯吴生元身穿该事主衣服,肩负衣包在途行走,当即上前认明原赃,诘出行劫情由,并同伙姓名,协同地保乡人在关帝庙寻获该犯孙兴庚等,搜出赃洋衣服,将犯解经检察厅分别勘验起诉到厅。提犯讯鞫,供认前情不讳,诘无另犯窝伙、抢劫别案,及同居亲属知情分赃、牌保得规包庇情事,案无遁饰,应即判决。

（援据法律某条及理由）查例载:强盗奸污人妻不分曾否得财,俱拟斩立决等语。此案吴生元纠同孙兴庚等行劫事主励有增家得赃,并拒伤奸污其妻励吴氏,实属不法,自应按例同拟。

（判决主文）吴生元即胡生元、孙兴庚即孙新更、王阿根、高阿荣即高阿用,俱合依强盗奸污人妻,不分曾否得财,俱拟斩立决例,拟斩立决。余讯无另犯窝伙、抢劫别案及同居亲属知情分赃、牌保得规包庇情事,应毋庸议。匪遗油捻案结销毁。刀及木棍供弃免追。起赃给主,未起照估追赔。励吴氏等所受伤痕另自医治。片付检察厅俟上诉期间经过确定后,具报听候核复执行。此判。

例六:行使伪印花一　杭州拱埠初级厅案①

犯罪人许行彬年三十八岁,籍贯海宁,住宏文书局,职业师范毕业生。犯罪人管文标年五十六岁,籍贯江西,住福海三弄,职业妓馆。

（犯罪事实）缘许行彬即许祖谦,籍隶海宁州浙江高等学堂师范科优等毕业生,现充西湖报馆主笔,曾与拱埠妓女百里香相识。闰六月初八日下午九时,百里香因民事案件来厅买诉讼状,经本厅书记生告以已过办公时间,为令冀早来买,并备带印纸费

---

① 汪庆祺编:《各省审判厅判牍》,李启成点校,北京大学出版社 2007 年版,第 190~191 页。

等语。百里香去后,是晚许行彬偕他友到百里香房内,问起诉讼之事若何,百里香说到明早九点钟买状,并须贴印花费云云。许行彬答以我有印花,可取去用,随在身边袋内取出诉讼印纸两张,计数六元,交与百里香。初九日上午,百里香之父母管文标、管黄氏携带印纸来厅买状,该(氏事)[民事]案诉讼物之价额系九十元,照章应贴三元之印纸,管文标夫妇要求贴用带来之印纸,写状书记生诧异,向本厅请示,本厅以印纸系官厅发卖之物,诉讼者绝不应自有,管文标携带印纸来厅使用,即系犯罪行为,当移请检察厅根究。经检察厅究出前因,复据许行彬辩讼,同前本月十五日地方检察长因本厅检察官朱呈请回避,派检察官吴来厅办理,起有前来,当片请检察官莅庭监审,供悉前情。本厅核印纸既无眼孔,又无胶水,其为伪造物无疑,诘以该印纸之由来,许行彬坚称本年四月间在二等火车内拾来,后藏在家,只此两张等语。再三究诘,矢口不移,惟许行彬因百里香诉讼须贴印花,藉以已藏之印纸两张与之使用,其于行使之意思与行使之行为,条件具备,经供认不讳,应即据供判决。

(援据法律某条)查现行律载:窃盗赃一两以上至十两,工作四个月。又,刑部奏定伪造邮票治罪章程折载:伪造邮票者,计赃准窃盗论,知情行使者,减结等。又,法部奏定诉讼状纸通行章程内载:凡伪造状面及私售者,照伪造邮票章程,分别办理。又名例律载:若断罪无正条者,援引他律比附加减定拟。又,凡共犯者,以造意为首,随从者减一等各等语。此案许行彬因百里香诉讼行为,辄敢起意以拾藏之无眼孔胶水之伪造印纸,借与管文标来厅行使,殊属不法,惟行使伪造印纸,律无治罪专条,自应比律同拟。查诉讼印纸,其效用与诉讼状面同,许行彬以拾藏之伪造印纸,借令管文标行使,其目的即欲以此印纸抵算诉讼费,与用计诈欺官司以取财者无异,比照伪造邮票减等定拟,至为确当。该印纸估赃在一两以上,许行彬合依伪造邮票者,计赃准窃盗论,知情行使者减一等律,于窃盗赃一两以上,工作四个月罪上减一等,拟工作两个月。管文标听从许行彬行使伪造印纸,亦属不法,合依随从减一等律,于工作两个月罪上减一等,拟工作一个月。移请检察厅于上诉期满后,分别执行,限满开释。许行彬系私罪,实于行止有亏,应追缴毕业文凭,由本厅呈请学宪注销。管黄氏与百里香讯无别情,均毋庸议。伪印纸存卷。此判。(刑)

例七:夫妻分析财产 江苏高等审判厅案①

一、判决文主(按:此当为"主文"之误):庞元阶上诉理由不充,应仍照地方审判厅原判饬令同居,由庞元阶移至庞张氏现租宅内居住。

二、呈诉事实:此案庞元阶以妻张氏吞没租产等语在省城地方审判厅起诉,经该厅判断,不服上诉到厅。据元阶供称,先父遗业田房向系继母管理,继母去世又归其妻张氏管理,自己娶妾另居,所有田产房屋一半系自己出卖,一半是张氏出卖。自与张氏分家后,张氏所有财产,伊一概不知。现张氏所剩财产尚有洋二千九百元,由地方厅断归族长经管,并令张氏同居,本无不服,惟不愿迁至伊妻现租姑母张庞氏之宅居住。又据庞张氏诉称:其夫庞元阶不务正业,专事浪费,所以家产尽归伊执管。不料元阶将所有田产房屋另立单据,尽行变卖,自娶一妾同居,伊惟于去年卖干将坊巷住宅时分得洋二千九百元。从前立过分据,言明自分之后,所余财产与元阶无涉,前蒙地方厅断令将洋二千九百元由族长监理,只准用利,不准用本,并令伊夫迁至姑母张庞氏家与伊同居。

三、判断理由:查夫妻财产关系,东西各国之民法有共产制与分产之别。要之,无论法定制度如何,苟双方有协定之契约时,仍受契约之支配,为各国共通之原则。今吾国尚无民法规定,自应援据当事者之契约以为判断之基础。此案庞元阶自父母故后,嫖赌嗜烟,浪费无度,所有家产,业与其妻张氏分析,由元阶书有笔据载明,嗣后所余产业衣饰等项均归张氏执管,与己无涉等语。既有此书面契约,足征夫妻财产确已分离。庞元阶何得因已分财产消耗殆尽,遂复生觊觎之心,甚至诬以吞产殴夫,尤属非是。且元阶自买妾以后,与张氏分居已十余年,牵牛河鼓,各自东西。参昴尹邢,已成避面。在元阶未调房中之乐,已属放弃夫权。在张氏徒深灶下之嫌,未能勉尽妇道。揆之法律,证以礼经,同居之义务何存,共牢之微意安在?前经族长调停,劝令元阶迁至伊姑母张庞氏宅同居,诚如该族长所言,既可省租屋搬场之费,又时得亲长劝导之益,乃元阶坚不听从,甘心匪僻,此无怪室人交谪,嘉耦

① 汪庆祺编:《各省审判厅判牍》,李启成点校,北京大学出版社 2007 年版,第 72 页。

几成怨耦之嫌。须知冢妇持门宜家即寓兴家之兆。本厅综核前后案情,夫也不良,妇非不淑,所有庞元阶上诉理由实不充分,自应仍照该厅原判办理,断令庞元阶即迁至张宅与庞张氏同居,互相扶养,所有前售干将巷住宅庞张氏分得之价洋二千九百元,由族长监理,即存银行生息,只准用利不准用本。自经本厅判决之后,在庞元阶固当洗涤旧染,发愤自立,俾免讪泣于中庭。在庞张氏亦应婉规夫过,委曲求全,以期无忝于内,则泯除参商之旧恶,更调琴瑟之和音,本厅有厚望焉。此判。

上引例文除了首部、尾部而外,例五、例六、例七正文部分的格式分别是这样的:

例五:

"缘……"(引起全文的事实部分)

(援据法律某条及理由)

(判决主文)

例六:

……(先写犯罪人的身份事项)

(犯罪事实)

(援据法律某条)

例七:

一、判决主文:

二、呈诉事实:

三、判断理由:

它们的共同特点是:

其一,不再一段到底了,而是大致按照事实、理由、判决结果三部分分段进行结构,每一段落前用小标题加以提示。小标题的文字大同小异,看得出与清末对判词进行规范的法律文件《各级审判厅试办章程》第三十八条的渊源关系。

据笔者统计,在《各省审判厅判牍》所收判词中,将事实、理由、判决结果,以分段方式进行书写的判词有 78 份,其中直隶省有保定地方审判厅制作的 13 件,天津高等审判厅 3 件,天津地方审判厅 5 件;浙江省有浙江高等审判厅 1 件,宁波地方审判厅 10 件,杭州地方审判厅 1 件,拱埠初级审判厅 1 件,钱塘初级审判厅 1 件,鄞县初级审判厅 1 件;贵州省有贵州高等审判厅 1 件,贵阳地方审判厅 6 件,贵阳第一初级审判厅 3 件;安徽省有芜湖地方审判厅7件,安庆地方审判厅2件;江苏省有江苏高等审判厅1件,江宁地方审判厅5件;广西有梧州地方审判厅4件;奉天省有新民地方审判厅2件,营口地方审判厅2件,抚顺地方审判厅1件;江西省有南昌地方审判厅2件,吉林省有延吉地方审判厅1件;四川省有重庆地方审判厅1件;湖北省有汉口地方审判厅1件。

其二,对格式的关注还只限于判词的正文部分,没有判词还应有首部和尾部的意识,更未对它们进行格式化。原因同样与《各级审判厅试办章程》第三十八条有关。该条规定:"判词之定式除记载审判厅之名称并标明年月日,由公判各官署押盖印外,其余条款如左……",显然还没有将判词的整体结构纳入格式要求范畴,对于"审判厅之名称并标明年月日,由公判各官署押盖印外"这些正文以外的部分应当如何制作,它们在判词中应当居于首部还是尾部,书写的顺序如何等则没有规定。反映在司法实践中,就表现为判词有躯干,无首尾;判词正文部分的格式化程度较高,首部和尾部则因为不存在,更谈不上格式化的问题。

其三,已经有了在判词开始时交代当事人身份事项的朦胧意识。这在例五、例六中有所反映。例五"缘吴生元即胡生元,孙兴庚即孙新更,王阿根,高阿荣即高阿用,分隶奉化、鄞县,均游荡度日,先未为匪犯案",从曾用名、籍贯、职业状况及有无前科情况的角度对三被告人的身份情况进行了简单的介绍;例六"犯罪人许行彬年三十八岁,籍贯海宁,住宏文书局,职业师范毕业生。犯罪人管文标年五十六岁,籍贯江西,住福海三弄,职业妓馆。"则从称谓、姓名、年龄、籍贯、住址、职业等角度对当事人的身份情况进行了介绍。比较而言,例六的身份情况介绍更规范、细致,与现代判决书对当事人身份事项的要求相差不大了[①]。在首部有意识地交待当事人身份事项的判词,在《各省审判厅判牍》中还有不少。不过,例五、例六比较具有代表性,从中可以看出在清末民初判词中当事人事项由粗而细,逐渐发展的轨迹,是以后判决书首部对当事人事项进行规范的前奏。

其四,如前所述,《各级审判厅试办章程》以第三十八条对判词正文部分进行规范时,缺少最重要的一项——判决结果。这样一个立法缺陷,直接导致了实践中各级审判厅判词在这部分十分不统一。归纳起来有这样一些做法:一是如例五那样将判决结果用"(判决主文)"的小标题标识,放在判词正文的最后;二是如例六那样,不将判决结果单独成段,也不在小标

---

① 现代法律文书中,无论是民事、刑事还是行政案件判决书,如果当事人是自然人时,要求按称谓、姓名、性别、年龄、民族、籍贯、住址、职业等身份事项依次写清。

题中标志出来,只将其放在"(援据法律某条)"段落的最后部分;三是如例七那样,将判决结果以"判决主文"为小标题,放在判词正文的最前面。

在清末民初,判决结果被称为"主文",当是受西方法制影响的结果。法国《新民事诉讼法典》第455条规定:"判决应当简要表述各方当事人的诉讼请求以及各自提出的理由;判决应当说明理由。判决以主文形式写明所作的裁判决定。"德国《民事诉讼法》第313条、日本《新民事诉讼法》第253条也都将判决结果称为主文,但与法国判决书主文写法不同的是,德国、日本判决书的主文都是放在正文的第一项。

看来,由于法无明文规定,各省审判厅在制作判词时,有的按与中国传统判词一致的法国方式,将主文放在正文的最后一项书写,而有的则参照德国和日本的做法,将主文放在正文的第一项。

《各省审判厅判牍》收录的判词中,例七是唯一一件采用将主文放在前面的判词。但它采用的主文——事实——理由的格式却成为后来民国判决书一直沿用的统一标准。

(三)近代判决书格式的出现:《华洋诉讼判决录》

从《张船山判牍》《塔景亭案牍》到《各省审判厅判牍》,能清晰地看到判词格式由传统向近代转型的痕迹,但反映在《各省审判厅判牍》中的种种问题,如判词还没有形成首部、正文和尾部的整体结构;对正文中的事实、理由、主文的规范也有缺漏,因而造成了判词格式不统一的局面等,对于法律文书这样一种形式与内容并重的要式文书来说,都是不应当也不可能长期存在的。因此,在国体变更后的一系列制度建设中,判决书的规范与统一向纵深发展,其间又经历了以《最新司法判词》为代表的发展阶段,最后完成了文书格式从传统判词向近现代法律文书转变的历程。1914年《华洋诉讼判决录》所收录的判决书以成熟的样态出现了。

如果说《华洋诉讼判决录》所收判决书是采用近现代判决书格式制作的典型代表的话,那么此前的《最新司法判词》中辑录的判词格式,则与最后定型的近现代判决书格式只有一步之遥了。

《最新司法判词》是上海商务印书馆1923年出版的,但所收判词却是民国元年至民国二年间的判词,编者不详。在《例言》中,编者说:"本书所选,皆全录全文,以示程式。"可知,该书所录判词就是照录的原判,对于研究当时的判词格式很有价值。该书按审判厅级别分为大理院,高等审判厅,地方审判厅,初级审判厅四卷,每卷又别为民事刑事两类。

该书是在当时法律已经明确划分民事、刑事部门法的基础上辑录的,当事人的称谓如"被告人""主文""事实""理由"等已经属于近代法律术语了,判决书有明确的层次划分,且有比较一致的标题等,这些都说明《最新司法判词》所收判词具有了近代法制元素,但同时它们还保留着一些传统法律的因子。首先,该书书名中的"判词"就是传统法制体系下的产物。判词与判决书绝不仅仅只是名称上的不同,它们所表征的是完全不同的法律体系:前者代表的是中华法系,而后者则代表近代法律体系。其次,从该书所收判词来看,判词的首部事项尚不完整。至少还缺少文书名称、案件来源、审理经过等交待。最后,判词正文的组成部分不统一,有的有三项,即主文、事实、理由,而有的则只写两项,即主文、理由。下面试举其中两件判词说明问题。

例八:京师地方审判厅判决王逸殴伤一案①

被告人:王逸,住六国饭店,无职业,年三十岁。

上列被告,因伤害人案,经检察官尹朝桢莅庭,本厅判决如下。

主文

王逸处五等有期徒刑八月,罚金十元。其徒刑八月,易为罚金二百四十元。

事实

查王逸于九月二十一日晚十一钟,在金台旅馆楼上喧嚷,经同寓汪彭年阻止不服,辄下楼辱殴。店伙劝阻不听,到汪彭年房外,将汪彭年殴踢有伤。汪彭年仆人李德立拦劝,伊不注意,一并踢伤。经同寓人将汪彭年劝入室内,关闭屋门,伊仍在外喊闹踢门。当经巡官报区,送由检察厅起诉,当即公开审理,检察官举出所搜查各种证据,并汪彭年轻微伤单,伊均未能明确抗辩。传唤证人陶子俊、张永泉,分别具结,证明伊殴打汪彭年,及踢汪彭年所住房门属实,伊又不能举出反对证据。嗣又传唤李德立,眼同验明伤痕。伊称情急踹伤,或许有之。依此证据,认定王逸轻微伤害汪彭年,又因过失致李德立轻微伤害是实。

理由

据上事实,王逸轻微伤害汪彭年,依新刑律第三百十三条第三款,致轻微伤害者三等至五等有期徒刑律处断。查王逸虽系寻殴,究因汪彭年先行阻止喧嚷,且地属旅馆,时未半夜,一时气忿,情节较轻,处以五等有期徒刑八月。又因过失致李德立轻微伤

---

① 佚名:《最新司法判词》(第三册),上海商务印书馆1923年版,第268~269页。

害,依新刑律第三百二十四条第三款,致轻微伤害者,一百元以下罚金律处断。查喧闹之际,偶不注意,情节较轻,处以罚金十元。二罪于审判前同时成立,依新刑律第二十三条第六款,依第三款至第五款所定之有期徒刑拘役及罚金并执行之。有期徒刑拘役及罚金各科其一者亦同律。将王逸并执行五等有期徒刑八月,罚金十元。惟王逸前曾经理军务,现又规划南北统一,经手事件,多未完结,执行徒刑,实有窒碍。其徒刑依新刑律第四十四条,受五等有期徒刑或拘役之宣告者,其执行若实有窒碍,得以一日折算一元,易以罚金律。将五等有期徒刑八月依新刑律第七十七条,时期以月计者,月三十日律折算,易以罚金二百四十圆。判决如主文。

中华民国元年十月初二日

京师地方审判厅刑庭

审判长推事　潘恩培

推　　　事　胡为楷

推　　　事　李在瀛

书　记　官　钟　毓

例九：王致祥控诉郑凤彩霸款昧货一案（发还地方审判厅审理）①

上告人：王致祥

被上告人：郑凤彩

右上告人,对于前清宣统二年三月初七日京师高等审判厅就上告人控诉郑凤彩霸款昧货一案所为批驳,声明上告,经本院审理,判决如左。

主文

本案发还京师地方审判厅审理

理由

查此案历经地方、高等审判厅批驳,该上告人上诉至前大理院,由前大理院集证讯问,迄未断结。本院改组以后,检察全案卷宗,原被两造争论之处,确有证据可查,惟据法院编制法规定,本院职权,在解释法律。民事诉讼,并无特别权限,若遽与判决,不

———————————

① 佚名:《最新司法判词》(第一册),上海商务印书馆 1923 年版,第 3 页。

惟使诉讼人失上诉权,按之法理,诸多未合,合将该案发还地方审判厅审理。判决如右。

中华民国元年九月二十一日

大理院民庭

审判长推事:廉 隅
推　　事:沈家彝
推　　事:朱献文
推　　事:黄德章
推　　事:高　种
书 记 官:林志章

这两件判词,一份是京师地方审判厅制作的,另一份是大理院制作的。判词从大的框架结构来说已经具有首部、正文和尾部的完整轮廓。主文以上的部分属于首部,年月日以下部分属于尾部,中间部分属于正文。每一部分又由许多具体事项构成。如首部包括了案由、当事人身份事项,审理经过等;身份事项下又再分为称谓、姓名、住所、职业、年龄等。主文始终处于首部之后,正文的第一项。这些都表明了《最新司法判词》收录的判词格式化程度有所提高。不过,与近代法律文书严格的格式要求相比,还有差距。比如,首部没有标明制作机关名称、文书名称。正文部分不统一,例八的正文由主文、事实、理由三部分构成;例九则只有主文、理由两部分。一些用语还不够统一,如有的判词称"主文",有的称"判语"①。

这些问题在《华洋诉讼判决录》所收的判词中基本得到了解决。还是先以一例来看。

例十:周筱舫与德商北清商务公司因批货纠葛一案判决书②

判决

控告人　周筱舫,年三十四岁,天津人,住北门前,开公记商号
被控告人　北清商务公司德商
代表人　利士,年二十五岁,德国人,北清商务公司经理
辅佐人　元久甫,年四十岁,北清商务公司买办

---

① 称判决结果为"判语"的判词在《最新司法判词》第二册,第 1、7、13、174 页。
② 直隶高等审判厅:《华洋诉讼判决录》,何勤华点校,中国政法大学出版社 1997 年版,第 30 页。

证人　张玉书,年三十三岁,天津人,住河东,北清商务公司走街

上述控告人对于中华民国三年三月十六日本厅就控告人与北清商务公司因批货纠葛一案所为第二审之判决,声明上告。经大理院判决,发回本厅更为审理,判决如下。

主文

原判关于周筱舫等赔偿北清商务公司洋五百元之部分撤销,周筱舫父子对于北清商务公司无赔偿之责任。

事实

周筱舫父子前在本埠开设公记商号,于宣统二年十二月(即西历一千九百十一年正月)、宣统三年正月(即一千九百十一年二月)先后向德商北清商务公司批买镜边料器画片等物,写立批票,价值银二千九百余两,未定交货期限。

该公司于宣统三年七月由德国运货抵津,存在本栈。镜边原批定九尺,来货九尺、十尺。料器原定二十箱,仅来十六箱。又与原定花样不符(二年八月十二日斯米德供料器花色只两种不符)。公记号因该货既与批单不符,该公司犹欲加价,故未起货。

迨民国元年,公记号因遭兵变歇业。该行遂于是年十月,以公记号定货不起,欠价不付,连同货价利息栈租等款合计银三千五百四十两七钱六分等情,由德领事函致交涉公署转向天津地方审判厅诉追。

经该厅讯明,该公司业将批定货物售去若干(二年八月十二日第一审笔录,斯米德供已卖之货值银四百余两),判令批定货物由该公司另行出售。但公记号于货物数目花样尺寸不符各节,未于当时找向该公司妥议办法,致宕延二年之久,又因无力交款,故判令周筱舫父子赔偿该公司洋五百元。

周筱舫不服,以不究事实误判赔偿等情,声明控告。该公司亦声明附带控告,谓利息栈租应结至民国三年二月二十八日止,除退回镜框银六百二十六两三钱六分外,净欠银三千七百七十一两五钱五分。并称镜边尺寸不符,因德国发行家只有十尺长之货,该发行家曾于三月二十二日来电声明,并将价目告知,有来电作证。本公司华伙张玉书当将电文达知公记之股东周筱舫,彼已当时应允,有张玉书作证。得伊允可后始于四月二十四日致德国汉堡电,嘱其来货。是镜边不符原样不能认咎。至画片一节,并

未驳议。而料器之驳议,于成讼后始行提出,应请将本公司索取之款,责令交付,云云。并呈验批票电文等件。经本厅审理,并予驳回。

周筱舫仍不服上告。经大理院撤销原判,认定本案应以契约标的物之变更、周筱舫已否认可为先决问题。周筱舫果有承诺之实据,自应负违约之一切责任,不能以被灾歇业为对抗之理由,审判衙门亦不得任意减轻其责任;若确无承诺实据,则周筱舫自不负何等之责任。至张玉书为该公司之店伙,虽难据为有力之证言,应予传讯,作为参考之用。该公司所提出之电报,虽能证明该公司与汉堡制造厂之关系,究竟周筱舫是否承诺,当应有直接之证凭,方足见意思表示之合致,发回本厅更为审理。

兹经本厅传讯张玉书,供与该公司主张如一。讯之该公司,并无周筱舫承诺变更标的物之直接证凭。惟以画片一项并不违约,应令周筱舫承受为请。周筱舫则称画片与镜边有连属之关系,镜边违约则画片无用等语。

理由

本案系争之点,在契约标的物品质数量之变更,控告人已否承诺。

被控告人不能举出控告人承诺之直接凭证,仅欲凭店伙张玉书之供述及与汉堡制造厂之往复电文,谓控告人业已承诺,实不足为控告人承诺之实据。既无控告人承诺之实据,则控告人对于已变更之标的物不肯承受自是当然之理,更不负何等责任。

况被控告人于系争物尚未解决之先,迳自出售,且非一次(第一审售去之货值银四百余两,第二审扣回售货银六百二十余两),则被控告人已有默认契约解除之事实,何得一再求偿?

货物与批单不符,又无控告人承诺变更之实据,便是被控告人违约。控告人不请求损害赔偿,仅表示不肯承受,已属格外通融。而原审以控告人当时未与被控告人妥议办法为非是,然据何理由使控告人负此过当之义务?又谓控告人无力交款,故仅判赔偿五百元。然控告人即使有力,岂能为无因之赔偿?殊属失当,应将原判关于赔偿之部分撤销。

至被控告人对于画片一项,谓不曾违约,请令控告人承受一节。查被控告人于此案涉讼之初,并无分别请求之意思。在第二审虽有画片,并无驳议之说,亦无要求控告人为一部收受之语。

现在自知理屈，变更请求。然事隔数年，市面之供求今昔迥异，无论该画片与镜边有无连属之关系，碍难偏徇所请，使控告人受意外之损失。

所有关系本案之各项货物，仍应维持原判，由被控告人另行出售。故判决如主文。

中华民国四年一月二十九日

直隶高等审判厅民三庭

审判长推事　吴荣钢

推　　　事　熊元楷

推　　　事　李兆泰

书　记　官　郭振铨

这件判决书的格式完整，由首部、正文和尾部组成。

首部中文书名称"判决"列第一项，第二项是当事人身份事项，第三项以"上述控告人对于中华民国×年×月×日××审判厅就控告人与×××因××一案所为第二审之判决，声明上告。经××审判厅审理，判决如下"或其他大致相同的表述，写明案由、案件来源。

正文按主文、事实、理由的顺序依次写来。

尾部由制判时间、审判庭名称、合议推事及书记官署名几部分组成。

这件判决书是从《华洋诉讼判决录》中随意抽选的，意在比较与其中任意一件判词在格式上的同质化程度，结果是该书中所有的判决书在格式上与本件完全一致。这里尽管有所收判决书均出自直隶高等审判厅的原因，但民国元年、二年间，同样出自直隶高等审判厅、被收录在《最新司法判词》中的判词，彼此之间还有很多不一致的地方，由此看来，一两年后的直隶高等审判厅所作的判决书能有如此整齐划一的格式，是相当不容易的。

将判决书称为"判决"而非"判词"，是自《华洋诉讼判决录》开始的。《华洋诉讼判决录》收录的是直隶高等审判厅民国三年（1914年）至民国八年（1919年）的判决书。也就是说，从1914年起，"判词"所代表的传统司法体系在制度层面已经基本退出历史舞台了，继起的是"判决"所代表的近代司法体系。

由《张船山判牍》《塔景亭案牍》到《各省审判厅判牍》，再到《最新司法判词》，最后到《华洋诉讼判决录》，通过对这些裁判专集中判决文书格式的考察，可以清晰地看见中国传统法制向西方近代法制转型的轨迹。

第四章　从正印官到审判厅:制作主体的变化

从判决文书制作主体来看法制变迁,是本章的着眼点。之所以只选择判决文书,是基于判决文书制作主体的变化是司法制度巨大变革的直接反映这样一个事实。与诉状等法律文书相比,判决文书主体受制度安排的程度最高,因此,它在清末法制变革中的变化也是最大最明显的。从判决文书制作主体变化这一"果"去反观造成这种变化的"因",应当是一个理想的角度。

正如在导论中所说,本书所指的判决文书包括传统司法中的判词和近代法制下的判决书。而制作主体则包括了该文书的责任主体与实际制作者。所以本章将分别从判词与判决书两方面考察它们各自的责任主体与实际制作者的变化。

第一节　判词的责任主体——正印官

审理案件是为了解决各种法律纠纷,审理结束后,就要制作一份如何解决这些法律纠纷的书面处理决定。司法审判作为一种公力纠纷解决模式,必须有其效力来源的证明和专门针对为这种解决模式而设计的责任承担方式,这样才能取得公众的信任。因此,在判词的尾部须有审判衙门的印鉴,表示判词效力的来源,并表明由该印鉴代表的对象来对该判决负责,这就是本文所指责任主体。按照这样的思维路径,研究判词责任主体的第一步是首先弄清楚负责审理案件的司法审判机关。

清末各级审判厅成立以前,全国司法机关分为中央和地方两个系统。一般认为,中央司法机关就是指刑部、大理寺和监察院,又称"三法司"。①这是不全面的。三法司固然是中央司法机关,但它们并不是全部的中央司法机关。清朝拥有司法审判权的中央机关还有很多,如议政王大臣会议、内阁、军机处、吏部、户部、礼部、兵部、工部、理藩院、通政使司、八旗都统衙

---

① 《清史稿》卷一一四《职官志·大理寺》:"卿掌平反重辟,以贰邦刑。与刑部、都察院称三法司。"

门、步军统领衙门、五城察院、宗人府、内务府、总理各国事务衙门等。它们都或多或少地拥有一些司法审判权力。对此,有学者已经有相关论述。[①]其实,除此之外,还有一个最为重要的中央司法机关——皇帝,往往被人们所忽略。大致而言,中央司法审判权主要集中于三法司与皇帝。

清末以前的中央三法司,真正完整拥有案件现审权的,只有刑部。而刑部完整意义上的现审权又限于京师徒刑以上、死刑以下的徒刑、流刑、军遣刑案件。也就是说,京师的笞杖罪案件由步军统领衙门、五城察院自行审结,其余徒罪以上案件才由刑部审理,这被称为"现审",相当于事实审。针对这部分案件,刑部才有权制作判词,审结案件。

至于死刑案件,地方之府、直隶州厅、省初审后,要经过一级级的审转复审,逐级上报,最后到皇帝,由皇帝做出裁决。全国只有皇帝一人拥有死刑的裁决权。各省总督、巡抚将这类案件用题本的形式呈上。题本具署负责官员,并加盖印信关防。一般皇帝对题本所涉案件要进行两次批示。由内阁典籍厅奉皇帝旨意用朱笔照录在题本的封面,这叫"批红"[②]。第一次的批示内容是将该题本批转给相关部门(主要是三法司)复核,通常的批语是"三法司核拟具奏""该部核议具奏""九卿议奏"等。经相关部门复核,出具复核意见后,皇帝就要作出第二次的批示了。此次批示是皇帝对该案件的最后裁决,通常的批语是"依议,某某依拟应斩(或绞)著监候,秋后处决",或"某某著即处斩(或绞、或凌迟处死),余依议"。为了对这一问题有更直观的印象,特举一例加以说明:

郭天乙殴死大功服兄郭天道案(乾隆二十年,河南)[③]

刑部等衙门、经筵讲官、太子太傅、刑部尚书、军功加二级臣汪由敦等谨题:为公务事。

该臣等会议得:郭天乙殴伤大功服兄郭天道身死一案。据河抚图尔炳阿审拟,将郭天乙依卑幼殴大功兄死者律,拟斩立决具题,经刑部等衙门照拟核复具题。奉旨:九卿议奏钦此,钦遵。

查郭大(按:当为"天"之误)乙因大功服兄郭天道至伊弟妇李氏厨房拉衣调戏,经李氏斥逐,告知伊姑,卫氏因系丑事,子又

---

① 参见那思陆:《清代中央司法审判制度》,北京大学出版社 2004 年版,"清代中央司法审判机关"部分。
② 当国家有丧事期间,则用蓝笔。
③ 郑秦、赵雄:《清代"服制"命案——刑科题本档案选编》,中国政法大学出版社 1999 年版,第124页。

外出,隐忍未较。后郭天道复至李氏家,卫氏见而辱骂,郭天道回骂,李氏闻声入视,郭天道奔逸。乾隆二十年二月初一日,郭天乙回归,闻知前情,忍而不言。次早卫氏见郭天道经过,彼此嚷骂,郭天乙听闻,出而查看,见郭天道将卫氏捺地殴打。郭天乙随取木棍,趋前殴打郭天道脑后,郭天道仍不释手,郭天乙复连殴郭天道左右臁肕倒地,越九日殒命。

　　查郭天乙因堂兄郭天道调奸伊弟妇李氏,伊母卫氏理斥,反被辱骂捺殴,郭天乙见母被殴,情急救护,棍伤郭天道脑后、臁肕,越九日殒命。是郭天道既蔑伦调奸大功弟妇,又逞凶捺殴庶婶,郭天乙见母被殴,情急救护,因而殴伤致死,与逞凶干犯尊长者有间,若按律拟斩决,情稍可悯,应请将郭天乙量为末减,改为拟斩监候,秋后处决。余仍照刑部等衙门原议,再此案系刑部主稿,合并声明。臣等未敢擅便,谨题请旨。

乾隆二十年十二月十三日。

(批红)郭天乙改为应斩,著监候,秋后处决,余依议。

　　这是选自清代刑科题本档案中一件题本的贴黄,①也可视为"详文""禀"中的一种。本件贴黄从"该臣等会议得:"至"钦遵"这部分,首先陈述案件的来源及巡抚对该案提出的法律处理意见。从中可知,该案是由河南巡抚图尔炳阿呈报来京的,该巡抚建议对郭天乙"将依卑幼殴大功兄死者律,拟斩立决"。"经刑部等衙门照拟核复具题。奉旨:九卿议奏"说明,本案由外省奏报后,皇帝在第一次批语中将此案批转给九卿,让他们对此案合议提出法律处理意见。第三自然段是对案情的简介。第四自然段首先认为"郭天道既蔑伦调奸大功弟妇,又逞凶捺殴庶婶",这是九卿对河南巡抚的法律处理意见提出异议的理由。九卿认为郭天道作恶在前,郭天乙殴大功兄事出有因,且系情急之举,有可矜悯之处,若按巡抚的意见拟处斩立决的话,则处罚稍重。因此九卿认为应当对郭天乙量刑时稍加减轻,将拟斩立决改为拟斩监候,秋后处决。这是九卿复议后的意见。由于九卿也没

---

① 由于上报皇帝的案件往往很复杂,因此题本非常之长。为了方便皇帝在最短的时间内了解整个案情,在题本的后面往往附上准确概括本案案情、性质、拟定的罪名和刑罚依据和意见的摘要,字数限于几百字内,这样的摘要被称为"贴黄"。贴黄之制起于明朝崇祯皇帝时期。起初的做法是在题本之后,用另纸写就粘附,后来就直接写在题本的上面了。虽然叫"贴黄",实际用的仍是白纸,是沿用古语的结果。参见张我德、杨若荷、裴燕生:《清代文书》,中国人民大学出版社 1996 年版,第 49 页;郑秦、赵雄:《清代"服制"命案——刑科题本档案选编》,中国政法大学出版社 1999 年版,第 10~11 页。

有裁定死刑的权力,所以写明"臣等未敢擅便,谨题请旨",表明提出的只是法律意见。最后"(批红)郭天乙改为应斩,著监候,秋后处决,余依议。"则是皇帝对该案的第二次批示,即是对该案的最终裁决:表明同意九卿的意见,决定对郭天乙处以斩监候,秋后处决的刑罚。至此,本案才算结案。

可见,皇帝虽然拥有对各类死刑案件的最终裁决权,但他的裁决往往如上例所示,只是在三法司或九卿会审后所提出的法律意见书上作朱批。显然,这样的朱批只相当于是判决文书中的判决结果,不是一件独立的判词。因此,清末以前,虽然笼统地说三法司及皇帝都是中央司法机关,但制度设计下的判词制作主体实际上只有刑部,而且范围只限于京师徒刑以上、死刑以下的徒、流、军遣刑案件。故此,中央司法机关制作的判词数量占整个司法判词的比例是有限的。

大量需要以判词来终结审理的案件集中在地方上。这类案件包括徒罪以下的轻刑案件和标的较小的户婚田土类纠纷。因此,本章讨论制作主体的变化主要着眼于地方审判机关,尤其是州县一级。

清制,自布政使至知府、知州、知县等地方长官均用正方形印信,故这些地方各衙门执掌官印的正职,又称正印官。有清一代,地方审判机关就是与行政机关合为一体的省府州县衙门,尤其是在州县一级,更没有专门的司法审判机关,而是由代表这级衙门的正印官行使司法审判权①,他们是最主要的判词制作主体。

一、正印官与州县体制的"混沌整体"特性

清代地方政府从上而下可分为省、道、府、州、县这样一些层级。瞿同祖先生说:"州和县,作为一省之内的最小行政单元,合而组成更大的单元:府、直隶厅或直隶州。"②"清代的州县是实际执行政令,直接管理百姓的地方政府层级。了解它们如何运作,也就能了解,在中华帝国,普通百姓如何被政府统治。"③事实上统治阶层也注意到了州县对于清帝国的重要性。在大臣们的奏折中反复提到这一点:"州县为亲民之官,关系尤要"④"州县

---

① 其余非正规系统内之官员或临时派委者所用之印信均为长方形,这种印信被称为关防。百官印信除形状不同外,依不同品级,还有大小,质地的不同,分别以银、铜铸成。清制,汉人非由进士、举人或恩、拔、副、岁、优贡生出身者,不准升授正印官。参见《清史稿》卷一○四《舆服志三》。
② 瞿同祖:《清代地方政府》,范忠信、晏锋译,法律出版社 2005 年版,第 5 页。
③ 瞿同祖:《清代地方政府》,范忠信、晏锋译,法律出版社 2005 年版,"引言"第 1 页。
④ 《御史史履晋奏请外省撤局所裁幕友折》,载故宫博物院明清档案部:《清末筹备立宪档案史料》(上册),中华书局 1979 年版,第 488 页。

者天下之根基也,乡邑者又州县之根基也,乡邑治而州县治,州县治而天下治矣。夫州县虽小,与治天下之法政无不备具"。① 甚至光绪皇帝在一份关于官制改革的谕旨中也强调:"州县各地方官关系尤要……"②

清朝各级地方政府,行政与司法职能合而为一。尤其是在州县一级,不仅司法,甚至教育、财政、治安、公益各项职权都统一由州县来行使。作为州县的正印官,州县官要全权负责辖区内的一切事务。正如时人所说,"州县署内各设吏、户、礼、兵、刑、工六房,是六官之事均于州县一人任之""又设外、商、学、警四部,而州县亦兼而有之,合十部之专门学问萃于一身"。③

瞿同祖先生深刻指出:"州县官就是'一人政府',分配到地方的一切权力都无可分割地被确定为州县官这一职位的独享权力,其他一切僚属显然只扮演着无关紧要的角色。""州县官是地方一切事务的惟一受托人和责任人,税收、司法、治安、教育、福利、公共工程等等,归根结底由他一人承担,一人负责任。税收完不成,官库有亏空,盗匪未抓获,水利工程毁坏,司法有错案,人口有逃漏,驿站死了马,科考有舞弊,理论上都由州县官一人负责并受罚,除非法律特别规定其他僚属或书役要一同负责。轻则罚俸、包赔、降级,重则革职、受笞杖,直至判处徒流刑罚。"④

州县官衙门里可能会有很多人员,从事这样或那样的事务,但这些人中真正在朝廷编制中属于政府属员的,只有县丞、主簿、典史等屈指可数的几位。以区区数人处理如此繁重的事务,难怪美国学者费正清惊叹道:"中华帝国有一个不可思议的地方,就是它能用一个很小的官员编制,来统治如此众多的人口。"⑤显然这是一个不可能完成的任务,但清朝的州县衙门确实就是以这样的方式运行了二百多年。个中原因乃是官员大量雇用私人帮手。书吏、衙役、长随和幕友等私人帮手充斥州县衙门。他们不是现代意义上的政府官员,只受州县官私人雇佣,直接向州县官负责,与州县官之间形成一种雇佣关系,与州县官共进退。

① 《大学士孙家鼐奏改官制当从州县起并请试行地方自治折》,载故宫博物院明清档案部:《清末筹备立宪档案史料》(上册),中华书局 1979 年版,第 460 页。
② 《著奕劻等续订各直省官制并会商督抚筹议预备地方自治谕》,载故宫博物院明清档案部:《清末筹备立宪档案史料》(上册),中华书局 1979 年版,第 472 页。
③ 《御史史履晋奏改革官制宜先州县后京师并先立议院后立内阁折》,载故宫博物院明清档案部:《清末筹备立宪档案史料》(上册),中华书局 1979 年版,第 459 页。
④ 范忠信:《清代地方政府》"代译序",载瞿同祖:《清代地方政府》,范忠信、晏锋译,法律出版社 2005 年版,第 7 页。
⑤ [美]费正清、刘广京:《剑桥中国晚清史》,中国社会科学院历史研究所编译室译,中国社会科学出版社 2006 年版,第 20 页。

地方政府还有一个很奇特的地方,那就是"中国的地方政府并没有自己的岁入;州县官们必须用他自己的收入来支付办公费用和个人开销。公务开支和私人开支之间是没有什么界限的。""理论上讲,州县官个人的薪水要支付州县衙门的行政开支及职员薪水。"①

所有这些,共同造就了被瞿同祖先生称之为"混沌整体"的州县"一人政府"②。在这种体制下,司法与其他事务一样当然地、不可分割地成为州县官的权利与义务。虽然从州县官员的编制来看,除了正印官知县而外,其他属于正印官僚属的还有县丞、主簿、典史及其他为数不多的杂佐官员,但且不说这些僚属官员并非每一州县都必须配齐,即便已经配置,有很多也形同虚设。对于这一点,当时的官员早有指出:"至于县丞、巡检各官,既不准擅受民事,又初无一定责成,虽号分防,几同虚设"③。这样一种体制下,可以说州县正印官是此行政区域内唯一的审判机关与审判员,也是唯一的判词责任主体。

二、州县正印官的司法工作内容

在所有的州县事务中,最重要的莫过于被称为"刑名"的司法审判与被称为"钱谷"的赋税了。"州县衙门是帝国的基层法庭"④。州县长官是所辖境内唯一的司法官员。因此,"他不只是一个审判者。他不仅主持庭审和作出判决,还主持勘查和讯问及缉捕罪犯。用现代眼光来看,他的职责包括法官、检察官、警长、验尸官的职责。这包括了最广义上的、与司法相关的一切事务,未能依法执行这些职务将引起(正如许多法律法规所规定的)惩戒和处罚。"⑤诸多的司法职务已使州县官疲于应付,加之一国案件最集中之地在地方,而地方案件最集中之地又在州县,这样一来,"盖繁剧之邑,词讼蝟多,贤能之官,已苦日不暇给。"⑥理论上讲,清朝州县正印官在司法审判的方方面面都有职守,工作量堪称繁剧。他们的司法工作内容主要有:

---

① 范忠信:《清代地方政府》"代译序",载瞿同祖:《清代地方政府》,范忠信、晏锋译,法律出版社2005年版,第10页。

② 范忠信:《清代地方政府》"代译序",载瞿同祖:《清代地方政府》,范忠信、晏锋译,法律出版社2005年版,第8页。

③ 《御史史履晋奏改革官制宜先州县后京师并先立主议院后立内阁折》,载故宫博物院明清档案部:《清末筹备立宪档案史料》(上册),中华书局1979年版,第458页。

④ 瞿同祖:《清代地方政府》,范忠信、晏锋译,法律出版社2005年版,第192页。

⑤ 瞿同祖:《清代地方政府》,范忠信、晏锋译,法律出版社2005年版,第193页。

⑥ 《总司核定官制大臣奕劻等奏续订各直省官制情形折附清单》,载故宫博物院明清档案部:《清末筹备立宪档案史料》(上册),中华书局1979年版,第505页。

（一）批阅诉状

除了州县官自行发觉案件而外,大多数案件的提起都是以当事人在规定时间内向官衙用诉状呈告的方式进行,因此,有时也称诉状为呈词。州县官首先要对诉状进行形式审理,按规定对符合要求的诉状批准受理,不符合要求的则予以驳回。相关资料显示,这是一份不轻松的工作。

康熙末年曾任浙江省会稽县知县的张我观说:"独是告诉呈词,乃民间被抑含冤,情不能已之事。……本县于每日收受词状一百数十余纸,即焚膏批阅,其间或有片纸率书字迹潦草,或有叙述情节语句支离,或有田地婚姻一无所凭,或有原被证佐并不列名,或架重大之情而枉听,或摭琐屑之事而渎呈,或一事而进数十之续词,或一词而赘无干之节略,或翻旧案而捏造新题,或代旁人而称为切己,大都影响,不少虚词,究之实迹真情十无一二。"①

需要说明的是,这里所说的"每日"并非一年三百六十五天,而是告期中的每天。黄六鸿在《福惠全书》中以专条论及"放告",其中有云:"凡告期必以三六九日为定"。这是说从每年八月初一到次年三月末的 8 个月内,逢三、六、九为县衙收受呈状的日子,只有在这些时间内才能呈进状子。这其实只是告期的一种。事实上各地的做法不完全一样。有的地方实行的是"三八"放告。如《湖南省例成案·刑律诉讼》卷八有云:"查看得湘乡县禀请添设代书一案,缘乡邑民好健讼,词状繁多,三八告期,每次不下三四百张。"与"三六九"放告相比,"三八"放告每月要少 3 天告期。如果不考虑扣除每年年末不办公的封印期,及有关皇家的红白喜事而休息不办公的日子,则实行"三八"放告一年的告期为 48 天。当然,一般案件必须在告期内呈递州县衙门,人命盗案等重大案件却不受告期的限制。"至于盗命重情,则有不时之喊告,豪蟊巨蠹,则有抱牌之冤鸣,原不在三六九之限。"②

假设张我观在会稽县实行的是"三八"放告,则一年收到的呈词大约应当是 48×150＝7200 份,12 个月平均下来,1 个月要处理 600 份。会稽县是否是特例呢？如上所引,同是乾隆年间的湖南省湘乡县,"三八"放告时,每天收到呈词三四百份。③

由此可知,州县衙门一月收到几百至一千多份诉状,应是普遍情形。

---

① （清）张我观:《覆瓮集》,续修四库全书影印本。

② （清）黄六鸿:《福惠全书》卷十一《刑名部》,康熙三十八年金陵濂溪书屋刻本。

③ 《湖南省例成案·刑律诉讼》卷八:"查看得湘乡县禀请添设代书一案,缘乡邑民好健讼,词状繁多,三八告期,每次不下三四百张。"转引自［日］夫马进:《明清时代的讼师与诉讼制度》,载王亚新·梁治平编:《明清时期的民事审判与民间契约》,王亚新、范愉、陈少峰译,法律出版社1998 年版,第 422 页。

尽管这些诉状最后能被准理的只有十之一二,但在做出准理与否之前的批阅工作量已经很大了。

诉状批阅后,将准理的案件按"自理词讼"与"徒刑以上案件"分开,再分别处理。

(二)审理"自理词讼"案件

按照法律规定,州县的审理为初审。"凡审级,直省以州县正印官为初审。不服,控府、控道、控司、控院,越诉者笞。其有冤抑赴都察院、通政司或步军统领衙门呈诉者,名曰京控。……京控及叩阍之案,或发回该省督抚,或奏交刑部提讯。"①

州县衙门对案件的级别管辖以"自理词讼"为限。所谓自理词讼,《清史稿》解释道:"各省户、婚、田土及笞、杖轻罪,由州县完结,例称自理词讼。"②也就是说,州县官能够审结的案件是人们日常生活中围绕财产、身份地位而发生的户、婚、田土等案件和只需判处笞、杖刑的轻微刑事案件。为此,州县衙门要做的就是先将这些案件进行分类,对于其中属于自理词讼范围的案件组织审理。根据清代法令的规定,州县自理案件必须在20日内审结,③否则就要受到相应的处罚。

这类案件,州县官有权做出判决、结案。每月只需设立循环簿,申送督、抚、司、道以供查考就行。

(三)处置徒刑以上案件

按照清朝法律,呈告到州县衙门的案件既有一般的案件,也有重大的人命盗案。对于诉至州县衙门的命盗重案,即被告可能被判处徒刑以上刑罚的案件,按照法律规定,州县无权判决。但州县官不能藉口不属于州县审结而一推了之,相反,法律规定了州县官在这类案件中需担负重要职责:"人命呈报到官,地方正印官随带刑书、仵作,立即亲往相验。"④"徒以上解府、道、臬司审转,徒罪由督抚汇案咨结。有关人命及流以上,专咨由部汇题。死罪系谋反、大逆、恶逆、不道、劫狱、反狱、戕官,并洋盗、会匪、强盗、拒杀官差,罪干凌迟、斩、枭者,专折具奏,交部速议。杀一家二命之案,交部速题。其余斩、绞,俱专本具题,分送揭帖于法司科道,内阁票拟,交三法司核议。如情罪不符及引律错误者,或驳令复审,或径行改正,合则如拟核定。议上立决,命下,钉封飞递各州县正印官或佐贰,会同武职行刑。监候

---

① 《清史稿》卷一四四《刑法志三》。
② 《清史稿》卷一四四《刑法志三》。
③ 《光绪钦定大清会典事例》卷八三六。
④ 《清史稿》卷一四四《刑法志三》。

则入秋审。"①可以看出,在徒以上案件中,州县官要做的事依次是现场勘验、案犯缉捕、组织审理、最后根据犯人的口供与其他证据、提出判决意见、然后把案卷、意见书与人犯一并解送上级,这样才算初步完成了任务。

这里涉及徒刑以上案件的审转程序。《光绪会典》规定:"府属之州县厅,由府审转。……直隶厅直隶州属县由该厅州审转。直隶厅直隶州本管者,由道审转。……知府有亲辖地方者,其本官亦由道审转。"②府或道审转之案件均须由按察使司再行复审,复审后,申详省之督抚。依《大清律例》规定,无关人命的徒罪案件,督抚即可批结。此类案件,按察使司每季造册详报督抚,督抚出咨报部。有关人命的徒罪案件及军流罪案件,督抚专案咨部核复,年终汇题。情罪重大罪应凌迟、斩、枭之案,督抚应专折具奏,其余寻常罪应斩、绞之案,督抚应专本具题。③

日本学者滋贺秀三将这种"不待当事者的不服申诉,作为官僚机构内部的制约,若干次反复调查的程序以期不发生错案的上述制度,可以称为必要的复审制。"④寺田浩明也说:"徒刑以上的案件根据情节的轻重不同而顺次报往各级上司,接受一再的审查。这种采取多层次复审的制度结构在日本学者的研究中被称为'必要的复审制'"。⑤

我国学者中,有人据此把这种由州县→府、直隶厅→道→臬司→刑部→皇帝的六个审转环节称为六级六审制⑥,认为这是清初实行的审判制度。"六级六审"的提法是有问题的。事实上,审转制与几级几审制是完全不同的东西。几级几审是西方法制的内容。在清末以前运行的传统法制系统中,不存在几级几审的制度。中国最先实行四级三审制在清末法制变革以后。当时,依照西方各国司法体系设立了大理院、高等审判厅、地方审判厅及初级审判厅四级独立的审判厅,为配合这种新式法院的运行而移植了该制度。在西方审级制度下,不管是四级三审还是三级三审还是四级二审,每一审程序都是独立的,每一审的法官在本审终结时都要做出一个终结本审的裁判。这个裁判既可能是解决实体问题的判决书,也可能是解

---

①　《清史稿》卷一四四《刑法志三》。

②　《光绪会典》卷五十五。

③　《大清会典事例》卷八三七。

④　[日]滋贺秀三:《中国法文化的考察》,载王亚新、梁治平编:《明清时期的民事审判与民间契约》,王亚新、范愉、陈少峰译,法律出版社 1998 年版,第 9 页。

⑤　[日]寺田浩明:《日本的清代司法制度研究与对"法"的理解》,载王亚新、梁治平编:《明清时期的民事审判与民间契约》,王亚新、范愉、陈少峰译,法律出版社 1998 年版,第 116 页。

⑥　张立平:《我国民事审级制度的历史考察》,载陈刚、廖永安主编:《移植与创新:混合法制下的民事诉讼》,中国法制出版社 2005 年版。

决程序问题的决定书。有几审过程就有几个独立的裁判。而清末以前的审转制度与此显然有很大的区别。尤其是当案件为徒刑以上的刑事案件时,要直到省一级才能最后定案,死刑案件须直到皇帝,才有最后的裁判。此前的道、府、州县也进行审理,但却不能做出本审裁判,都只能提出法律意见,向上级请示是否妥当,供上级参考。对于徒刑以上案件,最终有权裁判的机关是省级衙门、刑部或者皇帝。在这样的审转模式中,其实只有一个审级,此前的层层审转只是构成整个审级中的一个个环节。

因此,在所有这些州县正印官司法工作内容中,与判词有直接关系的是审理"自理词讼"案件。在此类案件的审理中,州县正印官有权以判词终结本审诉讼。

清制,判决可以当堂作出,所以也叫"堂谕""面谕""面断"。自理词讼案件审判完结后,通常采用当庭宣判的方式,并由原被告具结"甘结",即服从判决的保证书,这样就能结案了。目前所见判词中,一般在写明判决结果后,往往写有"具结完案""取结完案",就是指的这种情况。

当堂宣判后,也应该有一个书面的判词以作为案件审结的凭证,放入循环簿中备查。法律规定,在这个书面判词上,须有署名与印信。《大清律例·吏律·公式·同僚代判署文案》规定:"凡应行官文书,而同僚官代判署者,杖八十",说明官文书上须有责任人的署名画押,而《大清律例·吏律·公式·漏使印信》则规定:"凡各衙门行移出外文书,漏使印信者,当该吏典对同首领官并承发,各杖六十。全不用印者,各杖八十。干碍调拨军马,供给边方军需、钱粮者,各杖一百。因而失误军机者,斩。"这里虽不是只针对州县官制作判词而言,但显然判词作为官文书的一类,其制作要受上述规定的约束。在实践中,地方官们也很注意判词上的署名与盖印。陈宏谋曾提示:"审后即将原呈、诉词、禀单、断语粘卷一帙,用印存房",甚至在判词的抄件上,也加盖印章。清代曾任知县的方大湜在《平平言》卷四"判语须列榜"中说:"断案之后,两造向承行书办钞录堂谕,往往任意需索。若将堂谕榜示头门,则需索之弊不禁自止。其有关两造永远者,不妨将堂谕钞录盖印,给两造收执。但须防家丁索钱耳。"①判决文书未必发给本人,如果当事人声明需要时,则在向承行书办要求抄录,但往往被承行书办任意需索。为禁止这一弊端,方大湜建议将堂谕在头门张榜布告,如果事关当事人双方利益,必须有判词为凭的,再抄录堂谕,并加盖印章,交当事人收执。

---

① (清)方大湜:《平平言·判语须列榜》卷四。

可知,在判词上署名并加盖正印,是州县正印官作为判词责任主体履行职责的方式,也是判词的效力来源。

第二节　判词的实际制作者——刑名幕友

一、刑名幕友产生的原因

在判词上署名盖印并不意味着这份判词确实就是出自州县正印官之手。事实上,清朝"自理词讼"案件的判词绝大多数并非州县正印官所做,而是出自正印官的刑名幕友之手。

繁剧的司法工作量必须在限定时间内处理完毕,而司法工作还仅是州县官整个州县事务的一部分。更何况由于州县官大多源于重视文史经典素养的科举考试,因而往往缺乏法律专业知识。因此以州县官一人之力,仅司法工作就无法完成,地方司法审判的正常运转面临巨大的危机。

这种危机是由于多方面制度安排的结果。试设想,即便州县官都是精明干练的行政专家,也不可能处理完如此头绪纷繁而大量的事务;更何况要使州县官具备行政经验,非朝夕之功,它涉及围绕官员考试、选任制度的系列改革。首先要改变州县政府的"一人政府"属性,进行职能分工;其次要给予州县政府必要的行政办公费用;再次要对科举制度进行全面改革,使官员的任职资格考试围绕遴选具有行政知识和经验的人来设计,彻底改变考生的知识结构;最后,要大量增加州县官的僚属人员,给予他们政府属员的待遇和升迁的机会。很显然,这是个牵一发而动全身的问题,涉及清朝整个制度的改造问题。这种改造涉及利益的重新分配,有损统治集团的既得利益而不具有可能性。在积重难返的现实面前,最行之有效的缓解办法,只能是维持现状,同时允许州县官聘请大量具有行政管理专业知识和经验的私人助手——幕友。①

幕友产生的原因很多,除了前述地方官行政事务繁重、大多数缺乏专门知识而外,还因为州县官员认为使用幕友可以有效地监督书吏。书吏在衙门中的职责主要是掌管各种公文。这看似不起眼的工作,其实对于主要依靠公文实现上传下达,并实施对下级监管的清朝行政体制来说是非常重要的,它关系到政令的通畅与否,关系到地方官的政治前途。地方官由于

---

① 参见瞿同祖:《清代地方政府》,范忠信、晏锋译,法律出版社 2005 年版,第 154~157 页。

法定的任职回避制度①,注定成为任职地的外乡人,而且任期不长,经常因免职、升迁或调动而处于变动不居的工作状态。书吏则往往是当地人,而且采取各种变通手法,可以长期盘踞在衙门之中,师徒父子世代相承。这样的制度安排,使书吏得以把持、操纵衙门事务,营私舞弊,成为突出的社会问题。有识之士曾经提出过许多意见和建议,试图解决书吏舞弊问题,都未能实现。清代幕友制度发展起来之后,人们认识到幕友是抑制书吏舞弊的主要力量。乾隆年间,曾经长期做幕友的行政官员汪辉祖对此深有体会,他说:"衙门必有六房书吏,刑名掌在刑书,钱谷掌在户书,非无谙习之人,而惟幕友是倚者,幕友之为道,所以佐官而检吏也。谚云,'清官难逃猾吏手',盖官统群吏,而群吏各以其精力相与乘官之隙。官之为事甚繁,势不能一一而察之,唯幕友则各有专司,可以察吏之弊。"②

二、刑名幕友专业意识的自觉

据研究,"地方官衙聘用幕友的做法肇始于明代。"③幕友按其从事的工作划分为不同的种类。汪辉祖说:"州县幕友,其名有五:曰刑名,曰钱谷,曰书记,曰挂号,曰征比。"④"刑名",协理司法;"钱谷",协管税赋;"书记"负责通信;"挂号",负责登记;"征比",具体办理赋税征收。汪辉祖所说的只是一般的幕友分类,其实,在这五种以外,还有"朱墨"或"红黑笔",任务是在文件正本上用墨笔过录批词,用红笔代替主人在文件上标朱;"账房",管理簿记。通常前五种幕友往往是一个州县衙门中最需要的。州县官聘用幕友的情况及数量不一。汪辉祖说,在一些事务繁忙的州县,可能

---

① 清制,地方官的任职回避有亲属回避、地域回避等。这里主要指的是不得在本省及距其家乡500里以内的邻省任职的地域回避。《钦定六部处分则例》卷三"呈明回避"条规定:"邻省距本籍在五百里以内应行回避之缺,俱令过堂时预行呈报。如系乡僻小径,一时难以周知,准于到任三月内查明,详请回避。如迟至三月后始行详请者降一级调用。""凡寄籍祖籍俱应一体回避。在部投供人员先于赴选文结内申报,并取具同乡京官印结声明。如遗漏呈报者,将本员降一级调用(私罪)。若有冒籍等弊,查出参革治罪。系地方官听情受贿者革职(私罪),转详之府州降一级调用,布政使罚俸一年(俱公罪)。若止失于觉察,将地方官降一级调用,转详之府州降一级留任(俱公罪),出结之同乡官失察者降一级留任(公罪),知情者降一级调用(私罪)。顺天、大宛二县及出结之同乡官前有专条,不在此例)。"

② (清)汪辉祖:《佐治药言·检点书吏》,载沈云龙主编:《近代中国史料丛刊》二十七辑张廷骧《入幕须知五种》,台北,文海出版社1966年版,第132页。

③ 瞿同祖:《清代地方政府》,范忠信、晏锋译,法律出版社2005年版,第157页。

④ (清)汪辉祖:《佐治药言·办事勿分畛域》,载沈云龙主编:《近代中国史料丛刊》二十七辑张廷骧《入幕须知五种》,台北,文海出版社1966年版,第161页。

会聘十多个幕友，而在事务清简的州县，则可能只聘二三个。①

这些幕友，"其事各有所司，而刑名、钱谷实总其要。官之考成倚之，民之身家属之"②。"刑名"与"钱谷"职司司法与税赋，是政府对地方官员考核的重点，因而在所有幕席中显得格外重要，地位最高，修金也最多。汪辉祖对此曾有记载："然幕中数席，惟刑名、钱谷岁修较厚，余则不过百金内外或止四五十金者。一经入幕，便无他途可谋，而幕修之外，又分毫无可取益。公事之称手与否，主宾之同道与否，皆不可知。不合则去，失馆亦常有之事。刑名、钱谷，谙练而端方者，当道每交相罗致，得馆尚易，其他书记、挂号、征比各席，非势要吹嘘，即刑钱引荐，虽裕有用之才，洁无瑕之品，足以致当道延访者，什无一二。其得馆较难。以修脯而计，刑钱一岁所入，足抵书号、征比数年。即失馆缺用，得馆之后，可以弥补，若书号、征比，得馆已属拮据，失馆更费枝梧……"。③ 书号、征比幕友几年的收入只抵得上刑名、钱谷幕友一年的收入，可见差距之大。不仅如此，刑名、钱谷受聘的机会也远高于其他幕席。

刑名、钱谷幕友为州县官员倚重的一个根本原因在于幕友们具备州县官员们没有的专业知识与经验。一名叫徐赓陛的县官曾记载："今之官州县者，大抵皆科甲、军功、捐纳三途耳。未仕之先，吏治皆非素习。虽自好者，偶阅前人牧令成书，略窥门户。然而……胸中固漫无定见也。至若律例集解，则又卷帙浩繁，谓可委诸幕友，而不知累朝之大经大法奥义微言，固已其内，即州县之临民听讼，抚字催科，亦无一不详载其中。……一朝捧檄……欲措施剖决而无从，于是奉内幕为指车。"④

刑名幕友对自己赖以为生的专业知识非常看重，他们知道，自己所掌握的专业知识不仅关系自己的饭碗、主人的仕途，更关系着当事人的身家财产甚至性命。汪辉祖曾讲了一个这方面的例子以警醒同类："幕客佐吏，全在明习律例。律之为书各条，具有精蕴，仁至义尽，解悟不易，非就其同异之处，融会贯通，鲜不失之毫厘，失之千里。夫幕客之用律，犹秀才之用四子书也。四子书解误，其害止于考列下等，律文解误，其害乃至延及生灵。昔有友人办因奸拐逃之案，意在开脱奸夫，谓是奸妇在逃改嫁，并非因

---

① （清）汪辉祖：《佐治药言·办事勿分畛域》，载沈云龙主编：《近代中国史料丛刊》二十七辑张廷骧《入幕须知五种》，台北，文海出版社 1966 年版，第 161 页。

② （清）汪辉祖：《佐治药言·办事勿分畛域》，载沈云龙主编：《近代中国史料丛刊》二十七辑张廷骧《入幕须知五种》，台北，文海出版社 1966 年版，第 161 页。

③ （清）汪辉祖：《佐治药言·勿轻令人习幕》，载沈云龙主编：《近代中国史料丛刊》二十七辑张廷骧《入幕须知五种》，台北，文海出版社 1966 年版，第 162 页。

④ （清）徐赓陛：《不慊斋漫存》卷五"覆本府条陈积弊"，河北教育出版社 1996 年版。

奸而拐,后以妇人背夫自嫁罪干缳首驳诘,平反大费周折。是欲宽奸夫之遣而几人奸妇于死。所谓知其一不知其二也。故神明律意者,在能避律而不仅在引律。如能引律而已,则悬律一条以比附入罪一刑,胥足矣,何籍幕为?"①

刑名幕友们十分清楚自己应当是法律专家这样的角色定位,清楚自己与主人因角色不同而应对律例掌握程度不同。对于主人来说,只需了解律例中与听讼有关的部分,而幕友则必须对律例有全面而深入的掌握。正如汪辉祖所说:"官之读律与幕不同。幕须全部熟贯,官而庶务纷乘,势有不暇。凡律例之不关听讼者,原可任之幕友。若田宅、婚姻、钱债、贼盗、人命、斗殴、诉讼、诈伪、犯奸、杂犯、断狱诸条,非了然于心,则两造对簿,猝难质诸幕友者,势必游移莫决,为讼师之所窥测。"②为此,刑名幕友很重视学术上互相切磋砥砺。他们把自己作幕过程中的心得记录下来,撰写幕学著作,这本身就是一种学术提升的形式。另外,在他们的著作中,常会看到"律例不可不读""名例切须究心"等篇目,强调对法律条文的熟练掌握、融会贯通及对条文背后立法精神的领悟。他们还经常提出司法实践中遇到的问题并加以讨论。比如汪辉祖在他的著作中,就曾结合案例,深入讨论过对自首的认定与适用,执法如何做到情与法相协允等问题,其中有些观点颇有见地,具有相当的学术价值。

刑名幕友的专业知识主要来自师徒相承的传习方式。一般初入刑幕的学徒,都会拜一名师父,在师父的指点下,从抄录文件入手,余闲时间再研习律例,慢慢接触一些简单的案子,通过具体的实例反过去领会律例精神。幕友们不只抄录申详文字,同时还抄录题本、奏折、告示、牒文、祝文等,有的也抄录骈体的禀启。在这种抄录过程中,不仅了解了各种司法公文程式、司法审理的程序性知识,更从呈上的详文和示下的批词中,对于一个个具体的实体问题进行更深入的学习,同时还能感受到在司法实践中如何既能在不曲法的前提下审结案件,又能顺利通过上级审查的司法技巧。

研究律例是刑名幕友在入道后积累专业知识的一种继续学习方式。清初有不少幕友注释《大清律例》,最著名的是沈之奇对《大清律集解附例》所作的《辑注》。沈之奇字天易,浙江秀水人,康熙间在各省府州县做幕友三十余年,他用六七年时间完成了这部著作。乾隆初年名幕万枫江编

① (清)汪辉祖:《佐治药言·读律》,载沈云龙主编:《近代中国史料丛刊》二十七辑,张廷骧:《入幕须知五种》,台北,文海出版社1966年版,第145页。
② (清)汪辉祖:《学治说赘·律例不可不读》,载沈云龙主编:《近代中国史料丛刊》二十七辑,张廷骧:《入幕须知五种》,台北,文海出版社1966年版,第420页。

辑了《大清律例集注》,乾隆四十八年(1783年)王又槐搜辑《大清律例汇编》,道光初年姚润编辑了《大清律例统纂集成》,道光中叶胡璋编辑了《大清律例增修统纂集成》。除此之外,幕友们还乐于收集成案编成专书。这一活动始自康熙年间,以后一直未曾间断,其中集大成者为道光年间祝庆祺编辑的《刑案汇览》。①

通过师徒相传的学习方式,再经过一定时日的见习期间,这种以掌握实务操作为旨归的专业知识学习和专业技能培训,为习幕之人奠定了专业基础。在此基础上,刑名幕友们通过撰写幕学著作、注释律例、编辑成案等方式,继续着法律专家的锻造。刑名幕友在我国传统法律解释学方面所起的作用是值得深入研究的。

三、刑名幕友与正印官的关系

在清朝,地方官员聘用幕友是极为普遍的现象。反倒是不聘用幕友的州县官会成为极端的个案。瞿同祖先生说:"目前所知的惟一没有聘用幕友的人是汪辉祖。但即便是他也曾经有过一个幕友"。②

那么,幕友与州县官是一种什么样的关系呢?幕友是州县官的私人助手,他们与州县官之间是一种私人聘用关系。从幕学著作中可知,州县官在赴任之初,首先要做的事情就是延聘幕友。州县官通过各种渠道,打听到幕望良好的幕友,通过设宴交谈等方式进行面试,满意后,接着商议报酬即修金的问题。双方达成一致后,会签订一个叫"关书"的契约。州县官以私人身份作为契约的一方,承担支付幕友修金的义务。这笔修金是从州县官自己的俸禄中支付的。无论从双方意思的一致还是从修金来源的角度考察,幕友与州县官之间的确是一种基于契约的聘用关系。由于幕友在专业知识上的优势,受到州县官的倚重,因而也获得更多尊重和礼遇。从他们的互称中可以看出这一点。幕友们称呼州县官为"主人""东翁"或"老东",而州县官则称幕友为"幕宾""师爷"或"老夫子",生活中对他们以宾客之礼相待。"合则留,不合则去"成为他们相处所秉持的原则。幕友凭借知识的力量获得尊严,十分反感将他们视为州县官佣人的做法。名幕张廷骧说:"幕友居宾师之位分,地本非甚卑。主人延友得人,百事就理;所延非人,诸形丛脞。在州县,幕尤为紧要,亦安可以佣保视之哉!近来居官者间有薄视幕友,趾高气扬,遇事独出己见,不待商榷。此固才非远大,

---

① 祝庆祺号松庵,绍兴人,原是刑部书吏,后来任闽浙总督孙尔准幕友。道光十四年(1834年)编成《刑案汇览》60卷,共收录案件6000件左右,对当时的司法实践活动产生了极大的影响。

② 瞿同祖:《清代地方政府》,范忠信、晏锋译,法律出版社2005年版,第159页。

难与共事,然亦由幕学乏具,幕道不尊之故。吾愿居官者勿轻视夫幕,尤愿入幕者先讲求乎学。"①

很显然,幕友不是政府雇用的,不是政府属员。刑名幕友是州县官在司法事务上的私人助手,他们在司法中的一切行为都只是基于州县官的授权而产生的代理行为,对州县官个人负责。刑名幕友的司法代理行为所产生的后果由州县官来承担。这样的结果是使他们之间形成了一个利益共同体。州县官的职位是幕友生计的来源。如果州县官因为工作失误而丢了乌纱,那么幕友也就失去了饭碗。所以,尽管幕友不用为他的司法代理行为承担行政责任,但在共同利益的作用下,幕友们还是会尽心竭力地为州县官提供法律服务。在幕友的著作中,常会看见他们谆谆教导后学者如何为主人着想、尽可能协理好司法事务的记载。

州县官与刑名幕友之间是有分工的,并非所有司法事务都可以由幕友代劳。汪辉祖说:"听讼是主人之事,非幕友所能专主;而权事理之缓急,计道里之远近,催差集审,则幕友之责也。"②瞿同祖先生也表达了同样的认识:"听讼虽为州县正堂之事,不能由幕僚代理,州县官亦不能全然不晓法律,茫无所知,但幕友对于律例的知识必须更为熟悉,更为透彻。……做官人依靠幕友即因读书人平日不悉律例,到任后不得不借假于人。……幕友实为州县左右手,不可或离。高坐听讼的虽为州县官,事实上在幕后提调处理的常为幕友,不谙刑名的东翁倚畀尤深,自集审至判决皆出于幕友之手。"③具体来说,州县官必须亲自做的司法事务有:对于发生在辖境内命盗大案进行勘验;主持法庭审理并宣布判决;在自理词讼案件的判词上加盖正印以对审判负责;在徒刑以上罪案的呈文上加盖正印以对呈文的内容及案件的上报移送负责。而依案件的审理程序来看,刑名幕友的主要职责有:阅读诉状并拟写批语;安排开庭日期;在开庭前向州县官提供一个案情提要;与州县官讨论案件的疑难之处,并提供法律意见;拟写自理词讼案件的判词供州县官定夺;准备徒刑以上案件的详细案情报告及判决意见呈报上级;当判决意见被上级驳回后,准备回答上司质疑的文字材料等。

四、刑名幕友与判词制作

上述研究表明,刑名幕友对州县官的协理工作主要是提供法律意见和

---

① (清)张廷骧:《赘言十则》,载沈云龙主编:《近代中国史料丛刊》二十七辑,张廷骧:《入幕须知五种》,台北,文海出版社 1966 年版,第 633 页。

② (清)汪辉祖:《佐治药言·词讼速结》,载沈云龙主编:《近代中国史料丛刊》二十七辑,张廷骧:《入幕须知五种》,台北,文海出版社 1966 年版,第 135~136 页。

③ 瞿同祖:《中国法律与中国社会》,中华书局 1981 年版,第 305 页。

制作各种法律文书。他们整天要面对各种各样的法律文书。当原告在告期之内呈上告词后,州县官会要求刑名幕友马上对诉状进行审阅,同时在对刑名幕友充分信任的情况下,委托他制作对告词的批语。接下来幕友要协助州县官对自理词讼案件的审理,制作该案的判词,并让原被告在判词上具结"遵结",了结此案。

对于徒刑以上案件,州县官虽然没有判决结案的权力,但却要承担案件的侦查、缉捕、审讯的工作,最重要的是在取得供词、弄清事实的基础上,写出包含该案的供词、案情及相当于本案法律处理意见的详文或禀文,向上级呈报并移送该案。

可以看出,在刑名幕友要制作的法律文书中,最主要是对告词的批词、对自理词讼的判词及对徒刑以上案件的详文或禀文。

比较而言,刑名幕友们对批词、详文或禀文的关注程度似乎比对判词的关注程度要高。在他们的幕学著作中,常常能看见应当重视批词、详文或禀文的议论及如何制作好批词、详文或禀文的心得和技巧。

在幕友们看来批词对于州县自理案件,是十分重要的。它关系到审判官在审判中究竟处于主动还是被动地位。如果能从众多的诉状中洞见哪些是情关迫切、势难缄默,不得不赴官鸣控之告,哪些是道听途说的诬妄滥告,哪些是受讼师挑词架讼而架空装点以耸上听之告,哪些是狡诈之徒,欲蹈害怨家的捏词之告,就能确定"准"与"不准",即是否受理,那么不仅可以减少滥诉对被牵连者人力财力的损耗,更可以使州县官超拨于许多本不成立的案件堆中,专注于真正需要花费精力的讼案,避免因精力耗散,超出办案程限而受到查处。另外,对那些告刁状的狡诈之徒和挑词架讼的讼师,通过批示"不准"立案,也可以挫败他们谋财害人的阴谋而收到震慑效用。这一切不仅有赖于审理者的识见,而且也有赖于批词制作的好坏。因此,在许多的幕学著作中,关于批词的重要性和如何制作批词的论述比比皆是。万维翰说:"自理词讼,批断不妨详尽,能将两造情伪指出,则直者快,曲者畏,渐渐心平可以息争,亦使民无讼之一道。"① 王又槐在《办案要略》中,专列"论批呈词"一条加以陈述,并说:"善听者只能剖辩是非于讼成之后,善批者可以解释诬妄于讼起之初。果其事势不得已,必须审断而始结,虽驱小民跋涉亦难惜也。如其事真伪显然,不过纸上片言可以折断

① (清)万维翰:《幕学举要》,载沈云龙主编:《近代中国史料丛刊》二十七辑,张廷骧:《入幕须知五种》,台北,文海出版社1966年版,第20页。

而亦差传候讯,即情虚者受其责罚而被告之赀财已遭浪费矣。"①凡此种种,不一而足。

刑名幕友们对于徒刑以上案件的移送呈报文书——详文与禀文也是高度重视的。究其原因,不外有如下因素:一是减少了上司审查与复核的工作量。详文是下级与上级交接案件的文书,制作得好的详文,可以让上司很快弄清楚案件的头绪,而且由于详文中叙供与看语都制作得滴水不漏,没有破绽和疑窦,因此不用驳诘而可以顺利审转至再上一级。二是为自己的主人——州县官创造一个被上司赏识的机会。详文、禀文是刑名幕友实际制作的,但必须以州县官的名义向上级呈报。因此,详文、禀文制作的好坏,其结果都由州县官来承担。其中尤其以禀文最要紧。汪辉祖曾说:"申上之文曰验,曰详,曰禀。验止立案,详必批回,然惟府批由内署核办,自道以上皆经承拟批,上官有无暇寓目者。禀则无不亲阅,遇有情节烦琐不便入详及不必详办之事,非禀不可,宜措辞委曲,叙事显明,上官阅之,自然依允。留意人才之上官,往往于禀揭审视疏密,虽报雨请安各禀,亦不可不慎。蒙头盖面之文,土饭尘羹之语最易取厌,尽汰为佳。"②

批词对于审理案件开好头至关重要,徒刑以上案件的详文与禀文则直接影响上级对州县官的印象、评价,进而影响州县官官运。不过,这些并不能成为忽视判词的理由。然而,实际的情形是刑名幕友们在幕学著作中,几乎都未有关于判词的讨论,也几乎人没有辑录判词,只有清初李渔在《资治新书》中,辑录了一卷判词。是幕友们认为判词不重要吗?推想起来,恐怕是认为按规定,审结州县自理案件所作的判词,只须入循环簿,以供上级不定时抽查,再加上这类案件属"民间细故",不至有多大冤抑,不属于上级监督检查重点,所以关注程度有所懈怠。正因如此,它不太可能成为州县官与上级联系的直接桥梁,对州县官仕途的影响较详文、禀文小。出于现实的考虑,州县官没有必要十分关注判词。至于刑名幕友们几乎没有辑录判词,笔者理解这是由刑名幕友与州县官的代理关系所决定的。由于刑名幕友是以州县官的名义在履行司法职务,因此,州县官以对该文书署名盖印的方式对文书负责。这种情形下,即便辑录出来的判词,也是由州县官署的。署名权的缺乏,应当会影响刑名幕友辑录判词的积极性。

2000年在浙江台州黄岩区发现了一批诉讼档案文件,主要是诉状及

---

① (清)王又槐:《办案要略》,载沈云龙主编:《近代中国史料丛刊》二十七辑,张廷骧:《入幕须知五种》,台北,文海出版社1966年版,第484页。
② (清)汪辉祖:《学治臆说·禀揭宜委曲显明》,载沈云龙主编:《近代中国史料丛刊》二十七辑,张廷骧:《入幕须知五种》,台北,文海出版社1966年版,第264页。

写在诉状上的批词等。经整理出版了《黄岩诉讼档案及调查报告》一书,从档案原件中可以看出州县官、刑名幕友与批词的关系及各自对批词承担的责任。研究者认为,呈到县衙内的诉状上的批语署名为知县,但"经统计全部诉状的批语实际上均出自师爷手笔"。"师爷代理知县审理后还要代为书写批语,并且在批语后面钤印'闲章'。所谓'闲章'即不是通行使用的姓名章,而是一些表明心志的'寄语'。如果在批文中遇有文字错误或者修改之处,还要在错误或者修改之处加盖此类'闲章',以表明书写者应当承担的责任和修改的确定性。"①

　　下面试举一例,通过批词中的署押盖印来说明刑名幕友、州县官与批词的关系。《黄岩诉讼档案及调查报告》收录的第 19 号是一件光绪四年(1878 年)十二月十三日陶兴旺诉石道舜恃势贪噬的状词,②在状纸预留的批词位置,依次写明的事项是:(1)"钦加同知衔特授台州府黄岩县正堂加十级随带加五级纪录十次王批"的署名;(2)"控情支离,又无账据。不准",这是批词的内容;(3)"议事以制"的闲章,表明批词内容是由某位闲章字样为"议事以制"的刑名幕友撰写的。这样看来,黄岩县知县王某的署名表明:这份批词的内容代表了他的意见,他为不予受理该案的决定负责,而刑名幕友的闲章则表明该幕友是批词的实际制作者身份,并承担文字责任。除此之外,黄岩诉讼档案收录的其他批词上所见的署名还有"正堂郑""正堂伍""正堂欧阳""正堂倪",闲章还有"头上是青天""若合符节""议事以制""摩兜鞬""勤慎""随人任思""临事而思""率真""案牍劳形""岂能尽如人意但求无愧我心"等。幕友在批词上以闲章的形式表明身份,充分说明幕友制度的合法性及社会对其代理司法行为的接受。他们与州县官在批词上留下的不同印记表明:他们对批词承担不同的责任。

　　如前所述,清代的诉讼档案表明,州县官的署名与幕友的闲章可以同时存在于批词中。判词的情况又是如何呢?刑名幕友能在判词上署名或盖名章吗?

　　由于所见的判词要么是正本的抄件,要么是辑录的刊印件,均非判词的官方正本,因此,还不能确定。但可以通过参考批词与详文、禀文这些官文书的做法来推知。详文或禀文是否与批词一样,有州县官的署名,盖有正印和刑名幕友的名章或闲章呢?来看一份乾隆四十三年十月巴县申重

---

①　田涛、许传玺、王宏治:《黄岩诉讼档案及调查报告》,法律出版社 2004 年版,"前言",第 20~21 页。

②　田涛、许传玺、王宏治:《黄岩诉讼档案及调查报告》,法律出版社 2004 年版,第 111 页。

庆府总捕通判无凭造报四十两以下窃案详文①。详文中通判是府的佐贰官,总捕通判分掌捕盗之事。下件是巴县齐知县向他申报九月无盗窃案的详文:

> 署重庆府巴县,为据实奏明事。案奉宪檄,饬将四十两以下窃案按月造报。等因,遵奉在案。遵查卑县乾隆四十三年九月分并无里民具报被窃四十两以下案件,无凭造报。理合具文申覆宪台,俯赐查考。除径报督部堂暨臬道二宪并本府外,为此备由另册申乞照详施行。须至申者。
>
> 右 　　　　　　　　　　　　　　　　　　　申
>
> 特授四川重庆总捕府兼理盐茶加五级纪录六次随带军功加一级候补分府李
>
> 总捕府兼理盐茶加五级纪录六次随带军功加三级纪录三次候补分府李　　　　　　　　　　　　批
>
> 据详已悉,仍候
> 各宪暨本府批示。册存。此复。
> (巴县印)
> 乾隆四十三年十月初九日署巴县知县齐式
> 据实等事
> 巴县
> (通判关防)

这件详文尾部既有文件责任人署巴县知县齐式的署名,又有巴县的县印,位置盖在年月日上。与批词不同,所见的详文、禀文都没有幕友的闲章。于是这里出现了两种可能:一是在判词上,幕友也可以像在批词上那样,以加盖闲章等方式表明自己实际制作者的身份;二是像详文、禀文那样,幕友的姓名、闲章不出现在判词上。在笔者看来,后一种情况更接近真实。因为判词与详文、禀文更接近,属于更正规的官文件,需要接受上级检查。判词尾部应当只有州县官署名,并要加盖州县官正印,幕友虽然是实际的制作人,但在判词中没有署名权。再从法学原理来分析,刑名幕友既然是州县官在司法事务的代理人,且国家承认这种代理关系,那么合理的

---

① 张我德、杨若荷、裴燕生:《清代文书》,中国人民大学出版社1996年版,第145页。

做法应当是刑名幕友实际制作的所有文件都只能由州县官署名并加盖县印。因为对于错判,幕友没有资格承担行政责任,行政处罚对刑名幕友不起作用。他最多只能向州县官承担契约责任,最坏的结果就是因主人——州县官的不满而被辞退。因此,幕友不在判词上署名既是正式公文的要求,也因为完全没有这个必要。

总之,自理词讼案件是州县审判者能独立、完整行使审判权的案件。案件以判词审结。判词的实际制作者通常是衙门中的刑名幕友,而责任主体则主要是州县正印官。在判词正本中,应有州县正印官的署名、正印,而看不到判词的实际制作者——刑名幕友的痕迹。

有关人命的徒刑以上案件,在层层上报后,由皇帝在上报的法律意见书上作出批示,最后结案。整个过程中,应该说都没有使用"判词"。皇帝最后所作的裁判,显然只是判词中的判决结果,而不是判词本身。既然这类案件在整个审理过程中并没有使用判词,因而就不存在谁是判词的责任主体与实际制作者的问题。

第三节　判决书的责任主体——各级审判厅

一、各级审判厅设立的背景

1840 年鸦片战争以后,清王朝封闭的国门被外国侵略者的坚船利炮轰开了。本已积弊丛生的清政府面对入侵,显得更加羸弱,已经失去了抵御能力。主权的一步步丧失势所难免。外国侵略者获得的领事裁判权,更成为清政府心头之痛。心有不甘的清政府希望通过改革来救亡图存,围绕着收回领事裁判权这一主题,展开了一系列变法活动。鉴于列强攫取领事裁判权的口实是中国高度的君主专制和司法与行政不分所造成的司法擅断与野蛮,与民主格格不入,因此,清政府被迫宣布变法谕旨,预备立宪,实现司法与行政的分立。在这样的背景下,法制变革成为清末变法的一个主旋律。

司法与行政不分,缺乏相互制衡的主体,公权力得以无限膨胀是清朝法制的积弊,也最为外国列强所诟病,成为他们攫取领事裁判权的口实。

最先对上述弊端进行反思的是一批近代思想家。近代思想家严复认为,清朝司法与行政不分是造成司法腐败,激化社会矛盾的主要原因。他主张将司法与行政严格划分,审判权由专门的司法机构来行使。

稍后的著名维新思想家康有为提出了以设议院、开国会、定宪法为主要内容的君主立宪制政治改革方案,力主按照西方政治原则来改造国家,建设君主立宪的政体模式。在给光绪皇帝的上书中,他详细介绍了西方的相关制度①。

另一位维新派思想家梁启超,在《各国宪法异同论》一文中,对相关理论源头与英国的实际做法进行了介绍②。

这些近代中国著名思想家的观点和主张,尽管认识未必那么正确,观点也难免偏颇,但它们对于当时闭关自守的中国,无疑是振聋发聩的洪钟巨响,对于近代中国社会有着深远的启蒙意义。

再从官僚集团来看,身处体制之内的他们,对于中国政治制度的弊害有着切身体会。因而他们一经接触清朝社会涌动的变法维新思潮,往往会受到触动,产生不同程度的共鸣。

1905 年 9 月清政府派刑部候补郎中董康等三人到日本考察监狱和裁判所,董康等人回国后提交了考察报告《裁判所访问录》。沈家本在为《裁判所访问录》一书所作序言中写道,"西国无论何人皆不能干涉裁判之事。虽以君主之命、总统之权,但有赦免而无改正。而中国则由州县而道府、而司、而督抚、而部,层层辖制,不能自由。"③

光绪三十二年(1906 年)七月初六,出使各国考察政治大臣戴鸿慈等在《奏请改定全国官制以为立宪预备折》中,就立宪必须先期准备的几项工作提出建议,其中第六点就是关于司法与行政相分立的问题。他们说:"裁判与收税事务,不宜与地方官合为一职也。司法与行政两权分峙独立,不容相混,此世界近百余年来之公理,而各国奉为准则者也。"主张两权分立的理由在于:"盖行政官与地方交接较多,迁就瞻徇,势所难免,且政教愈修明,法律愈繁密,条文隐晦,非专门学者不能深知其意。行政官既已瘁心民事,岂能专精律文,故两职之不能相兼,非惟理所宜然,抑亦势所当尔。中国州县向以听讼为重要之图,往往案牍劳形,不暇究心利病,而庶政之不举,固其宜矣。"④

认识到症结之所在,筹备变法的大臣们力主改革就应当从分权,尤其是将司法从行政中分离出来这一点上着手:"现在议院遽难成立,先从行政、司法厘定,当采用君主立宪国制度以合大权统于朝廷之谕旨。""现拟就行政、司法各官以次厘定,此外凡与司法、行政无甚关系各衙门,一律照

① 中国史学会:《中国近代史资料丛刊·戊戌变法二》,上海人民出版社 1953 年版,第 236 页。
② 梁启超:《各国宪法异同论》,载《梁启超全集》第二卷,北京出版社 1999 年版,第 319 页。
③ (清)沈家本:《寄簃文存·裁判访问录序》,载李光灿:《评〈寄簃文存〉》,群众出版社 1985 年版,第 377 页。
④ 《出使各国考察政治大臣戴鸿慈等奏请改定全国官制以为立宪预备折》,载故宫博物院明清档案部:《清末筹备立宪档案史料》,中华书局 1979 年版,第 379 页。

旧，概不提议，以清界限。"①

御史吴钫对此进行了更深入的论述：

> 夫国家者主权所在也，法权所在，即主权所在，故外国人之入他国者，应受他国法堂之审判，是谓法权。中国通商以来，即许各国领事自行审判，始不过以彼法治其民，继渐以彼法治华民，而吾之法权日削。近且德设高等审判司于胶州，英设高等审判司于上海，日本因之大开法院于辽东，其所援为口实者，则以中国审判尚未合东西各国文明之制，故遂越俎而代谋。更以东三省近日情形而言之，长春以南遍地有日人，长春以北遍地有俄人，既遍住日、俄之人民，势将设日俄之法院，民习于他国之法律，遂忘其为何国之子民，法权既失，主权随之，言念及此，可为寒心。夫及今而改良审判，其收效亦须十余年，溯甲午至今，曾几何时，添开口岸已十余处，此后十余年中，虽内政竭力整顿，外权且日进而无穷。若复因循苟安，坐待法权之侵夺，则逃犯不解，索债不偿，赴诉多门，人心大去，无论治外法权不能收回，恐治内法权亦不可得而自保矣。是司法制度之不可不分立，关乎外交者一也。
>
> 臣观自古治乱之故有二，一则由于民财之穷尽，一则由于讼狱之不平……泰西各国百年以来，皆病行政官之专横，而改设法堂公判之制，由是民气渐靖，治化日隆。中国审判向由州县兼司，簿书填委，积弊丛生，非延搁多时，即喜怒任意，丁役视为利薮，乡保借为护符。往往一案未终而家产荡尽，一差甫出而全村骚然，遂致驱民入教，干涉横生，民教相仇，变幻不测，匪徒乘机煽惑，酿为厉阶，是国家欲藉州县官以宣德达情，而州县官以滥用法权，反致民离众畔。推原其故，则以州县事繁，既须抚字催科，而又劳形诉讼，跋前疐后，两所无居，贤者竭蹶不遑，不肖者恣睢自逞。且审判一事须平日熟谙法律，而案情万变，悉待推求，行政官以日不暇给之躬，用之于非其素习之事，必致授权幕友，假手书差，枉法滥刑，何所不至。又以层层节制，顾忌良多，未免曲徇人情，无独立不挠之志。若使司法分立，则行政官得专意爱民之实政，而审判官惟以法律为范围，两事既分，百弊杜绝。②

---

① （清）刘锦藻：《清朝续文献通考》卷一百一五《职官一》，商务印书馆 1955 年版，第 8742 页。

② 《御史吴钫奏厘定外省官制请将行政司法严定区别折》，载故宫博物院明清档案部：《清末筹备立宪档案史料》，中华书局 1979 年版，第 822~823 页。

经过艰难的抉择，光绪三十二年（1906年）十月二十七日，由大理院奏准的《大理院审判编制法》，第一次在中国以立法的形式确立了独立司法原则。该法第六条规定："自大理院以下及本院直辖各审判厅局关于司法裁判全不受行政衙门干涉，以重国家司法独立大权而保人民身体财产。"①为司法独立而进行的各级审判厅设立工作自此真正被提上了议事日程。

二、各级审判厅的设立

当行政与司法分立成为共识以后，筹设各级审判厅就成了当务之急。光绪三十二年（1906年）九月二十日，光绪皇帝发布《裁定奕劻等核拟中央各衙门官制谕》，明确指示："刑部著改为法部，专任司法。大理寺著改为大理院，专掌审判。"②自此以后，各级审判厅的设立不再停留在文件上，而变成了实际行动。

筹设各级审判厅的工作内容千头万绪，主要包括确定设立方案、订定各级审判厅设立的法律依据、拟定设立步骤等方面。对于如何筹设，曾先后有过一些设计方案。

（一）确定设立方案

1.戴鸿慈、端方等人的方案

最早提出各级审判厅设立方案的是戴鸿慈、端方等人。他们建议在全国设立四级裁判所和巡回裁判所，各级裁判所以区裁判所、县裁判所、省裁判所、都裁判厅命名并在各级裁判所内设检事局，实行审检合署。

光绪三十二年（1906年）七月六日，他们在奏折中说"臣等谓宜采各国公例，将全国司法事务离而独立，不与行政官相丽，取全国各县划为四区，区设一裁判所，名曰区裁判所。其上则为一县之县裁判所，又其上则为一

---

① 《大清法规大全》卷七《法律部·审判》，台北，考正出版社1972年据政学社石印本影印出版，第1851页。
② 《出使各国考察政治大臣戴鸿慈等奏请改定全国官制以为立宪预备折》，载故宫博物院明清档案部：《清末筹备立宪档案史料》（上册），中华书局1979年版，第367页。关于刑部为何改称法部，考察政治大臣戴鸿慈说："刑部掌司法行政，亦旧制所固有，然司法实兼民事、刑事二者，其职在保人民之权利，正国家之纪纲，不以肃杀为功，而以宽仁为用，徒命曰刑，于义尚多偏激。臣等以为宜改名曰法部，一国司法行政皆统焉。"除了名称的变化而外，最重要的是法部与刑部相比，职能有了不小的变化。如前所述，变革前刑部的职能很宽泛，所掌握的司法审判与司法行政职权，比大理寺、都察院大而且重，是三法司中"部权最重"的。变革后的法部，职权受到了削夺，理论上不再具有司法审判职能而只负责司法行政。具体来说就是主管死刑案件的覆核，具奏恩赦、管理民事刑事牢狱、监督各级审判厅、主管司法官吏的任免，刑杀判决的执行，厅局辖地的区分，司直警察的调度等。

省之省裁判所,又其上则为全国之都裁判厅,级级相统,而并隶于法部。区裁判所则以一裁判官主之,县裁判所以至省裁判所、都裁判厅,则以数人之裁判官主之,而置一长焉。各裁判所皆附设检事局,区置检事一人,县以上数人,以掌刑事之公诉。凡民间民事、刑事,小者各诉于其区,大者得诉于其县,其不甘服判决者,自区裁判所以至都裁判厅,均得层层递诉,而以都裁判厅为一国最高之裁判。犹恐边省人民控诉不易,则于陕西、甘肃、新疆、四川、云南、贵州诸省设巡回裁判焉,略与汉代绣衣直指之制,以平天下之疑。其官制不与行政各官同,其升转事权分析两无牵涉,在上者既能各行其是,小民自食其赐。"①

戴鸿慈、端方等提出审判机构设为四级的建议,成为清末关于审判机构设立改革中最没有异议的一项。此后的方案在设立四级审判机构这一点上,各方都持相同意见,但各级审判机构以区裁判所、县裁判所、省裁判所、都裁判厅的命名设计和设立巡回裁判所的方案未被采纳。而且,他们的方案未交代四级审判厅实行几审终审的问题。

2. 大理院的方案

光绪三十二年(1906年)十月二十七日,成立伊始的大理院在《大理院奏审判权限厘定办法折》中提出了四级三审制方案。主张设立的四级审判厅分别以乡谳局、地方审判厅、高等审判厅、大理院命名,且明确提出三审终审的建议。原文是这样的:

> 中国行政司法二权向合为一,今者仰承明诏,以臣院专司审判,与法部截然分离,自应将裁判之权限等级区划分明,次第建设,方合各国宪政之制度。官制节略既变通日本成法,改区裁判所为乡谳局,改地方裁判所为地方审判厅,改控诉院为高等审判厅,而以大理院总其成,此固依仿四级裁判所主义毋庸拟议者也。惟每级各有界限,必须取中国旧制详加分析,庶日后办理事宜各有依据。臣等公同商酌,大理院既为全国最高之裁判所,凡宗室官犯及抗拒官府并特交案件应归其专管。高等审判厅以下不得审理其地方审判厅初审之案,又不服高等审判厅判断者,亦准上控至院,为终审,即由院审结。至京外一切大辟重案,均分报法部及大理院,由大理院先行判定,再送法部复核,此大理院之权限

---

① 《出使各国考察政治大臣戴鸿慈等奏请改定全国官制以为立宪预备折》,载故宫博物院明清档案部:《清末筹备立宪档案史料》(上册),中华书局1979年版,第379~380页。

也。高等审判厅则不收初审词讼。凡轻罪案犯不服乡谳局,并不服地方审判厅判断者,得控至该厅为终审。凡重罪案犯不服地方审判厅之判断者,得控到该厅为第二审,其由该厅判审之案,内则分报法部及大理院,外则咨执法司以达法部,其死罪案件并分报大理院,此高等审判厅之权限也。地方审判厅则自徒流以至死罪及民事讼案银价值二百两以上者,皆得收审,讯实后拟定罪名。徒流案件在内则径达法部,并分报大理院,在外则详由执法司以达法部,死罪案件在内在外俱分报法部及大理院,此地方审判厅之权限也。乡谳局则笞杖罪名及无关人命之徒罪并民事讼案银价值二百两以下者,皆得收审,讯实以后,迳自审结,按月造册报告。在内则分报法部及大理院;在外则详执法司以备考核,此乡谳局之权限也。权限既定,则高等审判厅以下必须次第建设,方有专司。除各直省审判衙门应俟官制厘定,由法部咨商各督抚次第筹设外,其京师词讼自以地方审判厅为重要,乡谳局次之。拟于内外城设立地方审判厅,凡刑事徒流以上、民事二百两以上者俱以该厅为始审,则重罪案件有所归宿矣。京师乡谳局拟正名为城谳局,循巡警分厅之旧,于内外城分设九所,凡刑事无关人命之徒罪以下,民事二百两以下者俱以该局为始审,是轻罪案件有所归宿矣。至高等审判厅,外国俱与大审院相附丽,应俟臣院择定衙署后,再行斟酌定议。此设裁判所之次第也。①

大理院从专业角度提出的方案显然得到了更广泛的支持和采纳。后来真正筹设起来的各级审判厅确实就是按照四级三审制设立。除了"城谳局"之外,大理院对其他各级审判厅的命名也完全被采纳。至于"城谳局"其实也不是没有被采纳,只不过后来用于命名京师的初审审判厅了。

3. 最后通过的方案

各级审判厅设立的最后方案其实是分为京师各级审判厅设立方案与外省各级审判厅设立方案两步进行的。

光绪三十二年(1906 年)十月二十七日大理院提出的在北京设立京师高等审判厅、京师城内外地方审判厅和城谳局方案,随着《大理院审判编制法》经过奏准程序而通过。该法第二条规定:"大理院在京直辖审判厅局

---

① 《大清法规大全》卷七《法律部·审判》,台北,考正出版社 1972 年据政学社石印本影印出版,第 1849~1850 页。

有三：一、京师高等审判厅，二、京师城内外地方审判厅，三、京师分区城谳局。"①自此，按司法独立于行政等近代法制基本原则构建各级审判厅的工作首先在京师开始了。

外省各级审判厅最终的设立方案则由法部于光绪三十三年（1907 年）和宣统元年（1909 年）在《各级审判厅试办章程》和《法院编制法》中提出，并获得批准。这两部法律文件提出的方案都明确规定：除京师以外各直省审判机关由初级审判厅、地方审判厅、高等审判厅和大理院构成，继续沿用了四级审判机构的基本框架。

（二）订定各级审判厅设立和运行的法律依据

设立各级审判厅的决定一下，接下来面临的就是如何设立，设立以后如何运转的问题了。对于这些重大问题，显然必须以法律的形式进行规制，方可有序进行。

1.《大理院审判编制法》

《大理院审判编制法》于光绪三十二年（1906 年）十月二十七日出台。② 在获得光绪皇帝批准后，成为设立各级审判厅的第一部法律文件。该法共五节四十五条，虽然内容难免粗疏，但却创造了中国近代法律史的多个第一。它首次以法律文件的形式确立了独立司法的原则；首次对案件进行了民事和刑事的性质划分；首次在法律中规定实行四级三审制度；首次确定了大理院的组织章程；首次确定了大理院及京师各级审判厅的名称，首次为新式法院的审判活动制定了审级、管辖、取证、合议等基本的制度与原则。当然，如这部法律文件名称所显示的那样，它的适用范围比较有限，主要针对大理院及其直辖的京师各级审判厅。对此，有学者这样评价："该法实际上是大理院和京师审判厅、局的组织法，因第二条规定京师各级审判厅、局由大理院直辖，故名《大理院审判编制法》。"③

2.《各级审判厅试办章程》

光绪三十三年（1907 年）十一月二十九日法部奉旨颁行了《各级审判厅试办章程》。④ 该章程在参酌《天津府属审判厅试办章程》和《法院编制法》草案基础上制定。共五章一百二十条，每章之下再分节目。五章章目

---

① 《大清法规大全》卷七《法律部·审判》，台北，考正出版社 1972 年据政学社石印本影印出版，第 1851 页。

② 原文见《大清法规大全》卷七《法律部·审判》，台北，考正出版社 1972 年据政学社石印本影印出版，第 1851 页。

③ 李贵连：《沈家本评传》，南京大学出版社 2005 年版，第 174 页。

④ 原文见《大清法规大全》卷七《法律部·审判》，台北，考正出版社 1972 年据政学社石印本影印出版，第 1856 页。

如下:第一章为"总纲",解释民刑之定义;第二章为"审判通则",以明司法之权能;第三章为"诉讼通则",详细规定呈诉之方法;第四章为"检察通则",规定检察职能;第五章为"附则",主要规定效力期间等。

该章程对案件的民、刑事划分更加明晰,并确定了不同的审判规则。综观该章程,主要内容是关于法院如何组织审理,当事人如何进行诉讼,检察厅如何行使检察职权等规定,实际上相当于民事、刑事诉讼法。因此,对于《各级审判厅试办章程》的正确解读应当是"各级审判厅试办诉讼案件审理章程",是程序法性质的法律文件,是审判厅运行的法律文件,而不能望文生义地理解为"关于试办各级审判厅的章程",不能理解为是各级审判厅的组织和设立章程。

3.《京师高等以下各级审判厅试办章程》及《补订高等以下各级审判厅试办章程》

按照清政府预备立宪筹备清单,宣统二年(1910 年)之内必须完成设立全国各直省省城商埠各级审判厅。但是实际情况远不令人乐观。到宣统元年(1909 年)六七月,各直省省城中除奉天已经成立各级审判厅,吉林和黑龙江正在筹设,各直省商埠中除天津、营口已经开办外,全国其余地方审判厅筹设工作迟迟未能推进。这与当时各省对新式审判厅感到陌生有很大的关系。已经出台的法律文件《大理院审判编制法》和《各级审判厅试办章程》对全国各级审判厅筹设的指导并不直接。前者更多是对大理院及京师各级审判厅的规定,并且可操作性不强;而后者则是关于诉讼的程序法。对于还不知道该如何设立地方审判厅的各省来说,二者都不具备切实的指导意义。为此,光绪三十三年(1907 年),法部制定了《京师高等以下各级审判厅试办章程》,经宪政编查馆同意将此章程在全国范围内通行。法部自己对该章程的评价是"纲举条分,略具法院编制法及诉讼法大要"。不过,鉴于该章程主要是针对京师制定的,不能完全适应外省的情形,因此法部在此基础上,又补订了八条,称为《补订高等以下各级审判厅试办章程》,①作为各直省省城商埠筹设各级审判厅的依据和指南。

4.《京外各级审判厅官制》和《拟定各省城商埠各级审判检察厅编制大纲》

《京外各级审判厅官制》是法部对各级审判厅的官员编制、职级进行规定的法律文件,之后法部又制定了《拟定各省城商埠各级审判检察厅编

---

① 原文见《大清新法律汇编》,鏖章书局宣统二年再版,第 285 页。

制大纲》①，该大纲共十二条，对于各省省城、商埠、首县应当设哪一级的审判厅，设几所，各级审判厅应设的庭数，法官和检察官员数等具体问题进行了规定。以审判厅设置数量而言，该大纲规定："凡省城商埠同在一处者，设高等审判厅一所，凡首县各设地方审判厅一所、初级审判厅一所或二所；其省城商埠各在一处者，省城设高等以下各厅，商埠不设高等审判厅，余俱如省城之例。其商埠大而事繁或距省城过远者，得酌设高等审判分厅，由厅丞于推事中保任一人为推事长，代行厅丞职务，仍由厅丞随时指挥监督。"

5.《各省城商埠各级审判厅筹办事宜》

在各级审判厅设立过程中会遇到许多具体问题，比如经费的筹集，办公地点的选择或建筑，专业人员的任用，各级审判厅的管辖等。为此，法部拟定了《各省城商埠各级审判厅筹办事宜》②（以下简称《事宜》）从"经费""建设""用人""管辖"四方面对上述问题的解决加以指导。

关于经费，在筹设期间，因为国家财政还未由度支部实行统一财政管理，所以各级审判厅经费筹措之权还归督抚，由其督同各省最高行政长官或财政长官负责，所有开办费须特别筹拨，专款专用。另外，原有体制下的发审、清讼等局的运行费用及问刑衙门如刑幕束修，招解公费及其他因审理词讼所有之款，由审判厅向原衙门划提，其照章所收之诉讼费及各项罚金，除应解部之外，亦均应充各厅常年之用，还有不足，再行筹继。各省应将筹措情形并预算表一并上报法部考核。

关于法庭的建设，《事宜》规定："法庭及办公处所自以从新从建筑为合宜。如财力实有不给，尽可就各项闲废公局处所酌量修改，但不得与现在之各行政官署混合，以清界限"。

对于审判人员、检察人员的遴选任用权，《事宜》规定，各省高等审判厅厅丞、高等检察厅检察长由法部择员预保。推事、检察官各员由督抚督同按察使或提法使认真遴选品秩相当之员，或专门法政毕业者，或旧系法曹出身者，或曾任正印各官者，或曾历充刑幕者，抑或指调部员，俱咨部先行派署。典簿、主簿、所官录事各员由督抚督饬按察使或提法使认真考试，就现任候补各员及刑幕人等拨取资格程度相当者分别咨部派署委用。

关于诉讼管辖，《事宜》规定原则上各省城高等审判厅管辖全省诉讼，各府厅州县地方审判厅管辖全境诉讼。但由于各乡镇初级审判厅、各府厅

---

① 原文见《大清新法律汇编》，廖章书局宣统二年再版，第287~290页。
② 原文见《大清新法律汇编》，廖章书局宣统二年再版，第290~294页。

州县地方审判厅尚未普遍设立,所以暂定按以下诉讼管辖权限进行:

其一,省城商埠初级审判厅的管辖范围不必单以城垣商场为限,应酌量形势户口,如附近之地实为该审判厅厅力所能到且势宜兼及者,即划定为该厅管辖之界。凡界内诉讼事件,地方官不得受理。有投告错误或发现犯罪之时,当指令自赴该厅或移送该检察厅起诉。其界外词讼案件,仍暂归府厅州县官照常收受审理。

其二,暂归府厅州县官受理的诉讼,有不服时仍可依照《试办章程》就该地方审判厅上诉,该检察厅于收受诉状时应按《试办章程》第六条各级审判厅管辖案件之区别,查其应以本厅为第二审者,即照章归本厅审判,应以高等审判厅为第二审者,民事令自赴该厅起诉,刑事移交高等检察厅办理。

其三,未设地方审判之府厅州县依法递控到省的案件,以前归臬司或发审局审理,现在均应向省城高等审判厅起诉,由该厅审查,应以该厅为第二审者,判决之后允许其向大理院上诉;应以该厅为终审者,判决时并宣告该案无上诉于大理院之权。

6.《法院编制法》及配套章程

为筹备立宪,清政府命宪政编查馆以九年为期,将预备立宪逐年筹备事宜拟成清单,并于一九〇八年颁布,这就是《钦定逐年筹备宪政事宜清单》。按照清单的计划,《法院编制法》应于光绪三十五年,也就是后来的宣统元年(1909年)颁布施行。由于已有前期工作基础,这样的日程安排还不算催迫。早在光绪三十二年(1906年)八月初二,修订法律大臣沈家本已向清廷奏上《法院编制法》,清廷饬下宪政编查馆审查。经过两年多时间的审查,于宣统元年(1909年)十二月奏准朝廷,二十八日正式颁布。应当说,《法院编制法》是按计划如期完成的。

宪政编查馆对《法院编制法》的总体评价是:"钦定逐年筹备事宜清单令各省分期筹设各级审判厅……而法院编制法所以明定等级,划分职权,尤为筹设各级审判厅之准则。臣等检阅原奏清单,都十五章一百四十条。举凡机关之设备职掌、权限,规定綦详,于采用各国制度之中,仍寓体察本国情形之意,尚系折衷拟定"。①

不过,宪政编查馆认为草案中"尚有应行增损者数端,谨参照最新法理,证以现在实情,逐次修正,以其完美"。这里说的"应行增损者"主要

---

① 《宪政编查馆奏核定法院编制法并另拟各项暂行章程折并清单》,载《大清法规大全》卷四《法律部·司法权限》,台北,考正出版社1972年据政学社石印本影印出版,第1815页。

有：一是认为《法院编制法》是规定审判厅权限的法律，而草案中关于法官品级则属于行政命令规定的范围，因此，在涉及法官品级时，只应进行总括性规定，而具体的品级、俸给等项应以详细办法，另行厘定。二是由于诉讼法、民商法和刑法等尚在编订之中，原《法院编制法》草案中所规定的各级审判厅所管辖的事件本属于诉讼法的范畴，在草案中只能约举其一二，仍是偏而不全。但由于各级审判厅开办在即，尤其是初级审判厅，迫切需要有相当于诉讼法的法律以启动其运转。鉴于此，建议将这部分单独抽出来，拟定单行的《初级暨地方审判厅管辖案件暂行章程》以为过渡。三是对于司法行政上的考试法官和划分司法区域等问题，应在《法院编制法》颁行以后，由法部主持制定相关规则。

《法院编制法》草案原为十五章一百四十条，经宪政编查馆核定后，改为十六章一百六十四条。① 各章依次为：审判衙门通则、初级审判厅、地方审判厅、高等审判厅、大理院、司法年度及分配事务、法庭之开闭及秩序、审判衙门之用语、判断之评议及决议、庭丁、检察厅、推事及检察官之任用、书记官及翻译官、承发吏、法律上之辅助、司法行政之职务及监督权。该法对各级审判厅的组织、功能、运转及审判人员选任等方面进行了详细规定。

关于审判厅的规定，该法第一条规定："审判衙门共分为四，如左：一初级审判厅，二地方审判厅，三高等审判厅，四大理院。"

第十六条："初级审判厅按照诉讼律及其他法令，有管辖第一审民事、刑事诉讼案件并登记及其他非讼事件之权"。

第十九条："地方审判厅有管辖左列民事、刑事诉讼案件及其他非讼事件之权：

第一审　不属初级审判厅权限及大理院特别权限内之案件；

第二审　一、不服初级审判厅判决而控诉之案件；

　　二、不服初级审判厅之决定或其命令，按照法令而抗告之案件。"

第二十七条："高等审判厅有审判左列案件之权：

一、不服地方审判厅第一审判决而控诉之案件；

二、不服地方审判厅第二审判决而上告之案件；

三、不服地方审判厅之决定或其命令，按照法令而抗告之案件；

四、不属大理院之宗室觉罗第一审案件。"

第三十三条："大理院为最高审判衙门，置民事科、刑事科，视事之繁简酌分民事、刑事庭数。"

---

① 改定后的《法院编制法》全文见《大清新法律汇编》，廖章书局宣统二年再版，第209~247页。

第三十六条:"大理院有审判左列案件之权:

第一 终审 一、不服高等审判厅第二审判决而上告之案件;

二、不服高等审判厅之决定或其命令按照法令而抗告之案件;

第二 第一审并终审 依法令属于大理院特别权限之案件。"

上述各条第一次以立法的形式,明确了近代中国实行四级三审的司法审判制度。

关于审判、检察人员的任用,该法第十二章进行了规定:

第一百六条:"推事及检察官应照《法官考试任用章程》,经二次考试合格者始准任用。

《法官考试任用章程》另定之。"

第一百七条:"凡在法政法律学堂三年以上领有毕业文凭者,得应第一次考试。

其在京师法科大学毕业及在外国法政大学或法政专门学堂毕业经学部考试给与进士举人出身者,以经第一次考试合格论。"

第一百八条:"第一次考试合格者,分发地方以下审判厅、检查厅学习,以二年为期满。"

第一百十一条:"学习人员期满后应受第二次考试,其合格者始准作为候补推事、候补检察官分发地方以下审判厅、检察厅听候补用。"

第一百十五条:"凡有左列情事之一者不得为推事及检察官:

一、褫夺公权丧失为官吏之资格者;

二、曾处三年以上徒刑或监禁者;

三、破产未偿债务者。"

第一百二十一条:"推事及检察官在职中不得为左列事宜:

一、于职务外干预政事;

二、为政党员、政社员及中央议会或地方议会之议员;

三、为报馆主笔及律师;

四、兼任非本法所许之公职;

五、经营商业或官吏不应为之业务。"

上述各条对审判及检察人员的遴选方式、实习、任职条件、任职期间的禁止等方面进行了清楚规定。

总之,按照宪政编查馆的意见,最后形成的以《法院编制法》为核心,辅以《初级暨地方审判厅管辖案件暂行章程》《法官考试任用暂行章程》《司法区域划分暂行章程》等关于各级审判厅筹设、运行的系列法律规范,成为以后京外各省各级审判厅设立的正式法律依据与准则。此前颁布的临时性法律文件中有与《法院编制法》相抵触的条文，一律失效。

应当说，《法院编制法》主旨更加明确，规定更加详密，体例更加成熟，是所有关于各级审判厅设立的法律文件中的集大成者，法律位阶最高。甚至国体变更后的民国政府仍将《法院编制法》列为可以继续沿用的前朝法律，并在司法实践中加以运用。①

(三)制定设立步骤

清朝各级审判厅的设立按自上而下的顺序进行。作为最高一级的大理院，是由大理寺转化而来，于光绪三十二年(1906年)设置成型，②负责审理京师徒罪以上案件及各种专案，办理外省秋审及京师朝审案件的复核及会奏，驳正奉旨由法部核议、但情罪不符的外省汇奏的死刑案件。

由大理院直辖的京师各级审判厅，开始设立并负责案件审理的时间始于光绪三十三年(1907年)十一月。③ 之后，光绪三十四年(1908年)八月初一，宪政编查馆、资政院受命向朝廷呈奏筹备立宪期间逐年应办事宜，以九年为期，即从光绪三十四年至光绪四十二年止④。计划在光绪三十九年(1913年)实现在京师和地方各省城商埠设立各级审判厅和检察厅的目标，然后逐步推进，到光绪四十一年(1916年)在全国遍设各级审判厅。⑤下表所示是九年中各级审判厅创设的日程与阶段性目标。

---

① 1912年3月24日《临时政府公报》第四十七号刊载了《临时大总统关于伍廷芳呈请暂行沿用民律草案等法律致参议院咨》："据司法部总长伍廷芳呈称：窃自光复以来，前清政府之法规既失效力，中华民国之法律尚未颁行，而各省转告规约，尤不一致。当此新旧递嬗之际，必有补救方法，始足以昭划一而示标准。本部现拟就前清制定之民律草案，第一次刑律草案、刑事民事诉讼法、法院编制法、商律、破产律、违警律中，除第一次刑律草案，关于帝室之罪全章及关于内乱罪之死刑，碍难适用外，余皆由民国政府声明继续有效，以为临时适用法律，俾司法者有所根据。谨将所拟呈请大总统咨由参议院承认，然后以命令公布，通饬全国一律遵行，俟中华民国法律颁布，即行废止。是否有当，尚乞钧裁施行。等情前来。查编纂法典，事体重大，非聚中外硕学，积多年之调查研究，不易告成。而现在民国统一，司法机关将次成立，民刑各律及诉讼法，无关紧要。该总长所请自是切要之图，合咨贵院，请烦查照前情议决见复可也。此咨。"经参议院咨复后，通过了伍廷芳的呈请意见。见第二历史档案馆编：《民国档案史料汇编》第二辑，"南京临时政府"部分。
② 参见李启成：《晚清各级审判厅研究》，北京大学出版社2006年版，第66页。
③ 见《法部奏统筹司法行政事宜分期办法折》，载《大清宣统新法令》(第三册)，商务印书馆1910年版，第44~46页。
④ 光绪皇帝死于光绪三十四年。当时谁也不会料到光绪皇帝的年号会终止于光绪三十四年，因而在大臣们的奏折中，还在做着光绪三十四年以后，直到光绪四十二年的九年工作规划。
⑤ 参见朱寿朋：《光绪朝东华录·宪政编查馆资政院会奏折》，张静庐等点校，中华书局1958年版，第5976页。由于大理院与京师各级审判厅在此之前之已经设立起来，因此，在九年筹备立宪应办事宜清单中，逐年的筹办计划中就没有出现大理院与京师各级审判厅，只有外省各级审判厅筹设的阶段性目标规定。

清末筹备立宪九年(1908—1916年)计划中各级地方审判厅创设规划一览表

时间	规划年度	工作内容及目标	审判厅级别	筹办单位
光绪35年	第二年	筹办	各省省城及商埠等处各级审判厅	法部、各省督抚同办
光绪36年	第三年	限年内一律成立	各省省城及商埠等处各级审判厅	法部、各省督抚同办
光绪37年	第四年	筹办	直省府厅州县城治各级审判厅	法部、各省督抚同办
光绪38年	第五年	限年内粗具规模	直省府厅州县城治各级审判厅	法部、各省督抚同办
光绪39年	第六年	一律成立	直省府厅州县城治各级审判厅	法部、各省督抚同办
		筹办	乡镇初级审判厅	法部、各省督抚同办
光绪40年	第七年	限年内粗具规模	乡镇初级审判厅	法部、各省督抚同办
光绪41年	第八年	一律成立	乡镇初级审判厅	法部、各省督抚同办

资料来源:《光绪朝东华录·宪政编查馆资政院会奏折》第5976页。

实际上,到宣统三年(1911年)六月,清朝覆灭前夕,地方各级审判厅中各直省省城商埠从高等审判厅、地方审判厅到初级各级审判厅各级已经基本建立起来,[1]但是府、州、厅县的各级审判厅和乡镇初级审判厅的设立,本属筹备期限后期之事,再加上清政府对这一级人力、物力、财力的投入与支持非常有限,因此,可以推断这一级审判厅的设立未能按计划全部完成,成为清政府的未竟之业。

变法前,清朝的司法机构体系是中央与地方各不相同的二元结构。变法后,司法机构体系由原先的二元结构变为一元结构,形成从大理院到初级审判厅四级自上而下、从中央到地方的垂直系统,基本构筑起了独立行使司法权的基础。它标志着中国法制将在一个与旧体系完全不同的近代法制体系下开始运转。理论上说,自此以后的审判机构是按西方近代法律体系构建起来的新式审判厅,审判人员是接受西方法律知识体系的推事,适用的是从西方移植过来的法律。所有这一切变化,都被忠实记录在案件

---

① 参见李启成:《晚清各级审判厅研究》,北京大学出版社2006年版,第221页。附表一:直省省城商埠各级审判厅一览表。

审理的文字,尤其是判决文书中了。

（四）判决文书中的各级审判厅

《各级审判厅试办章程》中明确规定:"判词之定式除记载审判厅之名称并标明年月日,由公判各官署押盖印外,应当……"①根据这一条,各级审判厅的判决文书中都首先记载作为责任主体的审判厅名称。如前列举的《各省审判厅判牍》《最新司法判词》《华洋诉讼判决录》,收录的都是清末司法改革时期,各级审判厅成立并开始运转后,制作于1907年到1919年间的判决书。从收录的判决文书实件来看,都遵守了在判决文书上首先列出审判厅名称的规定。

《各省审判厅判牍》所收的判决文书均以先列案由,再空格接写审判厅名称的方式进行。② 如"争执坟地　安庆地方审判厅案""异姓乱宗争立构衅　贵阳地方审判厅案""诱拐妇女和诱知情　天津地方审判厅案""违禁私售彩票　清苑初级审判厅案""炸药伤人致死　奉天高等审判厅案"等。

《最新司法判词》则以"审判厅名称+案由"的方式进行。与《各省审判厅判牍》中的判决书大同小异。如"京师高等审判厅判决李德清控告杨振有等退佃及佃租纠葛一案""阳曲初级审判厅判决雷春霖诉杨凤歧作保抗债一案"等。

《华洋诉讼判决录》所收判决书则没有在文书开头列明审判厅,只有案由。推想起来,因为这些判决书都出自直隶高等审判厅,是不是因为作成一个档案,而只是在封面上统一写直隶高等审判厅判决书,然后在里面的每份中就没有一一列明呢,还是原本每份都在首部列出一审判厅的名称,只是编者在编辑时,为避免重复,除在封面"华洋诉讼判决录"下标明"直隶高等审判厅编"字样之外,内里的判决书首部一律不再列明呢,这些推想需要再进一步查找第一手的档案资料才可下定论。

在尾部,《各省审判厅判牍》中判决文书没有审判员署名一项,而在《最新司法判词》《华洋诉讼判决录》中的判决文书,尾部不仅有审判推事的署名,而且在推事署名前一行,要标明推事所在的审判厅和审判庭。现将这些审判厅成立后制作,被收录在《各省审判厅判牍》和《华洋诉讼判决录》中的判决文书各选一件,加以比较分析。需要说明的是,所选择的两件

①　这时虽然说的是"判词",但按照笔者的界定,其实是指的判决书。因为制作主体已经很明确,是"审判厅"而非法部、各省督抚或州县官了。

②　《各省审判厅判牍》是按现在的习惯重新排版的,不知道是否对原件加以改动,因此其参考价值要打折扣。在未看到原件之前,只好暂按现在的版本加以说明。

判决文书与它们所在专集其他判决文书的结构一样,具有代表性。

例一:诈充法官骗取财物　清苑初级审判厅案①

缘王见喜即王桂龙,又名王晓初,籍隶江西贵谿县,曾在云南营务处当差,后因赋闲无事,与素识之李子义、苏一龙伪造张天师符箓、戳记,冒充法官,分途散放,诓骗钱文,以图糊口。宣统元年九月间,该犯行至省城,旅居唐家胡同正元客栈,正拟欺骗愚民,被工巡局查获送县,未经拟结。于本年四月间,移送地方检察厅,送赴地方审判厅预审。嗣经讯明,该犯自河南彰德以及顺德、正定、定州等处行骗六次以上,共计得洋六十五元。照依管辖权限,移请地方检察厅片发初级检察厅提起公诉前来,开厅审讯,供认前情,应即判决。查律载:凡用计诈欺官私以取财物者,计赃准窃盗论。又,窃盗得财二十两,工作六个月。又例载:行窃六次以上同时并发者,并计各次赃数,折半科罪各等语。此案该犯伪造符箓,用计诈财六次以上,得洋六十五元,合银四十五两五钱,应照本律、本例折半,以二十二两七钱五分计赃问拟。王见喜即王桂龙,又名王晓初,合依诈欺取财准窃盗论,窃盗得财二十两,工作六个月律,拟工作六个月,移送检察厅查照执行,限满释放后应行递解回籍,严加管束。其改填功牌名字,讯明非该犯所为,应免置议。财物等项原在地方厅存库未发,应由检察厅查照办理。此判。②

该判决书虽然在起首列明了责任主体——清苑初级审判厅,表明新式的各级审判厅已经成立起来了,但除此而外,该判决书与传统判词没有根本的区别。事实上,制度变革的决定可以做得很决绝,但制度本身的变迁却是一点一点向前推进的,要想一夜之间旧貌换新颜只能是天方夜谭。那种认为自审判厅成立之时,司法制度就与传统彻底决裂的认识是很幼稚的。该份判决书本身就是在制度变迁时期新旧杂糅的产物。审判厅的成立是一件新事物,出自它的判决书却还保留着传统判词相当多的因子,比如首部不完整,而尾部则根本没有,正文部分缺乏明显的层次与格式要求。

① 汪庆祺编:《各省审判厅判牍》,李启成点校,北京大学出版社2007年版,第190页。判决文书责任主体在首部出现。
② 此为文书末尾。其后没有标明判决书责任主体。

不过,它在起首列明审判厅这一点就表明了法制变革虽然还没有给此一时期的判决书中带来翻天覆地的变化,但变化毕竟是存在了,哪怕这种变化很小。

例二:比商天津电车公司与孙恩元因赔偿损害一案判决书①

判决

控 告 人　天津电车公司

代 理 人　毛俊卿,天津人,年三十四岁,天津电车公司经理

被控告人　孙恩元,天津人,年四十二岁,木作

上述控告人对于民国三年七月八日天津地方审判厅就孙恩元诉电车公司轧毙孙二庆一案所为刑事附带私诉一部分之判决,声明不服。经本厅审理,判决如下。

主文

本案控告驳回。

事实

孙恩元之次子二庆,年甫十岁,本年五月十九日午后五[点]钟,在北马路玉乐茶园门首玩耍,三号电车由南向北行驶。二庆手抓第一车后边铁柱蹬上铁板,未稳摔下,即被后挂小车轧伤身死。经地方检察厅检验明确,提起公诉,由地方审判厅传讯该车卖票人从宝善、康少珍并司机人刘万海等。讯悉孙二庆轧死确系自己赶抓电车,以至坠落两车中间身受重伤,与车行不慎撞人致毙者情形迥异。惟从宝善等在车执务,决不能毫无闻见。如孙二庆攀车之际预为拦阻,或见其坠落即时设法,庸或可以免肇祸衅,乃因疏于防范,竟至此孩因伤身死,玩忽注意,咎有难辞。除按律科从宝善等刑罪外,并酌定抚恤金百元,由电车公司负担。

该公司对于原判抚恤金一部分声明不服,由同级检察厅送请本厅办理,本厅以案关独立私诉,交由民庭传案审理,认定以上事实,应即判决。

理由

控告人不服原判意旨大致谓,孙二庆自己赶抓电车,以致坠落被轧身死,是其致死之原因。由于自己之过失,公司已出葬埋

---

① 直隶高等审判厅:《华洋诉讼判决录》,何勤华点校,中国政法大学出版社1997年版,第27页。这里只标明了案由和"判决书"这一文书名称,未标明责任主体。

费三十元。原判更令负担抚恤费一百元。虽为数不多,然以后遇有此等事件颇难办理,云云。

查孙二庆之被轧身死,虽由于自己之过失,然该车中之司机卖票等人,亦未免太不注意。现该卖票人从宝善等既各科以刑罪,照该公司惯例,原有抚恤之办法,孙二庆虽属幼童尚无十分能力,然以后之希望甚大,岂仅一棺木费三十元即足为抚恤之资耶?至谓抚恤费太重,以后遇有此等事件颇难办理。查人命至重岂能任其常有?即令以后遇有此事,亦应从优议恤,以重生命而保公安。况此次肇祸原因,所谓由于孙二庆抓上铁柱被摔轧伤身死等情,皆出卖票人等一面之供,而眼见之孙三羊虽无作证能力,然屡次在地方检察厅供称孙二庆无抓上电车之事实,由前车碰倒后车就轧上了,云云。则由该车司机人等之不注意玩忽职守,致令十龄幼童横遭惨祸。原判公司负担抚恤金一百元并无过重之嫌。本厅以此认本案控告为无理由,故为判决如主文。

本案系本年九月三十日以前所受理之件,遵照司法部批第二千六百三十九号以独任制行之,合并记明。

中华民国三年十月二十四日

直隶高等审判厅民一庭①

独任推事　董玉墀

书 记 官　李志云

比起前一份判决书,该份判决书留下的制度变迁痕迹要多。其一,从责任主体一项来考察,就能发现这份判决书已经能找到责任主体了,那就是在审判人员署名前记明的"直隶高等审判厅民一庭"中的直隶高等审判厅。其二,此份判决的制作主体也很清楚,那就是"独任推事董玉墀",他作为直隶高等审判厅的审判人员,受指派履行职务,负责对该案的审理,作出判决并制作判决书。该判决书的尾部还出现了在推事之后的"书记官",说明司法审判人员的分工更加精细了。其三,高等审判厅的内部组织是按民事庭与刑事庭区分的,说明当时不仅立法层面有了对民事与刑事的划分,而且这种划分已经落实到实践层面了。另外,可见得该民事庭显然不只一个,这里出现的仅仅是"民一庭"。其四,该份判决在尾部署名的审

---

① 判决书责任主体出现在这里。

判人员只有一名,记明为"独任推事",其依据在前面的理由部分已申述明白,即"本案系本年九月三十日以前所受理之件,遵照司法部批第二千六百三十九号以独任制行之",说明在民国三年十月以后,民事案件的审判组织已有了独任制与合议制之分。

上述种种近代法制元素都肇始于为达至清末法制变革的目标而进行的各级审判厅设立。自《华洋诉讼判决录》后,所收入的判决书均要么在首部、要么在尾部、要么同时在首部、尾部记明责任主体——各级审判厅。当然,如果是判决书的正本,还应当加盖各级审判厅的戳记,以示对该文书负责,这是责任主体最重要的标志。

第四节　判决书的实际制作者——推事

各级审判厅一经成立就意味着近现代意义上的判决书责任主体出现了,它们对判决结果承担责任,使判决书的效力有了依托。不过,如前所述,文书的责任主体与实际制作者是两个不同的概念。判决书的实际制作者当然不是各级审判厅,而是各级审判厅中负责案件审理的推事们。

"推事"原本作动词用,是推原事理,推敲事情的意思。由于案件的审理过程就是在反复推敲中弄清事实真相,作出判断,这仿佛是对"推事"一词最好注释,因此到了唐代,"推事"就演变成为负责案件审理的法官代称或指司法官员对案件的反复讨论与会商活动。《旧唐书》志第三十《刑法志》记载:"时周兴、来俊臣等,相次受制推究大狱。乃于都城丽景门内,别置推事使院",那么在推事使院中的人自然是推事了,而周兴、来俊臣正是当时以办案狠毒著称的司法官吏。自此以后,推事就成为对案件的审判官称呼。对于重大疑难案件,由大理寺卿、刑部尚书和御史台共同审理的制度被称为"三司推事"。不过,自唐代以后,"推事"一词似乎逐渐被淡忘了。直到清末,筹设各级审判厅后,"推事"才再次进入人们的视野。

清末法制变革前,清朝中央司法机构中刑部的主要官员为刑部尚书、左右侍郎等,都察院的主要官员则为左都御史与左副都御史等,而大理寺的主要官员则称大理寺卿与大理寺少卿。至于地方,尤其是州县一级,由于所有的事务都是知州、知县统揽,没有专门的司法机构和司法人员,审判官就是州县正印官,因此没有专称。直到清末,随着各级审判厅的设置,司法已然独立于行政,形成了自上而下的垂直系统,审判厅有了专业的审判人员,于是也才有了对这些专业审判人员称谓进行规范的必要。

光绪三十二年(1906年)九月二十日颁布的官制改革清单上,确立大理院专掌审判,并以"推官"的名称称呼实际意义上的法官。光绪三十三年(1907年)四月三十日,清军机大臣、法部和大理院会奏,增改大理院官制,同时改"推官"为"推事",理由是:"推官之名,肇自有唐,相传甚古,然历代皆属外僚,不系京职。考宋时大理有左右推事之称,拟改推官为推事,即以此推行内外审判衙门,以符裁判独立之意。"自此,清末民初很长一段时间都将法官称为"推事"。

一、任职资格的取得

(一)法官考试

在制度层面上,传统社会司法与行政不分,但司法需要专门知识却是不争的事实。于是这就构成了一对矛盾。应运而生的幕友制度就是对这种体制缺陷进行补救的结果。幕友产生与发展的根基就是知识的专业化,及社会对专家的需求。正因如此,瞿同祖先生对幕友作出了"专家"的定位。①

在司法与行政不分的体制下,需要大量的刑名幕友以专家的身份对司法事务进行处理与指导。司法与行政分开之后,各级审判厅专司司法审判事务,对专业人员的需求大大增加了。袁世凯在向清廷奏报天津试办地方审判厅情况的奏折中说:"法官既少专家,布置亦难籍手。"②传递出这样的信息:法官应当是专家,但现实是当时很少法官堪称"专家"。

受大陆法系注重法官专业化的影响,各级审判厅在设立之时,同时注意到了法官的专业化问题。于是为了遴选具有法律专业知识的人进入法官系列,在参考大陆法系各国的普遍做法后,法官考试也成为清末法制变革以后,遴选法律专门人才的主要途径。

在全国性正式的法官考试举办以前,天津在试办各级审判厅的过程中,实际上已经开始了用考试的办法遴选法律专门人才的探索。

天津府各级审判厅是于光绪三十三年(1907年)二月初十成立的。所设各级审判厅的情况为:天津城乡均分后,设立乡谳局四处;在天津县设地方审判厅一所;在天津府设高等审判分厅一所。"所有两厅及谳局办事人员,就平日研究谳法暨由日本法政学校毕业回国之成绩最优者,并原有府县发审各员,先令学习研究,试验及格,按照分数高下,分别派充。故人争

---

① 瞿同祖:《清代地方政府》,范忠信、晏锋译,法律出版社2005年版,第156~157页。
② 天津图书馆、天津社科院历史研究所:《袁世凯奏议·奏报天津地方试办审判情形折》,天津古籍出版社1987年版,第1492页。

濯磨,尚无滥竽充数之事。此设置厅局、选用官员之实在情形也。"不仅法官如此,而且连"厅局雇用之人,皆由招考而得。写状录供,整理公牍,则有书记生,收受民事诉状、递送文书传票,则有承发吏,搜查、逮捕、执行、处刑,则有司法巡警,以上三者,皆优给工食,严杜需索"。① 该办法中所说的"试验"就是考试的意思。有资格参加考试的人分别为平日研究谳法者、日本法政学校毕业回国成绩最优者及原有府县发审各员。可见,参考人员限定在有法律专业背景的范围内,考试的内容则完全是法律专业的内容,最后按考试分数择优录用。这样在保证法官的专业性前提下又兼顾了法官的质量。有了专业人员作保障,天津各级审判厅的试办效果不错。据袁世凯称:"现经试办数月,积牍一空,民间称便。"②

天津各级审判厅采用考试录用法官的办法为全国法官考试提供了初步经验。在此基础上,宣统二年(1910 年)上半年,法部公布了《法官考试任用暂行章程》及其《法官考试任用暂行章程施行细则》,③作为全国法官考试的法律依据,宣布在下半年举行全国性的法官考试。这年清政府如期举行了第一次全国性法官考试。

按《法官考试任用暂行章程》的规定,法官考试由第一次考试、第二次考试及两次考试之间进行的实地练习三部分共同组成。

第一次考试分"笔述"与"口述"。笔述及格者,再进行口述考试。成绩合格后,接下来就将被分派至初级审判厅、检察厅,以学习人员的身份进行实习。实习期满再进行第二次考试。第二次考试合格者才能作为候补推事、候补检察官,补充到各初级审判厅、检察厅任职。对于在高等以下审判厅、检察厅实习,成绩最优秀者,可以酌补高等以下审判厅法官的职位。若第二次考试不合格,则要将其发往原审判厅、检察厅再学习一年,期满再考试,仍不及格者不得再录用为法官。

(二)考生资格与考试科目

首次法官考试之前,对于参加此次考试的人员资格问题存在争论。依宣统元年(1909 年)十二月二十八日公布的《法院编制法》规定:"第一百零七条:凡在法政、法律学堂三年以上领有毕业文凭者,得应第一次考试。"《法官考试任用暂行章程》对法官考试的应试人员资格有所放宽,第四条

① 天津图书馆、天津社科院历史研究所:《袁世凯奏议·奏报天津地方试办审判情形折》,天津古籍出版社 1987 年版,第 1493 页。
② 天津图书馆、天津社科院历史研究所:《袁世凯奏议·奏报天津地方试办审判情形折》,天津古籍出版社 1987 年版,第 1492 页。
③ 《法官考试任用暂行章程》,载《大清新法律汇编》,廖章书局宣统二年再版,第 249 页。

规定:"凡得应第一次考试者,除法院编制法第一百零七条第一项所定资格人员外,所有左列各项人员,准其暂行一体与试:1.举人及副优拔贡以上出身者。2.文职七品以上者。3.旧充刑幕,确系品端学裕者。"两部法律规定的不一致,加剧了人们关于考生资格的争论。内阁侍读学士延昌上奏,认为按《法官考试任用暂行章程》的规定,"与考资格不免流弊",主张从严限制举贡、文职和幕僚的应考资格。而宪政编查馆和法部则认为"法官与考资格,外国本以法律科三年以上毕业者为限,中国此项合格人才,于新律研究诚有所得,然现行法律及诉讼手续亦尚因仍习惯,不得谓旧学中竟无可用之人"①。

应该说,宪政编查馆与法部的观点是符合当时国情的。如果限制过严,则应考之人数必然锐减,最后考取成为法官的则更是少之又少,对于当时正在筹设的各级审判厅而言,机构的建立尚能努力办到,而缺少让审判厅按近代法律运转起来的法官才是问题的关键。东三省总督徐世昌于光绪三十三年(1907年)九月向皇帝上奏的《酌拟奉省提法司衙门及各级审判检察厅官制员缺》一折,陈述奉天地方审判厅推事人数紧张,不能像京师地方审判厅那样能由厅丞中临时派充预审人员时说:"本省地方审判厅推事,至多不过十二人,若由此中分出预审二员,则民刑均不敷二庭之数。"②

在这种司法人才极其匮乏的情况下,对法官考试的参考人员资格加以严格限制显然不是明智之举。既然有考试制度,就应该让更广泛的人参加考试,因为最后是否录为法官,说到底还是以考试结果为准。再加上,法制变革过后,必然会裁汰许多旧体制下的人员,对这些人员的去留与安置,也关系到变革的成败。举人、副优拔贡以上出身者及文职七品以上者,具备文化知识,如果粗通一点法律,能考试合格,则具备在法律上可堪造就的基础;至于大量的刑名幕友,本身就是法律专家,只不过他需要改造法律观念,更新法律知识,以适应按西方法律制度建立起来的新法律体系。这种转化的成本显然比重新培养要小,最关键的是能解决各级审判厅缺乏合格法官的燃眉之急。结果朝廷采纳了宪政编查馆与法部的意见。

对于考试的科目,《法官考试任用暂行章程》第五、六条作了大致规定。"第一次考试科目如左:1.奏定宪法纲要。2.现行刑律。3.现行各项法律及暂行章程。4.各国民法、商法、刑法及诉讼法(准由各人自行呈明,就其所学种类考试,但至少须认两种)。5.国际法。右列各款,以第二至第

---

① 《宪政编查馆法部会奏议覆内阁侍读学士延昌具奏举行法官考试请饬改订规则折》,载《大清宣统新法令》第21册,商务印书馆1910年版,第45~46页。

② (清)朱寿朋:《光绪朝东华录》,张静庐等点校,中华书局1984年版,第5827页。

四为主要科,主要科分数不及格者,余科分数虽多,不得录取……口述科目以主要科为限,笔述除第五条所定各科外,应再令拟论说一篇,以主要科命题。"①

第二次考试也分笔述与口述,但侧重于对实际办案能力的测试。因此,这次的笔述题是以实际案件为题,让考生据此拟定包含详叙事实、理由及判决结果的判决书。

对于交通不便的边远省份,《法官考试任用暂行章程》规定就地考试,办法是:"距京较远交通未便省份,由法部将通习法律人员,开单奏请简派,前往各省,会同提法使考试。"在《法官考试任用暂行章程施行细则》,具体列明了就地考试的省份,它们是四川、广西、云南、贵州、甘肃、新疆。

法官考试对于造就法律专业人才极具意义,对判决书的发展亦具有深远影响。因为通过法官考试的人,就是将来的法官,也就是案件判决书的实际制作者。如果没有对近代法律体系的整体了解,没有对宪法、刑法、民法、诉讼法等主要部门法的深入把握,要想制作一份符合近代法制要求的判决书是不可能的。

这里特别要提及的是按照《法官考试任用暂行章程》的规定,第二次考试中的笔述题为根据实际案件,拟写一份判决书。其潜在的含义是:具备制作合格判决书的综合水平和实际能力,是作为一名合格法官的前提。在这一规定的指引作用下,判决书的制作成为当时已经是法官,或希望通过考试当上法官的考生们特别用心学习的对象。这对于提高判决书的质量、推动判决书的发展都具有十分重要的意义。

二、任职后的继续教育

各级审判厅于宣统二年(1910年)纷纷成立,对于推事的集中需求乃势所必然。为此而举办的法官考试,虽说对于法官队伍建设具有重要意义,但如果认为靠法官考试就能立即解决法律专业人才极度匮乏的问题,显然是不现实的。其一,人才的培养和造就不是一朝一夕的事,所谓"十年树木,百年树人"是也。没有与之配套的、长期的人才教育规划与制度,仅靠"急就章"在很短时间里制造出一批推事和检察官,应应急可以,但显然不是长久之计。其二,法律是实践的学科,尤其是司法审判,更要求推事除了应当具备足够的书本知识而外,还应具备相当的实践经验。法官考试能遴选出的合格者,应当说是具备专业知识的,但实际审判能力却并非仅靠

---

① 《法官考试任用暂行章程》,载《大清新法律汇编》,廌章书局宣统二年再版,第249页。

一两场考试就能检验或培养出来的。事实上,那些接受新式教育,以法律专业为学业的考生,虽然具有专业背景,但实际能力却相当有限。而那些此前在传统衙门里任职的七品以上文职人员及刑名幕友等,虽然通过了考试,也具有一定的任职经验,但他们对于按照西方法律体系建立起来的新法律制度,则是全然陌生的,而且考虑到传统的制约与惯性的推动,此前他们所受到的教育在这时很可能转化为接受新法律体系的障碍。因此,对于任职推事、检察官进行继续教育是十分必要的。

奉天省高等审判厅率先行动起来,在任职人员中推行一系列的法律继续教育、学习举措,计有审检讲演会、律学课、浅学会、各级学习推事修习日录制度等。

(一)审检讲演会

审检讲演会,逢星期一、三、五等日举行,参加人员为高等审判两厅及承德地方初级推事、检察官等,以专门教员进行教授,最后试以笔述,希望通过此举将学理运用于实际,并根据考试结果来衡量其平日向学之勤惰,区别情形加以劝惩。①

(二)律学课

律学课则是奉天高等审判厅继审检讲演会后进行的继续学习再尝试。课程教育对象为奉天高等审判厅推事、检察官、委员、典簿、主簿、录事以及练习各学员并书记,每逢星期六、日晚上课,科目分判词、论说两种,并在公余之暇命题考试,或试以判词,或试以论说条对,皆以笔答为主。另请一教员评判试卷,评出甲、乙等级。成绩优等者,作为日后升职的凭据,差者量予惩罚。目的是使法官具有完全之资格,而一般人民之生命财产得法律之保障。②

(三)浅学会

奉天高等审判厅不仅重视对推事、检察官及典簿、书记等的继续教育,甚至雇用的杂役也列为教育对象,设立浅学会对他们进行启蒙教育。呈请设立浅学会的呈文说:"本厅自开办以来,所用之承发吏及警局所派之巡警等,虽皆经考试派用,文理通顺者固不乏人,而尚须造就者亦属不少。其厅丁、庭丁、号房、茶役人等,则系雇自民间,悉皆不甚识字之人,往往充差应

---

① 参见《奉天高等审判厅咨呈提法司拟设员司律学课请转呈文》《奉天省审检讲演会简章》《奉天高等审判检察厅附设律学课简章》,载汪庆祺编:《各省审判厅判牍》,李启成点校,北京大学出版社 2007 年版,第 258、318、332 页。

② 参见《奉天高等审判厅咨呈提法司拟设员司律学课请转呈文》《奉天高等审判检察厅附设律学课简章》,载汪庆祺编:《各省审判厅判牍》,李启成点校,北京大学出版社 2007 年版,第 258、332 页。

役,率多肆应不灵,推其原,要皆由未受教育之故,遂有种种之困难。本厅现为增长吏役浅近教育起见,拟于厅内附设一浅学会,每逢星期二、四、六等夜,萃本厅及承德地方两厅之承发吏、巡警、厅丁、庭丁、号房、茶房打杂人等,教以浅近国文及各项章则”,教员可以在厅内外选派或聘用,每月酌给津贴银三十两,作为车马之费。目的在于教会他们多数人应当具备的普通知识,这样不仅完成公务时更加顺手,而且还能增强修养,束身自爱,不至生出非礼行为。①

(四)修习日录制

根据《法官考试任用暂行章程施行细则》第四十三条:“学习人员于学习期内应作修习日录,按月呈各该厅长官标阅,于应第二次考试时,一并呈验。”第四十四条:“学习人员之品行及办事成绩,每届年终,由该厅长官造册加考,在外送由提法司汇报法部”,奉天高等审判厅决定对各级学习推事建立修习日录制度,并为此专门制定了各级学习推事修习日录规则十条,其中第二条明确规定了修习的范围,即一、研究法律。二、听审。三、看卷。四、拟稿。五、补充莅庭。六、试拟判词。②

看得出,奉天省对司法任职人员的继续教育是全方位的,完全按照这样的计划进行,应当能收到实效。

除了奉天省而外,所见还有云南省在这方面所作的努力。云南省在云南高等审判厅内设有“云南司法研究会”,上至审判厅丞、检察长,下到推事、检察官、主簿、监督、录事等均为会员。以研究司法实践中遇到的诸如诉讼费征收,传讯日时的通知、牌示,巡警的裁留,检验的争议等问题为宗旨,每月由会长指定某星期日为常会,于七日前通知各会员,会员提出需要研究的问题,送会长决定次序,于开会前四日印送各会员,届时,依次序讨论会员提出的问题。如有解决办法经表决同意,即于会后七日颁布实行,并刊登在法院月录上。③

上述各种方式的法律继续教育、学习,十分有益于司法官员法学素养的提高,对于根基尚浅的法学教育是一种有益且有效的补充。另外,这些继续教育、学习中不止一次出现了制作判决书的科目,如奉天高等审判厅

① 参见《奉天高等审判厅咨呈提法司拟设浅学会教授吏警丁役等请转呈文》,载汪庆祺编:《各省审判厅判牍》,李启成点校,北京大学出版社 2007 年版,第 259 页。

② 参见《奉天高等审判厅咨呈提法司本厅拟订各级学习推事修习日录规则请鉴核文》和《奉天高等审判厅订定各级学习推事修习规则》,载汪庆祺编:《各省审判厅判牍》,李启成点校,北京大学出版社 2007 年版,第 260、391 页。

③ 参见《云南司法研究会简章》,载汪庆祺编:《各省审判厅判牍》,李启成点校,北京大学出版社 2007 年版,第 335 页。

的律学课两门科目,其中之一就是判决书;在为学习推事制定的修习日录制度中,试拟判决书就是修习范围之一。因此,清末民初各级审判厅实行的法律继续教育、学习,对判决书的制作也具有明显的积极意义。

三、实际制作判决书

自司法独立于行政后,审判厅承担了原来地方各级正印官司法审判这部分工作。各级审判厅中的推事与检察官均属于广义的国家公务人员,而进入了官制系列。承审案件、制作判决书成为推事的职务行为。这与刑名幕友受正印官个人聘用,代理正印官处理司法事务,制作判词有很大的不同。这种制度上的变化,在文书上是有反映的。

此前曾论及判词上只有各级正印官才有署名、加盖正印的权利,刑名幕友虽然是判词的实际制作者,但这只是一种授权代理行为,因而刑名幕友不能留下判词是他制作的证明。

各级审判厅推事则不同了。他们审理案件,制作判决书是一种职务行为。因此,在判决书上署名就既是他的权利,也是他的义务。他与他所在的这一级审判厅一起对这份判决书负责。

可以说,实际制作者是否在判决书上署名这一看似不起眼的小问题,折射出的却是行政与司法是否分立的制度大问题。还以前引《各省审判厅判牍》和《华洋诉讼判决录》上的两份判决书来看看推事在判决书上的署名问题。例一"诈充法官骗取财物 清苑初级审判厅案"①,此份引自《各省审判厅判牍》的判决文书,到"此判"就戛然而止,这是本书所有被收录判决书的共同之处。通观这份判决文书,我们只知道该判决文书是清苑初级审判厅审理并制作的,但具体的案件承办人,也就是该份判决书的制作者是谁,却不得而知。这完全是传统判词的做法。

从例二"比商天津电车公司与孙恩元因赔偿损害一案判决书"②中,可以看出判决书尾部的框架已经具备。各事项如时间、盖印(注:在直隶高等审判厅民一庭上应当有一方直隶高等审判厅的印鉴)、推事及书记员的署名都具备了。这应当是中国判决书中较早标明了实际制作者的实例。从制作时间可知这是民国三年的判决书。而此前所引的出自《各省审判厅判牍》的"诈充法官骗取财物"案判决书,因为没有注明,不能得知其制作的准确时间。但因为该书所收判决文书的制作年代应当在 1906 年至 1912

---

① 全文见第四章第三节"各级审判厅的设立"部分所引例一。
② 全文见第四章第三节"各级审判厅的设立"部分所引例二。

年间,则该份判决书也应当作于此间前后。这就是说,所见民国元年(1912年)以前的判决文书中,还没有标明案件的承审员暨实际制作者的情况。这从一个侧面表明了人们对推事及其所代表的各级审判厅的独立性,经过五年左右的时间,才有了比较明确的认识。

第五章　从准情、酌理、依律到依法裁判:裁判依据的变化

　　研究法律文书如果不讨论主体据以作出决断的依据是不可思议的,尤其是当主体是诉讼的裁判者时更是如此,故而,下面的讨论主要从法律文书中的判决文书角度进行。

　　古今中外,在不同的法系,审判机关可能不尽相同,审判方式可能存在纠问式与抗辩式的不同,所采用的逻辑思维也有演绎推理与归纳推理之偏重,但有一点是共同的,那就是裁判必须有所依据,尽管这种依据因不同的国家、不同的时代也会有种种不同与变化。

　　"揆诸天理,准诸人情"是贯穿于中华法系的价值标准。明人刘惟谦等在向朱元璋奏进《大明律》的《进明律表》中说:"陛下圣虑渊深,上稽天理,下揆人情,成此百代之准绳。"清乾隆皇帝御制《大清律例序》云:"朕……简命大臣取律文及递年奏定成例,详悉参定,重加编辑。揆诸天理,准诸人情,一本于至公而归于至当。"

　　"揆诸天理,准诸人情",不仅是立法的原则,也是对司法的要求。自唐代以后,随着中华法系的完善与成熟,情、理、法成为传统司法的三大裁判依据。清末以后,情、理渐渐淡出了裁判依据的圈子,法律因而得以凸显出来。

　　在清朝,案件的审理还是需要首先考虑以国法为基准的。但这并不意味着所有的裁判都必须在以明确的法律条文为依据时才能作出。事实上,清代司法对徒刑以上案件和州县自理词讼的审理是有差别的。一般来说,徒刑以上案件的审理基本上是严格按照法律进行裁判的。但是在州县自理词讼中,案件的审理并不严格受制于法律的规定,审判官根据案情,心里大致有一个法律对此类问题一般性的把握,然后,就可以在此前提下,运用自由裁量权,大张旗鼓地依据"情"与"理"来进行裁判。而且以"情""理"为裁判依据的比例还很高。正如光绪时的方大湜所说"自理词讼,原不必事事照例。但本案情节,应用何律何例,必须考究明白。再就本地风俗,准情酌理而变通之。庶不与律例十分相背。"①日本学者滋贺秀三对清代司

---

① （清）方大湜:《平平言·本案用何律例须考究明白》。

法进行实证研究后，曾多次表达过大致相同的看法："清代的民事审判，无论是官府的民间的，并不依成文法或习惯法来进行，而是根据每一具体事件的特殊性，以合乎'情理'为最终的解决。"①之所以这样，是有其制度性原因的。由于中国古代法律对属于"民间细故"的户婚田土法律关系的调整十分疏阔，客观上为州县官提供了很大的自由裁量空间，同时，儒家法律文化对道德的尊崇，使州县官在选择用以补充律典之不足的规范时，总是倾向于以道德原则为核心的"情"和"理"。这不仅因为情理最易为民众所接受，也因为这样的选择与州县官自身的教养与价值判断相吻合。

不管人们怎样看待情、理、法之间的关系，有一点是肯定的，那就是，在传统司法中，三者都是审判时的依据。

不过，上述情形在清末法制变革以后，发生了很大的改变。按照西方法律体系重构的中国近代法律制度，有了民事与刑事的清晰划分，它意味着此前户婚田土这样的法律关系不再被法律视为"民间细故"，而成为与刑事法律关系分庭抗礼，共同支撑起整个法律体系的基础部门。这样的观念变化带来了法律制度的变化。既然民事法律关系在新的时代背景下获得了前所未有的重视，因此原先因为是"细故"而游离于法律调整范围之外的情形不再被视为正常，加上清末民初各种法典的制定过程中，对情理进行了大量深入的调查，表明法典的起草注意了对情理的吸纳，这样，在案件的审理中，认为判断不必受每一条法律条文的严格制约而径自引用"情""理"作为裁判依据的情形越来越少了。以 1914 年前后的判决文书来看，裁判的依据都明确为《暂行刑律》《现行刑事诉讼律》《民律草案》《法院编制法》等实定法，②判决中同时引用法律及"情""理"为依据的情况越来越少了，纯粹引照"情""理"为审判依据，甚至曲法申情的情况则几乎不存在了。

---

① 转引自梁治平：《清代习惯法：社会与国家》，中国政法大学出版社 1999 年版，第 18 页。不过，也有学者认为，即便在州县自理词讼中，州县官据以裁判的也更多的是律例，而不是情、理。黄宗智是持这种观点的代表。他在《民事审判与民间调解：清代的表达与实践》一书中，对清代所留下来的巴县、宝坻和淡新三地的司法档案进行了详尽的分析之后，批判那种关于清代民事审判主要不是依据律例对案件作出明确的判决，而是着重于调解的观点，认为在清代的民事审判中，"州县官极少从事调解。我所使用的巴县、宝坻，以及淡新档案，都说明了这一点。在二百二十一件经过庭审的案子中，有一百七十件（占百分之七十七）皆经由知县依据大清律例，对当事双方中的一方或另一方作出明确的胜负判决。……同样，那些'无人胜诉'的案子也大多依据律例作了判决：三十三例中占了二十二例。换言之，在所有案件中有百分之八十七都是明确通过法律加以解决的。"

② 在民初法律不完备的情况下，前清与民国政体不相冲突的法律及法制变革时期制定的法律草案，事实上都被各级审判厅在司法实践中不同程度地引以为裁判依据。关于此点，后面将有详细论证。

当然,这并不是说情、理在清末法制变革后的司法中消失了。实际上,如果承认任何社会的法律都是其民族精神的反映的话,法律就不可能与情、理割裂开来,一旦割裂,法律就可能会成为一纸具文,甚至如果严重到与情、理相冲突时,法律就面临被视为恶法的危险。从这个意义上说,"国家的法律是情理的部分实定化"。① 对此,清人是有充分认识的。正如嘉庆年间的张五纬就曾明确地指出:"律例者,本乎天理人情而定"②,徐士林也指出:"夫律,国法也,即人情也。"③随着充分吸收"情""理"因素法典的颁行,很多以前属于情理范畴的规则,成为法典的条文。同时,还有一些"情""理"的因素被作为量刑或责任大小的情节存在于判决中。从这个意义上说,"情""理"继续存在并活跃于法律实践中,只不过,这有一个前提,那就是情理被吸纳并转化为法律条文。当"情""理"需要由法律加以认可后才获得被征引的资格时,"情""理"在传统司法中与法处于同样尊崇地位的情形显然已不复存在。于是我们可以清楚地看到这样的趋势:一方面"情""理"在司法中的地位在逐渐下降,另一方面法律在司法中的地位在不断上升。原本三足鼎立的情形,逐渐演变成为情、理的淡出与国家法律受到强化的格局。

第一节 "情""理"的淡出

一、"情""理"界说

历代的法典、律学著作中常常提及,似乎人人都明白,却又怎么都解释不清的,莫过于"情"与"理"了。并且人们似乎也没想过要对"情""理"进行一番深究,问问自己究竟作为裁判依据的"情""理"是什么。人们在使用"情""理"时,总是在预设了一个人人都知道什么是"情""理"的前提下进行的。因此,所见的就是这样一种情况:当某种单个的、具体的、表面的情状出现时,论者把这些情状描述一番过后,接着就告诉你,这就是"情",那

---

① [日]滋贺秀三:《清代诉讼制度之民事法源的概括性考察——情、理、法》,载王亚新、梁治平编:《明清时期的民事审判与民间契约》,王亚新、范愉、陈少峰译,法律出版社 1998 年版,第40 页。
② (清)张五纬:《未能信录·原起总论》,载杨一凡、徐立志主编:《历代判例判牍》(第九册),中国社会科学出版社 2005 年版。
③ (清)徐士林:《徐雨峰中丞勘语》卷四《林裡千苏送等案》,载《明清法制史料辑刊》(第一编),国家图书馆出版社 2008 年版。

就是"理"。比如说:"有借必还,一定之理"①"父在子不得自专,理也"②。

有意识追问司法裁判中的"情"与"理"是什么的,在中国有陈顾远、梁治平,在日本有滋贺秀三等。

陈顾远先生在《天理·国法·人情》一文中③,对三者进行了深入的研究。他认为:天理就是法学家所说的正义法、自然法、社会法,是普遍地永恒地蕴藏在亘古迄今全人类的人性之中,从个人良知或公众意志上宣示出来,不受个人或少数人下意识的私情或偏见的影响,而为无人可以改变可以歪曲的准则。而人情则是法学家所说的习惯法以及经验法则上的事理,习惯之成为规则,是因为其经过验证,合乎人情,因此才蔚为风尚,成为多人的惯行。国法则是法学家所说的制定法或成文法。天理、国法、人情三位一体,都属于法的范围。国法、人情是天理分散在特殊部门的个别表现。

梁治平认为"理即是礼,即是义。而理与律、令具有同等效力这件事不过表明,在古代的法律里面,理、义或礼具有完全的支配地位。古人把理、义或礼与律、令等更专门的法律形式区分开来,至少是因为前者的含义更为宽泛、含混,缺乏固定的形式。事实上,理、义或礼不但包括古代圣贤的教导,制度化的礼仪,而且还包括与经书中的原则相符的习俗、惯行、人情、良知等内容。"④

滋贺秀三认为:所谓"情"就是人情,"通常照例是指活生生的平凡人之心。一般,人们通常可以估计对方会怎样思考和行动,彼此这样相互期待,也这样相互体谅,或许这就是'人情'所代表的意思。无论是从好的方面或坏的方面超越或践踏了这种一般人的想法,就是'不近人情'(eccentric)。审判中,同样必须重视这种对一般人而言是正常的、并非不合理的要求。""'理'是指思考事物时所遵循的、也是对同类事物普遍适用的道理。"⑤接着又说,"所谓'情理',简单说来就是'常识性的正义衡平感觉'。这里不得不暂且借用'正义衡平'这一在西洋已经成熟的概念。但

---

① (清)胡秋潮:《问心一隅》卷下,载林庆彰编:《晚清四部丛刊》(第一编),台北,文听阁图书公司2011年版。

② (清)徐士林:《徐雨峰中丞勘语》卷三,载《明清法制史料辑刊》(第一编),国家图书馆出版社2008年版。

③ 陈顾远:《中华文化与中国法系——陈顾远法律史论集》,范忠信等编校,中国政法大学出版社2006年版,第275~282页。

④ 梁治平:《寻求自然秩序中的和谐》,中国政法大学出版社2002年版,第240页。

⑤ [日]滋贺秀三:《清代诉讼制度之民事法源的概括性考察——情、理、法》,载王亚新、梁治平编:《明清时期的民事审判与民间契约》,王亚新、范愉、陈少峰译,法律出版社1998年版,第37、36页。

什么被感觉为正义的,什么被感觉为衡平的呢？当然其内容在中国和西洋必然是不同的东西。这里不准备深入地讨论这种不同。概言之,比起西洋人来,中国人的观念更顾及人的全部与整体。也就是说,中国人具有不把争议的标的孤立起来看而将对立的双方——有时进而涉及周围的人们——的社会关系加以全面和总体考察的倾向；而且中国人还喜欢相对的思维方式,倾向于从对立双方的任何一侧都多少分配和承受一点损失或痛苦中找出均衡点来,等等。这些说法大概是可以成立的。因此,所谓'情理',正确说应该就是中国型的正义衡平感觉。无论如何,所谓情理是深藏于各人心中的感觉而不具有实定性,但它却引导听讼者的判断。"①"情理大约只能理解为一种社会生活中健全的价值判断。"②

这样的界定还是有些似是而非,于是另一日本学者寺田浩明试图将滋贺秀三的观点总结得再明确一些。为此,他认为滋贺教授所说的"理"是"旧中国文明中不成文却为人们广泛承认的种种原理原则",而"给以案件的特殊性或具体情况通盘和细致的考虑""不能无视或压制一般人认为是自然的感觉、想法和习惯"或"应该尽量使良好的人际关系得以维持或恢复"等强调具体问题具体处理的价值观念,则称为"情",两者集中体现在"情理"这一词中,构成了旧中国指导纠纷处理的基本准则或理念③。

陈顾远先生的观点干脆明了："理"是自然法；"情"是习惯法；"法"是制定法。认为"理"是最本源的,是最高价值,"情"与"法"不过是"理"的个别体现。为此,他认为"情""理""法"的位序应当调整为"理""法"

---

① ［日］滋贺秀三:《中国法文化的考察》,载王亚新、梁治平编:《明清时期的民事审判与民间契约》,王亚新、范愉、陈少峰译,法律出版社1998年版,第13~14页。对于滋贺将"情理"称为"中国式的衡平感觉",何勤华教授在"清代法律渊源考"一文中作了这样的评说："从形式上看,情理与英国中世纪的衡平法十分相似:它也是由审判官内心掌握的一种判断基准,目的在于追求原告和被告、罪与罚之间的平衡,修正并弥补国家成文法的僵化和不足。滋贺秀三将情理称为'中国型的正义衡平感觉'恐怕也是在这个意义上说的。但事实上,情理与衡平法具有本质上的差异。一方面,衡平法的具体内容主要是罗马法,比较单纯,而情理的具体内容则比较庞杂。另一方面,衡平法的核心是衡平正义,它是自古希腊时即已在西方出现,并经历了上千年的发展而深深扎根于西方法律文化中的价值判断,并有建筑在商品经济之上的平等、权利之罗马私法规范的支撑。而情理中虽也有一些保护私有权的观念,但主体内容在于维护宗法等级社会中的既定秩序、寻求统治者与民众的和谐。"很显然,如何认识中国审判中的"情"、"理"或"情理"是一个很复杂的问题,迄今为止,人们各自提出了许多观点,但尚未达成共识。

② ［日］滋贺秀三:《清代诉讼制度之民事法源的概括性考察——情、理、法》,载王亚新、梁治平编:《明清时期的民事审判与民间契约》,王亚新、范愉、陈少峰译,法律出版社1998年版,第34页。

③ ［日］寺田浩明:《日本的清代司法制度研究与对"法"的理解》,载王亚新、梁治平编《明清时期的民事审判与民间契约》,王亚新、范愉、陈少峰译,法律出版社1998年版,第122~123页。

"情"。不过这样断然地将一个业已存在的位序径自按自己的想法重新调整而不给以充分的论证与说明,似乎有武断之嫌。相比较而言,滋贺的观点却有点似是而非,未能给出一个什么是"情",什么是"理"的确然区别,后来他甚至放弃了这样的努力,干脆笼统地将"情"与"理"连在一起,讨论起"情理"来了。于是,在关于什么是"情"与"理"的问题还没有弄得十分明白的情况下,新的问题又出现了:"情理"是什么?就是"情"和"理"的简单相加吗?抑或"情""理"与"情理"其实都是同一个事物,只是名称不同而已?两人的观点尽管有种种不同,但似乎也有一些共识。从滋贺对"情理"的"常识性的正义衡平感觉"与"中国型的正义衡平感觉"的解读中,隐约可以看到陈顾远先生所明确表达为理即自然法的观点。

上述学者有各自的见地,说出了一些大家颇有感受,但却不知该如何表达的观点。同时这些研究也有很有价值,提醒我们关注一个大家都十分熟悉同时又万分陌生的东西——"情""理"。

笔者赞同"情""理"中含有自然法的因素,不过在笔者看来,"情""理""法"中的"情"是"情动于中而形于外""发乎情,止乎礼"的"情",是与人本性相连的东西;而"理"则是对"情"进行整理后的一种理性,比较而言,"情"更自然与本真。因此具有自然法意味的是"情"而不是"理",这或许是人们把"情"放在第一位的原因。

二、"情""理""法"与儒家法律文化

"情""理"与"法"一样成为中国传统司法裁判的依据,不是偶然的,与对中国最具影响力的儒家传统文化有直接的渊源关系。

众所周知,儒家法律思想一个最重要的方面是"德主刑辅"。从孔子的"为政以德""导之以政,齐之以刑,民免而无耻;导之以德,齐之以礼,有耻且格",到董仲舒的"大德小刑""先德后刑""德多刑少",共同构成了"德主刑辅"的主要内容。"德主刑辅"很鲜明地表达了儒家对于道德与法律的态度:法律是不可缺少的,但却不是主要的,是不到万不得已才使用的;对于统治者而言,道德才是最重要的,因为它比法律更高明。

"德主刑辅"不仅从宏观方面确定道德与法律的关系,而且在法律内部,每当遇到需要面对道德与法律的选择时,"德主刑辅"的观念总会支配着在儒家思想浸润下成长起来的审判官们。"情"与"理"说到底其实就是道德的另一种表达。明代海瑞有一个著名的审判公式:"凡讼之可疑者,与其屈兄,宁可屈弟,与其屈叔伯,宁屈其侄,与其屈贫民,宁屈富民,与其屈愚直,宁屈刁顽。事在争产业,与其屈小民,宁乡宦,以救弊也。事在争

言貌,与其屈乡宦,宁屈小民,以存体也。"①贯穿于这种心裁方式的完全是"亲亲""尊尊""仁义"等儒家伦理道德标准。

裁判结果最优秀的评价标准就是既准"情",又酌"理",还合"法"。雍正时期名士徐士林的《徐雨峰中丞勘语》中,收有光绪二十四年复刻时李祖年为该书所作的序。李祖年十分推崇徐士林的审判方式,说:"乃观是书,握一狱之关键,晰众口之异同,而折以是非之至当。揆之天理而安,推之人情而准,比之国家律法,而无毫厘之出入。吁,何其神。"反之,如果只一味依法,不考虑"情""理",在时人眼中,这样的司法是有缺陷的,这样的法官是不称职的。清初的汤斌曾说:"儒者不患不信理,患在信之过。而用法过严者,亦是一病。天地间,法情理二(当为"三"字)字,原并行不悖。"②情、理、法并行不悖才是司法最理想的境界。

有两个广为引用的判例很能说明这个问题。这是宋人郑克的《折狱龟鉴》收录的两个判例。第一个发生在汉代。是一个名叫何武的人在太守任时所判的一起案件。何武,字君公,西汉蜀郡郫县人。先后任谏议大夫、刺史、太守、御史大夫、大司空等职。何武为人耿直,处事公道,不讲情面,因而得罪了许多官场中人,于公元3年被诬陷致死。

何武任职沛郡时,有一个富翁,家财万贯,生有一儿一女,女儿为长,非但不贤惠,且心毒如蝎。在富翁儿子3岁时,其妻去世,富翁过于悲伤,不久身染笃疾。临死前,他恐怕女儿为独占家产,害死儿子,就将族长请到身边,当众留下遗嘱:说他死后,全部家产都交给女儿,只留下一把宝剑给儿子,由女儿代为保管,待儿子长到15岁时再给他。并由族长作证当即立下文契。儿子15岁时,族长遵嘱将姐弟俩叫到一起,当面告诉富翁的儿子关于宝剑的事,希望富翁的女儿将宝剑给儿子,女儿不肯。于是官司打到了郡府,儿子要求女儿归还属于自己的宝剑。

何武听了儿子的陈述,看了富翁的遗嘱后,说"女既强梁,婿复贪鄙。畏贼害其儿,又计小儿正得此财不能全获,故且付女与婿,实寄之耳。夫剑,所以决断。限年十五,智力足以自居。度此女婿不还其剑,当闻州县,或能证察,得以伸理。此凡庸何思虑深远如是哉!"最后把全部财产判给了富翁的儿子。

无独有偶,北宋时发生了一起类似的案件。张咏,是宋初著名的地方官,宋真宗初年,张咏以工部侍郎出任杭州太守。其间,他审理了一件遗产

---

① (明)海瑞:《海瑞集》,中华书局1981年版,第117页。
② (清)戴肇辰:《学仕录》卷一,载四库未收书辑刊编纂委员会编:《四库未收书辑刊》,北京出版社1997年版。

纠纷案。案情是这样的：杭州有一男子与姐夫争家产，告到了张咏那里。男子说：父母死得早，嘱咐姐夫照管家产，如今自己长大了，可姐夫没有归还祖业的意思。那姐夫却说：岳父死的时候，内弟才三岁，岳父立有遗书叫自己掌管田地房产待内弟长大后，以十分之三的财产分给内弟，余下的十分之七留给他姐姐和自己。说罢，从怀里掏出岳父的遗嘱呈上。确如其言。张咏看了遗嘱后，说："汝之妇翁，智人也。时以子幼，故此嘱汝，不然子死汝手矣。"然后作出这样的判决：以十分之七归那儿子，以十分之三判与女婿。

郑克在这两件判案后面附上一段自己的按语，他说："夫所谓严明者，谨持法理，深察人情也。悉夺与儿，此之谓法理；三分与婿，此之谓人情。武以严断者，婿不如约与儿剑也；咏之明断者，婿请如约与儿财也。虽小异而大同，是皆严明之政也。"

汉朝法律已经有了遗嘱继承制度。从张家山汉简中的《二年律令·户律》来看："民欲先令相分田宅、奴婢、财物，乡部啬夫身听其令，皆参辨券书之，辄上如户籍。有争者，以券书从事；毋券书，勿听。所分田宅，不为户，得有之，至八月书户，留难先令，复为券书，罚金一两。"[1]户主可以立"先令"（遗嘱）处理包括田宅在内的财产。因此，用法律的眼光来看，两案中的遗嘱都是合法有效的，除非有证据证明死者的遗嘱并非他的真实意思表示，否则就应当判决遗嘱有效。按遗嘱，何武案中的儿子只能讨还宝剑，张咏案中的儿子只能分得家产的十分之三。然而，两位法官在对遗嘱进行了自由心证后，认为遗嘱不是立遗嘱人的真实意思表示，因而作出了对儿子有利的判决。何武案中的儿子得到的不仅是宝剑，更是他父亲的全部财产，而张咏案中的儿子则得到了家产的十分之七。

显然，两个案件都不是全部依照法律来裁判的。郑克认为何武案中的裁判依据是"法理"。虽然这里的"法理"不是十分明确，但仔细体会，当可分解为"法"与"理"，即法律与风俗习惯。其中，称得上依法裁判的部分是何武案中判决女儿女婿按约定将宝剑交付儿子这一项。依理裁判的部分当是指何武将财产全部判与儿子了。传统社会，为了保护父族财产不流失外姓，因而约定嫁出去的女儿失去继承父母财产的权利，民谚所谓"嫁出去的女儿，泼出去的水"就是这个意思。作为一种在一定范围内反复运用的"理"，其核心内涵是父为子纲，夫为妻纲的儒家伦理道德。何武正是基于这样一个"理"而将全部家产判给了儿子。

① 朱红林：《张家山汉简〈二年律令〉集释》，社会科学文献出版社2005年版，第206页。

在张咏案中，没有将全部财产全部判给儿子，只判给了十分之七，所依据的则是女儿女婿对儿子尽到了抚养责任的"人情"，因而被郑克称为"明断"。郑克认为两起案件的裁判在总体来说是大同而小异，都没有死板地按照法律的条条框框去机械司法，虽然曲了"法"，但却伸了"情"，并因此给予了"严明之政"的评价。但相同的案情，不同的结果，理当有不同的评价。仔细体会，确能感觉出郑克对这两起案件评价并非全然没有轩轾之分。一评为"严断"，一评为"明断"；一说"人情"需要"深究"，一说"法理"只需"谨持"。两相对比，完全否定遗嘱的效力进行"严断"的何武与兼顾遗嘱法律效力与人情进行"明断"的张咏之间，高下已不言自明了。

清朝的汪辉祖则以亲身闻见，强调司法应充分考虑"情"的重要性。他举了一个发生在乾隆三十一二年(1765—1766年)的真实案例："江苏有翰吏张某治尚严厉，县试，一童子怀挟旧文，依法枷示。童之姻友环跽乞恩，称某童婚甫一日，请满月后补枷，张不允。新妇闻信自经，急脱枷，童子亦投水死。夫怀挟宜枷，法也，执法非过，独不闻律设大法，礼顺人情乎？满月补枷，通情而不曲法，何不可者，而必于此立威矣。后张调令南汇，坐浮收漕粮拟绞，勾决，盖即其治怀挟一事而其他惨刻可知。天道好还，捷如枹鼓，故法有一定而情则千端，准情用法，庶不干造物之和。"[1]这里讲得再明白不过了，童子考试作弊，依法枷号以惩没有任何问题，但如果考虑此童子刚成婚一日的具体情况，完全可以待一月以后补枷。此案司法官不顾虑人情，一味强调依法，结果造成新婚的童子夫妇双双毙命的惨剧。

这些案例在从汉代到清代如此大跨度的时空范围内为人所瞩目，原因就在于司法官员对情、理、法的选择树立了正反两方面的典型。与法律的刚性相比较，人们显然更乐于接受"情"与"理"在解决纠纷中的柔性与弹性。曲法伸情或曲法伸理不仅不被否定、批评，反而得到肯定与宣扬。这一切传递出的明确信息就是：在传统社会中，"法"实在是万不得已才使用的下策，但凡可以寻找到包含道德因素的解决途径，就一定优先考虑适用。

三、"情""理""法"之间的顺序

传统中国是等级社会，因而排序对于中国人而言，具有非同寻常的意义。生活中任何两个以上的事物，就会涉及排序问题。

通常所见"情""理""法"三者，都是按情第一，理第二，法第三的顺序

---

[1] (清)汪辉祖：《学治续说·法贵准情》，载沈云龙主编：《近代中国史料丛刊》二十七辑张廷骧《入幕须知五种》，文海出版社1966年版，第369页。

排列的。这样的顺序不知是由谁最先提出来的，它广为人接受，以至于如果试图将这一顺序重新安排，比如说理、法、情，理、情、法，情、法、理，法、情、理，法、理、情等，都让人觉得别扭。这样的事实是耐人寻味的。它仅仅是一个纯粹从语言角度上毫无意义的顺序安排，还是这个顺序其实包含着为人们接受的价值判断，就像顺序所显示那样，"法"处于三者之末？

目前所见的研究都认为三者的顺序安排是有意义的，体现着人们对三者由高而低的尊崇程度。

曾任东吴大学校长的曹文彦先生说："在纠纷解决中，首先依据的是情（human sentiment），其次是理（reason），最后才是法（law），这是中国人自古以来的传统"，并引用《刑案汇览》《名公书判清明集》《棠阴比事》《白氏长庆集》等书中的审判案例，说明情与理的作用①。明确表示出这一顺序所具有的价值判断功能。

陈顾远先生则论证情、理、法在社会中各自具有其价值，只不过，依他的理解，天理是蕴藏于人性的自然法，是最高准则，因而应该把它放在首要的位置。他说："诚然！在过去纯尚人治的国家社会里，每以'人情'的运用，不免影响了'国法'的尊严地位；然而王道不外乎人情，法律不出乎人生。我们如能把'人情'由第一位移到第三位，使'国法'不为'人情'所屈，便不能认为情、理、法的话是毫无价值可言。"②将"情""理""法"调整为"理""法""情"的逻辑前提是顺序代表着地位的高下和受重视程度；"情""理""法"三者中，地位最高，最应受重视的应当是"理"，其次为"法"，最后才是"情"。因此，尽管陈顾远对于三者的位序进行了与通常所见不同的调整，但这正好反证出了他认为三者之间的位序绝不是无意义的偶然这样的意识。

范忠信、郑定、詹学农等学者也表达了相同的认识："'情理法兼顾'或'合情合理合法'，这两个常用语正表达着一个十足的古代中国式的观念：情、理、法三者合起来，通盘考虑，消除互相冲突处，才是理想的、真正的法律，才是我们判断人们的行为是非善恶、应否负法律责任的最根本依据。单是三者中的任何一者，是不可以作为完整意义上的法的。此即三位一体。另一方面，这两个常用语的词序很令人注意：情、理、法三概念的先后

① 转引自[日]滋贺秀三：《清代诉讼制度之民事法源的概括性考察——情、理、法》，载王亚新、梁治平编：《明清时期的民事审判与民间契约》，王亚新、范愉、陈少峰译，法律出版社1998年版，第24页。

② 陈顾远：《中国文化与中国法系——陈顾远法律史论集》，范忠信等编校，中国政法大学出版社2006年版，第275页。

顺序排列也断非偶然,而是反映着人们对其轻重关系的一定认识。也就是说,在中国人看来,'合情'是最重要的,'合理'次之,'合法'更次。"①更引用我国台湾地区《工商时报》1985 年 12 月的一篇专栏文章,说明国人对情、理、法所具有的固有情结:"台湾的中国人初到美国后,把美国评价为一个'无情、无理、只有法'的国家。因为中国人自古就不鼓励诉讼,一般人均以一生未进法院为荣。而现在台湾也不注意法制宣传教育。任何问题发生后,人们首先想到的是如何摆平关系,而不是研究法律知识。他们习惯靠关系办事,凡事都按情、理、法的顺序处理。……因此,这些自台湾赴美经商的'淘金者'初抵美国后,没有可运用的关系,美国在他们的眼中便成了一个无情、无理、只有法的国家了。"②论者在这里对于"情"与"理"的理解是否准确暂且不论,基于现代法制理念批评"情""理"对于法律至上观念的妨碍也不在我们的讨论范围,这里想要强调的是"情""理""法"及其顺序在国人心中留下的烙印,一直到 20 世纪 80 年代还那么深刻。

日本学者滋贺秀三没有直接论及"情""理""法"三者的顺序问题,甚至他不同意说"法"因为"情""理"被广泛使用而被无视或轻视的观点。他说:"然而,情理如此广泛地发生作用,绝不是说国法被无视或轻视。"依照他的观点,法律本是基于情理而定的,所以,依据情理,并不必然归结出无视或轻视法律。或许正确的理解应该是三者在州县司法中,处于同样重要的地位。但他也承认"情""理""法"三者之间其实是有区别的:"正是人情被视为一切基准之首。'王道近人情''王道本乎人情''王法本乎人情'等成语,似乎已成为法律实务者的一种口头语。即使是王者尊崇的'礼',也是体现人情的,而决不能压抑人情。汪辉祖所言:'且礼顺人情。情之所不可禁,不能执礼以夺之也',中的'礼顺人情',就是这种观念另一种经常使用的套语。可以说,不伤害凡庸之人合乎道理的心情乃是王道之精髓。正如沈衍庆恰如其分地指出的:'人情之所便,即王道之所许也'"。③ 从这些论述中,也能体会出滋贺观点的立足点还是在于对"情""理""法"三者位序的肯定。

滋贺秀三对于三者的考察还有另一个比较的角度。他认为,法律是实定的、人为的,而情理则是非实定的、自然的,在这个意义上,法与情、理构成一种对比;法和理具有普遍性、客观性,而情具有具体性和心情性,在这

---

① 范忠信、郑定、詹学农:《情理法与中国人》,中国人民大学出版社 1992 年版,第 26~27 页。
② 范忠信、郑定、詹学农:《情理法与中国人》,中国人民大学出版社 1992 年版,第 26~27 页。
③ [日]滋贺秀三:《清代诉讼制度之民事法源的概括性考察——情、理、法》,载王亚新、梁治平编:《明清时期的民事审判与民间契约》,王亚新、范愉、陈少峰译,法律出版社 1998 年版,第 39 页。

一点上,法、理与情又构成另一种对比。正是有了后一种对比,因此,情具有修正、缓和法与理的严格性的作用。而基于前一种对比,滋贺提出了著名的关于情、理、法三者之间大海与冰山的比喻。他说:"国家的法律或许可以比喻为是情理的大海上时而可见的漂浮的冰山。而与此相对,西欧传统的法秩序却总是意图以冰覆盖整个大海,当铺满的冰面上出现洞穴的时候,则试图努力通过条理来扩张冰面,以覆盖这些洞穴。这就是二者最根本性的差别。""国家的法律是情理的部分实定化⋯⋯由情理之水的一部分所凝聚成形的冰山,恰恰是法律。"①

在笔者看来,"情""理""法"三者的顺序对于中国人来说确实具有特殊意义,实际上与儒家"德主刑辅"的观念紧密相关,是这一观念的在司法领域的具体体现。

四、"情""理"淡出的原因

"情""理"在清末民初的司法实践中逐渐淡出,后面将有很多这方面的实证材料可以证明。在传统判词中出现频率很高的"准情酌理""揆情准理"等标志性字眼背后,作为裁判依据的"情""理",在法制变革后清末民初的判决书中逐渐退出了人们的视线,与之相反,法律却在这一时期"攻城掠地",开始了法律王国建立的进程。

形成"情""理"在清末民初司法实践中淡化的原因,既有法律传统的因素,也有法律变革的因素。传统法律在立法的层面上,法典中对于按现在的观点来说属于民事法律关系的规定是粗疏的,正所谓"历代律文,户婚诸条,实近民法,然皆缺焉不完"。② 德国学者马克斯·韦伯在谈到《大清律例》对大量行政法规的吸纳时,也指出:"大清律中也系统地收集了这些规章,但是,几乎完全漏掉了关于对象的私法规定。"③在司法的层面上,户婚田土纠纷被视为"民间细故"④而不被重视。立法与司法两方面互相影响,最后形成了因为立法的不完善使户婚田土纠纷在司法中遇到大量无法可依的情况而使该类案件在司法中一再被边缘化,而司法实践对该类案件

---

① [日]滋贺秀三:《清代诉讼制度之民事法源的概括性考察——情、理、法》,载王亚新、梁治平编:《明清时期的民事审判与民间契约》,王亚新、范愉、陈少峰译,法律出版社 1998 年版,第 36、40 页。

② (清)朱寿朋:《光绪朝东华录》(五),张静庐等点校,中华书局 1984 年版,第 5747 页。

③ [德]马克斯·韦伯:《儒教与道教》,王容芬译,商务印书馆 2002 年版,第 155 页。

④ 在记载州县官为官心得的书籍和讨论如何辅助州县官进行行政管理的幕学著作如黄六鸿的《福惠全书》、汪辉祖的《佐治药言》、王又槐的《办案要略》等中,每每能看见"民间细故"或类似的表达,用以指称关于户婚田土这类纠纷。

的漠视又使立法层面始终缺乏对民事规范进行整理与完善的热情与紧迫感。少法可依加剧了户婚田土案件细小化的程度,而户婚田土案件的细小化又强化了立法者对民事法律规范的漠视程度。然而无论如何,案件毕竟是存在而且必须解决的,于是在少法可依的情况下,"情""理"成为案件裁判的重要依据。可见,正是法律的粗疏为"情""理"的存在提供了合理的空间。随着法律的完善,"情""理"的生存空间受到了严重的挤压。

清末法制变革使中国开始了法制现代化进程。清廷开展了一系列理论与制度建设。在理论上的一个明显举措就是首次对法律进行民事与刑事的划分,将民事权利放在与刑事权利同等重要的位置。与此相对应,在制度建设上开始了包括民法典在内的多部法典的制定。理论与制度的发展,带来了对传统法律意识的解构。那种认为"法"等于"刑"、把法律视为惩罚与义务代名词的传统观念受到了挑战和质疑,人们对法的本质有了新认识:法不仅是规定你应当为什么,不应当为什么的规则,也可以是规定你可以为什么,可以不为什么的规则;法律不仅要惩罚犯罪,也要保护权利。那种认为权利,尤其是自理词讼中的民事权利藉由法律不能获得圆满保护,而只能委诸情、理的观念也渐渐起了变化。

"情""理"因自身的非实定性而容易导致司法腐败的特点也是其自身淡化的重要制度因素。如前所述,法律规定的粗疏使许多的州县自理词讼少法可依,不得不依据"情"与"理"予以裁判;而"情""理"的非实定性决定了州县官对于什么是"情"、什么是"理"的解释具有绝对权威。州县官因而也就掌握了对这类案件很大的自由裁量权。又由于传统司法对州县自理词讼的轻视,导致对州县官在这类案件中所拥有的自由裁量权缺乏有力、有效的监督。当权力的扩张性在缺乏监管的环境中被放大和强化之时,司法腐败就是不可避免的了。事实上,司法审判因为适用"情""理"而成就的经典案例,显然只是这类案件中的少数,所见更多的是关于传统司法不依法或不主要依法审理案件所造成负面影响的史料记载。

正是在上述因素共同作用下,"情""理"逐渐在清末民初的司法实践中淡出了裁判依据的领域。

第二节 "法"地位的提升

跳出州县自理案件的范围,从整体对清朝司法进行审视就会发现,清朝司法活动是分别由徒刑以上案件的审理,与州县自理词讼的审理两部分共同构成,它们在不同的程序下运转着。对于徒刑以上案件的审理,法律有严格的要求和规定，或者反过来说，必须严格按法律进行审理。《大清律例》以断罪依新颁律、断罪引律例、断罪无正条三个条文明确规定依律断罪的原则。

《大清律例·名例律·断罪依新颁律》规定："凡律自颁降日为始，若犯在已前者，并依新律拟断。"该条后的附例规定："律例颁布之后，凡问刑衙门，敢有恣任喜怒，引拟失当，或移情就例，或入人罪，苟刻显著者，各依故失出入律坐罪。"这就是说，律例颁布之后，审判衙门应适用新律例，不得再适用旧律例，引拟失当时，则按照附例的规定对审判官以故失出入律罪论处。

《大清律例·刑律·断狱下·断罪引律令》规定："凡（官司）断罪，皆须具引律例，违者，笞三十。……其特旨断罪，临时处治，不为定律者，不得引比为律，若辄引致断罪有出入者，以故失论。"该条附例则规定："除正律正例而外，凡属成案，未经通行著为定例，一概严禁，毋庸得混行牵引，致主罪有出入。""承问各官审明定案，务须援引一定律例。若先引一例，复云不便照此例治罪，更引重例，及加'情罪可恶'字样坐人罪者，以故入人罪论。"

这里明确规定断罪须具引律例，不具引律例断案者，要被处以笞三十之刑。对于律例的具体范围，该条所附的例进行了明确的解释，那就是已颁布且施行的部分。因此，凡"特旨断罪，临时处治"及"未经通行著为定例之成案"，均非律例，不得引用，若故行引比或失于引比致断罪有出入者，将以故出入人罪或以失出入人罪论处。[①]

《大清律例·名例律下·断罪无正条》则规定了律无明文规定，需要类推比附断罪时，应当在判决中如何写明判决依据。该条规定："凡律令该载不尽事理，若断罪无正条者，引律比附，应加、应减，定拟罪名，议定奏闻。若辄断决，致罪有出入，以故失论。"又同条附例亦规定："其律例无可引用，援引别条比附者，刑部会同三法司公同议定罪名，于疏内声明律无正条，今比照某律、某例科断，或比照某律、某例加一等、减一等科断，详细奏明，恭候谕旨遵行。"

这就是说，当遇有犯罪行为在法律上无处分明文，而确有处罚必要时，

---

① 清朝曾多次纂修律例。律自雍正三年之后未有变动，共四三六条。例则逐年增修，康熙末年仅有例四三六条，雍正三年增为八一五条，至同治年间，共有例一八九二条。……律例每每两歧，又除刑例之外，各部尚书有则例，重复杂沓，亦常相异。律例之间的关系十分复杂。《清史稿·刑法志》曰："盖清代定例，一如宋时之编敕，有例不用律，律既多成虚文，而例遂愈滋繁碎，其间前后抵触，或律外加重，或因例破律，或一事设一例，或一省一地方专一例，甚且因此例而生彼例。不惟与他部则例参差，即一例分载各门者，亦不无歧异。辗转纠纷，易滋高下。"

允许援引比附加以处罚。但适用时,须由三法司议定奏闻,最后由皇帝裁夺。不过,这样的程序规定应当是针对重大案件而言。在判词中,常可见州县官迳引"不应为"律,加以处罚的情况。

由上可知,即便是在传统司法中,徒刑以上案件几乎还是严格依法审判的。只有州县自理词讼才可以由州县官依据"情""理""法"进行裁判。随着法制变革进程,传统司法中徒刑以上案件与州县自理案件的二元结构不复存在,新的法律体系按性质对案件进行民事与刑事的区别,州县自理词讼从此退出历史舞台。这意味着"情""理"失去了其赖以存在的土壤,必将逐渐淡出法律依据的圈子,传统司法"情""理""法"三足鼎立的格局由此发生了变化。

新式法院、新的法制体系的建立,使大量有新式法律教育背景或西方留学背景的政法学堂学生、留学生,或虽曾服务于传统司法体系,但却乐于转变并接受新的法律思想观念和制度的司法官员或刑名幕友,在经过法官考试后,被充实到各级审判厅中。这些接受西方法律思想的司法官员,当然尊崇法律,其司法活动自然不自然都受到崇法观念的支配。于是,在司法活动中,法律得以强化,逐渐成为裁判依据的不二选择。

一、清末民初的"法"

当"曲法伸情"或"曲法伸理"不再被人们视为正常而受到批判时,意味着法律将在司法中承担起前所未有的重任。于是新的问题出来了:有没有"法"可以依凭?值得依凭?这需要对"法"进行检视,看看在清朝都有哪些被当时的人们视为"法"?法制变革后,那些曾经是"法"的东西,是否还具有生命力?

以法制变革为界,清朝"法"的内涵及外延都发生了很大的变化。为此有必要从两个阶段来加以考察。

清末以前,皇帝的谕令无疑是最高的法律,是"例"的主要来源。当然,并非所有的皇帝谕令都是能成为"例",而被纳入律典之中。正如马克斯·韦伯注意到的那样:"皇帝本人关于行政处分的诏书往往具有中世纪教皇诏书……特有的训诫形式,只是没有后者经常具有的缜密的法律内容。那些最著名的皇帝诏书是伦理规范的法典,而非法律规范的法典。"[①] 皇帝诏书并非都具有法律内容。即使是具有法律规范的内容,这样的诏令要成为法律,也必须经过一定的程序。通常是当社会上发生了某一个案,

---

① ［德］马克斯·韦伯:《儒教与道教》,王容芬译,商务印书馆 2002 年版,第 156 页。

而法无明文规定,或有规定但却发现不太妥当;或者社会生活的各方面出现了新问题,需要制定新的规则予以规制时,由大臣们拟订"奏本"或"题本",上奏皇帝,皇帝对此所作的批示或就具体案件所作的判决被称为"谕令"。但是,在进行整理、删修,并经过一定时间和实践证明已经成熟之前,这样的"谕令"也只是"临时处治"的"特旨断罪",不能成为定律,不得被纳入律典之中作为国家主体法律的一部分。随着1911年君主政体在中国的终结,皇帝谕令这种法律形式成为历史。

在清代的"法"中,最为重要和基本的,除了成为"例"的谕令外,当然就是大清律了。笼统而言,大清律例不是指的哪一部具体法典,而是所有清代律典的统称,其下既包含"律",也包含"例"。清王朝建立以后,曾于顺治四年(1647年)、雍正三年(1725年)和乾隆五年(1740年)分别颁布了《大清律集解附例》《大清律集解》和《大清律例》三部正式的成文法典,最后这部《大清律例》共有律文四百三十六条,该部分自乾隆五年定本以后至清王朝解体,未有增损,而所附条例有一千零四十九条,以后为了适应社会发展而不断增补,到同治年间已增加到一千八百九十二条。①

除了律例外,清代国家法也包括国家各级机构订立之规则。中央一级机关所制定的规则,往往是清朝国家法律的重要组成部分。比如吏部的《吏部则例》、户部的《户部则例》、礼部的《礼部则例》、刑部的《刑部则例》、工部的《工部则例》、理藩院的《理藩院则例》等,由于它们是由各部制定的,因此也称之为"部例",是构成清朝法律的一个重要组成部分。

部例以下,在地方则有"省例",是各级官府出于因地制宜的目的,为了弥补部例的不足而制定的。"各省吏治民风不免互异,官是土者不得不因势利导,束以科条,于是有省例之设,以佐部例所不及。"②据学者研究,清代的省例是以地方性事务为规范对象、以地方行政性法规为主体、兼含少量地区性特别法的一种法规汇编,一般以地方官员中地位最高的省级政府长官为主要制定者,具有相当完备、系统化的载体形式;具有相对稳定持久的效力,在一省范围内具有普遍的法律约束力;最为重要的是,作为补充律例的一种独立法律形式,省例的地位和效力得到时人的普遍承认。③ 现存的省例主要有《江苏省例》《湖南省例成案》《治浙成规》《成规拾遗》《晋政辑要》《西江政要》(分别有布政司本和按察司本)《福建省例》《广东省

---

① 《清史稿》一四二卷《刑法志》。

② 转引自苏亦工:《明清律典与条例》,中国政法大学出版社2000年版,第74页。

③ 参见王志强:《论清代的地方法规——以清代省例为中心》,载《中国学术》2001年第3辑,第120~150页。

例》《粤东省例》《粤东省例新纂》《四川通饬章程》等。

在各种省例中,有为某一单项事务而制定的规定,如各省在战争或灾荒过后,人口锐减,土地被大量抛荒,国家税收受到严重影响时,往往会制定招垦章程,给予垦荒农民以优惠政策,鼓励垦荒。清朝历史上这类的章程很多,如同治初年(1862 年),署安徽巡抚唐训方奉命赴临淮接办军务。此间,他积极筹办屯垦事宜,在临淮设屯垦总局,凤阳、定远各设分局,并发布了《兴办屯垦告示》,①同治四年(1865 年),陕西巡抚刘蓉颁布《营田总局酌定章程》,同治七年(1868 年),时任江宁布政使的李宗羲本着"民生固宜轸恤而国计亦当兼筹"的原则,大力推行招徕客民垦荒政策,仿照安徽省制定了《招垦荒田酌缓升科例限章程》②等。省例中那些解决司法事务的规定,都是为解决司法实践中的实际问题而制定的,针对性和实用性都很强,是真正对社会生活产生作用的法律,值得法律史学界同仁予以关注。③

皇帝谕令、律、例和中央、地方各级行政法规共同构成了清末以前"法"的主干。

清末法制变革以后,立法层面开展了两方面的工作:一是删修旧律;二是制定新律。1905 年,修律大臣对《大清律例》中"今昔情形不同及例文无关引用,或两例重复,或旧例停止者",分别奏准删除了 344 条。④ 1907 年12 月修订法律馆"遵旨议定满汉通行刑律,又删并旧例四十九。宣统元年,全书纂成缮进,谕交宪政编查馆核议。二年,复奏订定,名为《现行刑

---

① (清)唐训方:《唐中丞遗集·兴办屯垦告示》。
② (清)李宗羲:《开县李尚书政书·江宁书·招垦荒田酌缓升科例限章程》,载沈云龙主编:《近代中国史料丛刊》四十七辑方宗诚:《开县李尚书(宗羲)政书》,文海出版社 1966 年版,。
③ 例如《西江政要》卷一《子为匪窃父母羞忿自尽》中,对父母因为儿子犯盗窃罪而羞忿自尽时,对于儿子除应照窃盗罪处刑外,还应当对致其父母自尽承担刑事责任。但实践中各地做法不一,为此,江西按察使在这里做了统一规定:"查为子行窃,致父母羞忿自尽,律无任何治罪之文。是以江西历来办理,未能画一,有照窃盗本律计赃科罪者,有于计赃杖罪之外量加枷号者。……凡律无正条,原可比照定断,或比照加减科断。如子为窃匪,其亲因此自尽,诚未便置之不议。惟是子为窃匪,致亲自尽,其情节之重轻各不相同。有父母本系匪情,及至败露,畏罪自尽者;有训诲不悛,屡犯匪窃,致亲羞忿自尽者;有一时见小,顺窃田野谷麦蔬菜之类,致亲愧赧自尽者。揆情既有重轻,则问罪宜有差等。"因此,乾隆二十五年,江西按察司建议针对不同情况分别采取对策:"请嗣后遇有行窃致亲自尽之案,如情节较重者,应比照子贫不能养赡其父、致父自缢例拟流,详情咨结;如情节稍轻者,应比照子贫不能养赡其父、致父自缢例量减一等拟徒;如知情分赃、畏罪自尽,其子止科窃盗本罪。"地方这种对法律的解释行为及国家的态度是很值得研究的。转引自王志强:《论清代的地方法规——以清代省例为中心》,载《中国学术》2001 年第 3 辑。
④ 参见《大清法规大全》卷二《法律部》,考正出版社 1972 年据政学社石印本影印出版,第 1679页。

律》"。①

与此同时,一大批按西方法律体系设计规划的法律或法典进入实施或起草阶段。为"预备立宪",清政府于 1906 年开始陆续制定和出台了三部宪法性文件:《资政院院章》《咨议局章程》和《钦定宪法大纲》。

在民商事法律领域,1907 年中国开始了第一次将民法单列为法典的立法尝试,在修律大臣沈家本、伍廷芳、俞廉三的主持下,聘请日本学者松冈义正等开始了《大清民律草案》的起草工作,1911 年完成全部草案。不过,此后两个月清政府就垮台了,该草案因未及颁布而被搁置起来。清政府的商事立法先是由新设立的商部从 1903 年拟订《商人通例》与《公司律》开始的,1904 年定名为《钦定大清商律》,这是清朝第一部商律;此后又陆续颁行了《公司注册试办章程》《商标注册试办章程》和《破产律》;以后商事法典改由修订法律馆主持,1908 年起草了《大清商律草案》及一系列单行商事法规,但均未正式颁行。

刑法方面,除了将《大清律例》局部修改为《大清现行刑律》而外,更于 1906 年开始了中国历史上第一部近代意义上的专门刑法典——《大清新刑律》的起草,并于 1911 年正式公布,但还未及实施,清王朝即告覆亡。

在新式审判厅建立之初,法院组织法及程序法是最急需的法律。为解燃眉之急,出台了《各级审判厅试办章程》,将筹设各级审判厅必需的法院组织法及部分程序性规则放在一块儿。该部法律位阶不高,几乎谈不上什么立法技术,内容还比较混杂,但在清末的法制变革中却起到了重要的作用。《法院编制法》是继《各级审判厅试办章程》之后一部比较正规的法院组织法。比较而言,它更细致,也更纯粹,剔除了不属于法院组织法,而属于诉讼法的部分条文。诉讼法方面,清政府曾于 1906 年拟订了《大清刑事民事诉讼法》,但因为受到张之洞等地方大臣的强烈反对而夭折,直到 1910 年,又拟订了《大清刑事诉讼律草案》《大清民事诉讼律草案》,但同样未及颁行。

总体来说,清末法制变革后,传统法律"诸法合体"的格局不复存在,代之而起的是在实体法与程序法框架下各层级部门法组成的法律体系。与清末以前的成文法律状况相比,这一时期的成文法律显得空前丰富。为依法裁判提供了更多"有法可依"的前提。进入民国后,尽管有的法律颁布不久清王朝就覆亡了,有的还未来得及公布,甚至有的还仅是草案,从理论上讲,这几类法律应当不具备适用条件,但由于民国肇始,如果将所有这

————————

① 《清史稿》一四二卷《刑法志》。

些前清法律都弃之不用,司法将面临无法可依的状况。为此,临时政府于民国元年(1912 年)3 月 11 日,应司法部总长伍廷芳的呈请,以临时大总统令声明:"现今民国法律未经议定颁布,所有从前施行之法律及新刑律,除与民国国体抵触各条应失效力外,余均暂行援用,以资遵守。"而这里所谓的"从前施行之法律及新刑律",其实是有所指的,就是伍廷芳在呈文中明确开列的民律草案,第一次刑律草案、刑事民事诉讼法、法院编制法、商律、破产律、违警律等。

应当说,清末大规模的立法活动,为清末甚至民初的法律实践,提供了比以前丰富得多的法律渊源;为"法"地位的提升与崇法观念的形成创造了条件。

不过,由于只是作为过渡时期的临时补救,所以,清末民初司法中适用法律的状况显得比较混乱。对同一类事项的裁判,不同的判决文书引用的可能是完全不同的法律;有些按规定应当失效的法律,在司法实践中还继续被加以运用。刑事法律的适用相对统一,清末一般裁判依据都为《大清现行刑律》,而民国初年则适用《暂行新刑律》。民事的情况就不太统一了。实践中既有以《大清民律草案》,也有以《大清现行刑律》中的民事有效部分为裁判依据的。另外,在引用程序法时,不统一的情况也比较突出。在这一时期的判决文书中,所见被引用的程序性法律就有《各级审判厅试办章程》《法院编制法》《大清刑事诉讼律草案》《大清民事诉讼律草案》。比如,诉讼费的确定这一事项,有的判决文书引用《各级审判厅试办章程》,而有的则引用的是两部诉讼律草案。

尽管此一时期的"法",呈现临时性、过渡性色彩,适用时存在程度不同的混乱。但法律渊源较以前丰富却是毋庸置疑的,这其实也预示着法律的强化已是势所必然,不可逆转了。

二、法治思潮与崇法观念的形成

"法"地位的提升与清末民初的法治思潮有密切的关系。自光绪二十六年(1900 年)十二月初十,清政府发布变法上谕以后,筹备立宪、铲除司法腐败、筹设各级审判厅、修订并起草各项法律制度、收回领事裁判权等各项活动在全国范围内的持久开展,使法律、法制、司法这样一些与法有关的字眼大量充斥人们的生活,俨然成为当时社会生活的中心话题,受到了前所未有的关注。而在筹备立宪过程中,各大臣基于不同的立场,展开了激烈的争论,这无疑又是对法治的另一种宣传。最关键的是,法制变革与每一位官员的利益攸关。比如刑部、大理寺、都察院等法律部门的官制变革,涉及相当多官员的进退与薪俸。从官员的层面来看，不管愿不愿意，法律实际上已经成为他们生活的重心。

在思想领域，严复通过翻译孟德斯鸠的《法意》，大力鼓吹和宣扬西方思想。而以康有为、梁启超为代表的维新思想家，则将变法维新的思想灌输到光绪皇帝的头脑中，并演化成一场震动朝野的"戊戌变法"活动。尽管变法以失败而告终，但它对于民众所起到的启蒙作用却是前所未有的。

知识界基于对政治文明的渴望及对专制体制的憎恶，成为最先接受法治理念的民众群体。他们作为社会精英，对社会有广泛的号召力。"法治"理念籍由知识的力量，成为话语中心。当时政法类报刊杂志或报刊杂志中的政法类栏目不断出现，法律书籍大量出版与热销，法学研究团体接踵成立，法学教育蓬勃兴起，正是这种情形的最好证明。

据统计，政法类杂志中，清末创办的有20余种，民初至1926年创办的有30多种①，以沈钧儒等发起的《法政杂志》和1911年创刊的北京法学会会刊——《法学会杂志》为翘楚。

《法政杂志》创刊于宣统三年二月，发起人都是当时法政（学）界的名流：方表、沈钧儒、林长民、孟森、张元济等。这些人大多有留日背景，以法政科为专业，在清末立宪活动中十分活跃。该刊是清末立宪派的重要思想舆论阵地。在其创刊号上，林长民、梁启超（署名沧江）写有序词，作为发刊词。刊物旨在研究法律政治现象，其简章称"立宪政体，凡政治必根据法律"，特别注重法律方面的研究，也因此以"法政"为刊名。

《法学会杂志》自1911年开办之初按月连出了五期，后因武昌起义暂停，中华民国成立后，又再复刊。以"由深通中西法学之会员担任纂述。每期择最重要之问题，求学理上、实例上之解决，引起国民法学研究之兴味"为宗旨，②刊登过许多在中国法制史上有影响的文章。如许世英和徐谦的《考察各国司法制度报告书》、杨荫杭的《英美契约法》、余绍宋的《累犯处分论》及沈家本的8篇文章。此外，一些外国学者如冈田朝太郎、志田钾太

---

① 据统计，清末的法政杂志主要有：《译书汇编》《法政杂志》《宪政杂志》《北洋法政学报》《北洋学报》《新译界》《中国新报》《法政学交通社杂志》《法政学报》《预备立宪会公报》《学海（甲编）》《法政介闻》《广东地方自治研究录》《福建法政杂志》《湖北地方自治研究会杂志》《宪政新志》《北洋政学旬刊》《法政杂志》《北京法学杂志》《法政浅说报》。民初至1927年的法政杂志主要有：《法学会杂志》《言治》《宪法新闻》《法政学报》《宪法公言》《法政学报》《社会科学季刊》《法学季刊》《法律评论》。参见程燎原：《中国近代法政杂志的兴盛与宏旨》，载《政法论坛》2006年第4期。

② 沈钧儒：《北京法学会的发展》，载《法政杂志》第2卷第4号。

郎、小河滋次郎等著名法学家也都在这上面发表过对当时法制颇有影响的文章。

报纸是法治思潮形成与传播的又一重要渠道。以宣扬政见为宗旨的政论性报纸和以启蒙为目的、灌输社会改良理念的报纸,在辛亥革命以后大量出现。前者如《苏报》《觉民》《中国白话报》《民立报》《民呼日报》《民吁日报》等,后者如《农学报》《蒙学报》《金融日报》等,都对当时的法制变革进行过宣传与报道,对于包括法治思想在内的西方新思潮的传布与启蒙,起到了不小的作用。

图书出版是中国法治思潮形成的又一股力量。官办的出版机构以江南制造局和同文馆最著名。江南制造局 1865 年成立于上海,以翻译科学技术方面书籍为主,而北京的同文馆,则以化学、法律方面的书籍影响最大。除此之外,福州船政局、开平矿务局、天津机器局、上海广方言馆、广州同文馆等机构都设有翻译出版的机构。民营的出版社则以商务印书馆和中华书局为代表。商务印书馆成立于 1897 年,重视较为通俗的知识介绍,以及配合新式教育的推广而出版的新式教科书。1912 年成立的中华书局也致力于西学新知传布。清末民初,这些出版机构的出版物中数量众多的是法律书籍,成为当时出版界的一大景观,颇引人注目。①

当时出版的法律书籍大致可分为 5 类:(1)各种法律、法规及其汇编;(2)翻译的西方法律和法学名著;(3)国内法学著作;(4)裁判文书专集;(5)法官考试辅导用书。

法律法规及其汇编中最有名的有商务印书馆 1912 年出版《大清宣统新法令》;商务印书馆编译所 1924 年编的《最新编订民国法令大全》;上海书店出版的《政府公报》(自 1912 年起至 1928 年)等。此间各机构印行的单行法规就更多了,《中华民国国会组织选举法》《中华民国暂行法典》《刑事诉讼法》《新民律草案》《新商律草案》等都有单行本发行。

西方法律和法学著作有商务印书馆出版的《法意》《法国民主政治》《美国宪政大纲》《法国宪法释义》《美国宪法释义》《日本议会法规》《日本法规大全》《日本六法全书》等。

属于国内法学或律学著作的有《中国历代法制考》《九朝律考》《寄簃文存》《中华民国宪法刍议》《比较宪法学》《中华民国国会组织法选举法浅释》《商法总则表解》《中华现行刑事诉讼律要义》《中华现行民律要义》;裁

---

① 从《申报》《大公报》《民立报》《庸言》等报刊上的广告可以看出法律书籍受欢迎的程度。当时,在上述报刊上刊登的法律书籍广告比比皆是,各类新编教科书广告次之,其他书籍的广告则寥寥无几。

判专集有《各省审判厅判牍》《最新司法判词》《华洋诉讼判决录》等;法官考试辅导书则有《考试法官必要》等。①

这些法律书籍的大量出版,一方面是因为在法制变革背景下,"法"成为了生活的一个重要方面,与人们的人身、财产、自由紧密相关,人们必须了解法律规定以指引和规范自己的行为;另一方面则因为近代西方法制意义上的"法"对于中国人来说,全然是陌生的。人们对于这种与自己所认知的"法"相去甚远,但却将要或已经渗透到自己生活中的西方"法",必然会有强烈的认知欲望;加上当时法政(法律)学校的大量兴办,需要大量的教材与专业书籍,也是上述各种法律书籍大量出版的一个重要原因。无论如何,民众"消费"法律的巨大需求已经形成。

兴办法政学校也是与清末民初法治思潮形成互动的结果。在欧风美雨的冲刷下,人们意识到了法律在社会生活中的重要性,意识到了法律人才的匮乏。为此,有识之士开始了兴办法政学校的行动,而法政学校的举办,在培养法律人才的同时,也将法治理念在更广泛的空间范围内进行传播。

清末以来最早设有法律系的大学是北洋大学。北洋大学自 1895 年开办时起,即于学堂章程中列有律例学门,并在其下设若干法律课目,"学门"实际上就是后来法律系的雏形。② 此后,1902 年在京师设立的京师大学堂与北洋大学的情况一样,也在大学下面设置了法律分科。按照《钦定京师大学堂章程》,大学堂分为大学院、大学专门分科、大学预备科,附设仕学馆和师范馆。大学分科课程仿效日本分为七科:政治科、文学科、格致科、农业科、工艺科、商务科、医术科。其中政治科下设政治学和法律学,详细课程并未确定。仕学馆课程分年表,所设置的法律课程主要有:刑法总论分论、刑事诉讼法、民事诉讼法、法制史、罗马法、日本法、英吉利法、法兰西法、德意志法、民法、商法、国法。③

但第一个法律专科学校却是京师法律学堂。该学堂是在京师由沈家本发起并主持的,是为适应法律改革的需要而创立的新式法律教育机构,在中国近代法律教育史上占有重要地位。据李贵连教授研究,该学堂的成立,始自一次沈家本与伍廷芳的交谈。当时伍廷芳说:"法律成而无讲求法

① 据《民立报》1912 年 12 月 20 日刊登的"法政学校购法政书特别折价"广告可知,商务印书馆鉴于"各省新立法政学校日多",为吸引各法政学校购买商务版法律书籍,特别规定凡法政学校购买商务版法律书籍,可"特别减价,照定价六折"付款。
② 参见王健:《中国近代的法律教育》,中国政法大学出版社 2001 年版,第 153~159 页。
③ (清)张百熙:《京师大学堂章程》,载《儒藏·史部·杂史类》第二十八种,四川大学出版社 2014 年版,第 710~729 页。

律之人,施行必多阻阂,非专设学堂培养人才不可。"①沈家本深以为是,于是会同同仁向朝廷提出动议,奏请拨款,设立法律学堂。在取得朝廷的认可后,经过一年多的筹备,于光绪三十二年(1906年)九月创立了中国近代第一所中央官办法律专门学校——京师法律学堂。据《东方杂志》1906年第10期记载,法律学堂章程规定:本学堂以造就已仕人员,研精中外法律,各具政治智识,足资应用为宗旨。并养成裁判人才,期收速效。

民国建立后,国体的更替导致许多政府职位的空缺,后来的北京临时政府各部虽然留纳了不少清朝旧吏,缺口仍然很大,急需有法政知识的人员来填补,所谓"民国肇建,法政人才需用孔亟"是也。② 对法律人才的需求与清末比较起来有增无减。于是政法学校在民国初期以一种让人惊异的速度和规模迅速扩张。以至于时任江苏省教育厅厅长的黄炎培惊呼:"光复以来,教育事业百凡废弛,而独有一日千里,足令人瞿然惊者,厥为法政专门教育。……戚郐友朋,驰书为子弟觅学校,觅何校?则法政学校也。旧尝授业之生徒求为介绍入学校,入何校?则法政学校也。报章募集生徒之广告,则十七八法政学校也。行政机关呈请立案之公文,则十七八法政学校也。"对于这种过热现象,黄炎培称为"如狂如醉之潮流",视之为"教育前途危险之现象"。③

一方面是社会对法律人才的急需,另一方面是法政学校的滥设,这就是民国初年法律教育的现状。它以一种夸张的方式显示出民众对法律的追捧。

如果说清政府对法制的重视是迫于内外压力不得已而为之的话,南京临时政府则是本着对民主法治国家的追求而大力提倡和推崇法治的。以孙中山为首的革命党人对民主共和制度有强烈的向往和较多的了解,以法治国,建立并巩固中华民国的民主共和制度既是他们的政治理想,也是他们的行动纲领。因此,民国最高领导层从建国之初就频频发出以法治国,将法律视为一国最高准则的声音。

1912年1月6日南京临时政府成立后孙中山会见记者时即宣称:"中华民国建立伊始,宜首重法律。"④以后又在不同的场合对举凡与法治有关

---

① 李贵连:《沈家本评传》,南京大学出版社2005年版,第326页。
② 《教育部暂准法政专门学校设立别科令》,载商务印书馆编译处:《中华民国教育新法令》,商务印书馆1912年版。
③ 黄炎培:《教育前途危险之现象》,载中华职业教育社编:《黄炎培教育文集(第一卷)》,中国文史出版社1994年版,第22页。
④ 孙中山:《在南京答〈大陆报〉记者问》,载中国社会科学院近代史研究所编:《孙中山全集(第二卷)》,中华书局1981年版,第14页。

的各种制度进行了宣传与强调。当南京临时政府的立法机关临时参议院成立之时,孙中山亲率内阁成员前往祝贺,在致词中称参议院"所议者国家无穷之基,所创者亘古未有之制。其得也,五族之人受其福;其失也,五族之人受其祸"。① 基于对立法的重视,孙中山特任命同盟会的重要领导人,对法政素有研究的宋教仁任南京临时政府法制局长,在较短时间内,编制并经参议院通过了一批民国建立后急需的法律法规。孙中山认识到一部好宪法"为立国之根本",因而,当 1913 年年初第一届正式国会即将召开之际,孙中山认为"辟头第一事须研究一部好宪法。中华民国必有好宪法,始能使国家前途发展,否则将陷国家于危险之域"。②

清末就积极主张以法治国的梁启超,在民国建立后,于 1913 年 9 月就任北京政府司法总长。他指出:"今之稍知大体者,咸以养成法治国为要图。"③清末著名立宪派成员熊希龄就任国务总理后,在一次招待国会议员和各政党代表的茶话会上宣称:"鄙人之见可以简单言之者,则使中华民国为法治国是也。……欲使中华民国巩固,非造成法制国不可。"④伍廷芳在民国建立后,任南京临时政府司法总长,更将国家的强弱与法制精神联系起来,他说:"国家之强弱全视乎法制之精神"。⑤

不仅是政府官员有以法治国的主张,就是一般的社会成员也都纷纷倡议法治,重视学习法律。如上海民国法律学校在阐述其办学宗旨时宣称:民国成立,人人得享共和国民之幸福,但欲做共和国民,"必先具有完全法治之常识,本校同人有鉴于此,首先组织民国法律学校……广设名额,专以法学知识为目的""使我国民得备少数之学金,费最短之时间,而能增进各种法科之知识,以之保护私权,恢张公益,于民国前途影响甚大"。⑥

《中华民国六法大全》的出版广告称:"民国肇兴,须人人有法律知识,

---

① 孙中山:《祝参议院开院文》,载中国社会科学院近代史研究所编:《孙中山全集(第二卷)》,中华书局 1981 年版,第 44 页。

② 孙中山:《在上海国民党茶话会的演说》,载中国社会科学院近代史研究所编:《孙中山全集(第三卷)》,中华书局 1981 年版,第 5 页。

③ 梁启超:《政府大政方针宣言书》,载《饮冰室合集》文集二十九,中华书局 1989 年版,第 121 页。

④ 熊希龄:《在参众两院议员暨各党代表茶话会上演说辞》,载林增平、周秋光编:《熊希龄集(上)》,湖南出版社 1996 年版,第 502~503 页。

⑤ 伍廷芳:《〈法国宪政通诠〉序》,载丁贤俊、喻作凤编:《伍廷芳集》,中华书局 1993 年版,第 529 页。

⑥ 《民国法律学校》,载《民立报》1912 年 3 月 7 日。转引自李学智:《民国初年的法治思潮与法制建设》,中国社会科学出版社 2004 年版,第 21 页。

而后可维持于不敝。……幸为民国国民，可不研究法律以享共和之幸福乎？"①《法国民主政治》一书的出版广告称：对于西方各共和国政治法律制度，"凡我官吏、议员、政党党员、诸热心政治家正在悉心参考，而我新国民亦不可不周知世界共和政体之要领，以尽监督政府承认法案之天职"。②

应该说，清末民初，全国从上到下越来越明显地表现出对法律的推崇和对法治社会的景仰，掀起了中国历史上前所未有的法治思潮，社会各阶层都有为法治鼓与呼的代表。"法"与"法治"令人瞩目地影响着中国人的生活。当然，这样的结论首先基于历史的纵向对比，其次也基于现实的横向考察。因为，以中国如此辽阔的疆域，如此复杂的国情，要想使一个政策能在任何地区都以同样的频度推进是不可能的。城市与农村的差别、政治文化中心与边远地区的差别是必须面对的现实。不可否认，当我们说清末民初的法治思潮席卷中国的时候，更多是以城市和政治文化中心为考察对象而得出的结论，因此应当清醒地认识到"法"对于城市、政治文化中心与农村、边远地区的影响存在差异。

在广大农村，"法"是如何影响人们的生活？人们对这种西方移植过来的"法"态度如何呢？费孝通先生的观察给我们提供了一个意味深长的例证。

　　中国正处在从乡土社会蜕变的过程中，原有对诉讼的观念还是很坚固地存留在广大的民间，也因之使现代的司法不能彻底推行。第一是现行法里的原则是从西洋搬过来的，和旧有的伦理观念相差很大。我在前几篇杂话中已说过，在中国传统的差序格局中，原本不承认有可以施行于一切人的统一规则，而现行法却是采用个人平等主义的。这一套已经使普通老百姓不明白，在司法制度的程序上又是隔膜到不知怎样利用。在乡间普通人还是怕打官司的，但是新的司法制度却已推行下乡了。那些不容于乡土伦理的人物从此却找到了一种新的保障。他们可以不服乡间的调解而告到司法处去。当然，在理论上，这是好现象，因为这样才能破坏原有的乡土社会的传统，使中国能走上现代化的道路。但是事实上，在司法处去打官司的，正是那些乡间所认为"败类"的

①　《民立报》1913年3月1日。转引自李学智：《民国初年的法治思潮与法制建设》，中国社会科学出版社2004年版，第32页。

②　《民立报》1912年5月11日。转引自李学智：《民国初年的法治思潮与法制建设》，中国社会科学出版社2004年版，第33页。

人物。依着现行法去判决（且把贪污那一套除外），时常可以和地方传统不合。乡间认为坏的行为却正可以是合法的行为，于是司法处在乡下人的眼光中成了一个包庇作恶的机构了。

有一位兼司法官的县长曾和我谈到过很多这种例子。有个人因妻子偷了汉子打伤了奸夫。在乡间这是理直气壮的，但是和奸没有罪，何况又没有证据，殴伤却有罪。那位县长问我：他怎么判好呢？他更明白，如果是善良的乡下人，自己知道做了坏事决不会到衙门里来的。这些凭借一点法律知识的败类，却会在乡间为非作恶起来，法律还要去保护他。我也承认这是很可能发生的事实。现行的司法制度在乡间发生了很特殊的副作用，它破坏了原有的礼治秩序，但并不能有效地建立起法治秩序。法治秩序的建立不能单靠制定若干法律条文和设立若干法庭，重要的还得看人民怎样去应用这些设备。更进一步，在社会结构和思想观念上还得先有一番改革。如果在这些方面不加以改革，单把法律和法庭推行下乡，结果法治秩序的好处未得，而破坏礼治秩序的弊病却已先发生了。[①]

这是一篇名为《无讼》的文章中的部分内容，收入费孝通先生的《乡土中国》一书。该书最早是在 1948 年由三联书店出版的。虽然无法确定费孝通先生在《无讼》中描述上述情形发生的具体时间，但从文中提到的"新的司法制度却已推行下乡""有一位兼司法官的县长"来看，应当在 20 世纪二三十年代之间。此时距离民国建立已有十多二十年的时间了，我们能看到不管老百姓多么隔膜，新的司法制度作为一种制度是已经推行下乡了，但这种新的制度与老百姓在心理上的距离却是很遥远的，老百姓拒斥它，不愿意运用它，因为它所秉持的民主与个人权利，与被中国传统法律视为当然的等级差序构成了冲突。老百姓在传统与现代之间感到了困惑，尤其是当这种"新法"被传统视为败类的人物加以运用并获得成功后，这种转型时期的迷惘与阵痛会更加刻骨铭心。这或许是我们在解读这一时期的法治浪潮时值得注意的深层次问题。

写到这里，或许可以得出这样的结论：清末的法制改革和立宪活动，为"法"的强化埋下了伏笔，同时也预示着作为裁判依据的"情""理"即将谢幕；辛亥革命及民国的建立，则使以法治国成为社会精英的政治理想；

---

① 费孝通：《乡土中国》，北京大学出版社 2005 年版，第 57~58 页。

"法"至少在理论上成为裁判的唯一依据,获得了崇高地位。

第三节 四部专集中的裁判依据

裁判依据的变化是法制变迁的突出表现之一。对它的研究显然不能仅停留在理论分析的层面,而应当结合当时真实案件的裁判文书这类第一手资料进行实证分析,深入裁判依据的具体运作过程中去,庶几能最大限度地接近历史真实,尽可能还原从清末到民初裁判依据变化的实际状态。为此,选择了《塔景亭案牍》《各省审判厅判牍》《最新司法判词》《华洋诉讼判决录》四部裁判专集中的裁判文书作为考察对象。①

一、四专集所收判决文书的裁判依据

四部裁判专集的制作时间虽然总体上说是在清末民初时期,但具体还是有先后差别的。这段时间正好处于中国法制变革最剧烈的时期,因此,时间上的靠前或靠后,出入一两年,都可能会因为制度上的重大变化导致文书裁判依据的变化。《塔景亭案牍》从总体来看是对传统司法的记录,《各省审判厅判牍》则是清末法制变革转型期司法的记录,《最新司法判词》和《华洋诉讼判决录》则是民国时期近代司法的记录。四部裁判专集中的裁判依据各有不同。

(一)《塔景亭案牍》的裁判依据示例

《塔景亭案牍》的作者许文濬是江苏省句容知县(后来的知事)。句容县作为基层行政组织,与当时的其他州县一样,处于清末法制变革的末端,不可能一点都没受到法制变革的影响,但与各省城及商埠比较起来,法制变革的进程显然要迟缓很多。江苏省迟至宣统二年(1910年)底,除高等审判厅、检察厅已筹建起来外,各地方、初级审检厅仍在筹设当中。为此,江苏省巡抚、提法使等曾于1910年10月以《江苏提法使照会高等审判厅厅丞订定章程规则文》,敦促高等审判厅厅丞迅速制定审判厅章程,以落实审判厅成立事项②。据研究,迄止清政府覆亡,江苏省内仅在苏州府、江宁府、镇江府、上海县四地设立了地方审判厅。③ 许文濬所在句容县,于清末

---

① 关于这四部裁判专集的介绍,请详见《导论》部分。

② 《江苏提法使照会高等审判厅厅丞订定章程规则文》,载《江苏各级审判厅试办章程》,清末铅印本。转引自俞江:《〈塔景亭案牍〉导读》,载(清)许文濬:《塔景亭案牍》,俞江点校,北京大学出版社2007年版,第16页。

③ 李启成:《晚清各级审判厅研究》附录表一《直省省城商埠各级审判厅一览表》,北京大学出版社2004年版,第222页。

并未成立初级审检厅。进入民国以后,句容县才设立了审检厅。[①] 而此时距《塔景亭案牍》所收判词的上限——1914 年有将近两年左右的时间。也就是说,《塔景亭案牍》中的判词基本上还是在新式法院建立以前,按传统州县自理词讼模式审理后制作的。

《塔景亭案牍》所收文牍包括呈文、通告、指令与庭判,因为这里所要研究的是裁判依据,所以将考察对象锁定在"庭判"部分。从目前对庭判的研读来看,所见的裁判依据有情、理、法。

在所有庭判中,依据"情""理"来裁判的案件约有 101 件,其中包括 24件依习惯来进行裁判的案件。这些"情""理"不是实定的,且因各案而有所不同,但总不外指寄宿于人类心目之中,作为一个心智健全的人必然要遵守的至上命令。让我们来看看在《塔景亭案牍》依据"情""理"(包括习惯)"法"来裁判的典型案例。

例一:高永昌控贡高氏[②]

高氏于高永昌,固侄女而兼甥妇者也。高永昌食足衣丰,贡高氏抚孤守节,且该氏语言婉顺,迥异悍泼一流。为高永昌计,方且优恤之不遑,区区四亩有零之田,何必定须赎回,致失耕获。高荣道、高荣义唆耸高永昌迫压取赎,并促令奔走来城,阑舆投诉。既陷老父于不慈,而又甘心为不孝为不友。不但此也,此田应赎不赎,已越三十余年,即使再听贡高氏耕种二三年,亦足以稍尽亲亲之谊。而必于下田犁作之际,奋往阻止,哄争致伤,何其悖也。察度情事,所以如此急急者,高永昌年逾七旬,高荣道兄弟深恐其一朝溘逝,理论更难。欲趁老翁在时,赶即下手,已于言下得之。此则既无哀怜孀妹之念,并有腹咒乃父之嫌,居心殊不可问。据贡高氏供:此田是典、是买、是祖遗,契据已失,实不明白。高家既有联单为凭,只好听其回赎。赎价多少,求恩断。查同治初年,本邑田亩典价每亩大都四千文左右,今四亩四分典钱十八千文,核与当时典价相符。本县衡情酌断,应令高荣道、高荣义缴银四十元,以十八元为赎本,其二十二元作为津贴贡高氏养赡之费,以明

---

① 从《塔景亭案牍》中的判词可反映出审检所的设立过程。卷九《郑文波控王守本》一案的庭判中写道:"审检法庭开厅在即,候移请核办可也。"在卷九之《高马氏》案的庭判末尾写道:"张标著省释,高马氏交保。候移检察厅核办。"前一庭判还说审检法庭开厅在即,后一庭判则直接指示移送检察厅核办,说明此时的审检厅已经开办并运转了。

② (清)许文濬:《塔景亭案牍》,俞江点校,北京大学出版社 2007 年版,第 65 页。

亲谊而儆悭顽。取结完案,缴案四十元即给贡高氏具领。清粮册
存。此判。

此判词中,贡高氏为高永昌的侄女,同时是其外甥媳妇,耕种高永昌田
四亩,高永昌之子高荣道、高荣义唆耸其父强行赎回,并与哄争,致贡高氏
伤,后又促令高永昌来城投诉。在许文濬看来,贡高氏抚孤守节,对于已死
之夫及夫家尽到了义节,且属需要亲宜周济照顾的弱者,而高永昌之子高荣
道、高荣义深恐老父一朝溘逝,难以收回这四亩田地。为此蝇头小利,不
惜唆使老父状告贡高氏,陷老父于不慈,既无哀怜孀妹之念,并有腹咒乃父
之嫌,为此认定高荣道、高荣义两兄弟"居心殊不可问",是"甘心为不孝为
不友"。

按照法律,原被告双方为高永昌与贡高氏,高荣道、高荣义两兄弟虽然
唆使老父状告贡高氏,但究竟不是本案的当事人,裁判结果应与他二人无
关,但许文濬依据人应当孝悌友爱和"明亲谊而儆悭顽"的情理,作出了这
样的判决:"本县衡情酌断,应令高荣道、高荣义缴银四十元,以十八元为赎
本,其二十二元作为津贴贡高氏养赡之费,以明亲谊而儆悭顽。取结完案,
缴案四十元即给贡高氏具领。清粮册存。此判。"最后判决不是本案当事
人的两兄弟承担赎田之费,看得出来这样的判决既有惩儆高氏兄弟的考
虑,也有周济孤弱的用意,而且典价是在查考同治初年平均价格基础上确
定的,并非无所依凭,对于高氏兄弟也非不公。因此以传统司法来衡量,这
样的判决是综合平衡了高永昌父子及贡高氏利益的结果,是平允之判。看
得出来,本案裁判所依据的显然不是"法"而是孝悌友爱、兼顾亲谊之类的
"情"与"理"。

《塔景亭案牍》中还收有"刘志怡等"一案的判词。[①] 本案原告刘志怡
诉其妻刘王氏离婚一案,案情很简单,就是刘王氏结婚十年尚无生育。按
照《大清律例·户律·婚姻》"出妻"条规定,丈夫可以在妻子犯了"七出"
之一时休妻。而"无子"就是"七出"之一。所以,刘志怡请求离婚,从法律
的角度来看是完全站得住脚的。作为审判官,最简单的裁判方式就是依律
判离。但许文濬显然觉得这不是"善处之方"。因为这样的裁判固然合于
法律,甚至也合于礼经,但"揆诸情理,总觉未安",这里的情理指的就是
"其所以无子之故,固不专由于女子也"。为此,作出了含混的决定——分
炊,从此以后,刘志怡买婢纳妾,刘王氏不得干预。刘王氏如欲乞养女孩,

① (清)许文濬:《塔景亭案牍》,俞江点校,北京大学出版社 2007 年版,第 98 页。

以娱晚景,刘志怡不得阻挠。这是准情、揆理判决的典型。

像这类曲法伸情的例子,在《塔景亭案牍》中还有许多。如在"尹荣耀等控翟兴安"一案中,①客民翟兴安在句容县强占有主、无主田地垦种,且匿报田亩数以图漏减税银,因此与尹荣耀等构讼。许文濬审理后,作出这样的判决:"查客民流寓句邑,专以谋占田地为正业。恃强欺弱,买少占多。……即使如该客民所供十九亩三分在二十八亩之内,亦有田四十五亩六分,今粮串只有二十三亩三分,调查所种之田共有七十余亩,计隐占五十余亩。匿报之数如之,既有隐粮,复有侵越……查隐欺田粮,例应科罚,并将脱漏之田入官。所隐税粮依亩数、额数、年数征纳,其侵占田地数至四十一亩即应处三等有期徒刑。如果照例办理,尔翟兴安等奚能当此重咎?既供称情愿捐助学款钱三百千文,姑从宽酌中定断。准照三契亩数执业,其二十八亩一契仍应除去十九亩三分,俾免重复。此外既无契照执凭,无论田地山荡,分毫不准越种。契据皆系捏造,著翟兴安等邀同出主及公正中人换立妥契,即行投税,以昭核实。"许文濬十分明白,如果按照《大清律例·户律》中有"隐欺田粮"的专条来判决的话,本案翟兴安隐欺田粮的数目,够得上处三等有期徒刑。但本案显然未按法律规定进行裁判,而是"从宽酌中定断",判处翟兴安按新核定的田亩数换契纳粮,并不准越种。这里虽然没有明确裁判依据究竟是什么,但"酌中"显然是法律之外对情、理的综合平衡考虑。

依情理进行裁判的例子,在《塔景亭案牍》中随处可见。"朱马氏控朱宣蕴"一案中有云:"本县长衡情酌理,以为马氏欲继延春为嗣而仍兼祧老三房,果使族议允谐,未尝不可听从其便。"②"谢伯才控张清华"案中,这样判决:"张清华岁入甚丰,而薄于奉母。其于两兄之艰窘,亦直以行路视之。揆之天理人情,罪无可逭""据张清华供:愿缴银六百元以养母亲,并贴还两兄各银五百元。此则尚在情理之中。应准销案。惟养母之费六百元,仅足补二十年来缺养之数。张谢氏年才六十,为日方长。应著每年贴银四十元,以供晨夕。谢氏百年后所有敛祭殡葬,仍应兄弟三人共同担负。张清华不得置身事外。认缴之一千六百元,限三日交案给领。取结存查。张清华并著取保。此判"③等。"兼祧以顺人情""衡情酌断""情虽可原,罪有应得""事虽不合,情亦可原""情理所当然""揆诸天理人情"等是引用情理裁判时的通常表达。

① (清)许文濬:《塔景亭案牍》,俞江点校,北京大学出版社 2007 年版,第 165 页。
② (清)许文濬:《塔景亭案牍》,俞江点校,北京大学出版社 2007 年版,第 201 页。
③ (清)许文濬:《塔景亭案牍》,俞江点校,北京大学出版社 2007 年版,第 100 页。

除了"情""理"之外，风俗、习惯也常常被作为裁判的依据。

例二：袁志浩控刘金声①

据袁志浩供：光绪二十七年分承种刘金声田亩，租住草屋五间。后因人多屋少，向村邻姚许盛借地搭盖六间，有大门一对，系从胡世春买来。刘金声不准带走。据刘金声供：袁志浩初来佃种，给与草屋五间。二十九年买姚姓基地添屋六间，一并租与袁志浩居住。大门一对，出洋三元，由袁志浩经手购办。去冬袁志浩退田出屋，带来多人连大门搬去，几乎闹出事来。各等语。质之戴廷华、梁义兴，供与刘金声同。查袁志浩所呈租约及刘金声呈出搬家字据，一则曰租到刘姓草屋十一间，再则曰交清刘姓房屋十一间。如果六间草屋为袁志浩所造，安有一并叙入租约之理。如果六间屋基借自姚姓，彼姚许盛安有不向刘金声索还基地之理？租屋俗例，装折（按，恐应为"拆"）之地板可由房客自备。若门窗则必问房东。刘金声既有屋出租，安有不装大门之理？即谓门不坚固，袁志浩另行购置。试问原有大门安在？又况搬家据内有"二门外小草棚不在此数"等语。此门果系袁志浩自备，又安有不载入搬家据内之理。察核情节，证以戴廷华等供辞，草屋六间固与袁志浩无干，大门一对亦非袁志浩所置。所有搬去大门著即交戴廷华等转还刘金声收领。取结完案。此判。

在这件判词中，最引人瞩目的就是对于俗例的援用。风俗、习俗、俗例、习惯或惯习等，叫法稍有不同，但通常指的就是自发形成，在一定的区域被反复运用的非实定性的道德准则，也可以说就是在一定区域内为人所遵循的"情""理"。清朝名幕汪辉祖已经注意到了司法与尊重习俗的关系。他说："幕之为学读律尚已，其运用之妙，尤在善体人情。盖各处风俗往往不同，必须虚心体问，就其俗尚所宜，随时调剂，然后傅以律令，则上下相协，官声得著，幕望自隆。若一味我行我法，或且怨集谤生。"②日本学者滋贺秀三在充分研究中国传统司法中的"情""理"后，这样说："所谓情理就是作为习惯的价值判断标准……'情理'概念中含有充分注意和尊重各

---

① （清）许文濬：《塔景亭案牍》，俞江点校，北京大学出版社 2007 年版，第 95 页。
② （清）汪辉祖：《佐治药言·须体俗情》，载沈云龙主编：《近代中国史料丛刊》二十七辑张廷骧《入幕须知五种》，文海出版社 1966 年版，第 164 页。

地不同的风俗习惯的要求。也许可以认为昂格尔所说的' customary law' 与'情理'大致相同。"①梁治平也认为:"清代的民事惯例,无论是在日常生活的指导方面,还是在解决纠纷的调处、裁断过程中,都远不是可有可无的。寻求合乎'情理'的解决,并不意味着无视已经存在的惯例,恰恰相反,合乎'情理'的解决只有在充分考虑和尊重惯例的情况下才是可能的。"②这些论断在本件判词中得到了实证支持。审判官许文濬正是依据租屋时地板可由房客自备,而门窗则必须由房东提供的惯例,来批驳原告袁志浩的证据不可信,并裁判其败诉的。

依风俗习惯裁判的案件在《塔景亭案牍》中共有 24 件,足证风俗习惯在清代司法中的重要地位。除了前引之例三之外,在"高凌云控李定胜"一案中,以句容县关于田契中引水灌溉的习惯性表达为裁判依据:"句俗:田契往往载有'某坝上''某坝浇沃无阻'等字样。所谓'上',即放水之谓。所谓'浇沃',即车水之谓。今李定胜钞黏上契内,高、解、任三姓公卖之田二亩四分,是'草坝承分浇沃无阻'字样。高长春、解正林各卖二亩四分,是'草坝上承分徐堰坝浇沃无阻承分'字样。乃李家禄卖与李定胜杜契笼统其词,曰:草、徐两坝车放无阻。是两坝皆可车可放矣。此盖李定胜饵令李家禄如此混叙,以为取巧根据。"③在"邱大贵控邱大玉等"一案中,引用作为裁判依据的是关于典屋修理的风俗习惯:"至典屋修理,俗例:小修归典主。若大修,则应三面言明,方免口实。今岁修钱文数逾典价两倍半而有余,而出主不知,中人不闻,本未便责令承认。"④

除此之外,在《塔景亭案牍》被引以为裁判依据的还有句容县关于立继凭证的习惯性做法,串票归账的习惯做法,赘婿可分得家产份额的俗例,"死头活尾之契""半死半活之契"的习惯做法,还有关于立继时应继与爱继习惯做法等,不一而足。它们为研究者提供了关于清末习惯鲜活的材料,值得进一步研究。

依据"情""理"进行裁判的代表性判词,在《塔景亭案牍》的"庭判"中占很大的比重。不过,这并不意味着《塔景亭案牍》中的"庭判"完全没有依法的裁判。据笔者统计,纯粹依法来进行裁判的判词共有 33 件,其中,依"律"裁判的有 18 件,依"例"裁判的 15 件。下面是其中一例。

---

① [日]滋贺秀三:《中国法文化的考察》,载王亚新、梁治平编:《明清时期的民事审判与民间契约》,王亚新、范愉、陈少峰译,法律出版社 1998 年版,第 14 页。
② 梁治平:《清代习惯法:社会与国家》,中国政法大学出版社 1999 年版,第 196 页。
③ (清)许文濬:《塔景亭案牍》,俞江点校,北京大学出版社 2007 年版,第 96 页。
④ (清)许文濬:《塔景亭案牍》,俞江点校,北京大学出版社 2007 年版,第 143 页。

例三：黄启儒控许本彩等①

此案黄启儒于上年四月间，凭中许道三等典受许本彩、许发金市房，议定价银三百八十元，十年为满。既而迭生枝节，初加二十元，继加一百元，最后又加二百三十元，共加到七百三十元而后成交。成交未久，陆续又借去银四十五元，赊欠店货钱四十余千。至本年六月间，许发金之母许王氏借米不遂，许本彩、许发金遂有纠集妇女掷毁货物之事。据许本彩等供：去年腊月凭中许道三等议明杜断价银一千九百元，当立有允杜字据。黄启儒始而延宕，继而还据，是以向伊理论。各等语。黄启儒因无处开张，竭资典屋，以撑场面，原系万不得已之举。许本彩等恃系业主，借银赊货，一再而三。黄启儒节次应酬，所谓耗财买安，更是无可奈何之事，安得更有多金杜买此屋。今许本彩等呈出允杜字条，以为黄启儒翻悔之证。无论许道三等概不承认，即使果有此议，而现在风鹤频惊，暂作罢论亦是情事之常。又况杜断字据应交认买之人，今乃出自卖主之手，岂得作为凭证。总之杜约全是空言，敲诈乃是实事，勒借已干法律，毁物更犯科条。许本彩、许发金著交保，听候起诉。此判。

本案对于许本彩、许发金的敲诈及掷毁货物的事实予以认定，指出"敲诈乃是实事，勒借已干法律，毁物更犯科条"，显然是按照法律进行裁判的。这种情况，在《塔景亭案牍》中虽然并非只止一个，但数量显然不多。判词引用法律的方式也很值得注意。很多时候都如本例一样，笼而统之地说"干法律"；"犯科条"。关于征引方式，请详见下文关于"法律征引方式的比较"部分。

在《塔景亭案牍》中也有少数明确指出究竟是依据哪部法律进行裁判的例子。如：

例四：李财生②

《禁烟条例》兼禁私藏烟具。所谓烟具者，指专供吸烟之具而言。若灯盘铁剪等物，则固可资他用者也。据李财生供：故父素吸洋烟，所有烟枪、烟斗、烟盒等件久已销毁。惟烟灯、铜盘、剪

---

① （清）许文濬：《塔景亭案牍》，俞江点校，北京大学出版社 2007 年版，第 225 页。
② （清）许文濬：《塔景亭案牍》，俞江点校，北京大学出版社 2007 年版，第 130 页。

刀因别有用处,舍不得就丢弃。又因向无烟瘾,所以放在有目共睹之处,并不曾收藏。等语。察看李财生面貌丰腴,本无鸦片形状。所供留用灯剪等物,亦系实在情形。李财生即开释,灯、盘、剪并给还。嗣后非查获枪斗烟盒等件,仅仅烟灯、烟盘可资别用之物,不得指为私藏烟具,率行送案。除呈明并行警局外,此判。

本件判词起首直陈裁判所据法律为《禁烟条例》。因该条例除禁止吸食鸦片而外,还兼禁止私藏烟具,并对"烟具"作了专门的解释,即指专供吸烟之具。判决认为本案被告所持灯、盘、剪并非"烟具",而属于条例所称的"可资他用之物",不得以私藏烟具罪之,因而释放了被告。本件判词非常清楚地指出了裁判所据的法律为《禁烟条例》。尽管未列明所据的是《禁烟条例》中的哪一个条文,但像这样清楚指明所据法律名称的情况在传统判词中已属少见。

另外在"李元锷控黄珠润"一案中,黄元诰继子黄珠润与黄元诰之女黄琳姑争继,在弄清事实后判决如下:"《户律》且有户绝财产,果无同宗应继之人,所有亲女承受之条。今珠润亦幸而得嗣黄元诰耳。假使元诰竟不立继,或仿照俗例招婿为嗣,则所有田地房产一概为琳姑所得。珠润安有丝毫之分?且元诰田地既以履记为名,而又有林记一户,推其意实以亲生只此一女,明明表示其为分授琳姑之业。今本县默体元诰爱女之心,而参以户绝财产亲女承受之意。所有黄元诰遗产,除履记户田地并其余房屋、矙场等项,仍归珠润承受外,其林记户七十九亩七分,应分给琳姑执业,以为媵嫁之产。琳姑年二十有四,应责成李元锷及该族长黄嗣珍妥为择婿料理,于归择婿谁家,年才奚若,并应预先呈报,毋得草草。李元锷、黄嗣珍、黄珠润并著具结。此判。"[1]很显然,本案的裁判依据是《大清律例》中的《户律》关于户绝财产的相关规定。不过,在《塔景亭案牍》中,依法律进行裁判的情况本就不多,能像这样清楚地指明所依据法律的,就更是少而又少了。

(二)《各省审判厅判牍》中的裁判依据示例

《各省审判厅判牍》是清末法制变革时期各省审判厅陆续成立后,审理案件相关文书的汇集。全书共六编,依次为"批词类""判词类""公牍类""章程类""规则类""附则"。以下对裁判依据的论述是以判词为基础进行的。

① (清)许文濬:《塔景亭案牍》,俞江点校,北京大学出版社 2007 年版,第 118 页。

　　《各省审判厅判牍》并未说明所收判词的制作年月,而每份判词也与传统判词一样,未在尾部标明制作时间,因此,对《各省审判厅判牍》所有判词制作时间,只能有一个整体的大致判断。清朝各级审判厅设立始自光绪三十三年(1907年)二月初十日开办的天津各级审判厅,①而《各省审判厅判牍》印行出版时间为1912年,可知其中的判词应是1907年至1912年所作。与《塔景亭案牍》不同,《各省审判厅判牍》中判词的制作主体已不再是传统司法中的州县官,而是专事司法审判的各级审判厅了。这种转变的完成过程尽管很漫长,但总归是开始了,并且在很多具体的环节留下了这种变化的痕迹。以裁判依据来看,《各省审判厅判牍》中依据"情""理"进行裁判的情况仍然存在,但比例较作为传统司法代表的《塔景亭案牍》要少;同时,依"法"裁判的比例却大大上升。不仅如此,《各省审判厅判牍》中所征引的"法"显然丰富了许多,不再仅限于《大清现行刑律》了,一些省例、法律变革中的各种章程、法律草案等新的法律都成为被征引的对象。

　　李启成博士在《晚清各级审判厅研究》一书后附有《〈各级审判厅判牍〉中的判决书一览表》,对《各省审判厅判牍》所收全部判词从案件类别、管辖案件的审判厅、判决结果等项进行列表显示,其中有一项是"所适用的法律"②,本书对《各省审判厅判牍》所收195件判词的裁判依据统计便是在此基础上进行的。统计结果显示,在《各省审判厅判牍》中,判词的裁判依据,从大的方面来看,依然有"情""理"与"法"三大类。其中,依"情""理"③裁判的有57件,依"法"裁判的有134件,④此外还有4件未写判决结果或未说明是依"情""理""法"中的哪一种进行裁判,因而归之于依"其他"进行裁判的情形。

　　《各省审判厅判牍》依"情""理"裁判的判决文书如:

----

① 《袁世凯奏议》卷四十四《奏报天津地方试办审判情形折》,其中有云:"吾国地方官兼司听断,救过不遑。近今新政繁兴,诸需整顿,亟宜将司法一事,分员而治,各专责成,以渐合立宪各国制度。但势成积重,若一旦同时并举,使划然分离,则法官既少专家,布置亦难藉手。惟有逐渐分析,择一二处先行试办,视情形实无窒碍,然后以次推行。臣于上年迭饬天津府县暨谙习法律并法政毕业各人员拟议章程,稿凡数易,至本年二月初十日始克成立。现经试办数月,积牍一空,民间称便。谨将详细情形,为我皇太后、皇上缕晰陈之。"可知,天津府审判厅的最先开办时间为光绪三十三年二月初十日左右。
② 这一栏目标题值得商榷。因为在此标题下,李博士统计的显然不仅限于依据法律裁判的情况,而且还包括以"情""理"为依据裁判的情形。因此更准确的栏目标题应当为"裁判依据"。
③ 如前所述,在笔者看来,习惯就是在一定区域内的"情"与"理"。因此,这里的统计中,没有单列"习惯",而是将其归入"情""理"当中。
④ 这134件中包含依"法理""分析律文原意""比例问拟""考立法者之深心"等进行裁判的情形。

例五：霸占住居　安庆地方审判厅案①

起诉缘由：宣统三年六月初八日，职员崇安遣委任人王福以宋湘泉即传纶于去腊出典小南门万亿仓正街住屋一所，霸住不交，来厅起诉。同月十三日，宋秦氏以次子传纶勾典枭吞来厅辩诉，经本厅批斥，宋秦氏复到高等审判厅抗告，由高等厅批斥发回。

证据：崇安抄呈典契一纸，出屋限字二纸。宋秦氏呈验宋元白遗书一纸。

判词：缘已故之怀宁人宋元白有房屋一所，坐落小南门万亿仓正街，上年十二月宋元白之子宋传纶、宋传祺等出典与职员崇安为业，言明典价一千二百两，当付银六百两，本年二月又付银八十两，尚余银五百二十两，约出屋交付，嗣因屡催交屋不理，崇安之委任人王福来厅起诉。本厅当饬承发吏严催勒限交屋，宋元白之妻宋秦氏因与诸子分款不匀，不肯出屋，来厅辩诉。经本厅批、令，一面自行理处，一面出屋。宋秦氏不服向高等审判厅抗告，经高等厅批斥，以案系两起，不能藉抗告以抵赖典价地步，照饬地方审判厅分案办理，准此。当经本厅分别集讯，知宋元白在日系兼祧三房，先娶何氏，生传经、传纶，继娶秦氏生传祺、传授、传纪、传纲。当时宋元白在，曾议将长子传经归长房圣公为后，次子传纶归本生父华公为后，三子传棋以下归三房畴公为后，写有亲笔书函为据。维时传薪等尚未出生，相安无事，今则三房丁多，家产只有此屋，典价分派难匀，且元白在日债务累累，诸子亦各负有私债。此次典价六百八十两系传纶手受，宋秦氏疑传纶入私，故未肯出屋，据传纶供：兄传经早丧，父去年才死，父在之日所欠债项目下均向伊索偿，因伊债累不堪，是以去腊与母亲弟侄商议将住屋出典，所得典价六百两，除分给传经之妇十二两外，其余皆还公债，有账可查。本年二月间，向崇姓续取之八十金，系为传经之媳身死丧葬之用，渠实未私用分文，质之宋秦氏亦无异说。案既分别讯明，亟应归并判决。查宋传纶所得典价既系偿还公债，及为传经之媳丧葬之用，自是正办，应毋庸议。其余款五百二十两，论名分本可按三房均分，维诸子既系一父所生，骨肉之间总当原情

① 汪庆祺编：《各省审判厅判牍》，李启成点校，北京大学出版社2007年版，第96~97页。

衡断,不能使有集苑集枯之感。应将五百金作为十股,分长房传经之妇宋杨氏得三股,二房宋传纶二股,三房传棋、传授、传薪、传纪、传纲各得一股,外以二十两作为宋秦氏养赡,以后此屋如有赎取杜卖之时,亦按此次断定十股计算,无得异说。至宋元白手遗债项除已还外,计尚有三百九十两,亦按十股分偿,所有欠周树棠之二百两着宋杨氏认还一百二十两,宋传纶认还八十。欠周景尧之二十两,李云卿、于心九之本洋各一百元,着三房五子分还。私债均各人各理。具结完案。其崇安应付典价一千二百两,除已付六百八十两外尚存银五百二十两,当饬交到本厅典簿所,由宋杨氏等按数来厅领取,其屋限十日交出,不得再延,应征讼费银十两从宽折半,由宋传纶等按照十股分缴。此判。

本案原告崇安因被告宋湘泉即传纶出典小南门万亿仓正街住屋一所,却霸住不交,前去起诉。经查宋传纶之所以不交出典房屋,是因为其未能与继母宋秦氏及诸兄弟就典款分配达成一致。安庆地方审判厅审理后,一方面判决宋家依典约限期向崇安交出房屋,另一方面就宋家因出典房屋所得的典价分配进行裁判:"查宋传纶所得典价既系偿还公债,及为传经之媳丧葬之用,自是正办,应毋庸议。其余款五百二十两,论名分本可按三房均分,维诸子既系一父所生,骨肉之间总当原情衡断,不能使有集苑集枯之感。应将五百金作为十股,分长房传经之妇宋杨氏得三股,二房宋传纶二股,三房传棋、传授、传薪、传纪、传纲各得一股,外以二十两作为宋秦氏养赡,以后此屋如有赎取杜卖之时,亦按此次断定十股计算,无得异说。"在这里,不是按三房来均分,而是将出典房屋所得价款分为十股,大房得三股,二房得二股,三房五子各得一股,是为了避免七个儿子之间分配上的畸多畸少,并依据一父所生骨肉,应当一视同仁的人之常情作出的。

像这类依"情""理"来裁判的例子,在《各省审判厅判牍》中还有不少。如重庆地方审判厅审理的一件"亲谊通财责令后人偿还案",[①]也是这方面的代表。案中王晏氏、梁晏氏系同胞姊妹,晏鹤青系该氏等胞兄,梁晏氏幼嫁梁绍先为继室。梁绍先生前先后约借王晏氏之夫王醴泉银四百余两、晏鹤青七百余两,因彼此谊属至戚,前账未清,又复赓续借贷,至年终付给利息。后梁绍先去世,王晏氏等向梁绍先之父梁锡恩索讨。重庆地方审判厅审理后,在判词中说:

---

① 汪庆祺编:《各省审判厅判牍》,李启成点校,北京大学出版社 2007 年版,第 108 页。

查案集证讯明前情,自应据理判决。查父债子还,天下公理,有账权者不应于姻亲尊长追索滋嫌。此案梁绍先约借王晏氏故夫银四百余两,晏鹤青银七百余两,利息多寡,当日并不计较,既有情谊在先,自应全始全终,以敦旧好。乃王晏氏等因绍先故后,欲将此项债款逼令伊父锡恩偿还,于理不顺,于情尤属不周,况伊子俊卿现年三十余岁,兼能独立经营商业,且有财产可以相续,并非无力偿债者比,自应查照县断,饬梁俊卿迅速措还,以清纠葛而完父债。惟王晏氏等系属至戚,不能不格外宽让,顾全戚谊,反复开导王晏氏等,甘愿义让七成,作三成收楚。

判决梁绍先所欠债款由其儿子梁俊卿,而非由其父亲梁锡恩来偿还的依据是"父债子还"的"天下公理",并批驳王晏氏等要求原告父亲梁锡恩偿还其子的欠债为"于理不顺,于情尤属不周"。这是以"情""理"为依据裁判的又一典型案例。这样的例子在《各省审判厅判牍》还有许多,恕不一一列举。

除了以"情""理"来裁判之外,《各省审判厅判牍》中更多的判决文书是依"法"来裁判的。那么这类依法裁判的判决文书,它们在征引法律时的具体做法是怎样的呢? 请看下面的实例。

例六:斗殴杀人　奉天高等审判厅案[1]

缘王永恒与许成满素好无嫌,彼此同受雇永增园饭馆佣工。宣统三年正月初一日,王永恒与许成满闲坐谈笑,许成满向称头晕,王永恒戏说思家装病,许成满以欲同王永恒之妻睡宿之言回谑,王永恒用手将许成满推扑炕上,撞出鼻血,并挣伤左肋,许成满起身还推,王永恒用拳格伤其右腮颊,许成满复向扑推,王永恒闪侧,复从身后推送,致许成满扑跌炕沿,磕伤肚腹。至四月初四日,因伤殒命。报由辽阳地方检察厅验明尸伤起诉,移送审判厅讯明前情,将王永恒依斗杀律拟绞,于三月初九日判决。该地方检察厅以衅起和同相戏,死由回推栽跌,正与戏杀律注相符,即谓互相推扑已有斗情,亦当引例,不宜引律等情,转请覆判到厅。查戏杀意义,谓彼此所为之事皆知其足以相害,而两人情愿和同以

---

[1]　汪庆祺编:《各省审判厅判牍》,李启成点校,北京大学出版社2007年版,第120页。

为之,因而致伤人命,乃得谓之戏杀。律注以堪杀人之事为戏,如比较拳棒之类二语,其义自明。今王永恒因许成满用言戏谑,先将其推倒受伤,继复因许成满回推,又用拳将其格伤,迨被再扑,该犯既已闪侧,乃复从后推送致将其扑跌受伤身死,一推一扑,再接再厉,虽未互相骂詈,而争斗情形已实,无词可曲为解脱,正不得以衅起戏谑,遂强附为戏杀。该地方审判厅将该犯依斗杀律拟绞监候,情罪极为允协,应仍照原拟判决。查现行刑律载:斗殴杀人者,不问手足他物金刃并绞监候等语。此案王永恒因许成满用言戏谑,将其推倒炕上,迨被回扑,辄复从后推送,致磕其肚腹身死,实属斗杀,自应按律问拟。王永恒应仍如辽阳地方审判厅原判,合依斗殴杀人者不问手足他物金刃并绞律,拟绞监候。衅起戏谑,死由推磕,应酌入秋审缓决。尸棺饬埋。此判。

本案先后经辽阳地方审判厅与奉天高等审判厅两次判决,原判判决王永恒应按《现行刑律》中的"斗杀律"处绞刑,辽阳地方检察厅以衅起和同相戏,死由回推栽跌,正与戏杀律注相符,因而应当判"戏杀"而非"斗杀"。退一步讲,即便在互相推扑的过程中已有了斗杀情形,也应援引"例"而不是援引"律"来定罪,并以此为理由,转请奉天高等审判厅复判。奉天高等审判厅对何谓"戏杀"进行分析后认为,本案案情符合"斗杀"而非"戏杀",因而,被告王永恒应如辽阳地方审判厅原判那样,依《现行刑律》中的"斗杀"律定罪量刑,应拟处绞监候,考虑"衅起戏谑,死由推磕"的因素,应"酌入秋审缓决"。本案中无论辽阳地方审判厅的判决,辽阳地方检察厅的复判请求及最后奉天高等审判厅的判决,都依据的是《大清现行刑律》。只是针对适用《大清现行刑律》的"斗杀"还是"戏杀"情形来判案有不同的意见。

例七:抽头聚赌　珲春初级审判厅案①

缘玉山系厢黄旗人,家住珲春城东,于二月十四日有关小元等到其家商定租房设赌,当时言明每吊抽头一百文,与关小元平分。本日开赌,遂被游巡队往拿,共获十人,送巡警局拘留。嗣于二十二日移送检察厅起诉前来,当经讯明,玉山供称偶然容留聚赌抽头不讳。赵占奎、郭玉坤、王祥云、王天保、赵占元、张永泰、

---

① 汪庆祺编:《各省审判厅判牍》,李启成点校,北京大学出版社2007年版,第228页。

周开禄、春顺等均供偶然聚集同赌是实,并同称托伦一名实未共
赌,其为首作宝之锡某及关小元二名,确系当场逃脱等情,再三研
诘,均无异词,讯之托伦,亦同出一词,案无遁饰,应即判决。查现
行律载:凡赌博之人各处十等罚。偶然会聚开场窝赌及在家容留
赌博,或将自己银钱放头、抽头无多者,各徒一年等语。此案赵占
奎、郭玉坤、王祥云、王天保、赵占元、张永泰、周开禄、春顺均供同
赌,合依凡赌博之人各处十等罚例,拟处十等罚,移检察厅执行。
玉山讯系容留赌博在家抽头,虽属无多,罪在徒一年,应移检察厅
将玉山解送地方厅定拟,以清权限,并移请检察厅转知巡警局将
逃犯锡某、关小元密绑,俟到案另办。其余,托伦讯未同赌,免议。
赌具销毁。此判。

本案是一件以初级审判厅为制作主体的判决文书。其中的裁判依据
就是《大清现行刑律·杂犯》中的"赌博"条。

(三)《最新司法判词》中的裁判依据示例

《最新司法判词》是进入民国后,各级审判厅于民国元年至二年间制
作的裁判文书汇集。由于此前清末法制变革已为近代法制进行了前期铺
垫,使得南京临时政府"首重法律"的政策得以全面推行。此间,以西方为
模范的近代法律制度初步成型。不过由于国体变更,万事肇始,新政府还
顾不上对法律进行修改、制订,而前清的法律因为与新的民国政体有违碍
而失去效力,使这一时期可资引用的法律愈加匮乏。于是出现了从国民政
府来说强调法治,而从社会各界来说却往往无法可依的矛盾现象。这在司
法审判中显得尤其突出,而且反映在了这一时期的判决文书上。从《最新
司法判词》中的判决文书可以看到,文书的格式较《塔景亭案牍》和《各省
审判厅判牍》中的判决文书格式有了很大的变化,格式的规范性、统一性大
大增强了。在制作文书时,已经有了明显的"依法"裁判的意识。所见四
卷全国各级审判厅制作的判决文书,绝大部分都有明确的法律依据,很少
见着纯粹依"情""理""习惯"就直接裁判的情况,即便有考虑"情""理"因
素的裁判,也是在首先依"法"的前提下进行的综合平衡。这些显然都是
法律受到尊崇的表现。不过,由于前述原因,在这些判决文书中,可以见得
社会对于哪些属于"法"这一问题,在理解与认定上存在争议,尤其是各种
法律草案,有的认为未经颁行,没有生效而不得引为裁判依据,而有的则认
为虽未颁行,但仍可作出裁判的依据。下面所引的判词中就有涉及这方面
争论的。

为清楚地观察这一时期裁判依据方面的变化,特照录几例《最新司法判词》中的判决文书。

例八:刘占元等呈诉周之翰当选违法一案(驳回)①

上告人　刘占元,年三十二岁,甘肃武威县人。省寓西街,铭日新师范学校肄业生,起诉四十八人代表。

王凤标,年三十八岁,甘肃武威县人。省寓西街,铭日新教员,起诉四十八人代表。

被上告人　周之翰,年三十二岁,甘肃凉州人。省寓小仓子,众议院议员。

右上告人对于中华民国二年三月十二日甘肃高等审判厅就该上告人等呈诉周之翰当选违法一案所为判决,声明上告,经本院审理,判决如左。

主文

本案上告驳回。

理由

上告意旨略称(一)被上告人先世以阴阳为业,其家贫甚,既无不动产,更无直接税,不合选民资格。(二)当初选以前,勾通方友兰调查作弊。不论财产、直接税各项资格,凡亲戚、故友、书役、吏胥为伊党援者,皆列名册籍,而合格者反不在列。(三)复选伊迩,被上告人及纪灏年、徐奉先等宴请西宁平番镇番各属初选当选人,托情投票,借政党之名,以遂其个人之私。(四)复选监督因投票者或有证书而非本人到或本人到而未带证书,当场展限一日,总期亲带证书投票,慎重其事,乃被上告人聚该党私人胁迫监督,自行画押,封锁票柜,似此妨害选举,应请撤销原判,将该被上告人当选取消云云。

被上告人对于上告意旨略称:查《众议院选举法》第九十条,选举诉讼,初选自选举日起五日内向地方审判厅起诉,复选于十日内向高等审判厅起诉,并未定有上诉明文,是选举诉讼为特别诉讼,适用特别法律,当然不能上诉,即以普通诉讼而论,凡上诉于大理院者,谓之上告。各国通例,上告要件,应以第二审判决违法为理由,其上告无理由者,法院应以判决驳回上告。前清《诉讼律草案》第三百八十九条及四百零九条,亦有明文,是大理院对于

---

① 佚名:《最新司法判词》第一册,上海商务印书馆 1923 年版,第 66~71 页。

此案,即照普通诉讼办理,亦惟有受理不服高等审判厅违法判决之上告,始为得体。乃细绎原呈,荒谬糊涂,毫无上告之理由。按照前引通例及《诉讼律草案》,则此无理由之上告,实在驳回之例。今乃令之翰速具辩状,不知根据何种法律,实所未解云云。本院查选举诉讼,本院前本案而受理者,已有多件,均经判决,并由执行机关分别执行。惟本院受理此种案件,根据安在,则现行法上最强有力之法理是也。今就众议院议员选举诉讼言之。(一)按《众议院议员选举法》,将受理选举诉讼之权限,属于法院,并于第八十二条、第八十四条明白宣示。该法系采用审判确定主义,非用一次宣告主义,故如选举无效,须有第八十二条第一款或第二款情形;而经审判确定者,当选无效,须有第八十四条第一款至第四款情形之一,而于第三、第四款之情形,并须经审判确定者而后可也。法律所谓经审判确定者,即依据一定程序,于最初受诉法院判决之后,经过上诉期间而无上诉,或已上诉而经最高司法衙门之判决者,最初受诉法院之判决,至是始得称为确定。若仅有最初受诉法院判决,尚在上诉期间内,或已上诉而上诉衙门未经判决时,即不得认为确定也。法文不曰经判决宣告,而曰经审判确定,其真意所在,本甚明了。最初受诉法院判决后,尚须按照一定程序经过上诉,已明明为法律所预期,更无可游移解释之余地。此本院对于高等审判受诉之选举诉讼,不能不受理其上诉理由一也。(二)《众议院议员选举法》又仅于第九十条至第九十三条规定起诉程序,至究竟对于此种案件,应践行何种程序以行审判,并未详细规定,亦无何等限制明文,则法律之意,当然准用普通民事诉讼程序,断无可疑。故如诉讼程序,若反于民事诉讼法则及其原理原则者,于法自属不合,其因准用民事程序,诉讼当事人双方应有利益,尤应尊重,法院以司法机关,断不能于法律明文外,擅予以何等之限制,致剥削人民之利益,此又不易之理也。是以选举诉讼案件,不特就该法第八十二条、第八十四条观察,足知法律已有准其上诉之明文,即就准用普通民诉程序之结果言之,无特别法则之制限者,当然适用普通法则。则上诉准否及其一切程序,自应准照民事诉讼程序办理,而现行法制,民事诉讼即为三审制度,以理言之,选举诉讼,似亦应有三审,惟《选举法》规定复选诉讼,应向高等审判厅起诉,则以明文规定之结果。按照民诉法理,对于高等审判厅之判决,不能更有控告审,仅能有上告审。故本院对于各省高等审判厅之判决,自不得不受理其上告。夫上诉权,本诉讼当事人双方应有权利,法律不特无制限之明文,且有明示之规定。(如该法第八十二条、第八十四条)以司法衙门之法院,安能轻予剥削,而不为之受理?此本院本于约法上独立之职权,对于选举诉讼案件之上诉,依据法律,即应受理之理由,又其一也。此历来之办法如是,自不能于本案有特别之看待,故认为本案应予受理。上告人(按:恐当为"被上告人"之误)之抗辩,不得认为有理由。

查《众议院议员选举法》第九十一条,选举人确认当选人资格不符或票数不实者,得依前条之规定起诉。是提起当选无效之诉讼,应以资格不符或票数不实者之二理由为限。至选举犯罪,规定于刑律妨害选举罪一章,为刑事诉讼范围,与选举法称选举诉讼者,不容混视,其应践程序,自应依普通刑事诉讼程序办理。本案上告人,在原审及本院上告审之上告意旨,第一论点具述理由,谓被上告人当选资格不符,其当选为无效。本院按:众议院议员之积极、消极当选资格,于《选举法》第五条至第九条规定之。据上告人所称各节,并无违背各该条法文当选之主张,则原审认定该被上告人实无当选不符之事实,尚无不合。上告第一理由,当然不能成立。至第二、第三、第四各论点,均系选举犯罪问题,如果属实,自可由该上告人另依刑事告发程序办理,断不能于本案选举诉讼为何等之主张,乃原审误与选举诉讼一并审判,不得不认为违法。惟本院按照诉讼通例,凡裁判依该上告理由,虽系违背法律,而依其他理由可认为正当,仍应维持原判,而对于该上告即为驳回之判决,本案上告人所主张,既与法定当选无效之条件不合,原判被上告人当选有效,自应予以维持,认该上告为无理由,即行驳回,故为判决如右。

中华民国二年六月七日

大理院民庭

审判长推事　姚　震

推　　　事　胡诒毂

推　　　事　林行规

推　　　事　黄德章

推　　　事　陆鸿仪

书　记　官　汪乐宝

　　这是一件大理院关于选举诉讼的判决。大理院陈述的判决理由非常值得关注。从中可以看到,不仅是大理院在依据法律充分论证其受理本案上告的理由,就连当事人双方,尤其是被上告人,在答辩状中都紧紧围绕法律展开充分的辩述。被上告人依据《众议院议员选举法》第九十条、第三百八十九条及第四百零九条,认为选举案件应当适用特别程序,实行一审终审,不得上诉;退一步说,即便依前清《诉讼律草案》,按普通程序进行诉讼,上告人亦无上告理由,因而对于大理院受理本案提出异议。大理院根据对选民资格案件究竟应当采用何种法律程序进行审理法律并未作出规定的实情,首先依据《众议院议员选举法》来论证此种案件应当有上诉程序是法律隐含之义,因而应当受理上诉;其次依据民事诉讼法原理和原则,论证对于高等审判厅之判决,不能更有控告审,仅能有上告审。故对于各省高等审判厅之判决,自不得不受理其上告。最后同样依据《众议院议员选举法》判决上告人的上告理由不成立,驳回上告,维持被上告人当选有效的原判。

　　在《最新司法判词》第一卷大理院所作的判决文书中,征引裁判依据基本上都采用上例的方式,不仅明确指出裁判所依据法律的名称,而且还具体到了该法中的某一条款。这在《塔景亭案牍》和《各省审判厅判牍》是不曾见到的。

　　对于法律草案是否可以引为裁判依据,从《最新司法判词》来看,当时的司法实践中,各级审判厅基本上是认同可以依据法律草案进行裁判的。下面的案例正好可以说明这个问题。

例九:上海地方审判厅判决罗子樵控告南市裁判分所管辖错误不服判决一案①

　　控告人　罗子樵,年四十六岁,湖南人,住丰记码头立生祥。
　　控告代理人巢堃律师。
　　被控告人　徐菊如,年五十四岁,本地人,住陈箍桶桥。
　　被控告人辅佐人何飞律师。
　　右案业经言词辩论终结,本厅判决如左:
　　主文
　　此案应以南市裁判分所为原审衙门,讼费二十元,由败诉人罗子樵担任。

① 佚名:《最新司法判词》第一册,上海商务印书馆1923年版,第53页。

呈诉事实

缘徐菊如与人合本在台北开设锅业公司,公举王子馀为经理。去年八月,王子馀病故,由罗子樵为经理。徐菊如声明拆股,结至九月二十二日为止,连本利红股共计一千五百余元,由罗子樵书信承诺,约定汇交上海立生祥号交付。屡次愆期,适罗子樵由湘来沪,由徐菊如扭交南市裁判分所,判决罗子樵限一月内清理。罗子樵不服判决,委任代理巢堃援据《中日通商行船条约》第三款,以公司在国外土地,应由日本审判官署审理,对于南市裁判所审理此案,认为管辖错误,提起控告到厅,复据被控告人徐菊如偕同辅佐律师何飞辩诉前来,当经庭讯,两造辩论终结。

判决理由

……控告人代理律师攻击被控告人诉讼行为,其重要之点则为民律未经施行,不能适用假扣押之规定,遂以徐菊如扭诉罗子樵为不合法。查《民律草案》前三编,系江苏省议会议决,暂行应用,即使未经司法部正式颁布,然以该代理律师法庭之所辩论,谓江苏省议会议决如本国法律不完备者,可以参考各国法理。夫各国法理尚可参考,独于本省议会议决之法律,反不可参考乎?是控告人攻击被控告人主张亦无理由。本厅对于控告人无理由之上诉,既已逐条说明,因得依据《民诉律》第二十三条、第三十六条、第四十条规定,判决如主文。

民庭庭长		沈尔昌
推	事	戴邦桢
推	事	赵恒默
录	事	沈宗约

这件判词在依据上可注意的地方在于:首先,控告人援据《中日通商行船条约》第三款,对由南市裁判分所审理此案的初审管辖权提出异议。其次,控告人以《民律》未经施行,仍属草案,不能适用其中的规定来论证徐菊如扭诉罗子樵的行为不合法。最后,上海地方审判厅以《民律》草案前三编,系江苏省议会议决可以暂行应用为理由进行反驳,指出如果控告人的代理人认为本国法律不完备者,可以参考各国法理的话,那么本省议会议决之法律反而不可参考适用显然是荒谬的。于是据《民律》草案前三编中的相关条文及《民诉律》"第二十三条、第三十六条、第四十条规定",作

出了控告人败诉的判决。这里的"民诉律"其实也是草案,即《大清民事诉讼律草案》,显然,法律草案在当时司法裁判中的适用是不争的事实。

在《最新司法判词》全四册中,民事判决文书裁判依据的写法大致如上两例。而刑事判决文书的裁判依据则更加统一。如在山西高等审判厅判决杨长青等上诉席元耀等一案的主文为:"席元耀依《暂行新刑律》第一百四十五条之规定,处五等有期徒刑,刑期六个月;吴丕烈依第一百五十五条之规定,处五等有期徒刑,刑期六个月,从刑一年以内,俱褫夺公权全部。……"①江苏高等审判厅判决戴阿灶杀死曹六扣一案的主文为:"该案第一审原判决破毁之,被告人戴阿灶主刑,依《暂行刑律》第三百十一条,处以无期徒刑,依同律第三百十一条,终身褫夺公权全部,其供犯罪所用物铁剑一口,依同律第四十八条第三款没收之,又证据物血裤一条,俟本案判决确定后付还之。"②

需要注意的是,上述两例中所引的法律一写为《暂行新刑律》,一写为《暂行刑律》,在其他判词中还有称《新刑律》的,名称略有不同,其实并非不同的法律,都是指袁世凯任临时大总统后,令法部对《大清新刑律》进行删修后形成的《暂行新刑律》。同一部法律,不同法院或同一法院不同判词中的名称不统一,这是当时的判决文书在引用裁判依据时存在的一个突出问题。

(四)《华洋诉讼判决录》中的裁判依据示例

《华洋诉讼判决录》所收判决文书的制作时间在 1914—1919 年。其价值如下:首先,第一次收录了民事决定书这种新的法律文书种类,此前中国法制史上未曾出现过。《华洋诉讼判决录》因此成为法律文书发展史上一部标志性的裁判专集。其次,第一次集中收录了涉外案件裁判文书,弥补了此前涉外案件裁判文书的空白,是对中国清末民初时期涉外司法实践状况不可多得的真实记录,对于从国内诉讼及涉外诉讼两方面全面考察这一时期的司法实践状况提供了难得的资料。从中可以看到领事裁判权的变化轨迹及涉外诉讼与国内诉讼之间的不同特点。最后,在裁判专辑中第一次出现了"判决书"这一名称。

《华洋诉讼判决录》由三部分内容构成:(1)民事判决书;(2)民事决定书;(3)刑事判决书。为此,在下面的示例中各选其一,以示直观,同时便于分析。

---

① 佚名:《最新司法判词》(第二册),上海商务印书馆 1923 年版,第 420 页。
② 佚名:《最新司法判词》(第二册),上海商务印书馆 1923 年版,第 441 页。

例十:日商成愿新三与大兴料器厂因商标纠葛一案判决书①

判决

控诉人　成愿新三,年二十三岁,日本国人,住天津福岛街,永信洋行行东

代理人　大木干一,未到案

复代理人　小林助次郎,年三十二岁,日本国人,住天津吾妻街

被控诉人　大兴料器厂,天津河北关下

代理人　张瑞芝,年三十一岁,天津人,住河北关下,大兴料器厂经理

　　张务滋律师

被控诉人　魁发成,天津东门外

代理人　张文汉,年二十岁,天津人,住东门外魁发成,业商

被控诉人②　王和顺,天津河北大街

代理人　徐云峰,年二十八岁,宁津县人,现寓本埠河北大街,业商

被控诉人　三和成,天津三条石街

代理人　贾奎金,年二十四岁,冀县人,现寓本埠三条石街,业商

上述控诉人为商标纠葛案件,不服天津地方审判厅民国六年一月十九日第一审之判决,声明控诉。本厅审理,判决如下。

主文

大兴料器厂之控诉驳回。

原判关于魁发成、王和顺、三和成之部分变更。

魁发成、王和顺、三和成不得代大兴料器厂售卖类似铁锚樱花商标之灯罩。

成愿新三其余之控诉驳回。

讼费大兴料器厂负担十分之八,成愿新三负担十分之二。

事实

缘永信洋行行东成愿新三,在天津制造贩卖料器,曾将其本国特许局登录之铁锚樱花商标,于民国四年十二月二十二日向津

---

① 直隶高等审判厅:《华洋诉讼判决录》,何勤华点校,中国政法大学出版社1997年版,第209~212页。

② 点校者注云:"原书无,按其上下文补。"

海关附设之农商部商标注册,天津分局挂号。

嗣成愿新三设(按:点校者注云"'设'(原文如此),此处可假借为'察'")大兴料器厂制造玻璃灯罩假冒此项商标,即具情诉经日本领事署函送交涉公署转送天津地方审判厅讯办。本年一月五日,大兴料器公司亦状请保护商标利益准予反诉。经该厅判认,成愿新三就所制料器灯罩铁锚樱花之商标有专用权,大兴料器厂不得仿用。其现存各项灯罩,应将类似之标记削除之。并先依假执行查封禁售。原告其他之请求驳回。被告之反诉并予驳回。两造对此判决均不服,先后声明控诉到厅。

理由

查本案成愿新三制造料器,以铁锚樱花商标于民国四年十二月二十二日向津海关附设之农商部商标注册,天津分局挂号,此为本案真实之事实。所争者即成愿新三此项注册是(按:"是"恐为"足"字之误)以对抗第三者与否。

是已本厅查商标注册章程,前清并未实行,民国自难继续有效。且据津海关监督函(本年六月十五日)称,凡登录商标,向不公告,仅将呈到商标函送农商部核办等。因是大兴料器厂代理人根据商人条例(民国三年三月二日公布)第十一条之规定,谓非经注册及公告后,不得对抗第三者云云,尚非绝无理由。原判对于成愿新三请求损害赔偿之一点予以驳回并无不合。

惟成愿新三在农商部商标注册、天津分局挂号为民国四年十二月二十二日;而大兴料器厂向天津县呈请注册,则为民国五年十二月十八日(两造涉讼以后),以条理论之,成愿新三挂号在先,铁锚樱花商标之专用权自应属之成愿新三,原判令大兴料器厂不得仿用,其现存各项灯罩应将类似之标记削除之,并先依假执行暂予查封禁售,其裁判自属允当。

大兴料器厂乃以成愿新三并无樱花铁锚商标之出品,即成愿新三呈案铁锚樱花之商标之灯罩,其商标之样式与注册商标之样式不符各点为控诉之理由。

查成愿新三向农商部商标注册、天津分局挂号为民国四年十二月二十二日,使当时若无出品挂号,何为至成愿新三呈案铁锚樱花商标?经本厅详细核对,其商标之样式与注册商标之样式确相符合。大兴料器公司之控诉其无理由已不待言。

又成愿新三攻击大兴料器公司对于铁锚樱花商标为已知情,

即使注册而无公告,成愿新三亦当然有对抗力。因举民国四年三月成愿新三与日商华胜公司因本案商标在日领事署涉讼,及当时组织天津玻璃工厂联合会、大兴料器公司支配人赵子森及中利公司均曾莅会各节为证明。经本厅函调日领事署案卷参考,据日领事署复(本年五月三十一日)称,当时仅系口头并无案卷云云。又据赵子森在本厅供(本年六月二十六日)称,民国三年开会现已记不清了等语。又本厅派书记官李维祺赴中利公司调查,据报告(本年六月五日)称,中利现已改名中记,中记号人员于民国四年之事均不知情云云。是成愿新三所举各节,业已无从调查,何足以为大兴料器厂对于铁锚樱花之商标为早已知情之证明?

惟成愿新三控诉状所称,原判对于被控诉人魁发成、王和顺、三和成未明确表示禁其发卖系争货物一点,殊属遗漏。本厅爰将此之部分变更,判令魁发成等三家不得代大兴料器厂售卖类似铁锚樱花商标之灯罩。其他成愿新三之控诉驳回之。又诉讼费用照章着大兴料器厂负担十分之八,成愿新三负担十分之二。特为判决如主文。

中华民国六年七月十四日

直隶高等审判厅民二庭

审判长推事　孙观圻

推　　　事　高梦熊

推　　　事　孙佐廷

书　记　官　李雅祺

本案是一起涉外商标纠葛,判决书记录的起诉过程为原告日商成愿新三以大兴料器厂制造玻璃灯罩假冒商标,"具情诉经日本领事署函送交涉公署转送天津地方审判厅讯办",可见,该案的起诉是由日商向日本领事署具状并由领事署致函天津交涉公署转送天津地方审判厅讯追审理的。显然,领事署在本案中只起到转请受理诉讼的作用,此后并未直接参加诉讼。这与领事裁判权前期,领事参与甚至主导诉讼的情况已有很大的不同。表明清末民初的法制建设进程,确实对于裁撤领事裁判权制度起到了积极作用。

本案对于成愿新三所制造料器享有铁锚樱花商标不存在异议,所争者即成愿新三此项注册是否足以对抗第三者，即本案中大兴料器厂等。

对于争论的裁判，法庭提到的法律依据有三：一是前清的《商标注册章程》；二是民国三年的《商人条例》；三是条理。但最后作为裁判依据的只是《商人条例》和条理，前清的《商标注册章程》被认为在"前清并未实行，民国自难继续有效"，因而未加以适用。这是值得关注的。因为类似《商标注册章程》这种情况的前清法律有很多，但民国审判厅对待它们的态度却并不一致。因为有些前清法律不仅仅是尚未实行，而是根本就还未颁布，甚至有些还只是法律草案，如《民律草案》虽经 1915 年"法律编查会"修订成为一部新的《民律草案》，但其草案的属性并未改变，却在民国司法实践中被普遍运用，直到 1928 年南京国民政府陆续公布实施《中华民国民法》各编为止。

另外，在本案的裁判依据中，"条理"的适用也是值得注意的。[1] "条理"源出于日本法律。据梁启超说："条理者，日本法律上专用之一名词。裁判官于法文所不具者，则推条理以为判决。如我国所谓准情酌理也。"按此说法，则条理就相当于我国的"情""理"。不过滋贺秀三认为二者还是有所差异，条理所具有的规则形式的指向性比情理强。[2] 尽管如此，中国法律借用日本"条理"这一法律词汇来代称"情理"当是不错的判断。本案所指的"条理"其实就是"先来后到"这样的情理。并以此判定挂号在先的日商应享有铁锚樱花商标之专用权。

《华洋诉讼判决录》中除了主要依法之外，也依"条理"裁判的案件还有"张星桥与英商隆茂洋行因货款纠葛一案"，其判决书明确写道："本厅查商事法条理，仓库营业者于自己或其使用人关于受寄物之保管，不能证明非怠于注意，就其灭失或毁损不得免损害赔偿之责任。""王幼山等与日商吉田房次郎因赔偿损害一案"的判决书有云："又按诸条理，商人间所用之到货单，确为分别买主卖主孰负迟延责任之用。卖主送交买主证明货已到达，可免迟延之责。卖主知否货到及起货是否迟延，自非将到货单盖戳交回或另给卖主收据无由证明。""王文轩与日商吉田房次郎因定货纠葛一案"，其判决书写道："查欠款不还，请求利息，条理上自属正当，本厅对于正当之请求固得迳为核判。"[3]

---

[1]　关于"条理"，本书第六章谈到商标权案件时，有更详细的内容，可以参见。

[2]　参见［日］滋贺秀三：《清代诉讼制度之民事法源的概括性考察——情、理、法》，载王亚新、梁治平编：《明清时期的民事审判与民间契约》，王亚新、范愉、陈少峰译，法律出版社 1998 年版，第 35 页。

[3]　上述三例分别引自直隶高等审判厅：《华洋诉讼判决录》，何勤华点校，中国政法大学出版社 1997 年版，第 45、53、186 页。

需要说明的是,《华洋诉讼判决录》上述案例并非单纯地依据"条理"进行裁判,"条理"只是裁判案件中某一项的依据,而其余各项,则都有明确的法律依据。这些事实印证了这样一个判断:从清末到民国,裁判依"法"的比重明显增加了,相应的"情理"则逐渐淡出法律依据的范围,只不过这不意味着"情理"在审判中的消失。

下面看看在《华洋诉讼判决录》中的一件刑事判决书。

例十一:架利的姆脱逃未遂一案判决书①

判决

控诉人　架利的姆,年三十六岁,希腊国人,卖烟卷

上述控诉人为脱逃未遂案,不服天津地方审判厅洪宪元年(1916年)二月二十六日第一审判决,声明控诉。本厅审理,判决如下。

主文

原判撤销。

架利的姆脱逃未遂之所为,处五等有期徒刑两个月,与前科诈财罪之刑并执行之。

事实

缘架利的姆与土耳其人呢忌缅士甸,因共同诈财案件经判处三等有期徒刑四年,案已确定,尚在天津地方检察厅看守所收押未送执行。

本年一月十六日夜十二时顷,架利的姆突将笼栅栏扳断一根,由内挤出走至该所炊室外,脚蹬墙砖手攀屋檐,意图脱逃。

当经所丁李华亭瞥见,上前奋力抱住拖下。巡警张文光等闻声赶至,将该犯抓归号内,报由所长转报天津地方检察厅,勘查属实,侦讯终结。起诉到该同级审判厅审明依律判处罪刑。

架利的姆不服声明控诉到厅。本厅开庭审理,据架利的姆供认,意图脱逃不讳。

---

① 直隶高等审判厅:《华洋诉讼判决录》,何勤华点校,中国政法大学出版社1997年版,第367～368页。

理由

据上事实，该控诉人确已构成刑律第一百六十九条第一项之未遂罪，且亦自白不讳，故其控诉殊无正当理由。惟查该控诉人系审判确定后尚未执行时犯脱逃罪，稽之看守所长报告，其足可证明原判认为刑律第十九条之再犯，加本刑一等处断，实属错误。且控诉人所犯脱逃罪系属未遂，原判未予减等，亦未免失之严酷。合将原判撤销，由本厅自为判决。

架利的姆脱逃未遂之所为，据供系因监狱内不得自由，遂发生脱逃意思，并自认做错。审按情节，不无可原，应依刑律第一百七十三条，适用第十七条第三项。减第一百六十九条第一项本刑一等，处以低度之刑。并依四年九月大理院统字第三百三十三号解释，宣告与前科诈财之刑并执行之。特判决如主文。

本案经同级检察厅检察官颜希鲁莅庭执行检察官之职务。

中华民国五年三月二十七日

直隶高等审判厅刑庭

审判长推事　　张梯云

推　　　事　　赵之骙

推　　　事　　周伯甲

书　记　官　　胡桂森

本案对于控诉人行为构成脱逃未遂罪的认定，完全是依据《刑律》，即《暂行新刑律》的规定进行的。直隶高等审判厅二审后认为，原判根据第十九条关于"再犯"的规定量刑，加本刑一等处断，实属错误；应按《暂行新刑律》第一百六十九条第一项之规定认定控诉人犯脱逃未遂罪，同时按第十七条第三项减本刑一等，再依民国四年九月大理院统字第三百三十三号解释，宣告与前科诈财之刑合并执行。这里大理院的司法解释作为法律依据出现在判决书中，它表明作为裁判依据的"法"，在民国时期已经明确包含了大理院的司法解释在内。

例十二:徐永元与华顺洋行因债务纠葛一案决定书①

决定

控告人　徐永元,年四十岁,天津县人,住南门外炮台庄,业商

上列控告人对于中华民国四年一月十六日天津地方审判厅就控告人与华顺洋行债务纠葛一案所为第一审之即时判决,声明控告。经本厅审查,决定如下。

主文

本件控告驳回。

理由

查普通诉讼法理,凡受缺席判决之当事人,对于该判决得声明窒碍,原审判衙门得用职权调查窒碍之是否合法。不合法则以判决驳回之;窒碍合法者,该诉讼回复缺席前之程度。

各级审判厅试办章程第三十九条所规定之即时判决,即是缺席判决。该章程虽无对即时判决的声明窒碍之规定,然县知事审理诉讼暂行章程第三十三条即规定声明障碍之方法。可知当事人对于缺席判决声明窒碍是民国现行法令所许,不过审判厅与县知事之诉讼手续互有详略而已。当事人对于缺席判决即可以声明窒碍为救济之方法,自毋庸认真,其有上诉之权利。

本案控告人于宣统三年正月,将房契押借华顺洋行行平化宝银一千两,并立借字为凭。因久未偿还,由该洋行代理人陈义安诉经天津地方审判厅,迭次票传控告人,迄未到案。该厅遂按照各级审判厅试办章程第三十九条第二款予以即时判决。

兹据控告人控告状称其时外出未归,分居弟徐永和又在北京报馆就事,并非情虚躲避可比。所诉各节如果属实,自可依照上开法理向原审判厅声明窒碍。乃迳向本厅声明控告,殊属不合。本件控告应予驳回。

再,声明窒碍期间,各国法律规定各异。各级审判厅试办章程即无缺席判决、声明窒碍之规定,故亦无此项法定期间。按之

---

① 直隶高等审判厅:《华洋诉讼判决录》,何勤华点校,中国政法大学出版社 1997 年版,第 283～284 页。

司法部修正各级审判厅试办章程第三十六条第三项,刑事缺席判决其上诉期之起算,即准照民事诉讼各规定。而原章程抗告期间,亦定为二十日。可知立法意旨以宽大为主。

　　本案天津地方审判厅于一月十六日判决,二月五日送达判词。控告人于二月二十四日声明控告,其控告尚在上诉期间以内,应认为未经过声明碍窒期间,其原缴讼费准作为声明窒碍之讼费,向原审具状时,毋庸再行缴纳。特为决定如主文。

　　中华民国四年二月二十五日

直隶高等审判厅民三庭

审判长推事　吴荣鈵

推　　　事　熊元楷

推　　　事　李兆泰

书　记　官　郭振铨

　　本文书为"决定书",是一种新型法律文书,此前不曾有过。综观《华洋诉讼判决录》所收全部 19 件决定书,与本文书一样,都解决的是诸如缺席判决、管辖争议、诉讼费的缴纳与展限、假执行之申请等程序问题。将程序问题与实体问题分离,不再使用解决实体问题的判决书予以裁判,而是采用一种新型的决定书专门解决程序问题,表明程序已引起了民国法律的重视。

　　本文书的裁判依据:一为普通诉讼法理;二为《各级审判厅试办章程》;三为《修正各级审判厅试办章程》;四为《县知事审理诉讼暂行章程》。

　　本件决定书引用普通诉讼法理、《各级审判厅试办章程》《修正各级审判厅试办章程》《县知事审理诉讼暂行章》而不援用经过修订的《民事诉讼律草案》《刑事诉讼律草案》,这不是《华洋诉讼判决录》中的个别现象,与《最新司法判词》普遍援用《大清刑事诉讼律草案》和《大清民事诉讼律草案》的情况形成鲜明对照。《最新司法判词》中引用诉讼律草案的情况比比皆是,如中华民国元年八月十三日江苏高等审判厅判决蒋陈氏以子蒋子龙被诬陷罪一案的理由为:"按现行刑事诉讼律,废弃口供主义,采用众证主义,故第三百二十六条第一项明揭认定事实,应依证据之规定,盖所以示断案者以准的,不能以绝无根据一面之词人人以罪也。"上海第四初级审判厅判决黄文生呈诉奚圣全等串赖借款一案的主文称:"着黄文生将奚圣全所抵摇船牌子缴案,并已呈案借据,均交姚吴氏收执,并着姚吴氏缴银二十七元,给黄文生具领。姚吴氏所呈账簿一本,账折一扣,着发还。应征讼费银三元,依民事诉讼律第一百十四条,由黄文生担任。"①这里所谓的"现行刑事诉讼律"与"民事诉讼律"即为《大清刑事诉讼律草案》和《大清民事诉讼律草案》。

《华洋诉讼判决录》中涉及程序问题更多引用普通诉讼法理、《各级审判厅试办章程》《县知事审理诉讼暂行章程》而非民事刑事诉讼法,当是因为北洋政府在清末《法院编制法》的基础上,于1913年9月公布了《修正各级审判厅试行章程》,1914年4月公布了《地方审判厅刑事简易庭暂行规则》《县知事审理诉讼暂行章程》,1914年4月5日公布了《县知事兼理司法事务暂行条例》,②相比而言,审判厅适用这些经民国政府正式公布的法律比起适用那些效力未定的前清法律显然风险要小,因而更安全些。这恐怕是《最新司法判词》与《华洋诉讼判决录》中关于程序问题的裁判依据发生变化的主要原因。

二、四专集裁判依据比较

如前所述,传统诉讼中能作为裁判依据的,除了法律而外,还有情与理。因此,下面进行的比较就分别从这三方面来进行。

(一)引用法律的比较

四部裁判专集虽然总体上都出自清末民初,但毕竟还是有时间的先后,而且由于法制变革及国体更张的因素,使四部裁判专集所依托的法制环境有很大的不同。这些差异反映在法律文书据以裁判的法律依据上是很明显的。为了更清楚地呈现四部专集法律文书中所引用的法律依据,特作下表。

四专集所收判决文书引用的法律依据一览

专集名称	法律依据
《塔景亭案牍》	1.《大清律例》;2.《禁烟条例》

① 上述两例分别引自佚名:《最新司法判词》,上海商务印书馆1923年版,第二册第449页、第四册第11页。

② 参见张晋藩:《中国法律史》,法律出版社1995年版,第550页。

续表

专集名称	法律依据
《各省审判厅判牍》	1.法理；2.《大清现行刑律》；3.《大清会典》；4.《现行公司律》；5.《法部奏定分划司法区域章程》；6.《钦定宪法大纲》；7.《奏定顺属清讼办法》；8.《报律》；9.《禁烟条例》；10.《安徽省城电灯厂章程》
《最新司法判词》	1.法理；2.《暂行新刑律》；3.《民律草案》；4.《大清刑事诉讼律草案》；5.《大清民事诉讼律草案》；6.《众议院议员选举法》；7.《法院编制法》；8.《各级审判厅试办章程》；9.大理院判例
《华洋诉讼判决录》	1.条理；2.《暂行新刑律》；3.民国《民律草案》；4.《修正民事诉讼律草案》；5.《修正各级审判厅试办章程》；6.《县知事审理诉讼暂行章程》；7.《民事假扣押暂行规定》；8.《中英通商行船条约》；9.《中英通商行船续约》；10.《中日通商行船条约》；11.《政府遣送敌国人回国章程》；12.《商人条例》；13.《壬子兵变洋商损失赔偿章程》；14.大理院判例；15.大理院司法解释

注：本表中，除《各省审判厅判牍》各项是根据李启成博士在《晚清各级审判厅研究》一书后所附《〈各级审判厅判牍〉中的判决书一览表》基础上进行统计的而外，其余三部专集各项均由笔者逐一搜寻统计而来。

可以看出，四部裁判专集中裁判文书所依据的法律在政权更迭、制度变革的大背景下，也发生着变化。比如，同属刑事案件，清末裁判的依据主要是《大清律例》，清末法制变革时期则为《大清现行刑律》，而民国初期则主要为《暂行新刑律》、《大清刑事诉讼律草案》、法理（或条理）、《县知事审理诉讼暂行章程》等。法律分工日渐精细化，部门法逐渐形成并丰富，实体法与诉讼法各自独立，这些变化被处于不同时期的四部裁判专集中的裁判文书如实地记录下来。

（二）"情""理""法"所占比重的比较

为了更直观地表现四部专集中"情""理""法"各自在总的裁判依据中所占的比重，特根据笔者对四部专集中裁判依据的逐一统计制成下图。

《塔景亭案牍》中的裁判依据比重

法 24%
其他 4%
情理 72%

《各省审判厅判牍》中的裁判依据比重

其他 2%
情理 29%
法 69%

《最新司法判词》中的审判依据比重

其他 23%
情理 20%
法 57%

《华洋诉讼判决录》裁判依据比重

其他 19%
条理 10%
法 71%

可以看出，"情""理"在《塔景亭案牍》《各省审判厅判牍》《最新司法判词》和《华洋诉讼判决录》四部裁判专集中所占的比重从72%逐渐下降到29%，最后到10%。不仅如此，在《塔景亭案牍》中，法官完全可以只依据"情""理"进行裁判，而在《华洋诉讼判决录》中，出现依据"条理"裁判时，"条理"只是在依法裁判前提下的一种补充，并非单纯依据"条理"就能判案。

与此同时，四部裁判专集依法裁判的比重则呈现逐渐上升的趋势，由24%逐渐上涨到69%，最后到《华洋诉讼判决录》的71%。如前所述，在《华洋诉讼判决录》中，没有单纯依据条理进行裁判的，而是在首先依法律裁判的情况下，出现的一种补充情形。如果把这一因素考虑进去，则依法裁判的比例应当在81%左右。

对比之下，可以清楚地看到作为裁判依据的"情""理"被征引的比重日渐缩小，而"法"被征引的比重日渐扩大的相向趋势。这正是清末民初判决文书裁判依据变化的总体情况，是传统法制向近代法制转变的必然结果。

（三）征引法律方式比较

四部裁判专集中不仅依法裁判的比重不同，而且征引法律的方式也各有不同。

《塔景亭案牍》引用法律的方式通常以如下方式进行："干法律""犯科条""定律可凭、成案可据""律干诈伪""详之律注……""律以申合""按律殴伤者自有明条……""例应惩处""……例所不禁""……例有明条""夫立继之事，按例许无子者择贤立爱……"等。这样的表述中，读者所能获取的信息有限而且模糊，只知道是依据法律来进行裁判的，但清代法律显然不仅只是《大清律例》，究竟本案是依据哪部法律、哪个条文来裁判的就不得而知了。这是传统司法以法律为依据裁判后,在判词中书写法律依据的共同特征,并不限于州县自理词讼,徒刑以上案件的判词也一样。《塔景亭案牍》中也有一两件明确指明了依据的法律名称,相当于制作者将前面引用方式的"律"或"令"具体化为一部成文法名称了。如例五所引"李财生"一案判词的法律依据引用方式为:"《禁烟条例》兼禁私藏烟具。……"只是将依据的法律摆出来,并不直接表达为"依据《禁烟条例》,作出如下判决"。

《各省审判厅判牍》引用法律的方式比《塔景亭案牍》明确具体些了,这在刑事案件判决文书中表现得最为明显。通常用"查律(或例)载:……(引用具体条文内容)等语。此案×××(案件当事人姓名)……(写明其罪状),合依……律,拟……(写明拟处的具体的刑种与刑期)"。这种方式将引用的是哪部法律中的哪个条文交代得比较清楚了,而且已经明显注意到要将判决的得出是依据法律裁判的结果这样的逻辑关系用固定句式突出出来的必要。

《最新司法判词》与《华洋诉讼判决录》在引用法律的方式上更趋成熟了,基本上形成了沿用至今的法律引用方式。这就是"依据《……》(具体指明所依据的法律名称)第××条之规定,判决如主文。(现代法律文书则写为'作出如下判决')"非常简洁明了,依据与结果之间的逻辑关系十分清楚地显现出来了。

(四)对待程序法的态度比较

传统法律重视实质正义,相对忽视程序正义。传统司法按照"德主刑辅"观念来衡量司法(尤其是民事司法)水平的高低,认为上乘境界应当是根据千差万别的具体情况,作出个别的处理,而非绝对地依法裁判。"旧中国的民事审判却要求细致入微地考虑每个案件个别的情况,理解并同情普通人认为是自然的、不勉强的状态,努力作出有助于在当事者之间维持或恢复形成良好关系的判断。换言之,这样的审判意味着力图在处理每一个案件时都总是一次性地分别实现对于具体的当事者和个别的案情来说最为妥当的解决。不折不扣地一律适用既存的法规在这里并不被认为是有什么特别价值的做法。"①传统司法强调实质正义,只要结果公正,可以采用各种手段,可以不惜牺牲程序正义,甚至法律本身,传统司法为人诟病的种种弊端如刑讯逼供、曲法伸情、以情破法等均与此不无关系。程序性法

---

① [日]寺田浩明:《日本的清代司法制度研究与对"法"的理解》,载王亚新、梁治平编:《明清时期的民事审判与民间契约》,王亚新、范愉、陈少峰译,法律出版社1998年版,第124页。

律的主要价值追求是形式正义,在有助于实质正义实现的同时,也具有理性约束,再加之与实体法律比较起来,程序法律更具有普遍性和规范性,因而其适用过程中不能根据具体案情具体、灵活、个别处理的特点更加突出。凡此种种,使程序法律成为传统司法所轻视的对象。

轻视程序法的言论,甚至在清末法部一份关于诉讼法制定的奏折中还在毫无顾忌地发表。光绪三十三年八月初二日法部请各省议复诉讼法草案,除山东省外,各省纷纷提出自己的议复意见。法部将这些意见汇集后,在奏折中说:"……且法律者,主法也,民刑诉讼者,辅法也,辅法于主法,必附丽而行,然后有所依据。若主法未定指归,辅法终虞杌凿。"①

该奏折是主持法制变革的法部为制定诉讼法而上奏的,其中的意见显然还得到了皇帝的首肯。他们对待诉讼法的态度尚且如此,其他社会民众的态度由此可以想见了。它说明清廷君臣上下对于民刑诉讼法为"辅法"的看法是高度一致的。

对于传统法律重视实质正义而轻视形式正义的问题,德国学者马克斯·韦伯是有所认识的。他从法律的世袭制来论述中国传统司法的特性:"最重要的则是法律适用的内在性质:有伦理倾向的世袭制追求的并非形式的法律,而是实质的公正,无论在中国还是全世界都是这样。没有一本正式的案例汇编,这是因为,尽管存在传统主义,但是法律的形式主义性质遭到了反对。""世袭制的理想也是实质的公正,而非形式的权利。""中国的法官就是典型的世袭制法官,完全是家长式地判案。也就是说,在神圣的传统允许的范围内明确地不按照'一视同仁'的形式规则判案。在很大程度上倒是恰恰相反:按照当事人的具体资质和具体状况,即按照具体的礼仪的衡量适度来作断案。""我们近代的西方法律理性化是两种相辅相成的力量的产物。一方面,资本主义热衷于严格的形式的,因而,在——功能上——尽量像一部机器一样可计量的法,并且特别关心法律程序,另一方面,绝对主义的国家权力的官僚理性主义热衷于法典化的系统性和由受过理性训练的、致力于地区之间平等进取机会的官僚来运用的法的同样性。""中国的世袭制……不仅形式司法不发达,而且也没有进行过系统的实质性的法律理性化的尝试。一般说来,司法还保持着神权福利司法往往独具的特征。"②

在这样的思想指导下,传统司法对程序的概念是淡漠的。立法中即便

①　(清)朱寿朋:《光绪朝东华录》,张静庐等点校,中华书局1984年版,第5997~5998页。
②　上述论断分别转引自[德]马克斯·韦伯:《儒教与道教》,王容芬译,商务印书馆2002年版,第155、199、200页。

有一些程序性环节,也主要是指导审判官员应当如何组织及进行审理而设定的,基本上不认为当事人具有程序上的权利。因此,清朝法律从立法的层面来看,没有关于程序的专门法律,只在《大清律例·刑律》"诉讼"部分涉及一些程序性规定。从司法层面来看,当事人进入诉讼之前及进入诉讼以后,都处于被动状态,只能按审判官的指挥努力争取实体权利,对于程序问题几乎没有提出自己主张的可能。

这样的状况在《塔景亭案牍》反映得比较明显。在更多用于解决程序问题的批词中,法官依职权主义确定案件是否被受理的情形让人印象深刻,几乎没有当事人主张程序权利的余地。在以解决实体问题为主的判词中,更没有关于程序的内容。

清末法制变革以后,尽管人们对于程序法的认识还停留在"辅法"的层面上,但受西方法制的影响,毕竟开始了对程序的专门立法进程。与此同时,独立的审判机构已经陆续设立,必须有与之配套以保证其正常运转的程序法律制度。于是,在诉讼法制定颁布之前,出台了一系列带有程序规则的临时性法律、章程,如《大理院审判编制法》《各级审判厅试办章程》《补订高等以下各级审判厅试办章程》《各省城商埠各级审判检察厅编制大纲》《各省城商埠各级审判厅筹办事宜》《司法区域分划暂行章程》《初级暨地方审判厅管辖案件暂行章程》及后来的《法院编制法》等。[1]

法律对程序有了要求,而且也有了一些可资依凭的法律,这些在《各省审判厅判牍》中有所反映。如芜湖地方审判厅在"任惠卿辩诉程熙钟狡佮鲸吞血本一案"的批词中对于开庭期限、取保候审、犹豫期间等程序问题,依《各级审判厅试办章程》第十八条、第八十一条、第八十二条进行了详细论说,并以此为据进行了裁断。兹录于下:

> 查此案于本月初一日据程熙钟等呈诉,该商鲸吞血本,批准传审,初二日发票饬传,并抄给被传事由,限初三日午刻集讯,该商并未申明故障,呈请展限,何得谓之立时逮捕,且传票并无逮捕效力,审判厅试办章程第十八条所云五日之限是杜绝延迟之意,谓至迟不得逾五日,诚以居址有远近之不同,不能限定若干日,故以五日为至迟之限,至迟既为五日,则至速者可知。两造既已到厅,自应遵章即日审讯。当时口头辩论两小时之久,尚得谓不容详辩乎?据原告庭呈历年红账,指驳各节颇有理由,且原告诉中

---

① 以上法律章程均可见于《大清新法律汇编》,麟章书局宣统二年再版。

有请求先行拘留以免逃匿等语，自应着尔取保，以凭调帐覆讯，乃尔无保可取，请求原告具保，原告又不允从。本庭为保护商民权利起见，将尔发所收管，系属遵章办理。尔所援据第八十一条及第八十二条文中固有毋庸收管之句，然第八十一条尚有准取保字样，第八十二条尚有或责付其家属或取具切实铺保等语。尔既无切实铺保，家属又在南京，不能享毋庸管束之利益。盖各项法令章程须统一节之全文读之，不能断章取义也。至所谓犹豫期间者，系指刑事定罪后暂缓执行而言，民事绝对不能引用。判决后如果不服，尽可遵章上诉。确定后如显有错误亦可请求再审。惟对于此案，现在情形均不适用，察阅抄呈江宁商会照会系专指庄款而言，何得藉此抵制股本，文中虽有在芜两股东，股本即以芜湖客事欠款店内生财铁路股票作抵等语，但原告并未允惬，即该商辩诉内亦有邀集原中清算账目等句，可见股本尚未了结，账目亦未算清，着迅将账簿呈庭，听候复讯，既无切实铺保，本厅即未便准令在外候审。本案尚未判决，定亦不合抗告上诉手续。着即知照。①

进入民国后，在司法层面上，"首重法律"的要求不仅体现为对实体问题的解决要严格依照法律来进行，而且也体现在对程序问题的重视及依法解决。在此一时期的裁判专集——《最新司法判词》与《华洋诉讼判决录》中，民事判决文书如涉及诉讼费的决定时，通常以"应征讼费银××元，依民事诉讼律第××条，由×××担任"的方式对诉讼费用进行决定。其余涉及程序事项的裁断，也都以类似的方式征引明确的法律及其具体条文。尤其是在判决文书中，还能见得当事人运用程序规定主张诉权的情形。如《最新司法判词》中收录的上海第一初级审判厅判决张嘉林、周裕昌呈诉万兴肉庄周姓、顾姓欠租并声请缺席判决一案的判决书，②记录了被告屡不到庭参加诉讼，原告因而申请缺席判决并获法庭支持而胜诉的案例。现撮录其中的"呈诉事实"及"判决理由"如下：

呈诉事实

缘首善堂经租人张嘉林、周裕昌等，呈诉万兴肉庄周姓、顾姓积欠房租一百二十六元、一百十二元、九十一元，请求传讯一案。

---

① 汪庆祺编：《各省审判厅判牍》，李启成点校，北京大学出版社 2007 年版，第 42~43 页。
② 佚名：《最新司法判词》第四册，上海商务印书馆 1923 年版，第 31 页。

本厅依照民诉律规定程序送达缮本,并经指定日期送达传票,令该被告届期到庭辩论。该被告届期并未到场,亦不具状辩诉。经原告代理人具状声请缺席判决前来,本厅重行指定新日期,由书记将缮本送达,并送达传票。该被告届期又不到庭,据该原告代理律师陈述被告每月租金七元,积欠十八个月,共洋一百二十六元;十六元积欠七个月,共洋一百十二元;七元积欠十三个月,共洋九十一元,屡索不付。请饬照数给付,并口头声请缺席判决等情。

判决理由

查此案该被告万兴肉庄周姓、顾姓积欠租洋一百二十六元,一百十二元,九十一元,经原告诉请饬令给付。本厅两次指定日期,送达传票缮本,命其到庭辩论,而该被告两次均濡滞不到,实为有意懈怠。原告请求缺席判决,自属正当,应即就原告之陈述,为被告败诉之缺席判决如主文。

像这样记载当事人自觉主动地运用程序法来保护自己权益的文书,在《最新司法判词》与《华洋诉讼判决录》中还有很多。这与《塔景亭案牍》及《各省审判厅判牍》中的情形形成程度不一的反差,反映出程序法从无到有,从被轻视到逐渐受到重视这样一个渐变过程。

(五)对待前清法律的态度比较

涉及这一问题只有民国时期的两部裁判专集:《最新司法判词》与《华洋诉讼判决录》。

国体更张后,如果彻底废弃前清法律的话,司法审判将面临无"法"可依的难题。为此,民国南京临时政府司法总长伍廷芳向大总统呈称:"窃自光复以来,前清政府之法规既失效力,中华民国之法律尚未颁行,而各省暂行规约,尤不一致。当此新旧递嬗之际,必有补救方法,始足以昭划一而示标准。本部现拟就前清制定之民律草案,第一次刑律草案、刑事民事诉讼法、法院编制法、商律、破产律、违警律中,除第一次刑律草案,关于帝室之罪全章及关于内乱罪之死刑,碍难适用外,余皆由民国政府声明继续有效,以为临时适用法律,俾司法者有所根据。谨将所拟呈请大总统咨由参议院承认,然后以命令公布,通饬全国一律遵行,俟中华民国法律颁布,即行废止。"① 经参议院二读会决定,同意援用清末的法院编制法、刑事民事诉讼

---

① 第二历史档案馆编:《民国档案史料汇编》第二辑,"南京临时政府"《临时大总统关于伍廷芳呈请暂行沿用民律草案等法律致参议院咨》(临时政府公报第四十七号)(1912 年 3 月 24 日《临时政府公报》刊载)。

律、商律、违警律和新刑律。为此,1912 年任临时大总统的袁世凯发布了《暂准援用前清法律及新刑律令》,明确宣布:"现在民国法律未经制定颁布,所有从前施行之法律及新刑律,除与民国国体抵触多条,应失效力外,余均暂行援用,以资遵守。"①

各地依据大总统令,对于在司法中适用的法律有的进行了统一,有的未做这方面的工作。江苏省是前一种情况的代表。江苏省曾专就司法审判应用法律的问题交议会议决,最后由江苏都督程德全发布了《准议会议决应用法律府令》和《颁发各厅应用法律训令》,②决定"当此新旧过渡之际,论因革损益之宜,自不得不取现已编订之各种法典及草案,暂时应用。况商法草案,当时调查编定,本系采取多数人民之意见,于共和政体尤为适合,现拟照原案所开商法草案、破产律、刑法及刑民诉讼法各种,均即由各审判厅采取应用。民法前三编,旧政府亦已编有草案,可以查取。其未有草案者,原案拟暂依本省习惯及外国法理为准,办法亦极平允。仍应迅速调查编订以成完全之法典。""提法司呈案查苏省各审判、检察厅业已逐渐推广,收受案件所有应用各项法律亟应早示一定办法,以免纷歧。前经本都督开列此案交省议会公议,旋由议会议决,拟照原案所开《商法草案》、《破产律》、《刑律草案》(第一次)、《民刑事诉讼律草案》各种,均即由各厅采取应用。至《民法》尚未有完全草案,应暂依本省习惯及外国法理为准,俟将来调查编订议决公布后,再行饬遵。为此合先训令,令到该厅,即便一体遵照毋违。此令。"另外,上海审判厅也就审判中应用的各种法律进行了与前述内容一致的通告。③

由于大总统命令很笼统,"从前施行之法律及新刑律"是否包括未公布施行的法律,尤其还是草案的法律,不得而知。如果结合伍廷芳呈文及批文来考虑的话,则在民国时期可以继续有效而成为司法依据的当然至少包括民律草案、第一次刑律草案、刑事民事诉讼法、法院编制法、商律、破产律、违警律等,但如果仅严格依据"从前施行之法律及新刑律"的字面意思来理解的话,则准予暂行援用的除了新刑律外,只限于"从前施行之法律",未施行的法律包括已制订完毕还未来得及颁布实施的和还未制订完毕,只处于草案状态的法律等均被排除在外。

大总统令的不确定性,造成了后来司法实践适用法律的混乱。这种混

① 北京政府《临时公报》,中华民国元年四月。中国人民大学图书馆藏。
② 汪庆祺编:《各省审判厅判牍》,李启成点校,北京大学出版社 2007 年版,第 243 页。
③ 《上海审判厅应用各种法律通告》,载汪庆祺:《各省审判厅判牍》,李启成点校,北京大学出版社 2007 年版,第 288 页。

乱主要表现在各地各法院对待前清法律,尤其法律草案,采取了不同的态度,对于有些草案如民律草案,认为有效,得准援用为裁判依据;对于另一些尽管已不是草案,但仅因为未实行的法律如《商标注册章程》,则认为无效,不得援用为裁判依据。

在《最新司法判词》和《华洋诉讼判决录》中,这两种态度均能见到。比如,前引《最新司法判词》例九所收录了一件上海地方审判厅审理的罗子樵控告徐菊如一案的判决,原告以南市裁判分所管辖错误不服判决提起控告,理由就是民律未经施行,不能适用假扣押之规定。上海地方审判厅对此进行了驳斥,认为:"控告人代理律师攻击被控告人诉讼行为,其重要之点则为民律未经施行,不能适用假扣押之规定,遂以徐菊如扭诉罗子樵为不合法。查民律草案前三编,系江苏省议会议决,暂行应用,即使未经司法部正式颁布,然以该代理律师法庭之所辩论,谓江苏省议会议决如本国法律不完备者,可以参考各国法理。夫各国法理尚可参考,独于本省议会议决之法律,反不可参考乎?是控告人攻击被控告人主张亦无理由。"①上海地方审判厅无疑认为《大清民律草案》前三编是可资引用为凭的。

前引自《华洋诉讼判决录》的例十"日商成愿新三与大兴料器厂因商标纠葛一案判决书"中,审判厅在涉及《商标注册章程》的效力认定时,这样认为:"是已本厅查商标注册章程,前清并未实行,民国自难继续有效。"并因此未援引作为本案的判案依据。

上述例证说明,在民国初期特殊的历史背景下,司法面临着很多实际困难,什么法律可以被援用为裁判依据就是其中之一。各地审判厅解决的办法并不统一,在一定程度上导致了法律适用的混乱。

总结起来,裁判依据在《塔景亭案牍》《各省审判厅判牍》《最新司法判词》与《华洋诉讼判决录》中,呈现如下变化规律:

其一,以"情""理"与"法"一起共同作为传统司法主要裁判依据的格局,在各省审判厅成立后,尤其是进入民国以后,发生了很大的变化,"情""理"逐渐淡出了主要裁判依据的范围,而"法"则受到强化与尊崇,成为裁判的首要依据。

其二,单就依"法"裁判来看,四专集中的判决文书在引用法律依据的方式上,呈现由笼统、粗疏向明确、具体发展的趋势。

其三,随着立法的加强,可供征引的法律在四专集中表现出由单一向丰富的发展态势。在《塔景亭案牍》的判词中基本上只有《现行刑律》一部

---

① 佚名:《最新司法判词》(第三册),上海商务印书馆 1923 年版,第 53 页。

法律,到《最新司法判词》及《华洋诉讼判决录》时,裁判所引用的法律已经有了 10 部以上,其中不仅有实体法,也有程序法;不仅有国内法,而且有国际法;不仅有全国性的法律,也有各省的地方性法规;不仅有刑事法律,也有民事、行政法律。当然,由于特殊的历史原因,在依"法"裁判的前提下,什么法律可资依凭一度成为民初裁判中的主要问题。

其四,四专集判决文书中关于程序法的引用,呈现程序法从无到有,从为人轻视到逐渐受到重视这样一个渐变过程,反映出西方法律观念与制度在中国的深层渗透与扩张。

第六章 从十恶犯罪、户婚田土纠纷到选举、知识产权争议:文书内容的变化

本章标题之所以归纳为"从十恶、户婚田土到选举、知识产权争议:文书内容的变化",并非意味着传统诉讼文书内容只涉及十恶、户婚田土案件,也不意味着新型案件法律文书的内容只限于商标、选举案件,而是因为在笔者看来,十恶案件、户婚田土案件与选举案件、著作权和商标权等知识产权案件分别属于传统诉讼案件类型与近代新诉讼案件中的典型,具有标签意义。特此说明。

通常法律文书的内容主要由案件事实、裁判理由、裁判依据及裁判结果构成。其中,案件事实的变化直接决定着裁判理由、依据及结果的变化,是法律文书内容变化最明显的部分,也是本章关注的重点。

案件事实的发展变化无外乎两种情形:一是法制变迁社会背景下,因原有法律关系发展变化而导致传统法律文书中常见的案件事实,在清末民初的法律文书中不复存在了,比如与皇权有关的案件事实;二是因全新法律关系的出现而导致传统法律文书中从未出现过的案件事实,在清末民初的法律文书中出现了,比如与商标、著作权、选举有关的案件事实。可见,所谓案件事实的变化往往意味着案件类型的变化。

中国传统诉讼以狱、讼为主,前者类似于现代的刑事诉讼,这类诉讼中量刑最重,也最具代表性的是十恶案件,对十恶案件的重点打击意在维护皇权与家族权,通常由传统司法中的最高裁判机关裁决;后者类似于现代的民事诉讼,在传统诉讼中所占比重最大,以户婚田土等"州县自理词讼"为主,所涉及的案件主要有两类:一是围绕土地边界、租佃、金钱借贷、分家析产、婚姻缔结与解除等财产、身份地位而发生的争执;二是轻微的只应被处以笞杖以下刑罚的犯罪。相应地,主要围绕十恶犯罪、户婚田土等类案件展开的事实陈述构成了传统法律文书内容的主体。

清末民初,上至国体下至庶民百姓的日常生活都发生了翻天覆地的变化,传统社会最典型的法律关系如君臣及家族关系有的不复存在,有的则发生了新的变化;此外更有全新的平等主体之间的社会法律关系出现了。新的法律关系意味着新型案件的出现,需要有新的规则加以规范与调整。这些变化在法律文书的内容上有突出体现。

这里所谓的新型案件有两个层面的含义:一是指近代以前中国社会从未出现过的案件,比如选举案件、著作权案件、商标权案件等;二是指在原有案件类型的基础上出现了新的变化,比如民事关系中的"地役权"是近代随着物权法的引进而出现的民法概念,因此,近代法律制度下,关于土地的案件就出现了地役权纠纷的新型案件;再如传统与近代法律体系下,都同样存在着盗窃罪,但近代法律体系下的盗窃罪,其犯罪客体已较传统法律中的盗窃罪客体有所扩张。传统法律中,盗窃罪的犯罪客体以有体物为限。随着近代中国开始建立发电厂,"电能"这类既非固体、流体,也非瓦斯体的新生事物,在经过一段时间的争议过后,被视为盗窃罪的新型客体。为此,《大清刑律草案》特设专条,规定"凡窃取电气者准盗论",因而在原有的盗窃罪基础上,出现了"窃电"这一类新的盗案。与此相应,裁判这类新型案件的法律文书在案件事实上必然呈现出与传统文书或多或少的差别。

第一节 裁判文书内容反映的传统案件新发展

一、有关封建国体及皇权的刑事犯罪内容逐渐消失

传统法律对封建国体及皇权的维护是不遗余力的。为此,自魏晋南北朝以来,历代封建法典都将"十恶"列为重点惩处的对象。其中"谋反""谋大逆""谋叛"和"大不敬"都是出于维护皇权而设定的罪名,占了"十恶"中十分之四的比例。按《唐律疏议》的解释,"谋反,谓谋危社稷",指谋害皇帝、危害国家的行为;"谋大逆,谓谋毁宗庙、山陵及宫阙",指图谋破坏皇帝的宗庙、山陵和宫阙的行为;"谋叛,谓谋背国从伪",指背叛本朝,投奔敌国的行为;"大不敬,谓盗大祀神御之物、乘舆服御物;盗及伪造御宝;合和御药误不如本方及封题误;若造御膳,误犯食禁;御幸舟船,误不牢固;指斥乘舆,情理切害及对扞制使,而无人臣之礼"等损害皇帝人身与尊严的行为。① 这样的规定尽管经历了千年的朝代更迭,但在清末以前各封建王朝的法典中几乎没有任何变动,即便是清末法制变革中,也未有实质变化。

清末法制变革时期的重要工作之一是修订旧律、制定新律,前者如1910年公布的在《大清律例》基础上修订而成的过渡性刑法典——《大清现行刑律》,后者如1911年公布的中国历史上第一部近代意义上的专门刑法典《大清新刑律》。虽然《大清新刑律》大量采用了西方资产阶级的刑法

---

① 参见《唐律疏议》,刘俊文点校,法律出版社1999年版,第7~12页。

原则和近、现代刑法学上的通用术语,但它对于传统旧律的基本精神并无根本性改变。正如沈家本在给皇帝的奏折中说:"春秋之义,首重尊王,故以关于帝室之罪弁冕简端……"①因此,《大清新刑律》分则的第一章名为"关于帝室之罪",沈家本这样解释立法意旨道:"本章于旧律之大逆、大不敬外,更规定对于宗室之危害罪、不敬罪,不过修正文词及处分之阶级以冀较旧律为明确,至于大旨固无增损也。"②第二章名为"关于内乱罪",其下的解释云:"内乱之义与第四章外患相对待。凡以暴力紊乱国家内部存立之条件者,谓之内乱。即现行刑律十恶之谋反是也。""旧律以谋反为谋危社稷,本案改为内乱。因其事不仅谋危社稷一项,凡关于国权、国土、国宪,滥用暴力冀谋变更者,均是。故范围较前加广。"③

可以看出,在清末的法制变革中,刑律对于封建君主及封建制度维护的实质没有改变,只不过将"谋反罪"改为了"内乱罪",将"谋大逆""大不敬"归入"关于帝室之罪"一章,以不同的条文表示而已。

辛亥革命前清末的法律文书中,由于"谋反""谋大逆""大不敬"等属于"十恶"死罪,各级地方司法机构只负责上报案件,最后的审判决定权是由皇帝与九卿组成最高一级的会审机构掌控的。因此,关于这三类罪的裁判文书制作主体只可能是会审九卿和皇帝。

清末民初因对封建君主及封建制度构成危险而获罪的著名案件莫过于"戊戌六君子"案了。从这个案件的相关文书中,我们能考知在"十恶"案件中传统裁判文书的大致内容。

光绪二十四年四月二十三日(公元1898年6月11日),在资产阶级维新派的鼓动下,光绪皇帝颁发《明定国是》上谕,开始变法维新。以光绪为首的维新派和以慈禧太后为首的守旧势力开始了严酷的政治斗争。慈禧太后和守旧派积极策划废除光绪皇帝。就在《明定国是》上谕颁布的第四天,慈禧太后逼迫光绪皇帝连发三道上谕,除罢黜翁同龢外,还决定凡二品以上大臣授新职,要具折到皇太后前谢恩,暴露了她企图再度"临朝训政"的野心。更策划在十月天津阅兵时发动政变,废黜光绪皇帝。维新派闻讯后决定孤注一掷,让谭嗣同说服袁世凯,叫袁世凯举兵勤王,杀荣禄,派兵包围颐和园。慈禧太后在得知维新派的行动计划后,大为恼怒。"训政"

---

① 《修订法律大臣沈家本等奏进呈刑律分则草案折并清单》,载《大清法规大全》,考正出版社1972年据政学社石印本影印出版,第1985页。

② 《修订法律大臣沈家本等奏进呈刑律分则草案折并清单》,载《大清法规大全》,考正出版社1972年据政学社石印本影印出版,第1986页。

③ 《修订法律大臣沈家本等奏进呈刑律分则草案折并清单》,载《大清法规大全》,考正出版社1972年据政学社石印本影印出版,第1990页。

计划终于演变为一场流血政变，是为"戊戌政变"。维新变法在戊戌政变后宣告失败，慈禧太后重新垂帘"训政"。清政府到处搜捕维新派，连光绪皇帝都被软禁在瀛台。慈禧太后发出密谕，将积极参与维新变法的谭嗣同、林旭、杨锐、杨深秀、刘光第、康广仁六人抓捕后杀害，史称"戊戌六君子"。

从光绪二十四年八月初六政变，六君子被捕开始，到八月十三在京城菜市口被处斩示众，只有八天时间。八月十一日，内阁接到上谕，"派军机大臣会同刑部、都察院严刑审讯"，两天以后六君子就被执行死刑了。关于他们因何罪而被处死的，自然得有个说法。对六君子定罪量刑的文书就是光绪二十四年八月十三日及八月十四日的两道谕旨。八月十三日的上谕是这样的：

> 康有为心存叵测，广结党羽，大逆不道，罪不容诛。康广仁、杨深秀等与之同谋，谭嗣同等于召见时语多挟制，同恶相济，均属罪无可逭。除张荫桓尚非康党，著暂行看管听候谕旨，徐致靖著监候待质外，其情节较重之康广仁、杨深秀、谭嗣同、林旭、杨锐、刘光第六犯均著即行处斩。派刚毅监视行刑，并著步军统领崇礼等多派弁兵弹压。将此谕令知之。钦此。[①]

也许是怕八月十三日这件仓促草就的上谕未能服众，因此，八月十四日朝廷再下谕旨：

> 近因时事多艰，朝廷孜孜图治，力求变法自强。凡所施行无非为宗社生民之计。朕忧勤宵旰，每切兢兢。乃不意主事康有为首倡邪说，惑世诬民，而宵小之徒，群相附和。乘变法之际，隐行其乱法之谋，包藏祸心，潜图不轨。前日竟有纠约乱党谋围颐和园劫制皇太后及朕躬之事，幸经觉察，立破奸谋。又闻该乱党私立保国会，言保中国不保大清，其悖逆情形实堪发指。朕恭奉慈闱，力崇孝治，此中外臣民之所共知。康有为学术乖僻，其平日著作无非离经叛道、非圣无法之言。前因其素讲时务，令在总理各国事务衙门章京上行走，旋令赴上海办理官报局，乃竟逗留辇下，构煽阴谋，若非仰赖祖宗默佑，洞烛几先，其事何堪设想？康有为

---

① 中国第一历史档案馆：《光绪朝上谕档》第 24 册，广西师范大学出版社 1996 年版，第 428 页。

实为叛逆之首,现已在逃,著各直省督抚一体严密查挐,极刑惩治。举人梁启超与康有为狼狈为奸,所著文字语多狂谬,著一并严挐惩办。康有为之弟康广仁及御史杨深秀、军机章京谭嗣同、林旭、杨锐、刘光第等实系与康有为结党,隐图煽惑。杨锐等每于召见时,欺蒙狂悖,密保匪人,实属同恶相济,罪大恶极。前经将各该犯革职挐交刑部讯究,旋有人奏:若稽时日,恐有中变。朕熟思审处,该犯等情节较重,难逃法网。慌语多牵涉,恐致株累,是以未俟复奏,于昨日谕令将该犯等即行正法。此事为非常之变,附和奸党均已明正典刑。康有为首创逆谋,罪恶贯盈,谅亦难逃显戮。现在罪案已定,允宜宣示天下,俾众咸知我朝以礼教立国。如康有为之大逆不道,人神所共愤,即为覆载所不容,鹰鹯之逐,人有同心。至被其诱惑,甘心附从者,党类尚繁,朝廷亦皆察悉。朕心存宽大,业经明降谕旨,概不深究株连。嗣后大小臣工,务当以康有为为炯戒,力扶名教,共济时艰。所有一切自强新政,胥关国计民生,不特已行者亟应实力举行,即尚未举办者,亦当次第推广,于以挽回积习,渐臻上理,朕实有厚望焉。将此通谕知之。钦此。[1]

这其实就是慈禧太后假借光绪名义对康党及"戊戌六君子"作出的死刑判决,其描述的"心存叵测,广结党羽,大逆不道""语多挟制"等,正是"谋反""谋大逆"等罪的罪状。

至于本书所选的四部基础性裁判文书集,只有《塔景亭案牍》《各省审判厅判牍》属于辛亥革命前的清末时期,但这两部文书集中却没有关于"谋反""谋大逆""大不敬"等罪的裁判文书。这是因为这两部文集收录的都是省、府、州、县地方司法机构所办案件的文书,而如前所述,由于"谋反""谋大逆""大不敬"等属于"十恶"的死罪,各级地方司法机构只负责上报案件,最后的审判决定权是由皇帝与九卿组成最高一级的会审机构掌控的。也就是说这三类罪的裁判文书制作主体只可能是会审九卿和皇帝。因此这两部文集自然都没有关于这类罪的裁判文书了。

辛亥革命推翻清朝政府,建立了中华民国,标志着封建君主专制制度在中国的覆灭。直到此时,法典中才没有了维护封建君主及封建制度的条

---

[1] 中国第一历史档案馆:《光绪朝上谕档》第24册,广西师范大学出版社1996年版,第430~431页。

文。法律文书是法律的直接载体，上述法律制度这一重大变化在文书中立即反映出来了。

如前所述，民国成立后，百废待兴，新法典的起草难以一时遽成，于是采取了一种临时性的救急措施。南京临时政府以大总统令准暂时适用包括《大清新刑律》在内的清末起草或颁布的法律中除与民主国体抵触外的其余部分。同日，在删改《大清新刑律》基础上形成的《暂行新刑律》正式公布了。《暂行新刑律》首先删除了《大清新刑律》分则第1章侵犯皇室罪全章12条，及其他涉及封建君主专制的条款、字句；其次，取消了原律所附的《暂行章程》5条。自此以后，民国法律不再有涉及封建君主专制的条文，司法实践中法律实施的载体——法律文书中自然也不可能再有相关事实的陈述了。证之以民国以后的法律文书集如《最新司法判词》《华洋诉讼判决录》等，所收录的裁判文书中确实再没有"谋反""谋大逆""大不敬"等侵犯皇室案件的相关内容了。

二、文书内容反映出的犯罪客体变化

近代门户开放，深刻地改变着中国的社会生活。政体更迭自不必说，人们的日常生活也因为引进西方科学技术而有了显著变化。比如随着发电技术的引进，中国人在光绪五年（1879年）第一次用上了电灯。① 电能这种新兴事物的出现，在改变着人们生活的同时，也悄然改变着国人的法律理念。当出现偷接电线，私装偷点电灯案件时，这种情形愈加突出。

传统法律中，盗罪侵犯的客体以有体物为限，至于形态则可为固体、流体、瓦斯体。而电能既非固体、流体，也非瓦斯体，按传统法律不属于有体物范畴，而是属于无体物。则偷用电能可否为罪？如果是犯罪，应按何罪论处则是清末民初法律实践中面临的一个现实问题。日本旧刑法对此亦无明文规定，因此遇有类似案件时，学者争议很大，裁判官各执一词，莫衷一是。后经大审院采学说以为判决，确认电为有体物，盗电应科以盗罪，遂援为例，后来才正式写入日本刑法改正案。

清末民初之际，中国用电之风气初开，故盗电之案虽不多见，但却是法律无法回避的问题。那么司法审判实践中，法官是如何判决私装偷点电灯

---

① 据2009年8月10日《东方早报》上王崴、李秋萍的文章《爱迪生世博会展示电灯成人类"光明之神"》所述，中国的第一盏电灯出现在清光绪五年四月初八（1879年5月28日），当时上海公共租界工部局电气工程师毕晓浦（J. D. Bishop）在乍浦路一幢仓库里，以10马力（7.46千瓦）蒸汽机为动力，带动自激式直流发电机发电，点燃碳极弧光灯，全国第一盏电灯问世。光绪八年（1882年），英国人立德尔（R. W. Little）招股成立上海电气公司（亦称上海电光公司），在大马路31号A（今南京东路190号）创办上海第一座发电厂。

案件的呢？请看下面一件收入清末民初《各省审判厅判牍》、由安徽芜湖地方审判厅审判并制作的关于私装偷点电灯的判决书：

私装电灯　芜湖地方审判厅案①

　　缘茂盛办馆于宣统元年十月订装明远电灯公司电灯十八盏，旋于十二月由该馆商妥公司撤退十盏，以后每月按八盏交费。至本年五月二十七日，经公司查觉原退之灯十盏仍然私装盗点，起诉初级，判以证据不甚充分，却下请求。明远公司不服上诉，传审到庭。据原告公司委任人叶先谦供称，现因公司开股东董事会，新旧交换，公举吴绅竹溪同往清查灯数。五月二十七日调查洋街洋码头至茂盛办馆，查悉该馆店堂内有灯八盏、客房一盏、走路口一盏、大门口一盏、内房一盏，计十二盏，正欲上楼查看，该馆账房王绥之出而阻拦，以致口角冲突。吴又乘间上楼，查悉二盏，叶亦随上，目睹该店伙正在熄灯撤泡，王复上楼持蛮，未能遍查。随呼三区守望巡警眼同点数，并劝解而散。查巡警樊济卿原供，楼下十二盏属实，楼上二盏伊未眼见有无灯泡，则失于觉察。据被告办馆委任人胡升璧辩称：尔日伊不在家，归时始悉公司查灯，王绥之并未出阻。原装电灯十八盏后退十盏，每月只交灯费八盏，与原告所诉无异，但当其撤退时花线并未截断，故灯帽灯头原样装挂，灯泡交公司收去，其泡既撤，灯即作废，何能偷盗？盖在初意不过留为随时添装便利之地步，以故十八盏至今装挂依然，尚可踏勘，何公司又仅指为私装六盏而不直曰私装十盏。况灯泡一物非由公司购买，即无处可以置办，断无公司自卖灯泡任人私装偷点之理，由此推证不但并未私装，且足见该公司有意敲诈，恳求彻究等情各在案。

　　证明理曲之缘由：

　　（詧）［察］核两造诉辩各情，茂盛馆情词闪烁，理多牵强。虽巧辩之多方，终情虚而难掩。撤时皮线未移，容为事所或有，至谓花线不截，实为理所必无。且经议妥撤灯而曰仅摘其泡，灯帽、灯头等件原样装挂旧处，揆情度理更属难通。装灯时材料系由自备，灯上无论何物概属该馆之所有权。灯泡又为电灯最要之物，价亦颇昂，岂有摘下之灯泡不自收藏而反交于公司之理。即使自

---

① 　汪庆祺编：《各省审判厅判牍》，李启成点校，北京大学出版社 2007 年版，第 134~135 页。

圆其说,谓交于公司可以远偷点之嫌,独不思当时装挂既皆备价购归,则此日退还自应索回泡值,乃据称泡虽交去,价不算回,因避嫌疑,并弃权利,果何故耶?由此观之,叶称灯泡与灯帽、灯头等件全存该馆,自是可信。况如胡言,撤时已交公司属实,一交即无可买之处,又何以查省城电灯厂章程第十二款,有"用户他处购配亦可"之规定,此足见"灯泡准绳互异"一语不能为无泡即难盗电镫证也明矣。且如该馆辩诉几以窃电为世所必无之事。考日本窃电有两种情形:(一)他人出钱自己利用。如在邻家电球根际另安电线,引至己宅之类;(二)所费不多利益甚大。如用电之家将电球摘下另安电线,其中燐线较多,原定十盏可扩充至五十盏之类。据此以观,乌见电气遂为不可窃盗之物耶?叶称查实六盏,其余因王阻挠未查。胡称十八盏全然装挂,分毫未动。据是以为推定,是该馆所退十盏之灯尚在任意全点无疑,不过交费只八盏耳。原告请求赔偿损害,应即照判如下:

判决之理由:

查盗罪客体之财物以有体物为限,但其为固形体、流动体、瓦斯体不须区别。电气非瓦斯体即不能称为有体物,特属于无体之力耳。故其侵夺须有专条,考之日本旧刑法亦无明文规定,致启学者争议,遇有盗电之案,裁判官各执一说,莫宗其是。后经大审院采学说以为判决,认电为有体物,科以盗罪,遂援为例,改正案始订正条。现在我中国用电之风气尚未大开,故盗电之案亦不多觏,即或偶一发现,无例可援,故刑草特设专条,凡窃取电气者准盗论。然未经颁布之律,效力难及。依然难于遽行援照。兹查,奉抚宪批准遵行之省城电灯厂章程第十八款:凡装灯之户私行接线加灯者,如系十六枝,光罚洋十元,按灯计算。第十九款:凡私行装换电灯之户,查出后除罚款外,按月照所换光数加收灯费,不准商减。据此合即援用。兹茂盛馆偷点已退之灯十盏,与日本窃电之第二情形相类,除赔偿公司损失一百二十五元,并照省章罚洋一百元以示薄惩外,以后即照十八盏完纳灯费,不得商减。又讼费六元五角均着茂盛办馆于一月内照缴完案。再此案因新律未颁,暂由民庭审理,合并宣示。此判。

这起案件的审判结果是明确的,那就是说本来按照清末开始修订的《大清新刑律》(该判决所谓的"刑草")特设的专条:"窃取电气者准盗论"

来判决的话，该案被告茂盛办馆私装电灯的行为就属于窃电行为，应当按盗窃罪论处，只不过安徽芜湖地方审判厅认为由于《大清新刑律》未经颁布，尚不能发生法律效力，难以引为本案的判决依据，最后依据《省城电灯厂章程》进行了判决。

在申述判决理由中，笔者注意到，虽然安徽芜湖地方审判厅的法官提到《大清新刑律》是借鉴了日本的做法，特设专条，规定"窃取电气者准盗论"，从结果来看，两国的做法是一致的，但认定"窃电"属于"盗罪"的理由却有很大的区别。日本大审院之所以最后认为窃电应科以盗罪是采纳了"电是有体物"的学说，也就是说日本的做法是在不改变盗罪的犯罪客体只能是有体物的认识基础上，将"电"这种新生事物界定为"有体物"而已；而安徽芜湖地方审判厅的法官显然不同意此种说法，他们认为"电是无体物"。在这种情况下，依然认定"窃电"应"准盗论"的话，只能说明安徽芜湖地方审判厅的法官主张扩大盗窃罪的范围，将电力这样的无体物也纳入了盗窃罪的犯罪客体范围。只不过因为芜湖地方审判厅认为由于《大清新刑律》未经颁布，尚不能发生法律效力，难以引为本案的判决依据，所以最后的判决结果并未对被告追究刑事责任，而是援用安徽省《省城电灯厂章程》判令被告承担民事与行政责任。

三、文书内容反映出的土地案件新发展

土地案件是传统诉讼中最常见的一类，具体表现为关于土地买卖、典当、赎回、租赁之类的纠纷。但传统法律由于缺少罗马法那样专门的民法理论与民法法典，因此关于土地的权利是比较模糊、笼统的，没有诸如土地所有权、地役权之类清晰而精细的权利划分。清末民初的法制改革，主要以大陆法系中的法、德等国法律作为模仿、学习的对象，在起草、修订法典的工作中，一项重要的任务就是制定民法典。为此，沈家本、伍廷芳、俞廉三等人主持的修订法律馆自1907年正式着手，聘请日本法学家松冈义正等外国法律专家参加民法典的起草工作，并在对全国各省进行民事习惯调查的基础上，于1911年8月完成了民法典的全部草案。该草案共分总则、债权、物权、亲属、继承五编。虽然该民法草案并未正式颁布施行，但在法典编纂过程中引入的民法理论事实上已经对当时的社会生活产生了影响。以土地案件为例，建立在新移植而来的大陆法系物权法理论基础上的"地役权"等概念与原理，已经在清末民初的法律文书中出现了：

互争公用之井　钱塘初级审判厅案①

呈诉事实。据王绅锡荣诉称，于光绪三十四年承买钱邑惠民巷田姓基地二亩五分七厘零，内有石井一口，距离街心丈余，墙垣尚未隔住，故近邻得随意汲水，现须建筑，若将此井让出，占地约五六十方尺，窒碍甚多，邻近倘以需水不便，已允于西角基地之内围墙之外另开一井，费由己出，井供众用。乃唐寿卿、沈大明等意犹未足，多方要挟，突于闰六月二十五日擅加井栏，并立石碑，刻有："惠民古井。宣统三年秋月重修。芝松太平里人公建"字样。如此妄行干涉，纠众挟制，殊非情理所能喻，因之起诉。旋据唐寿卿等诉称：惠民巷内向有公井一口，色清味淡，大旱不涸，邻近数百家赖以汲饮，并藉消防，久成习惯。

自兵燹以来，业户已迭更四、五姓，皆知存留公井，顾全乡谊。乃商会协理王锡荣新买此产，一旦据为己有，徒以另开一井为词，无如惠民巷街道狭小，当路开井有碍交通，况新开之井是否不生疫疠及大旱不涸并无把握各等情来厅。当即饬传原被到案，两造各执一词，相持不下。旋经本厅实地履勘后，再行传集两造讯明前情，应即判决。

证明曲直之理由：此案王绅锡荣承买田姓基地内有食井一口载明契上。此次拟欲按基圈井，本属所有者应得之权利。惟查该井向归公用，即从兵燹后计算，迄今已有四十余年之久。邻近居民日常汲水者不下数百户，是汲水地役权早因时效而取得者也。该基地虽经田姓转售王姓，然该基地上之食井一口向供众用，则王绅锡荣理不得独自主张其所有权而置此地役权于不顾，此法律上习惯上之通例。我国民法虽未颁布，而习惯即为立法之基础，又为立宪时代之国民共当遵守。兹据王绅锡荣诉称将该井圈入墙内，愿于西角基地上另开一井以供众用，亦明明知地役权在所有权范围以内，不得不互为兼顾，足见深明法理，不独热心公益已也，殊堪嘉许。独不解所有权者，同一牺牲一角地，姑无论另开一井势必多需时日浪费金钱，且邻近居民久认旧井之利益甚大，相传有白沙泉之称，早存取之不竭用之不尽之观念，即另开之井幸而掘井得泉，犹恐邻近居民之心理保无有新不敌旧，更生意外之要求，将来之缠讼，伊于胡底？

---

① 汪庆祺编：《各省审判厅判牍》，李启成点校，北京大学出版社 2007 年版，第 88~89 页。

本厅职守司法,不敢不斟情酌理,一秉至公。今证之法理既如此,揆之心理又如彼,惟有将邻近居民新建之"惠民古井"等字样概行撤销,特书"王氏惠民井",一以表明所有权之界限,一以保护地役权之存在,俾数千人口之饮水仰给于该井者,依然攘往熙来,咸乐王氏惠民之至意,论情论法,其理一也,敢以质诸原被告。此判。(公)

"地役权"成为本案判决书的关键词。所谓"地役权,乃为增加一定土地(需役地)之利用价值,使其支配及于他土地(供役地)之权利,例如通行他地,由他地引水或禁止其建筑一定建筑物。因此权利,需役地增加其利用价值,而供役地之利用,则在此范围受有限制。即负有容忍地役权人之积极行为(引水、通行)或不为一定利用之不作为之义务"。[①]

地役权起源于罗马法。随着生产力的发展,罗马社会原先公有的土地逐渐为各家庭分割占领,变为私有。但制度的人为设计却无法改变土地的自然属性。虽然各个家庭可以在自家的土地上标明界线,但要在连绵不断的土地上充分实现利用价值,则不能仅依靠自己一方的土地,尚需其他诸多条件的辅助配合。因此,"各个土地使用者为了耕种的便利和其它需要,对已分割的土地,在使用时仍保持未分割前的状态"。[②] 这种以他人土地供自己土地便宜之用的权利,即地役权。承担和提供便宜的土地称供役地,利用和享受便宜的土地称需役地。

在我国,1908 年(光绪三十四年)沈家本等修订法律大臣,在日本法学家的配合下,已完成了《大清民律草案》中总则、债权、物权三编的起草工作。其中,物权一编包括通则、所有权、地上权、永佃权、地役权、担保物权和占有,[③]这是"地役权"首次正式出现在中国立法中。1922 年,北洋政府时期再次进行民法典编纂。民法典的物权编由当时著名的北京大学教授黄右昌负责起草,沿用了《大清民律草案》中的地役权名称及其制度。1929 年中华民国时期进行第三次民法典编纂,胡汉民负责起草民法典中物权一编,也保持了地役权的名称和制度规范,强调地役权是以他人土地增加自己经济效用的权利,适用于通行、用水等情形。[④] 1949 年后,我国民事领域立法中没有"地役权"的概念与制度,但各种理论文献、教科书及立法草案

① 史尚宽:《物权法论》,中国政法大学出版社 2000 年版,第 221 页。

② 周枏:《罗马法原论》(上),商务印书馆 1994 年版,第 390 页。

③ 《大清民律草案 民国民律草案》,杨立新点校,吉林人民出版社 2002 年版,第 129~168 页。

④ 参见叶孝信:《中国民法史》,上海人民出版社 1993 年版,第 605~629 页。

中依然有关于"地役权"概念与制度的解说与探讨。2007年10月1日起施行的《中华人民共和国物权法》首次在颁布实施的立法中规定了地役权制度。2020年5月28日第十三届全国人民代表大会第三次会议通过的《中华人民共和国民法典》,从第372条开始至第385条止,用了14个条文,明确了地役权及相关制度。

地役权的种类很多,本案中的"汲水地役权"属于其中一种。惠民巷周围邻居为汲用王锡荣宅基地上古井的井水而自由出入的权利,就是汲水地役权,王锡荣家的宅基地就是供役地。这种地役权可以因时效而取得。法官经审理查明,这口公井色清味淡,大旱不涸,邻近数百家赖以汲饮,并藉此消防,久成习惯,计算起来该井归公用的时间到案发时已有四十余年之久。法官据此认定"是汲水地役权早因时效而取得者也。""地役权在所有权范围以内,不得不互为兼顾","王绅锡荣理不得独自主张其所有权而置此地役权于不顾"。为此,判决不准王锡荣修筑围墙将此井圈入,同时判令"将邻近居民新建之'惠民古井'等字样概行撤销,特书'王氏惠民井',一以表明所有权之界限,一以保护地役权之存在,俾数千人口之饮水仰给于该井者,依然攘往熙来,咸乐王氏惠民之至意"。

这份判决涉及地役权的种类、地役权的取得、地役权的特性、地役权与所有权的关系等,无论是判决的理由还是判决结果都是正当合理的,充分表明该案法官对于地役权制度的准确认识与恰当运用。

本案法官有这样的认识水平与审判水平在当时是很不容易的。如前所述,"地役权"这一术语和制度首次在中国出现是在1908年(光绪三十四年)的《大清民律草案》"物权"编中,而本案的判决则在1911年(宣统三年)。短短三年的时间,浙江钱塘初级审判厅的法官就能将还未正式颁布施行的法律草案中的地役权制度学习、消化并成功运用,实属难能可贵,同时也反映出当时法律专业人才培养的成果已经显现。

地役权是对传统法律"户婚田土"中的"田土"权利的深化。像本案这类地役权案件的出现,清楚地显示出清末民初土地案件在内容上的发展变化。

第二节 裁判文书内容反映的全新案件类型

前述法律文书内容上的变化主要是传统文书基于案件发展变化而体现出的内容的消失或在原有基础上的变化,这种变化并非根本性的。最能反映文书内容根本变化的则是一些此前从未在传统法律文书中出现的东西。它是随着社会转型时期新型案件的出现而产生的。比如议会及议员在封建君主专制社会条件下不可能存在。因而关于议会议员的选举案件在中国最早只可能出现清末的法制变革时期。

选举案件出现的社会背景是清末时期的立宪运动。1901 年，清朝政府在内外交困之中宣布实施"新政"，1906 年宣布立宪，计划从光绪三十四年（1908 年）始，用九年时间进行立宪预备，至光绪四十三年（1917 年）召开国会，成立君主立宪国家。对这样的过程，张朋园先生有细致的描述："由于中国从未有过议会政治的经验，先从地方议会开始，再从地方中选出代表，成立中央，冀望步步为营，走上议会政治的道路。在正式议会尚未成立之前，以咨议局及资政院作为人民练习议政的场所，是一种临时性质。咨议局及资政院的议员，是由选举产生的……"①

光绪三十四年六月二十六日，宪政编查馆向光绪皇帝提交《拟订各省咨议局并议员选举章程折》，对咨议局议员的选举进行了规定。在此基础上，各省选举了咨议局议员，并在咨议局议员中再行选举后，与皇帝钦定的部分议员共同组成资政院。1909 年建立了各省咨议局及中央资政院。至此，中国社会出现了议员选举，相应地，法律实践中出现了与议员选举有关的新型案件，法律文书中也才有了关于选举案件相关的内容。

另外，随着 17 世纪至 19 世纪以来科学技术的突飞猛进，保护与鼓励科技创新日益成为许多国家的共识。对于知识产权的法律保护则成为近现代西方法制的一项重要内容。这一时期也成为西方国家知识产权法律相继产生的时期。中国传统社会没有"知识产权"及其保护的概念，直到清末法制变革，受西方法制的影响，中国才开始了对知识产权的法律保护。

有学者指出，"一般认为，中国知识产权保护制度始于清朝末年。它虽是清政府实行新政，向西方学习的产物，但更多是帝国主义列强施加压力的结果。1898 年，清帝在变法改革运动中颁布了我国历史上第一部专利法规《振兴工艺给奖章程》，但不久由于'戊戌变法'的失败而夭折。此后，清政府根据 1902 年《中英续议通商行船条约》、1903 年《中美通商行船续订条约》的知识产权条款，在外国人的帮助下制定了《商标注册试办章程》（1904 年）、《大清著作权律》（1910 年）。这些法律自清末适用至民国初年。以后的北洋政府、国民党政府直接取材于外国法，先后制定了著作权法、专利法和商标法等"。②

---

① 张朋园：《中国民主政治的困境 1909–1949：晚清以来历届议会选举述论》，吉林出版集团有限责任公司 2008 年版，第 49 页。

② 吴汉东：《知识产权法律构造与移植的文化解释》，载《中国法学》2007 年第 6 期。

新的法律关系必然在社会生活中有所反映,围绕这些法律关系而出现的新型纠纷案件必然催生新的法律制度。这些新型纠纷案件中最典型的就是选举案件与知识产权案件。在这两类案件的判决书中,可以非常清晰地看见传统法律中从未有过的法律关系。

一、选举案件

中国近代与此前历史的一大区别就在于民主共和的思潮极大地冲击了统治中国长达二千多年的君主专制制度,并最终于 1911 年促成了中国社会的巨大变迁——建立起了中华民国。民主与共和成为这一时期热门话题。如何实现民主? 选举就是不二法门。正如张朋园先生引用 Joseph Schumpeter 的观点说:"有选票有民主,无选票则无民主。"并认为"选举是人民踏上民主政治的第一步。"①

1909 年至 1949 年,中国社会共进行了四次选举。

1909 年清政府主持下的咨议局、资政院议员选举是中国民主政治的里程碑,但当时的咨议局、资政院还不是真正意义上的国会。中国的正式国会从 1913 年(民国二年)开始,至 1947 年,共有三届国会。民国之初,组建了临时参议院作为国家临时的立法机关,通过了《中华民国国会组织法》《参议院议员选举法》《众议院议员选举法》等法案。②《中华民国国会组织法》规定,国会采取两院制,由众议院和参议院组成。

1912 年年底开始选举,1913 年 4 月正式召开的第一届国会,又称为民元国会、老国会。选举吴景濂、汤化龙为正副议长,并设法制、财政、庶政、请愿、惩罚五个委员会。不久,袁世凯复辟,于 1914 年 1 月 10 日悍然解散了此届国会。

1917 年 8 月 25 日,张勋复辟失败后,段祺瑞控制北京中央政府,拒绝恢复《临时约法》和第一届国会,开始重新制定法律并选举新国会。本届国会议员依据 1918 年的《修正国会组织法》选出,梁士诒、王揖唐分任参众两院议长。因选举过程被段祺瑞、徐树铮的"安福俱乐部"所控制,所以第二届国会又称"安福国会""民八国会"或"新国会"。

(一)《最新司法判词》及其收录的选举诉讼案件

上述选举活动是中国社会开天辟地以来,在法律保障下进行的民主尝

---

① 张朋园:《中国民主政治的困境 1909–1949:晚清以来历届议会选举述论》,吉林出版集团有限责任公司 2008 年版,"自序"第 2 页。

② 以上三部法律全文均见于 1924 年上海商务印书馆出版,商务印书馆编译所编成的《最新编订民国法令大全》中。

试,自然会有因选举而产生的纠纷。选举纠纷诉诸法律,对新近筹设起来的各级审判厅是一个不小的挑战。因为当时的选举立法不尽完善,加之地方各级审判厅熟悉近代法制的专业人才又十分匮乏。在这种情势下,作为最高司法机关的大理院对选举讼案的司法审判实践格外引人注目。《最新司法判词》收录了民国元年至二年间各级审判厅在审判中制作的裁判文书,包含了大理院制作的12件选举讼案的裁判文书,是观察民初大理院选举讼案审判实践的珍贵资料。①

《最新司法判词》是笔者所知最早也是最集中收录有选举诉讼案件判决书的民初司法判决文书汇集。该书共四册,第一册的封面已然不存,以例言开始,其他三册的封面完好,但其上只有"最新司法判词"和"上海商务印书馆发行"两竖行,其他信息如编者是谁,编辑目的等,均无从知晓。目前也未见有关《最新司法判词》的研究成果。其内容由四卷和附录组成。第一、二、三、四卷分别收录当时大理院、高等审判厅、地方审判厅、初级审判厅制作的裁判文书。除第四卷外,每一卷下又分第一类民事判词,第二类刑事判词。第四卷下,除民事、刑事判词外,又增加第三类审检所判词。附录为大理院公判笔录。

《最新司法判词》中选举案件判决书集中在卷一大理院所作的民事判词中,共12件,占本卷全部41件民事判词的29.2%。制作时间在1913年3月至6月,正值民国二年第一届国会成立、召开之时,所以本文对选举诉讼的观察以第一届国会选举为限。卷二只有京师高等审判厅制作的一件选举诉讼判词,其余卷三、卷四均无。下面以表的形式将这12件判词的大概情况作一介绍。

《最新司法判词》中大理院民事审判庭民国二年审理的选举案件一览

案由	原审判厅	审判人员	诉讼种类	大理院判决时间	大理院审判结果
王廷桢诉袁金铠当选违法案	奉天高等审判厅	审判长推事姚震;推事胡诒榖、朱献文、黄德章、陆鸿仪;书记官彭昌桢	当选无效之诉	中华民国二年三月二十九日	驳回上告

---

① 《最新司法判词》由上海商务印书馆1923年出版发行,笔者所见版本为中国人民大学图书馆东馆线装旧平装书阅览室的藏本。

案由	原审判厅	审判人员	诉讼种类	大理院判决时间	大理院审判结果
廖纯等呈诉覃液露年龄不合当选违法案	广西高等审判厅	审判长推事姚震；推事胡诒毅、朱献文、黄德章、陆鸿仪；书记官彭昌桢	当选无效之诉	中华民国二年三月二十九日	撤销原判
王应绶诉复选监督周汝敦办理选举违法案	云南高等审判厅	审判长推事姚震；推事胡诒毅、朱献文、林行规、庄璟珂；书记官沈兆奎	选举无效之诉	中华民国二年四月二日	撤销原判
戴景星诉覆选监督卢初璜选举违法致当选名次错误案	福建高等审判厅	审判长推事姚震；推事胡诒毅、朱献文、陆鸿仪、庄璟珂；书记官沈兆奎	选举无效之诉	中华民国二年四月五日	驳回上告
金溶熙诉复选监督违法案	浙江高等审判厅	审判长推事姚震；推事胡诒毅、林行规、黄德章、陆鸿仪；书记官沈兆奎	选举无效之诉	中华民国二年五月十日	驳回上告
刘清如诉办理选举人员王绳祖等违法选举案	山东高等审判厅	审判长推事姚震；推事胡诒毅、林行规、黄德章、陆鸿仪；书记官汪乐宝	选举无效之诉	中华民国二年五月三十一日	撤销原判
张益芳诉张于浔当选资格不符案	江西高等审判厅	审判长推事姚震；推事胡诒毅、林行规、黄德章、陆鸿仪；书记官汪乐宝	当选无效之诉	中华民国二年六月二十八日	撤销原判
刘占元等呈诉周之翰当选违法案	甘肃高等审判厅	审判长推事姚震；推事胡诒毅、林行规、黄德章、陆鸿仪；书记官汪乐宝	当选无效之诉	中华民国二年六月七日	驳回上告

续表

案由	原审判厅	审判人员	诉讼种类	大理院判决时间	大理院审判结果
郭文炘诉王试功当选资格不符案	直隶高等审判厅	注:判词尾部没有写明审判组织及人员	当选无效之诉	注:判词尾部没有写明时间,根据起诉时间当在中华民国二年五月二十日以后	撤销原判
曾唯儒等呈诉黄宝铭复选违法当选案	广西高等审判厅	审判长推事姚震;推事胡贻毅、朱献文、黄德章、陆鸿仪;书记官汪乐宝	当选无效之诉	中华民国二年三月三十一日	驳回上告
姚桐豫因控王廷扬选举舞弊不服高等厅终结辩论之命令案	浙江高等审判厅	审判长推事姚震;推事胡贻毅、朱献文、黄德章、陆鸿仪;书记官彭昌桢	选举无效之诉	中华民国二年三月二十一日	驳回
汪又其因呈诉复选监督潘世琛违法舞弊不服高等厅所为驳回批词案	安徽高等审判厅	审判长推事姚震;推事胡贻毅、朱献文、黄德章、陆鸿仪;书记官彭昌桢	选举无效之诉	中华民国二年三月二十一日	撤销原批,由高等厅更为审判

(二)《最新司法判词》收录选举诉讼案件的种类

从上表可以看出选举诉讼的种类在当时一共有两种:选举无效之诉与当选无效之诉。

民初《众议院议员选举法》"选举变更"一章共分两节:一是"选举无效";二是"当选无效"。选举诉讼不外因这两种情形之一而引起,因此,关于选举的诉讼种类相应分为上述两种。本书中这两类诉讼各为6件,各占全部选举诉讼案件的50%。

选举无效之诉是指因某选区发生选举违法或舞弊等行为而影响选举结果,经选民或候选人向法定机关提起诉讼后,经依法裁决该选区选举是否具有法律效力的诉讼。①《众议院议员选举法》第82条规定,选举无效之诉的情形主要包括:一为选举人名册瑕疵,因舞弊牵涉全数人员;二为办理选举违背法令。对于这两种情形,选举人、落选人及候补当选人都有权提起诉讼。

所谓选举人名册,按照《众议院议员选举法》的规定,选举之前,"初选监督,应就本管区域内分派调查委员,按照选举资格调查合格造具选举人名册。"如果该选举人名册存在瑕疵,且其结果足以影响整个选举人名册的正确性,最终影响选举结果的正确性,则由此引起的诉讼为选举无效之诉中的一种。

至于何为选举人,按照大理院六年抗字48号判例指出,"参议院议员选举法所称选举人,既经准用众议院议员选举法,应由选举监督就法律所定有资格人制成选举人名册,所载之人始可称为选举人"。②

要能被载入选举人名册,首先要符合《众议院议员选举法》第4条规定:"凡有中华民国国籍之男子,年满二十一岁以上,于编制选举人名册以前,在选举区内住居满二年以上,具下列资格之一者,有选举众议院议员之权:年纳直接税二元以上者;有值五百元以上之不动产者(但于蒙、藏、青海得就动产计算之);在小学校以上毕业者;有与小学校以上毕业相当之资格者。"其次,还不得具有以下情事:第6条规定:"凡有下列情事之一者,不得有选举权及被选举权:褫夺公权尚未复权者;受破产之宣告确定后,尚未撤销者;有精神病者;吸食鸦片烟者;不识文字者。"将符合选举资格的人列入选举人名册中,后由初选监督分别呈报复选监督及总监督并颁发各投票所宣示公众,宣示期满后,选举人名册即为确定,名册中所载之人可称为选举人。公示确立后的选举人得享有起诉权。只不过初选选举人只能就初选提起诉讼,无权起诉复选当选人。③

引起选举无效之诉的第二种情形是办理选举违背法令,指办理选举的人员在办理选举过程中违反法律规定进行操作,导致选举不能合法进行。根据民初《众议院议员选举法》第13~19条的规定,选举办理人员主要包

---

① 王玉明:《选举论》,中国政法大学出版社1992年版,第225页。
② 周东白:《最新大理院判决例大全》,大通进化书局1928年版,第13页。
③ 大理院解释例统字第1583号:"初选选举人,对于复选当选人,无起诉权。"载郭卫:《大理院解释例全文》,会文堂新记书局1931年版,第893页。

括：选举总监督、初选监督、复选监督、投票管理员、投票监察员、投票管押员、开票管理员、开票监察员。

至于当选无效之诉，又称当选效力之诉或对人之选举诉讼，是指因某当选人当选资格与法律规定不相符，或在选举中有违法或舞弊行为，或其所得票数不实等，经选民或候选人向法定机关提起诉讼而由法定机关依法裁决某候选人当选是否具有法律效力的诉讼。[1] 属于当选无效的情形有四种：一是不愿应选；二是死亡；三是被选举资格不符；四是当选票数不实。这当中第三点引起当选无效诉讼的频率最高。

依据民初选举法的规定，在确定被选举人名单之前选举监督应分派调查委员对被选举人的资格进行调查，若合格则纳入候选人名单中，不合格则不能纳入。关于被选举人的资格，例如国籍、性别、年龄等方面，选举法有明确规定。《众议院议员选举法》第 5 条："凡具有中华民国国籍之男子，年满二十五岁以上者，得被选举为众议院议员。"当然，除上述三个条件外，还需不具有以下情事方能成为候选人：褫夺公权尚未复权的、受破产宣告确定后尚未撤销的、有精神病的、吸食鸦片烟的、不识文字的、小学校教员、各学校肄业生等。这里需要注意的是，关于年龄，选举人与候选人的规定是不同的。《众议院议员选举法》第 4 条规定的选举人年龄为 21 岁，第 5 条规定众议员候选人年龄为 25 岁，参议员的候选人年龄则更高，为 30 岁。

法律既然对于候选人资格进行了明确的规制，因此若选举办理人员未对候选人资格进行严格调查，或因其他原因出现当选人资格不符合法律规定最后却成功当选时，得提起当选无效之诉。

《最新司法判词》中有 3 件当选无效之诉，都是以候选人年龄不合规定进行的诉讼，分别是张益芳诉张于浔当选资格不符一案，廖纯等呈诉覃液露年龄不合当选违法一案，郭文炘诉王试功当选资格不符一案。其中前一案被上告人为众议员候选人，上告人指其年龄不满 25 岁而起诉，后两起案件中的被上告人则因为是参议员候选人，上告人指其年龄不满 30 岁而起诉。

（三）12 件选举讼案当事人的身份背景

为直观说明这一问题，特做如下表。

---

[1]　王玉明：《选举论》，中国政法大学出版社 1992 年版，第 225 页。

12 件选举案件的当事人身份背景及争议焦点①

案件名称	上告人姓名及身份	被上告人姓名及身份	争议焦点
王廷桢诉袁金铠当选违法案	王廷桢,36 岁,业儒;苗天雨,23 岁,业商;金正伦,35 岁,业儒;均奉天第一区选举人	袁金铠,44 岁,传统功名:岁贡;新式教育:日本考察;当选前职衔:遇缺即补县。奉天省议会议员,复选当选人	如何理解"办理选举人员"
廖纯等诉覃液露当选违法案	覃液露,议会当选议员	廖纯,32 岁;蒋鸿藩,31岁;均为省议会初选当选人	候选人是否达到法定年龄
王应绶诉复选监督周汝敦办理选举违法案	王应绶,云南众议院议员,复选第一区初选当选人	周汝敦,云南众议院议员,复选第一区覆选监督,云南府知事	选举(包括复选与重选)日期如何确定
戴景星诉覆选监督卢初璜选举违法案	戴景星,36 岁,业儒,国民党省议会候补当选人	卢初璜,知事,省议会第八区覆选监督	如何确定选票的有效无效及票数相同时的抽签程序
金溶熙诉复选监督违法案	金溶熙,48 岁,业商,第一区覆选候选人	孙世伟,31 岁,众议院议员,第一区覆选监督	如何确定应作废的字迹模糊不能认识之选票
刘清如诉办理选举人员王绳祖等违法选举案	刘清如,36 岁,法政别科毕业生	王绳祖,37 岁,教习;朱正履,40 岁,办理选举人员	办理选举人员是否舞弊应如何确定
张益芳诉张于浔当选资格不符案	张益芳,江西众议院议员,复选第一区当选议员	张于浔,26 岁,曾留学日本振武学堂、法国巴黎大学,江西众议院议员,复选第一区当选议员	当选议员是否达到法定年龄,选举诉讼适用何种程序

① 以下关于上告人及被上告人的身份情况系综合《最新司法判词》中 12 件选举诉讼案判词中当时人身份情况的记载,及张朋园《中国民主政治的困境——1909-1949 晚清以来历届议会选举述论》附录一"咨议局及资政院议员名录"第 231、319、331、354、369、373 页的相关内容而来。有些当事人的身份情况因为这两份资料中没有记载,别处亦无从查考,只好付之阙如。

续表

案件名称	上告人姓名及身份	被上告人姓名及身份	争议焦点
刘占元等呈诉周之翰当选违法案	刘占元,32岁,铭日新师范学校肄业生;王凤标,38岁,铭日新师范学校教员;二人均为起诉四十八人代表	周之翰,32岁,众议院议员	当选议员是否具备法定资格,选举诉讼适用何种程序
郭文炘诉王试功当选资格不符案	郭文炘,30岁;马维周,34岁;李增锦,40岁;赵敬宗,46岁	王试功,31岁,曾就读于北洋大学,朝阳中学教员,直隶省议会选出参议院议员	当选议员是否具备法定资格,选举诉讼适用何种程序
曾唯儒等诉黄宝铭复选违法当选案	曾唯儒、罗凤藻、黄文豹、韦瑞增、苏雨材、罗鹏高、谢成宪、杭维斌、许赞襄、邓裕芳、钟岳、梁德孚、韦朱冕、周锡桓、周以棠,均为广西众议院议员选举第一区初选当选人	黄宝铭,35岁,曾就读于两广师范学堂、广西法政学堂,广西第一区覆选议员当选人	选举诉讼可否越级呈诉
姚桐豫因控王廷扬选举舞弊不服高等厅终结辩论之命令案	姚桐豫,44岁,民主党人	按:判决书中未列示被上告人王廷扬身份,但因所控为选举舞弊,故王当为办理选举人员	不服高等厅终结辩论之命令可否提起上诉
汪又其因呈诉复选监督潘世琛违法舞弊不服高等厅所为驳回批词案	汪又其,36岁,安徽第一区众议院初选当选人	潘世琛,安徽第一区覆选监督	选举诉讼可否不待当事人双方言词辩论而仅为书面审,"批词"是否仍为适法文书

以上资料显示,25位有年龄记载的诉讼双方当事人,最长48岁,最小23岁,平均36岁,正是年富力强,最具学习能力与进取心,能很快适应社会变迁、接受新生事物的年龄段。

从诉讼双方当事人的职业来看,大致有如下几类:一是"业商";二是"业儒"(大致相当于从事传统教育);三是新式堂的教师与学生;四是政府官员,属于具有一定经济、社会、政治实力与地位之阶层。这样的阶层基本不为衣食所累,往往有政治抱负与追求,有参与社会管理的热情。

再从诉讼双方当事人的受教育程度来看,起码有 4 人曾就读于铭日新师范学校、北洋大学、两广师范学堂、广西法政学堂等新式学堂,有 3 人曾留学于日本与法国,其中 2 人兼具有传统功名,还有一些当事人,判决书未明确说明其受教育程度,只提及有的是"教习""教员",有的"业儒",有的是"知事""知县",显然都属于知识阶层,总计至少 15 人左右,至少占全部 12 个案件 45 名当事人的三分之一,考虑到那些完全不可查考其受教育程度的当事人中应当还有一部分人是受过教育这样的可能因素,则前述比例还会更高。这些知识阶层由于受到良好的教育,具有见识与眼光,对选举议员所具有的政治及社会意义认识不是一般社会成员所能比拟的。同时,由于这些知识阶层接受新式学堂教育的比例更高,对于近代法律的接触亦走在时代前列,"多少知道何谓民权,如何行使民权"。① 与此同时,全国的大多数民众完全不知选举为何物,对于投票十分漠然,往往弃权。当时有一则报道福建福州初选投票情形的文章这样说:"福州初选举,投票之日,城市各区到者仅十分之四,乡村各区,则十分之及一二,概皆自弃选举权也。"②相比之下,上述案件当事人的权利意识及运用法律争取权利的意识是当时绝大多数处于社会底层的文盲民众无法企及的。

上述诉讼当事人背景的分析表明,民初的选举诉讼其实是社会精英之间的诉讼,基本不涉及下层民众。只是,这种诉讼对全社会却是有宣示作用的,在一定程度上对于民主、民权进行了普及,对人民如何运用民权和承担义务进行了训练,可以说是另一种层面的"训政"。而且,选举诉讼还是对传统司法观念的一种冲击。传统社会鄙夷好讼之人,认为司法的最高境界就是"无讼",何况当时一般民众对选举缺乏基本的认识,而选举诉讼又跟个人的人身、财产没有直接的关系,打这样的官司不是百无一用吗?可是偏偏就有些人,而且是周围有头有脸的人物在打这样的官司,人们在狐疑之余的思考,启动的正是对传统法制的反思与近代法制的认识。

(四)大理院选举讼案审判庭成员背景

在《最新司法判词》12 起选举诉讼案件的审判成员中,审判长均为姚

---

① 张朋园:《中国民主政治的困境——1909—1949 晚清以来历届议会选举述论》,吉林出版集团有限责任公司 2008 年版,第 70 页。

② 《各省谘议局汇报》,载《顺天时报》宣统元年三月六日。

震，推事胡贻穀参与了全部 12 起案件的审判，另有推事朱献文、林行规、庄璟珂、黄德章、陆鸿仪分别作为成员参与了其中部分案件的审判。

这几名审判人员的背景如下：

姚震（1884-1935 年），字次之，安徽贵池人。清光绪举人。早年留学日本早稻田大学学习法律，获法学士学位。回国后，1910 年获清朝颁给法政科举人，历任清政府法部员外郎、大理院推事。1918 年秋，升任大理院院长。1924 年被任为法制院院长。1927 年，任司法部总长。次年改大理院院长，为北京政府最后一任大理院长。

胡贻穀（生卒年无考），字文甫，浙江慈溪人，曾留学美国芝加哥大学，获法学学士学位。历任清朝邮传部参议厅法制科法律起草员、京师大学堂法科教员、上海南洋公学教务长、大理院推事兼庭长、上海租界临时法院上诉院民庭庭长、江苏高等法院民庭庭长。

朱献文（1872-1949 年），原名昌煌，字郁堂，义乌市佛堂镇南东朱乡雅治街村人（今赤岸镇雅治街村）人。由拔贡考入京师仕学馆，研习法政。清光绪二十八年（1902 年），被选派留学日本东京帝国大学法科。回国后，在法律编订馆任《民法·亲属篇》起草员。光绪三十四年应试中法政科进士，次年授翰林院检讨。宣统三年（1911 年），为资政院议员。民国成立后，又先后任国务院法制局参事，大理院推事，京师高等审判厅厅长。1922 年，调任江苏高等审判厅厅长，1927 年挂冠归里。

林行规（1882-1944 年），字斐成，浙江鄞县人。1896 年就读于上海南洋公学，毕业后入学京师译学馆。1904 年官费留学伦敦大学政治经济学院，获得法学学士学位。毕业后入林肯大学法学院深造，1911 年被授予英国大律师执照，服务于林肯思皇家律师所。1912 年回国，历任大理院推事、法律编查会编查员、北京大学法科学长，1915 年任北京政府司法部民事司司长、1916 年任调查治外法权委员会专门委员。

庄璟珂（1886-1934 年），字景高，福建闽侯人。1909 年留学日本早稻田大学专门部法律科，历任清朝奉天临时防疫局提调、奉天省清乡局审判官、奉天巡警训练处处长、警察总司提调兼科长、东三省都督府参事兼秘书，民国建立后，历任大理院推事、北京政府司法部民事司司长、浙江高等审判厅厅长、驻日本公使馆参事、北京政府外交部特派直隶交涉员等。

陆鸿仪（1880-1952 年），字棣威，江苏苏州人，光绪二十九年（1903 年）进士，钦点翰林院庶吉士。1907 年被选送日本中央大学，攻读法律，宣统三年（1911 年）夏，学成归国。辛亥革命后，先后任北京政府司法部金事，大理院推事、庭长，修订法律馆总纂、副总裁。

黄德章(生卒年无考),字滋护(一说字滋萱),四川新繁人,宣统元年(1909 年)以游学进士第一名授翰林院编修,留学日本帝国大学法科,回国后授法科进士,历任司法部编纂、大理院推事、京师地方审判厅厅长、江西高等监察厅检察长。①

这七名审判成员具有以下共性:

其一,承担选举案审理时均年富力强。从《最新司法判词》的选举诉讼案判词来看,这 12 起选举案件的审判时间在民国二年三月二十九日至当年六月七日之间,除胡贻毅、黄德章外,姚震时年 29 岁,朱献文 41 岁,林行规 31 岁,庄璟珂 27 岁,陆鸿仪 33 岁。②

其二,这七名审判成员无一例外均有海外留学背景,其中除胡贻毅留学美国芝加哥大学,林行规留学伦敦大学政治经济学院而外,余下均留学日本,学习法律。这样的法学专业留学经历使他们成为近代中国最先接触、了解、学习大陆法系与英美法系的先驱,并结合自身扎实的国学功底,自觉运用西方的学说、观点以研究中国当时的法律问题。

其三,七名审判成员承担民国二年三月至六月这 12 起选举案件审判任务时,均为法律精英,担任着重要的司法职务,并有其他令人瞩目的社会兼职,声望地位显赫。如当时的姚震除为大理院第一庭庭长外,1912 年担任新民法典编纂会调查员,参加法典编纂。1912 年冬,任司法会议会员。1913 年夏,任总统府军事法律顾问。1915 年 11 月,任司法官惩戒委员会委员,最后官至司法部总长、大理院院长。

由于大理院对法官严格的甄拔,使大理院汇集了一大批具有良好的法律教育背景和较高法律专业素养的法官。正如学者所言:"以大理院言,民元以来,所有推事的进用,侧重拔擢留学东西洋法学毕业,并在社会素有声望,精力健全之人。……大理院尤坚持非毕业于大学专门学校的法律人,决不得充当推事,历来方针,迄未更改。""当时新制得以推行,新法得其运用,社会信用日厚,外人诉讼尤为激增,良有以也。"③正是这样一支人才队伍,保证了大理院对选举法律的正确、公正实施,通过对相关案件的判决,监督指导地方各级审判厅选举讼案审理,收到了统一选举讼案审判之效。

---

① 以上七位大理院推事的简历参见黄源盛:《民国大理院历任院长及推事略历一览表》,载《民初法律变迁与裁判》上篇《司法制度与裁判史料·民初大理院(1912–1928)》,台湾政治大学法学丛书(47),2000 年版,第 40~56 页。

② 胡贻毅、黄德章因生卒年无考无法计算当时年龄。

③ 黄源盛:《民初法律变迁与裁判》上篇《司法制度与裁判史料·民初大理院(1912–1928)》,台湾政治大学法学丛书(47),2000 年版,第 37 页。

(五)民初选举诉讼案审判面临的主要问题及大理院的处理

这里所说的问题,一方面是由于立法尚未健全这样的客观原因所致,另一方面则是由于司法人员对选举及选举诉讼相关问题理解不到位这样的主观原因所致。

其一,选举诉讼属于民事诉讼还是特别诉讼。

民初选举诉讼审判的法律依据主要是《中华民国临时约法》《中华民国国会组织法》《参议院议员选举法》《众议院议员选举法》《省议会议员选举法》等。而这些法律中涉及选举诉讼程序的只有《众议院议员选举法》。该法共4编121条,4编依次为"总则""各省议员之选举""蒙古西藏青海议员之选举""附则"。第一、三、四编均不分章节,只有第二编"各省议员之选举"下再分六章,依次为"选举区划及办理选举人员""初选举""覆选举""选举变更""选举诉讼""罚则"。这当中,与选举诉讼有直接关系的是第五章"选举诉讼"。其下包含4个条文,分别是:

> 第九十条　选举人确认办理选举人员有舞弊及其他违背法令行为,得自选举日起,初选于五日内,向地方审判厅起诉,覆选于十日内向高等审判厅起诉。
>
> 未设审判厅之处,得向相当受理诉讼之官署起诉。
>
> 第九十一条　选举人确认当选人资格不符或票数不实者,得依前条之规定起诉。
>
> 第九十二条　落选人确认所得票数应当选而未与选,或候补当选人确认名次有错误者,得依第九十条之规定起诉。
>
> 第九十三条　选举诉讼事件,应先于各种诉讼事件审判之。[①]

《众议院议员选举法》作为选举诉讼的主要法律依据,第二编第四章规定了可以提出选举诉讼的两种情形,第五章规定了起诉的不同时间、不同的受诉法院及选举诉讼优先审判等程序性内容,但却没有规定选举讼案应按何种诉讼程序进行审理。也就是说,没有明确选举诉讼到底属于民事诉讼还是别的什么性质的诉讼。正是这样的立法缺陷,使准用何种程序进行选举诉讼成为民初选举讼案中出现频率最高的争议焦点。

在《最新司法判词》12件选举诉讼判决文书中,有4件的争议焦点都

---

① 商务印书馆编译所:《最新编订民国法令大全·参议院议员选举法》,商务印书馆1924年版,第24页。

集中在选举诉讼究竟应准用何种诉讼程序上,分别是张益芳诉张于浔当选资格不符一案,刘占元等呈诉周之翰当选违法一案,郭文炘诉王试功当选资格不符一案,曾唯儒等呈诉黄宝铭复选违法当选一案。

上述 4 案中被上告人在答辩中的主要理由综合起来就是认为《众议院议员选举法》第五章只是规定选举诉讼,初选自选举日起五日内向地方审判厅起诉,复选于十日内向高等审判厅起诉,并未定有上诉明文,表明选举诉讼为特别诉讼,应当适用特别法律,不能视为普通民事案件适用民事诉讼法,因而不能允许上告;大理院受理选举上告讼案于法无据。

针对这一问题,大理院在上述 4 案的判决书中给出了大致相同的回应。对于自己受理选举上告案件的依据,大理院认为虽然没有法律明文规定,但从法理上却可以推知,理由有二:"(一)《众议院议员选举法》将受理选举诉讼之权属于法院,并于第八十二条、第八十四条明白宣示,该法系采用审判确定主义,非用一次宣告主义。故如选举无效,须有第八十二条第一款或第二款情形,而经审判确定者,当选无效,须有第八十四条第一款至第四款情形之一,而于第三、第四款之情形,并须经审判确定者而后可也。法律所谓经审判确定者,即依据一定程序于最初受诉法院判决之后,经过上诉期间而无上诉,或已上诉而经最高司法衙门之判决者,最初受诉法院之判决,至是始得称为确定,若仅有最初受诉法院判决,尚在上诉期间内,或已上诉而上诉衙门未经判决时,即不得认为确定也。法文不曰经判决宣告,而曰经审判确定,其真意所在,本甚明了,最初受诉法院判决后,尚须按照一定程序经过上诉,已明为法律所预期,更无可游移解释之余地。此本院对于高等审判厅受诉之选举诉讼不能不受理其上诉理由者一也。(二)《众议院议员选举法》又仅于第九十条至第九十二条规定起诉程序,至究竟对于此种案件,应践行何种程序,以行审判并未详细规定,亦无何等限制明文,则法律之意,当然准用普通民事诉讼程序,断无可疑。故如诉讼程序,若反于民事诉讼法则及其原理原则者,于法自属不合,其因准用民事程序诉讼,当事人双方应有之利益,尤应尊重。法院以司法机关,断不能于法律明文外,擅予以何等之限制,致剥削人民之利益,此又不易之理也。是以选举诉讼案件,不特就该法第八十二条、第八十四条观察,足知法律已有准其上诉之明文,即就准用普通民诉程序之结果言之,无特别法则之制限者,当然适用普通法则。则上诉准否及其一切程序,自应准照民事诉讼程序办理,而现行法制,民事诉讼即为三审制度。以理言之,选举诉讼似亦应有三审,惟选举法规定复选诉讼,应向高等审判厅起诉,则以明文规定之结果,按照民诉法理,对于高等审判厅之判决,不能更有控告审,仅能有上告审。故本院对于各省高等审判厅之判决，自不得不受理其上告。夫上诉权本诉讼当事人双方应有之权利。法律不特无限制之明文，且有明示之规定。（如该法第八十二条、第八十四条）以司法衙门之法院，安能轻于剥削而不为之受理？此本院本于约法上独立之职权，对于选举诉讼案件之上诉，依据法律，即应受理之理由又其一。"①

大理院在当时法律没有明确规定选举诉讼审判准用的程序的情况下，充分论证了应按民事诉讼程序进行审理的观点，其中对于《众议院议员选举法》第八十二条、第八十四条文中规定"经审判确定"而非"经判决确定"进行的对比分析，使人印象深刻。无论论据、论证与论点之间的逻辑联系是否经得起提推敲，大理院法官们受大陆法系注重法律概念与术语特点的影响却是不争的事实。同时，在论证过程中传递出的对诉讼法原理的理解、对待公民诉讼权利司法机关应有的态度、对《众议院议员选举法》等现行法律条文的缜密剖析等信息，无不体现出大理院法官们具有的良好法律素养和系统专业知识，而这正是当时地方各级审判厅法官们所欠缺的。

十分值得注意的是，近代民主制度最重要的基础就是权力分立。为此，民国建立后，明确以大理院为最高司法审判机关，职掌司法。如果严格遵循的话，大理院只能适用法律，当无法可依时，只能向立法机关提出立法或修法的建议。事实上，在民国建立之初，分权的实现只能是粗线条的。作为立法机构的国会受到政潮的激烈冲击，往往无法正常运作开展立法活动，而司法机构却无法回避生活中的各种诉讼。以选举诉讼而言，法律没有明确规定选举诉讼审判准用的程序法是立法机关未能完成的任务，但地方各级审判厅及大理院却不能因此作为不受理选举讼案的借口。在这种情况下，"大理院在司法过程中，具有兼行立法的实质倾向"。②

大理院利用自己作为最高司法审判机构的身份，以判决书的形式对民国二年的选举诉讼统一按民事诉讼处理，这是在法律有所欠缺时，以补充方式填补其漏洞，实际上起到了一种补充立法的作用。在当时百废待兴的情况下，大理院客串立法机构的角色，固然有违分权原则，实属无奈之举，但它有效地解决了选举诉讼中的重要问题。而且，大理院法官们良好的法律素养和系统专业知识，注重使这种漏洞填补与《众议院议员选举法》立法初衷的吻合，使司法与立法达致了统一。

---

① 佚名：《最新司法判词》（第一册），上海商务印书馆 1923 版，第 62~64 页。
② 黄源盛：《民初法律变迁与裁判》上篇《司法制度与裁判史料·民初大理院（1912-1928）》，台湾政治大学法学丛书（47），2000 年版，第 74 页。

其二,选举讼案应由民庭还是刑庭审理。

法院受理选举讼案后,应交由民庭还是刑庭审理,看起来是不言而喻的问题,但在民初司法实践中,不少初审法院交由刑庭审理的还不在少数。在《最新司法判词》12 件选举讼案中,就有覃液露诉廖纯当选无效,王应绥诉复选监督周汝敦办理选举违法两件判决书中明确记载作为初审的广西高等审判厅与云南高等审判厅将案件交与刑事审判庭审理:"至选举诉讼既准用民事程序,当然归民事庭审判,而原审判乃由无权限之刑事庭行之,本院依据职权,认为不合。""本案非由该厅民事庭审判,判决文亦仅记明厅名,更无庭名,于法亦属不合。"①

出现这种问题的原因之一还是因为民初的选举立法未明确规定选举诉讼的性质及准用程序所致。除此之外,下级审判厅中审判人员的专业素养参差不齐、对选举诉讼审判非常陌生恐怕也是原因之一。因为选举无效与当选无效的情形中,有些会涉及选举舞弊及办理选举违背法令两种犯罪行为,原告往往分不清选举诉讼与选举犯罪诉讼的区别,在提起选举诉讼时,没有请求确定选举无效或当选无效,反而要求惩罚被告的妨害选举犯罪行为;而初审审判厅如果认识水平有限,也将确认选举无效与否、当选无效与否的民事诉讼与追究当事人的选举犯罪行为的刑事诉讼混为一谈了。事实上,选举犯罪本属刑事,自应依刑事诉讼审级及程序,另行提起刑事诉讼,不应在选举无效或当选无效之诉讼中竟为刑事犯罪审判。

大理院针对这一问题,在判决书中进行了明确的指正,对下级法院今后审理选举讼案起到了应有的督导作用。

其三,民初选举诉讼判决的时效性。

如前表所示,《最新司法判词》所选 12 件选举讼案的判决时间在中华民国二年(1913 年)3 月 21 日至中华民国二年六月七日之间。事实上为民国二年召开国会进行的国会议员选举自 1912 年年底就开始了,而且各省进行初选、复选的时间不尽相同。以湖北省为例,省议会议员的初选在民国二年一月一日,江苏南京则在民国元年十二月六日开始。而第一届国会正式召开是在民国二年(1913 年)四月。

按选举诉讼的通例,应当特别强调时效性。也就是说,法律一般规定法院应当在选举日前的一定时期内对选举诉讼作出判决,否则选举诉讼就失去了意义。

事实上,民初选举法律中只规定了选举无效之诉的法定起诉期间,却

---

① 佚名:《最新司法判词》(第一册),上海商务印书馆 1923 年版,第 38、41 页。

没有规定选举无效案件的审结时间及判决送达时间,更没有规定当选无效之诉的法定起诉期间、审结时间及判决送达时间。这势必会有选举活动已经结束而当选人的资格还处于不确定状态的情况出现。

考诸民国二年国会议员选举,各省最早进行初选的时间是从民国元年底开始进行,而参议员、众议员的复选至少应在国会正式召开之前进行。如果初选、复选时发生争议,则应当在一定时间内作出判决。而从目前所见的这 12 件判决书来看,作出判决的时间在民国二年四月至六月间的有 5 件,也就是说当这 5 件选举诉讼判决完成时,早已过了初选、复选甚至国会召开的时间了,在这三个环节已不具有意义,应当说这 5 件判决只能对今后任期内的本届国会议员产生拘束力。如果这样的话,问题又产生了,这 5 件判决的拘束力如何产生? 又该如何执行呢?

比如,上述张益芳诉张于浔当选资格不符一案,大理院认为"原审认定事实未尽明了,其调查证据,亦不能合法,自应按照通常诉讼法例认原审怠于职权上应尽之义务,致诉讼关系不能臻于明确,又与证据法则不无违背,按上告审具此事由者,均应发还原控告审或移于相等之控告审衙门,更为审判",因此于中华民国二年六月二十八日作出了撤销原判,发交直隶高等审判厅更为审判的判决。这样的判决意味着张于浔复选议员的身份尚未确定,需待以后发交重审的判决而定。而此时距离首届国会召开的时间已过去了 2 个月,张于浔是否以当选议员的身份参加完第一届国会? 如果是,那么迟至 6 月 28 日才作出的判决以及再以后的发交重审的判决意义何在? 对于张于浔此前以当选议员身份进行的活动有溯及力吗? 如果有,该如何执行? 对于张于浔此后的选举活动又有哪些拘束力? 如何执行? 大理院的判决显然没有涉及这个问题。

应当说,民初选举法中关于选举诉讼时效的制度安排是有问题的,其症结就在于对于选举诉讼种类的划分上。顾名思义,无论是选举无效之诉还是当选无效之诉,显然都要求提起诉讼的时间不得早于选举之前,而当选无效之诉自然更应当是候选人当选后才可能提起。按照这样的逻辑,选举诉讼的时效性必然受到很大的制约。

也许正是鉴于此,我国现行法律对于选举诉讼进行了调整,目前只有一种选举诉讼种类,即选民资格案件,类似于民初选举诉讼中选举无效之诉的选举人名册瑕疵这一种情况。由于现行的选举诉讼种类唯一,是要对选民资格异议进行法律确认,必须在选举前审结并送达当事人才有意义,因此《中华人民共和国民事诉讼法》在第十五章规定选民资格案件适用特别程序,并对相关诉讼时效进行了明确规定。第一百八十一条:"公民不服选举委员会对选民资格的申诉所作的处理决定,可以在选举日的五日以前向选区所在地基层人民法院起诉。"第一百八十二条第一款:"人民法院受理选民资格案件后,必须在选举日前审结。"第一百八十二条第三款:"人民法院的判决书,应当在选举日前送达选举委员会和起诉人,并通知有关公民。"相比而言,现行关于选举诉讼时效的相关规定避免了民国选举诉讼法律中存在的问题,在实现选举诉讼制度价值方面有了很大的进步。

可以看出,大理院在民初选举诉讼中肩负着多项使命:不仅要完成作为终审的审判任务,还要对下级法院在审理选举诉讼中的各种业务问题进行指导,同时要对社会反映强烈的问题予以回应,以保障选举讼案审理在全国的统一,从而保障选民的民主权利。另外,大理院在诸如适用何种诉讼程序审理选举讼案等选举法律没有明文规定的情况下,对自己按法理适用民事诉讼程序进行审理的解释,实际上已经属于对立法的一种补充了。当然,大理院毕竟职司司法,不可能也不应该由它解决选举诉讼中的所有立法问题,比如关于选举诉讼的时效性问题,从 12 件判决书中就未发现大理院有何作为。

总之,议员选举是中国传统社会空前未有的经验尝试,这一崭新的法律行为背后必然蕴含着崭新的法律关系,导致崭新的诉讼类型出现,最终白纸黑字落在裁判文书上,无论在案由、诉讼请求、争议事实、判决理由、判决依据等方面,均体现出选举案件法律文书内容的前所未有。这是此一时期法律文书内容体现出的最大变化之一。

二、著作权案件

我国学者郑成思先生认为:如果对版权是随着印刷术的采用而出现的这一判断不存异议的话,那么,它就应当是最早出现于中国。① 笔者理解郑先生这里所谓的"版权"确切地说是一种观念,而非法律上的权利。因为,以立法来保护这种权利在我国是清末以后的事了。

资料显示,"版权"和"著作权"两个词汇是由日本学者创造的。日本明治维新时期,著名教育家福泽谕吉参考了英国的版权立法,把英文中的copyright 一词介绍过来,用日文创造了"版权"一词。1875 年(明治八年)日本颁布的《出版条例》已经含有版权条款。著作权一词的出现要晚于版权一词。19 世纪末,以法德为代表的大陆法系国家的"作者权法"更符合时代的需要,成为世界版权立法的主流。为了加入《伯尔尼公约》,日本以

---

① 郑成思:《版权法》,中国人民大学出版社 1990 年版,第 2 页。

德国作者权法为蓝本，于 1899 年重新修订了自己的版权法。参与修订的日本法学家水野炼太郎博士创造了"著作权"一词，并作为新法律的名称。①

在中国，"版权"一词的引入早于"著作权"。中国近代版权立法之前，最先介绍版权一词的是著名翻译家、学者严复。② 1903 年，严复上书清廷管学大臣张百熙，要求政府实行版权立法，禁止各书坊随意翻印出售私人译著，保护著译者的专有权利。其后，梁启超、蔡元培、陶葆霖等都就版权的理论和实践进行了探讨。③ 而最早采用"版权"一词的正式官方文件是1903 年清政府与美国签订的《中美续议通商行船条约》，该条约第十一款规定："无论何国若以所给本国人民版权之利益一律施诸美国人民者，美国政府亦允许美国版权之利益给予该国之人民。"

大约在 1910 年后，随着一些关于版权与著作权有影响的辨析文章的发表，"著作权"比"版权"一词更能表现该种权利性质的观点渐渐成为主流。商务印书馆资深编辑陶葆霖认为："著作权者，即现在吾国所称版权。第版权有出版之权利意味，而著作权则可包含美术家之图书雕刻、音乐家之乐谱曲本，范围较广。推衍其意，可称为创作者之权利，或精神之财产，又可称为学艺及美术上之所有权。而要之，以称为著作权为最合。"④秦瑞玠在对《大清著作权律》的名称进行解释时说："著作权律，谓国家关于著作者之权利所制定之法律"，"于是乎有法律不称为版权律而名之曰著作权律者，盖版权多出于特许，且所保护者在出版，而不及于出版物所创作之人，又多指书籍图画，而不足以赅雕刻模型等美术物，故自以著作权名之为适当也。"⑤

正是在这样的背景之下，1910 年中国历史上第一部《大清著作权律》，没有采用"版权"，而是采用了著作权一词。中华人民共和国成立后，废除了国民党政府的著作权法。1957 年，文化部制定了《保障出版物著作权暂行规定》（草案），准备对已出版作品实行全面的法律保护。"文革"时期，著作权保护的立法工作被迫中断。1980 年 7 月，国家出版局恢复了著作权立法工作，起草了《中华人民共和国版权法》。在随后的讨论修订过程

---

① 叶新：《版权和著作权两用语的由来及演变》，载《北京印刷学院学报》2000 年第 2 期。
② 严复在 1901 年与南洋公学译书院院长张元济的通信中，谈及《原富》一书的翻译及版税事宜时云："外国著书，专利、版权本有年限，或五十年，或三十年。"
③ 参见叶新：《版权和著作权两用语的由来及演变》，载《北京印刷学院学报》2000 年第 2 期。
④ 陶葆霖：《论著作权法出版法急宜编订颁行》，载《教育杂志》1910 年第 4 期。
⑤ 秦瑞玠：《著作权律释义》，商务印书馆 1912 年版。

中,对该法的名称用"版权"还是用"著作权",发生了激烈争论。① 最后,国家版权局综合各方意见,决定采用著作权法的名称,并在附则中增加一条规定:"本法所称的著作权与版权系同义语",1990 年 9 月 7 日,全国人大常委会第 15 次会议正式通过了《中华人民共和国著作权法》。②

1910 年的《大清著作权律》虽然因为辛亥革命爆发而未及实施,但它是中国历史上第一部著作权法,其基本原则和法律体系为北洋政府、国民党政府的著作权法所继承。中华民国初建之时,《大清著作权律》与民国法律无抵触的内容一直被沿用。

法律设定了著作权,人们于是有了权利救济的途径。不过,因为这种权利初初设定,人们还不习惯。当自己的著作权受到侵害时,不一定能意识得到;即或能意识得到权利受损,又未必知道或者愿意通过诉讼进行救济。这应当是清末民初的各种裁判文书实录中,很少出现关于著作权诉讼案裁判文书的原因。

翻阅本文所依据的基础资料:《塔景亭案牍》《各省审判厅判牍》《最新司法判词》《华洋诉讼判决录》,只有《各省审判厅判牍》收录了一件关于著作权案件的判词,因为稀见而越显珍贵。兹录如下:

翻刻地图　澄海商埠审判厅案③

缘郑邕亮籍隶揭阳,系汕埠正英学堂毕业生,现充该学堂教习,该生测绘潮州地图,于宣统元年闰二月出版,欲为专卖品。本年四月二十三日,该生向鼎新书局查出地图二十张,曾控警务公所,尚未结案。六月十五日,复以伪造盗刊等情呈诉到厅。二十日传集质讯,据郑邕亮供称,此图载明版权所有,翻刻必究,该书局冒名盗刊,请照侵夺版权律核办。据书局冯佩卿供称,此图系郑邕亮托敝书局代售,并未盗刊各等语。查近

---

① 主张法律名称用"版权"的理由有:第一,"版权"一词的用法在我国已经约定俗成,又是国际通用语,如《世界版权公约》就采用了"版权"提法。第二,版权一词即使被理解为出版权,也是作者对其作品享有的经济权利之一。作者享有的各种经济权利是出版权的延伸,是版权概念的扩大。第三,用著作权一词容易混淆政治权利(言论出版自由)与民事权利(作者特殊权利)之间的界限。第四,著作权是日本人对德文、法文"作者权"一词的错译,不该继续沿用,一错再错。而主张用"著作权"的理由为:首先,版权一词容易被理解为出版者的权利。其次,用著作权一词把作者与著作联系起来,可以激发作者的创作积极性。最后,我国历史上有过三部著作权法,用著作权的名称是秉承历史惯例。

② 参见叶新:《版权和著作权两用语的由来及演变》,载《北京印刷学院学报》2000 年第 2 期。

③ 汪庆祺编:《各省审判厅判牍》,李启成点校,北京大学出版社 2007 年版,第 231 页。

来中外通例，凡著作权、版权；均须禀准官厅立案，给有证书，始得专卖，该生测绘潮州地图，殊费苦心，惟未经立案，究与禀准专卖之版权有别。鼎新书局为营利起见，发售该生地图，无论盗刊与否，系由该书局查出，且当日并未与该生面商，不为无过。据供郑邕亮托该书局代售，殊属遁辞，揣度人情，断无始而托其代售，继而诬其盗刊之理，本厅从中调停，谕令冯佩卿缴银五元来厅，转给郑邕亮具领，为绘图报酬之资。嗣后该书局不得翻刻再卖，致干重罚，两造均愿遵断，当堂具结完案。讼费银三两应归冯佩卿负担。此判。

本案判决书透露出以下值得关注的信息：

其一，原告强烈的著作权意识，以个案方式表明清末民初著作权立法所立足的社会土壤。本案原告诉被告鼎新书局盗刊自己测绘的潮州地图，因而诉请澄海商埠审判厅依照"侵夺版权律核办"。显然作者知道版权并非只是保护出版者、印刷者的利益，更要保护著作者的权利；知道版权保护的对象不仅有图书，而且包括地图之类；知道国家当时已有保护版权（著作权）的立法，而且知道当自己的版权（著作权）受到侵害时，可以运用诉讼的手段进行救济。这些"知道"环环相扣，层层递进，共同构成了系统、完整的著作权意识，这在《大清著作权律》刚刚颁布的时期，实属难能可贵，也表明了当时社会确实存在对著作权保护的需求。

这当中原告对于版权并非只是保护出版者、印刷者的利益，更要保护著作者权利的认识尤其值得强调。因为，中国传统的版权观念更多是以出版者而非作者为本位的。主要保护作者还是保护出版者的不同选择，体现出我国近代版权制度与古代版权保护的本质区别。《大清著作权律》中出现的权利主体已确定为"著作者"或"著作权者"了。

按照《大清著作权律》第4条的规定："著作物经注册给照者，受本律保护。"本案原告绘制的地图未经注册给照，严格来说原告的地图不具备专卖资格，不应当受《大清著作权律》的保护，但审判法官最后还是判定鼎新书局以营利为目的，盗刊原告测绘的潮州地图的行为不无过错，因此令被告缴纳五元，由审判厅转给原告，作为其绘制地图所付出劳动的报酬，并令被告今后不得翻刻再卖。这样的裁判结果，显然是基于审判者对著作权法立法目的有清晰认识并在司法实践中扩展适用的结果，表明原告与审判者的共识：著作者权利应受到著作权法保护。

其二，《大清著作权律》所规定的著作权注册登记制度在司法实践中得以贯彻。《大清著作权律》第 4 条规定："著作物经注册给照者,受本律保护。"第 2 条则规定了负责注册给照的机构："凡著作物归民政部注册给照。"第 3 条规定了申请注册的程序："凡以著作物呈请注册者,应由著作者备样本二分,呈送民政部;其在外省者,则呈送该管辖衙门,随时申送民政部。"

很显然,《大清著作权律》没有采用著作权自动产生的立法模式,而是采用了注册登记制。也就是说,著作权的取得须以著作物的注册登记为前提。一经注册登记,就受法律保护。这就意味着一旦出现《大清著作权律》第四章第二节"禁例"所规定的六种情形,就可以诉诸法律请求保护。这六种情形分别是第三十三条:"凡是经过呈报注册给照具有著作权的著作,他人不得翻印、仿制及用各种假冒方法来侵损著作权";第三十四条:"接受作者作品的出版发行人,不得对原著进行割裂、改窜及变匿姓名或更换名目进行发行";第三十五条:"对于他人著作权期限已满之著作,也不得加以割裂、改窜及变匿姓名,或更换名目进行发行";第三十六条:"不得假托他人姓名发行自己的著作,但使用别号则不受此限";第三十七条:"不得将别人编著的教科书中的问答题,擅自编写成问题解答来发行";第三十八条:"对作者未经过发表的作品,他人未经著作稿原主同意,不得强取抵债。"

《大清著作权律》第四章第三节"罚则"则规定了对侵犯著作权者的处罚。

本案中原告绘制的潮州地图因为没有履行登记手续,因而审判者认为:"凡著作权、版权,均须禀准官厅立案,给有证书,始得专卖,该生测绘潮州地图,殊费苦心,惟未经立案,究与禀准专卖之版权有别。"为此,并没有按"罚则"中规定的数额处罚鼎新书局,而是作出了变通的判决。

这样的判决结果表明,《大清著作权律》所规定的著作权注册登记制度在司法实践中得以到了严格但又不失灵活的贯彻执行。

三、商标权案件

商标对于清末以前的中国人是陌生的。传统中国缺乏催生商标的社会土壤。因为它以自给自足的小农经济为主,商品经济不发达,商品交易量有限,而且由于交通不便,商品以就近销售为主,减少了本来就不多的冒牌机会,因此而发生争执的情况也就更少。禁止冒牌的工作按传统习惯更多是由当地行会主持,按民间组织的规章制度处理。① 因此商标在经济生活中的作用不是特别明显,社会对于商标没有迫切的需求,人们也几乎没有什么商标意识。虽然此前的时代中偶然也有商家用文字、图案来标记并突出自己商品的做法,②但这种做法更着重于宣传自己的产品而非禁止他人假冒。人们更是不曾想过要以国家法律来保护商标。这些原因导致了清末以前国家商标立法的缺失。

1840 年的鸦片战争使中国的国门被迫打开。伴随着侵略者的枪炮声,各种外国商品大量涌入,抢占了中国大片的商业市场,引发了出于逐利目的的假冒外国商标活动。但由于当时的中国没有商标登记注册制度,也就是说没有对商标专用权的法律保护,因此外国商人开始向本国求助,引起了英、美、日、德等国对在华商标保护问题的重视。

外国列强要求中国政府保护外国商标的活动始于 1902 年。当时中英续议通商行船条约谈判在上海举行,英国代表马凯向清政府提交的谈判条款草案中,首次就商标保护以及如何执行、设立相关管理机构等一系列问题进行交涉,明确提出中国政府应在上海、广州两口岸设立货物牌号注册局所,由中国海关管理,对所有英国货物牌号进行注册,并加以保护,杜绝假冒。为此,1903 年 7 月,清政府设立了我国历史上第一个专门管理商务活动的机构——商部,1903 年 10 月 31 日商部咨文外务部函请海关总税务司,要求帮助草拟商标注册章程。

1904 年年初,由海关副总税务司裴式楷等拟订了一份名叫《商牌挂号章程》的商标法规,全文共十三条。这是我国有史以来第一个商标法规的原始稿。从这个商标法规的具体条文看:它完全只顾及英商的利益,而且还带有很浓的殖民主义色彩,一经公布后,立即引起了国人的强烈反对,要求修改。

1904 年 3 月 8 日,海关总税务司赫德向外务部呈文,申报了详细的修改补充意见,将原《商牌挂号章程》由十三条,改为十四条。但在第八条中

---

① 据上海左旭初商标博物馆馆长左旭初考证:"上海绮藻堂布业公所,在道光五年(1825 年)即开始对本行业牌号进行登记,严禁已在公所登记的牌号有重复名称出现,并对销售他人冒牌土布者,进行严厉惩处。该公所还制定《牌律》,其第 6 章'冒牌罚则'第 1 条规定:'同号如有顶冒他号已经注册之同路同货牌号,经本所查明或被本牌呈报确有实据者,将冒牌之货,尽数充公。如有捎客经手,必须追查姓名,由公所通告各号,以后永远不许该捎客再捎布货。'"见该作者所著《中国近代商标简史》,学林出版社 2003 年版,第 49 页。

② 美国学者韩格理认为:"宋代(960-1279 年),一些商人就懂得运用'标记'来突出他们的商品。明(1368-1644 年)、清(1644-1911 年)两代,很多在区域市场流通的商品都有'标记',我们就称它为'品牌'(Brandname)和'商标'(Trademarks)。"参见[美]韩格理:《中国社会与经济》,张维安等译,台北,联经出版事业公司 1990 年版,第 269 页。

仍存在不平等、歧视性的条文。其中规定办理商标注册事项由海关负责，同时将商标划分洋牌、专牌、华牌三类，①进行区别对待。对此，清朝商部表示了强烈抗议，认为"保护商标一事，原系商律中之一门""办理商标，本是内务""惟注册商品，同为行销中国之货物，华洋商标注册公费及保护之法，自应无分轩轾"，指出无论华洋商标，均应一体保护，以示平允。基于此，商部对赫德代拟的 14 条进行修订后拟定了《商标注册试办章程》28条，《商标注册细目》23 条，于 1904 年 8 月 4 日上奏，旨准颁行。是为清末中国政府最早批准颁行的商标法规。

在《商标注册试办章程》颁布后，各国使节反对之声不断，商部决定暂缓施行该章程的大部分内容。1906 年 3 月，英、法等五国大使拟订了修改意见稿，送至商部，此时商部正对章程做第二次修改。最后改订为《商标法规》68 条、《商标施行细则》27 条、《商标审判章程》40 条、《商标特别条例》12 条和《外国商标章程》6 条。1907 年，机构改革后的农工商部将第二次修订的过于庞大的商标法律进行第三次修订，并将原先的五种商标条例压缩成《商标章程草案》，共 72 条，附则 3 条。但草案因时局的变化而一直处于修订状态，直到 1911 年辛亥革命，清政府被推翻，清朝的商标法律最终不了了之。

民国建立后，北洋政府先后两次对《商标注册试办章程》进行了修改，并于 1922 年最后制定了《商标法》，该法共有条文 44 条，实施细则 37 条，并于 1923 年 5 月颁布实施。

从 1904 年的《商标注册试办章程》至 1922 年的《商标法》，中国的商标立法在朝代更迭中历经近 20 年的艰难历程，终于形成了自身相对完备的体系，使商标这一知识产权在中国的保护不再处于真空状态。自 1928年北洋政府开办商标局起，迄至 1934 年年底，注册商标"统计有 24747 件，内中国注册商标数计 7778，占 31.45%，外国注册商标数 16,969 件，占68.75%，单计上海一隅，华商在该期间注册商标数字，计达 5259 件"。②

在政府立法的同时，商标纠纷自清末开始日渐增加。比较著名的有1909 年左右，日商钟渊纺织公司控华商又新纺织厂冒用其蓝鱼商标纠纷；③1909 年 2 月，英商祥茂洋行控华商宏源洋货店私卖伪牌肥皂纠纷；④

---

① 洋牌系洋商已在外国按照该国例章挂号的商标，专牌系洋商在中国使用，但尚未在外国挂号的商标，华牌则系华商使用的商标。
② 王叔明：《商标法》，上海商务印书馆 1937 年版，第 10~11 页。
③ 《不允改换商标》，载《申报》1909 年 2 月 18 日。
④ 《英美租界公堂琐案》，载《申报》1910 年 3 月 21 日。

1909 年 7 月美孚洋行控华商协源祥号邵而康冒充美孚商标纠纷案。① 不过,这几件商标纠纷都不是由当时业已建立的新式审判厅来审理,而是由租界会审公廨判决的。民国建立后,中国逐渐收回司法主权,关于商标纠纷的诉讼才开始由自己的审判厅审理。

1919 年出版的直隶高等审判厅书记室编辑的《华洋诉讼判决录》就收录了三件由直隶高等审判厅审理并制作的商标纠纷案判决书,分别是崔雅泉与日商安达纯一因商标纠葛一案判决书,日商成愿新三与大兴料器厂因商标纠葛一案判决书,崔雅泉与日商安达纯一因商标纠葛由大理院发回更审一案判决书。② 这三件判决书的制作时间依次为中华民国六年(1917年)3 月 8 日,中华民国六年(1917 年)7 月 14 日,中华民国七年(1918 年)4 月 23 日。由于都是控诉审判决书,因此,三件判决书对于由地方审判厅的一审判决情况都有详细陈述,使读者能够清楚观察案件一审、二审的整体情况,是考察民初商标案件诉讼过程的珍贵资料。为开展论述,同时也为方便读者批判、验证,特掇录其中一件,以窥其貌。

崔雅泉与日商安达纯一因商标纠葛一案判决书

判决

控告人　崔雅泉,年三十八岁,故城县人。竹林村行医

代理人张务滋律师

被控诉人　即附带控诉人,安达纯一,年四十一岁,日本人,住天津日租界旭街,日商森下博药房仁丹公司经理

代理人　大木干一,年三十四岁,日本辩护士,日本人

　　　　小林助次郎,日本人,日本辩护士

　　　　神原幸次郎,日本人,日本辩护士

　　　　鲍达年,二十八岁,北京人,翻译

上述控诉人因商标纠葛案件,对于天津地方审判厅中华民国六年一月十六日之判决,声明控诉。被控诉人亦声明附带控诉。本厅审理,判决如下。

主文

本案控诉并附带控诉均驳回。

---

① 《致公廨函:宣统元年八月初三日》,载《上海华洋诉讼案:1909—1913》,上海图书馆藏钞本。

② 以上三件判决书收录在直隶高等审判厅:《华洋诉讼判决录》,中国政法大学出版社 1997 年版,第 199~203、209~212、236~239 页。

讼费归控诉人负担。

事实

缘崔雅泉在天津河北大街石桥开设神丹制药公司,制有一种药品,名曰中国芒丹,正在试办期内,尚未在官厅注册。有日商森下博药房代理人仁丹公司经理人安达纯一,以崔雅泉所制之芒丹,其商标与包装体裁均摹仿森下博药房发卖之仁丹形式,致侵害森下商标。坚请援照上海成案,由中国地方官出示严禁等情,由交涉公署函请天津警察厅核办。复由警察厅送请天津地方审判厅受理审判。

经该厅判决,崔雅泉所制之中国芒丹,俟考验后如准注册,其商标形式与名称另定之。

崔雅泉不服,控诉日商安达纯一,亦呈由日本领事署转交涉公署,声明不服原判。本厅以崔雅泉提出控诉日期在先。因认崔雅泉为控诉人,日商安达纯一为被控诉人,并附带控诉人。案经开庭审讯,宣告辩论终结,应即判决。

理由

控诉人不服控诉意旨:

(一)原判认定仿造之不合也

查原判认定仿造,根据于"不免类似"四字。然类似者,同类相似使普通人不能区别之意;若各有特点,普通人均能辨别其不同,则非类似。此为最公平之条理。

日人仁丹取仁义之意,中国芒丹取草木之名。"仁丹"二字上并无何国字样,乃仁丹之"仁"恐于"仁字"不能区别,特别"中国"于上以表明其不同。故"仁丹"二字为二音,"中国芒丹"为四音,则假借字音之不能也。伊为绿色,商为蓝色,颜色之不同。伊为日本军人之肖像,戴军帽、穿军服,商为中国创制人,戴礼帽、穿礼服,肖像之不同。伊之字体,汉字旁注日本字母,杂以英文。商之字体纯为汉文字体。意同则摹仿式样之不能也。故以字音式样各有特定之区别,人人能辨别其不同。此曰类似,则凡有国货,均在排除之列矣。

(二)行政衙门公函为惧起交涉也

商前在直隶公署禀请立案之中国仁丹,以仁字与日本仁丹相同。因即取消,从新创制中国芒丹,是即恐为口实之故。公署不察内容,遽谓商标及纸色式样,自应令其另定。格式既未相混,何容另定,自侮商民权利,不复细加部别可概执甚。原判即依巡按使公函类语以为判决,殊非保护国货之道。

被控诉人之答辩,并其附带请求与追加请求:

1.被控诉代理人之答辩略称,控诉人之芒丹与森下发卖之仁丹,虽称有种种不同,而其形式实相类似。即如药包四种,大小均同,药名在肖像中央部分亦同,花样相类,肖像上部横格及旁面直格亦相类似,包内票纸相类,镜盒亦相类,虽不能谓绝对相同,而互相类似确有仿造意思无疑,云云。

2.被控诉人之请求:将原判决变更。

控诉人所制造及发卖之药品,现使用之中国芒丹商标,以及类似之商标,皆不得使用。

控诉人现在所有芒丹商标之货物,全行交与被控诉人,使之烧弃。

控诉人已经发卖与他处、或委托他处之芒丹商标之货物由控诉人出资收回,全行交与被控诉人毁弃之。

3.被控诉人之追加请求:确认被控诉人所受之损害额,于已立证时,控诉人有应赔偿之义务。

本厅查本案两造系争要点,即在控诉人所制造之中国芒丹与被控诉人所发卖之仁丹商标是否有摹造或相类似之事实。据控诉人提出各点,如人形、帽服、字义、纸色等均有不同之点,非绝对不可辨认者。惟查芒、仁二字字义虽属不同,而字音则同。中央肖像冠服虽属不同,而姿势则同。其肖像上部横格旁面直格包装大小均不无相同之点。原审认为有仿造影射之嫌疑,洵无不合。被控诉人之仁丹商标,曾经根据中英并中日通商航海条约在沪海关并天津海关注册,对于我国即发生一种专卖权之效力。虽商标注册章程在我国未经公布实行,案[按]照条理,亦应在予以保护之列。况商标注册本属行政衙门之事,巡按使公函既有将来商标及纸色式样,自应令其另定格式等语,原审即据以为判决基础亦无不当。本案控诉人之控诉,应认为无理由,予以驳回。

至被控诉人附带请求所称:

1.控诉人所制造及发卖之药品,现使用之中国芒丹商标以及类似之商标,皆不得使用等语。查原审既判令控诉人另定商标,则前所使用之商标与其类似之商标,当然应在禁止之列。

2.控诉人现在所有芒丹商标之货物,并其已经发与他处或委托他处之芒丹商标之货物,由控诉出资收回,全行交与被控诉人烧弃。被控诉代理人大木干一当庭请求,只将类似之封皮毁弃等语。查伪造之商标或摹造类似之商标,依据一般条例,本应予以毁弃,以免妨害有商标权者之权利。惟此等事件,应俟判决确定后向执行衙门请求,以待执行衙门之处置,无迳将此项货物或其封皮判归被控诉人自行处置之理。其已经发卖之货物,令其出资收回,交被控诉人毁弃,在条理上尤无此等办法。被控诉人此项请求,要难认为成立。

3. 确认被控诉人所受之损害额,于已立证时控诉人有应赔偿之义务等语。查一般条理,侵害商标之权利者,仅有刑事罚金之制裁,并无损害赔偿之先例。盖此等事件侵害之程度,既无一定标准,其损害额即难予以算定。况此项请求,被控诉人在原审并未提出,原审亦未为此项之裁判。以第一审未经裁判之件,本厅自应毋庸置议。

据上论结,本厅认本案控诉并附带控诉均无理由,并予驳回。讼费照章应由控诉人负担。特为判决如主文。

中华民国六年三月八日

直隶高等审判厅民一庭

审判长推事　董玉墀

推　　事　胡凤起

推　　事　李兆泰

书　记　官　杨清芳

本案在清末民初的商标诉讼中很有代表性,判决书所记载的内容中反映出当时商标诉讼的共同特点如下:

其一,清末民初的商标诉讼几乎都是华洋诉讼。在笔者搜寻的资料中,无论是媒体上报道的,还是在文献资料中保存下来的商标诉讼,无不是涉外的华洋诉讼,诉讼双方当事人总是一方为华商或华人,另一方为外商或外国人。而且一审均是外商或外国人以华商或华人侵害其商标专用权为案由而提起的。也就是说,一审提起诉讼的原告总是外商或外国人,被告总是华商或华人。前面提到的日商钟渊纺织公司控华商又新纺织厂冒用其蓝鱼商标纠纷,英商祥茂洋行控华商宏源洋货店私卖伪牌肥皂纠纷,美孚洋行控华商协源祥号邵而康冒充美孚商标纠纷,无不如此。

本案属《华洋诉讼判决录》中的三件商标纠纷案中的一件,一审由日商森下博药房控华商崔雅泉因仿造致使其生产的森下仁丹商标受到侵害为由而提起;另一件的一审则是由日商永信洋行行东成愿新三以大兴料器厂假冒其曾在日本特许局登录、并于民国四年十二月二十二日向天津海关附设之农商部注册、天津分局挂号之铁锚樱花商标而提起。

清末民初商标诉讼当事人如此一致的特殊性,其实是当时国外经济势力借助霸权攫取在华利益的必然结果。表面上是诉讼双方当事人之间的私利之争,更深层面上是中国与外国列强之间的利益博弈。当时外国商品并非通过正常的贸易渠道进入中国,因此一方面中国经济完全没有与外来经济沟通、接轨的准备,不具备资本主义市场经济结构要素所需要的生长土壤与环境;另一方面,外国商品在武力护持下,蛮横地占据了中国的主要市场,极大地扰乱了中国的经济秩序,华商与外商之间冲突势所难免,而冲突的导火线就是外国商品的商标专用权。

其二,清末民初的商标纠纷在诉讼到法院之前,均经历了先由原告向地方官府抗议,次由官府向交涉公署函请当地警察厅核办,再由警察厅送请地方审判厅这一特殊的诉前移送程序。以崔雅泉与日商安达纯一商标纠葛案来看,判决书中对于案件的来源交待的非常清楚:日商先是向中国地方官府提出抗议,要求官府出面禁止,后来再转由交涉公署函请天津警察厅核办,最后是由警察厅送请天津地方审判厅受理审判的。同样,日商成愿新三与大兴料器厂商标纠葛一案也由日商"具情诉经日本领事署函送交涉公署转送天津地方审判厅讯办"。如此看来,清末民初外商与华商的商标纠纷首先选择的救济途径并非诉讼而是外交保护。这是当时特殊历史时期的后遗症。

近代意义的各级审判厅是1907年开始在全国陆续建立起来的,既面临自身建设与完善的难题,更肩负着与外国领事裁判权相抗衡的历史使命。自1843年10月英国政府强迫中国政府签订的《中英五口通商章程》中首次出现的领事裁判权以来,中国的司法主权受到了严重侵害。按照领事裁判权的约定,凡华洋之间的民事案件,应由中外官员各自调处,调处不成则由中外官员会同讯断。[①] 自此以后,外国领事裁判权一直持续到1949年才真正撤销。

领事裁判权设立的目的当然是要保护该国国民、经济组织的在华利

---

① 何勤华:《华洋诉讼判决录·前言》,载直隶高等审判厅编:《华洋诉讼判决录》,中国政法大学出版社1997年版,第2页。

益,其基础就是赤裸裸的霸权,无所谓公平、公正可言。因此在当时的涉外诉讼中,外方为了获取利益的最大化,必然要求将纠纷呈至本国领事解决。随着清末各级审判厅在各地的陆续建立,一定程度上消解了外国列强以中国没有独立的司法机构、司法腐败导致司法不公,因而需要领事裁判权来维护本国国民的借口。自此以后,清末民初的审判机构随着司法主权的一点点收回而逐步获得对涉外诉讼的管辖权。

诉讼案件由领事裁判向审判厅审理过渡是一个漫长的过程,不是一蹴而就的。崔雅泉与日商安达纯一商标纠葛案、日商成愿新三与大兴料器厂商标纠葛案所反映的正是这一时期外国领事裁判权逐步萎缩、中国司法审判权逐渐成长的消长关系。外商其实也清楚,如果选择诉讼的路径,案件最终是要由中国司法审判机构审理的,但他们却不愿意径直向司法机构提起诉讼,而是先经过外交"交涉"才转到审判厅。这样做的目的无非是希望受理案件的审判厅一开始就感受到来自法律以外的政治外交压力,从而占据诉讼主动,获得最大的诉讼利益。只不过从最初的外国领事直接裁判、参加会审或观审涉外案件到此时领事只能向审判厅转送涉外案件,领事裁判权日渐式微的轨迹已经注定。

其三,审判依据之一:条理。

在前引崔雅泉与日商安达纯一因商标纠葛一案判决书中,多次出现"条理"一词,不仅审判厅引为裁判依据,当事人也援用"条理"争取权利。

控诉人认为"原判认定仿造,根据于'不免类似'四字。然类似者,同类相似使普通人不能区别之意;若各有特点,普通人均能辨别其不同,则非类似。此为最公平之条理"。

直隶高等审判厅则认为日商安达纯一之仁丹商标已在上海和天津海关注册,对于我国即发生一种专卖权之效力;而崔雅泉的中国芒丹商标有仿造影射安达纯一仁丹商标之嫌疑。因此,根据《中英并中日通商航海条约》,日商安达纯一之仁丹商标应当受到中国法律的专卖保护。另外,直隶高等审判厅还认为:"虽《商标注册章程》在我国未经公布实行,案[按]照条理,亦应在予以保护之列。"很显然在本案审理中,直隶高等审判厅依据《中英并中日通商航海条约》和"条理"认定日商的仁丹商标应受法律保护,崔雅泉的中国芒丹商标属摹造类似的商标,应受查处。

但对于日商请求将崔雅泉尚未卖出的中国芒丹或其封皮判归被控诉人自行处置,其已经发卖之货物,令其出资收回,交被控诉人毁弃的请求,则认为"查伪造之商标或摹造类似之商标,依据一般条例,本应予以毁弃,以免妨害有商标权者之权利。唯此等事件。应俟判决确定后向执行衙门请求，以待执行衙门之处置，无迳将此项货物或其封皮判归被控诉人自行处置之理。其已经发卖之货物，令其出资收回，交被控诉人毁弃，在条理上尤无此等办法。被控诉人此项请求，要难认为成立。"这里依据"条理"驳回了被控诉人的该项诉讼请求。

对于被控诉人确认所受之损害额，并要求崔雅泉赔偿的请求，直隶高等审判厅认为："查一般条理，侵害商标之权利者，仅有刑事罚金之制裁，并无损害赔偿之先例。"再一次依据"条理"加以驳回。

而在另一商标案件——日商成愿新三与大兴料器厂因商标纠葛一案的判决书中，直隶高等审判厅认定铁锚樱花商标之专用权应归成愿新三所有，理由是："成愿新三在农商部商标注册、天津分局挂号为民国四年十二月二十二日；而大兴料器厂向天津县呈请注册，则为民国五年十二月十八日（两造涉讼以后），以条理论之，成愿新三挂号在先，铁锚樱花商标之专用权自应属之成愿新三，原判令大兴料器厂不得仿用，其现存各项灯罩应将类似之标记削除之，并先依假执行暂予查封禁售，其裁判自属允当。"依据此"条理"，认定原判正确。

那么何谓"条理"，"条理"与成文法之间是什么关系呢？

民初法律中的"条理"源于日本民事立法，日本明治八年太政官布告103号裁判事务心得第3条中说："民事裁判中如无成文法则依习惯，如无习惯则应推考条理进行裁判。"

中国清末的民事立法几乎照搬日本立法，因此，清末《大清民律草案》第1条规定"民事，本律所未规定者，依习惯法，无习惯法者，依条理"。其立法理由是："谨按凡关于民事应先依民律所规定，民律未规定者，依习惯法，无习惯法者则依条理断之。条理者乃推定社交上必应之处置，例如事君以忠，事亲以孝及一切当然应遵奉者皆是；法律中必规定其先后关系者，以凡属民事，审判官不得藉口于律无明文，将法律关系之争议拒绝不为判决，故设本条以为补充民律之助。"

虽然《大清民律草案》因清朝的覆亡而未及颁布实施，但在其第1条所规定的民事审判三大法源：成文法、习惯法、条理，却成为后来民国时期司法审判的主要依据，尤其在民国初期的大理院判决中，频繁地提及"条理"。如大理院于民国二年上字第六十四号判例载明："判断民事案件，应先依法律所规定，法律无明文者，依习惯法，无习惯法者，依条理。"[1]再后

---

① 郭卫：《大理院判决例全书》，吴宏耀、郭恒、李娜点校，中国政法大学出版社2013年版，第210页。

来的《中华民国民法典》第一条则规定："民事,法律未规定者,依习惯。无习惯者,依法理。"这里,"条理"又再变为了"法理"。

从《大清民律草案》第一条中的"条理",变为《中华民国民法典》第一条中的"法理",这一变化过程表明从一开始,学界及立法者对于什么是"条理"就一直意见分歧,莫衷一是,故而一会儿称"法理",一会儿又称"条理"。有的学者据此主张"条理"就是"法理"。推原起来,当是清末《大清民律草案》第一条中的"条理"到了《中华民国民法典》第一条中变为了"法理",而该条在两部法典中的作用及意义没有变化,都是要规定成文法——习惯——条理(或法理)三者在民事法律诉讼中法源地位及援用顺序。因此,认为"条理"就是"法理"。

我国台湾地区学者黄源盛就认为:"条理,有称之为法理者,系指自法律根本精神演绎而得的法律一般原则;简单地说,即适应时代环境需要,合乎理性的公平规则,它是法律价值的渊源。"[①]"一般而言,所谓'条理',或称'法理',乃指'法之原理,其探求方法,一则应依据现行法规,并就社会的现象为研究,以求调和秩序原则;再则,应诉诸理性及道德的知觉。'"[②]"关于'法理',日本法律通称'条理',《大清民律草案》从之。"[③]

有学者则认为,"法理"与"条理"不是一回事。民初学者黄右昌认为:"法理者,即正法之意,所谓正当之法理也。条理者(Reason,Gerechtigkeit od Gerecht),即正义之意,所谓自然之道理也。一为客观的,一为主观的也。法理与条理,谓为两者多具相同之点即可,谓为直无区别,则不可也。"[④]

而梁启超则认为日本法律中的"条理"就相当于我国法律中的"情理"。他说:"条理者,日本法律上专用之一名词。裁判官于法文所不具者,则推条理以为判决。如我国所谓准情酌理也。"[⑤]日本学者滋贺秀三也认为,中国法中的"情理"类似于日本法中的"条理"。他说:"国法是成文的、实定性的判断基准,与此相对,情理则既没有成文、先例或习惯等任何实证基础,也完全不具有实定性,在这个意义上,只是自然的判断基准。如果套用日本的制度,姑且相当于'条理'。"但他又认为,条理并非完全等同于情理,它们"之间存在着微妙的差异","也就是说,虽然条理与情理在作

---

① 黄源盛:《民初法律变迁与裁判》,政治大学法学丛书(47),2000年版,第70页。
② 黄源盛:《民初法律变迁与裁判》,政治大学法学丛书(47),2000年版,第428页。
③ 黄源盛:《民初法律变迁与裁判》,政治大学法学丛书(47),2000年版,第428页,注4。
④ 黄右昌:《中国司法改革之理论的基础》,载《中华法学杂志》第1卷第5、6号合刊本,民国26年2月。
⑤ 梁启超:《梁启超全集·论中国成文法编制之沿革得失》,北京出版社1999年版,第1287页"条理"注。

为无实定性的判断基准这一点上相同,但前者毕竟是建立在以规范的严格规则形式(rule)为参照、并有力图发展到这种形式的指向这一思维结构之上的。与此相对,在情理中,除所包含的公序良俗因素作为一般条款的问题有所不同、这里暂且不论外,这种规则的指向性很微弱。相反,情理中浓厚地体现出来的是,给予眼前的每个当事人各自面临的具体情况以细致入微的考虑及尽可能地照顾。"①

笔者认为,"条理"是指在没有法律、习惯可资征引的情况下,审判者在进行裁判时所依据的法学理论、未及颁布实施的法律、法律草案、不具有先例拘束力的判例及情理等尚未具备实定性的规则。与"法律""习惯"相比,"条理"的实定性最弱,因此,除非案件审判中确实没有可资援引的"法律"与"习惯",否则不得援用"条理"。"按上述成文法—习惯—条理三者的优先顺序考虑审判的依据,对于近代法学来说属于一种一般性常识。"②

"条理"包含的范围相当广泛,其中首先包括法律草案,例如:前述宣统三年编纂的《大清民律草案》、民国十四年拟定的《民国民法草案》;其次包括大理院的判例、司法解释、法律之类推适用、学说见解、外国的法例、义理与道德观念等。③"条理"的外延应当大于"法理","法理"只是"条理"的一个组成部分。

民初司法实践中,由于近代法制建设刚刚开始,加之朝代更迭的因素,使很多领域的立法成为空白。以商标法为例,清末虽有《商标章程草案》,但直到清亡,一直处于修订状态,未能生效,因此民国初期关于注册商标的保护没有可资援引的成文法;同时,由于注册商标对于我国这一商品经济不发达,又长期处于封闭状态的国家而言,是一种新鲜事物,当然谈不上有关于注册商标的民间习惯。也就是说,民初法官们审理注册商标案件时,既无有效的成文法可用,又无习惯可依,于是只能依据最后的法源——条理了。这大概就是为什么"条理"作为判决依据更多出现在民初商标案中的原因。

---

① [日]滋贺秀三:《清代诉讼制度之民事法源的概括性考察——情、理、法》,载王亚新、梁治平编:《明清时期的民事审判与民间契约》,王亚新、范愉、陈少峰译,法律出版社1998年版,第35页。

② [日]滋贺秀三:《清代诉讼制度之民事法源的考察——作为法源的习惯》,载王亚新、梁治平编:《明清时期的民事审判与民间契约》,王亚新、范愉、陈少峰译,法律出版社1998年版,第54页。

③ 参见黄源盛:《民初法律变迁与裁判》,政治大学法学丛书(47),2000年版,第386~387页。

结　语

历史应当是可见、可感、可触摸的,而非一些所谓学者的人云亦云或凭空臆想。拒绝口说无凭,这是法律与历史的共同精神品质,也是笔者面对清末民初法制变革这一命题时的圭臬。

历史不能像羚羊挂角那样,玄远无痕,必如雪泥鸿爪一般,有清晰的足印可寻。这个足印,于商朝有甲骨文之类,于西周有青铜器之类,于秦朝有兵马俑、秦简之类,于汉朝有汉墓、汉简之类,于清末民初则有包括法律文书在内的许多文献资料。

不管对清末法制变革作怎样的评价,有一点是毋庸置疑的,那就是它改写了中国法制的历史,加之此前没有哪一个历史阶段的法律文献资料如清朝、民国时期那样保存完整,有此两点,说清朝与民国时期是中国法律史研究的"富矿"当不为过。与浩如烟海的资料相比,目前关于这一时期的研究成果显然算不得丰富。以法律文书为基础材料对清末民初法律制度进行系统研究的成果,更是迄今未有所见。本书在这方面进行了粗浅尝试,意在抛砖引玉,希望引起学界同人的共鸣,充分运用包括法律文书在内的各种法律文献、档案,对此一时期的法律制度进行多角度的研究与探讨。

法律是民族精神的反映,而每一种法律文化必然有区别于其他法律文化的表征,法律文书就是这种表征之一。作为载体,法律文书承载着每一个历史阶段特定区域内人们对于法律的认知与实践,是立法与司法活动的直接反映。一个国家的法律文书尤其是审判机关的判决书所体现出来的民族特性,适足以成为该国法律的"名片"。正如日本学者大木雅夫在比较各国判决书的特点后说:"从根本上,在潘德克顿法学的熏陶下培养出来的实务家们,由于对教授们怀着最大的敬意,较之判例、更热衷于频繁引用学说,并撰写内容可与论文相媲美的判决书。用罗森的形容来说,法国的判决书是简洁而枯燥无味的、宛如证书字据之类的东西;英国的判决书是与生活紧密相连的洋溢着生命与色彩的散文;而德国的判决书同介于二者之间,可以学术论文为其特征。"①

大木雅夫没有提到中华法系下的判词,实际上,那是一种极具民族精

---

① ［日］大木雅夫:《比较法》,范愉译,法律出版社 2006 年版,第 272~273 页。

神特点的判决文书。一篇好判词的评价标准首先应当能兼顾人情、天理、国法;其次,应当是文采丰赡。这是中华民族在儒家"德主刑辅"思想浸润下,对法律精神旨归的认识。基于这样的认识,中国传统司法下的判词呈现出与其他国家的判决文书很不相同的特征。它们的内容充斥着更多的道德说教或道德训斥;裁判的依据更倚重于"人情"与"天理",而非法律;非常注重文学色彩,被称为"妙判"的往往是用典、音韵与对仗都非常精工的判词。因为判词突出的道德、文学品性,形成了判词不一定严格依法裁判及缺乏确定性的特点。

与其他国家的判决书比较起来,中华法系下的判词是那么的与众不同。然而,从西周到清朝将近两千年的历史中,这样的判词及与之相配合的各项法律制度却是与特定历史时期与地域的人们对人性、道德与法律的认识相契合的,能承担起妥帖地解决人们之间的矛盾与纠纷的责任,是经过了历史的堆积与酝酿,从自己的传统中一步步走出的,是人们生活的自然选择与展开。法律不过是将这种人们生活的自然状况,经由立法程序,使之规则化而已。身在其中的人们,视这种与自己的民族精神最为合适、最具亲和力的规则及由这种规则设定的秩序为理所当然,并心甘情愿地接受这样的规则之制。因此,中华法系判词所具有的道德意蕴、文学色彩及不严格依法裁判而导致的不确定性确乎为其区别于其他国家判决书的突出特点。这里需要注意的是"特点"而非"缺点"。不能简单粗暴地把这种差异不假思索地与落后、保守、不文明画等号。这并非意味着存在就是合理的,但是当存在是一种现实时,哪怕对它的改良与批判,都应当在弄清楚这种存在的来龙去脉,并加以理性判断的基础上进行才不至于矫枉过正。

1840 年"鸦片战争"为标志的近代社会在西人东侵的炮声中拉开了序幕。这一被清代朝臣曾纪泽称为"五千年未有之大变局",使中国社会发生了翻天覆地的变化,中国民众的生活也被迫卷入世界视野内的近代生活,人们的信仰、理念与道德受到了西方文化的剧烈冲击而无法回避。在这样的情况下,包括法制变革在内的所有社会变革,都不再是中国人自己想不想、愿不愿意的事情了,而是必需的事情。他们别无选择。

"变革"是近代中国的主题词。在中国古老的大地上,当旧制度的合理性、权威性受到质疑甚至批判,人们感觉到精神幻灭的同时,却也发现世界上还有同属人类的其他族类对于法律有着与自己不同的理解与诠释。在对这种挟着强势而来的别样法律文化由好奇地打量到不自觉地比较过程中,中西法律文化的碰撞、交流与融合已经开始了。人们的生活变了,思想观念变了,作为现实生活镜像的法律没有理由不发生变化。随着法律制度与法治理念的变化,法律文书也在悄然地发生变化。

清末民初法律文书在文书名称、格式、制作主体、裁判依据、文书内容等方面的变化是当时法律制度变迁留下的痕迹,是各种新制定的成文法适用于司法实践的直接后果,也是法制变迁的一个组成部分。

一份份法律文书将清末法制变革这样宏阔的历史大事,具象化为活泼的生活案例,反过来加深了人们对这段法制史的立体认识。每每翻阅那些泛黄、氧化得酥脆了的故纸时,清末民初法制变革的种种细节便扑面而来。这一堆故纸,如雪泥鸿爪一般,传递着那个已经远去的飞鸿的信息。

掩卷凝思,观点的正确与否,深浅如何,自由读者评说,聊以自慰的是这些观点是笔者钻入故纸堆的结果,并非无端谵语。空气中飘散着的故纸味儿,稍稍减缓了心里的惴惴。

2012 年 12 月 17 日 13 时 28 分完稿于天津三生斋
2021 年 9 月 25 日定稿于天津三生斋

参考文献

一、法律文书专集类

1. 郭卫:《大理院判决例全书》,吴宏耀、郭恒、李娜点校,中国政法大学出版社 2013 年版。

2. 郭卫:《民国大理院解释例全文》,吴宏耀、郭恒、李娜点校,中国政法大学出版社 2014 年版。

3.(清)樊增祥:《樊山政书》,载沈云龙主编:《近代中国史料丛刊》第六十五辑,文海出版社 1966 年版。

4.(清)樊增祥:《樊山集·批判》,载沈云龙主编:《近代中国史料丛刊续编》第六十一辑,文海出版社 1979 年版。

5.(清)樊增祥:《樊山判牍续编》,上海新文化书社 1944 年版。

6. 汪庆祺:《各省审判厅判牍》,李启成点校,北京大学出版社 2007 年版。

7. 直属高等审判厅:《华洋诉讼判决录》,何勤华点校,中国政法大学出版社 1997 年版。

8. 田涛、许传玺、王宏治:《黄岩诉讼档案及调查报告》,法律出版社 2004 年版。

9. 杨一凡、徐立志:《历代判例判牍》,中国社会科学出版社 2005 年版。

10.(唐)张鷟:《〈龙筋凤髓判〉校注》,田涛、郭成伟校,中国政法大学出版社 1996 年版。

11.(明)颜俊彦:《盟水斋存牍》,中国政法大学出版社 2001 年版。

12. 谢森、陈士杰、殷杰埠:《民刑事裁判大全》,卢静仪点校,北京大学出版社 2007 年版。

13. 中国社会科学院历史研究所隋唐五代宋辽金元史研究室点校:《名公书判清明集》,中华书局 2002 年版。

14. 郭成伟、田涛点校整理:《明清公牍秘本五种》,中国政法大学出版社 1999 年版。

15.(清)曾国藩等:《清朝名吏判牍选》,上海中央书店 1934 年版。

16. 郑秦、赵雄:《清代"服制"命案——刑科题本档案选编》,中国政法大学出版社 1999 年版。

17. 睡虎地秦墓竹简整理小组:《睡虎地秦墓竹简》,文物出版社 1990 年版。

18.(清)许文濬:《塔景亭案牍》,俞江点校,北京大学出版社 2007 年版。

19.(清)徐士林:《徐雨峰中丞勘语》,载《明清法制史料辑刊(第一编)》,国家图书馆出版社 2008 年版。

20. 刘信芳、梁柱:《云梦龙岗秦简》,科学出版社 1997 年版。

21. 襟霞阁主编:《张船山判牍》,上海中央书店 1935 年版。

22. 周东白:《最新大理院判决例大全》,大通进化书局 1928 年版。

23. 佚名:《最新司法判词》,商务印书馆 1923 年版。

二、法律、法规类

1.《大清法规大全》,考正出版社 1972 年据政学社石印本影印出版。

2.《大清民事诉讼律草案》,上海政学社清宣统二年。

3.《大清刑事诉讼律草案》,修订法律馆清宣统二年铅印。

4. 伍廷芳等编纂:《大清新编法典》,载沈云龙主编:《近代中国史料丛刊》,台北,文海出版社 1966 年版。

5.《大清新法律汇编》,麐章书局宣统二年再版。

6.《大清宣统新法令》,商务印书馆 1912 年版。

7.《唐律疏议》,刘俊文点校,法律出版社 1999 年版。

8.《大清律例》,田涛、郑秦点校,法律出版社 1999 年版。

9.《大清民律草案 民国民律草案》,杨立新点校,吉林人民出版社 2002 年版。

10.《福建省例》,大通书局 1987 年排印本。

11.《法令全书》,印铸局 1912 年起刊行。

12.《河南省例》,载杨一凡、田涛主编:《中国珍稀法律典籍续编》(10 卷本),黑龙江人民出版社 2003 年版。

13.《江苏省例》,载杨一凡、田涛主编:《中国珍稀法律典籍续编》(10 卷本),黑龙江人民出版社 2003 年版。

14.《南京临时政府公报》,江苏古籍出版社 1981 年版。

15.(清)文孚纂修:《钦定六部处分则例》,载沈云龙主编:《近代中国史料丛刊》,文海出版社 1966 年版。

16. 中国第二历史档案馆:(北洋)《政府公报》,上海书店 1988 年版。

17. 立法院编译处编:《中华民国法规汇编》,中华书局 1934 年版。

18. 徐白齐编:《中华民国法规大全》,商务印书馆 1937 年版。

19. 商务印书馆编译所:《最新编订民国法令大全》,商务印书馆 1924 年版。

三、史料类

(一) 史籍类

1. (清)甘厚慈辑:《北洋公牍类纂》,文海出版社 1966 年版。

2.《大理院档案》,中国第一历史档案馆馆藏档案。

3.《法部档案》,中国第一历史档案馆馆藏档案。

4. (清)朱寿朋:《光绪朝东华录》,张静庐等点校,中华书局 1984 年版。

5. 中国第一历史档案馆:《光绪朝上谕档》,广西师范大学出版社 1996 年版。

6. (清)沈桐生:《光绪政要》,载沈云龙主编:《近代中国史料丛刊》,文海出版社 1966 年版。

7. (清)王延熙、王树敏:《皇清道咸同光奏议》,载沈云龙主编:《近代中国史料丛刊》,文海出版社 1966 年版。

8. 中国社会科学院近代史研究所:《近代史资料》各辑,科学出版社 1954 年后陆续出版。

9. (清)张廷玉等:《清朝文献通考》,载王云五总主编:《万有文库》,商务印书馆 1936 年版。

10. (清)张廷玉等:《明史》,中华书局 1974 年版。

11.《清会典事例》,中华书局 1991 年版。

12. 故宫博物院明清档案部:《清末筹备立宪档案史料》上下册,中华书局 1979 年版。

13. (清)赵尔巽:《清史稿》,中华书局 1977 年版。

14.《清实录·宣统政纪》,中华书局 1987 年版。

15. 佚名:《清末职官表》,载沈云龙主编:《近代中国史料丛刊》,文海出版社 1966 年版。

16. 佚名:《上海华洋诉讼案:1909—1913》,上海图书馆藏钞本。

17. (清)王鸣盛:《十七史商榷》,上海书店出版社 2005 年版。

18.《戊戌变法》,中国史学会:《中国近代史资料丛刊》,上海人民出版社 1953 年版。

19. (清)刘锦藻:《续清文献通考》,商务印书馆 1955 年版。

法制变迁的痕迹

20. 中国第一历史档案馆:《咸丰同治两朝上谕档》,广西师范大学出版社 1998 年版。

21. (清)祝庆祺、鲍书芸、潘文舫、何维楷:《刑案汇览》,北京古籍出版社 2004 年版。

22. 中国第一历史档案馆:《宣统朝上谕档》,广西师范大学出版社 1996 年版。

23. (清)内阁印铸局:《宣统三年冬季职官录》,载沈云龙主编:《近代中国史料丛刊》,文海出版社 1966 年版。

24. 天津图书馆、天津社科院历史研究所编:《袁世凯奏议》,天津古籍出版社 1987 年版。

(二)幕学、律学、古人文集类

1. (清)王又槐:《办案要略》,载沈云龙主编:《近代中国史料丛刊》二十七辑张廷骧《入幕须知五种》,文海出版社 1966 年版。

2. (清)汪辉祖:《病榻梦痕录》,同治刊本。

3. (清)徐赓陛:《不慊斋漫存》,河北教育出版社 1996 年版。

4. (清)沈之奇:《大清律辑注》,怀效锋、李俊点校,法律出版社 2000 年版。

5. (清)王明德:《读律佩觿》,何勤华、程维荣、张伯元、洪丕谟点校,法律出版社 2001 年版。

6. (明)海瑞:《海瑞集》,程毅中点校,中华书局 1962 年版。

7. (清)黄六鸿:《福惠全书》,康熙三十八年金陵濂溪书屋刻本。

8. (清)刚毅:《牧令须知》,载沈云龙主编:《近代中国史料丛刊》,文海出版社 1966 年版。

9. (清)万维翰:《幕学举要》,载沈云龙主编:《近代中国史料丛刊》二十七辑张廷骧《入幕须知五种》,文海出版社 1966 年版。

10. (清)陈宏谋:《培远堂偶存稿》,清道光十七年刻本。

11. (清)方大湜:《平平言》,光绪刻本。

12. (清)张廷骧编:《入幕须知五种》,载沈云龙主编:《近代中国史料丛刊》第二十七辑,文海出版社 1966 年版。

13. (清)顾炎武:《日知录》,光绪三年据古香斋本重刊。

14. (清)张五纬:《未能信录》,载杨一凡、徐立志主编:《历代判例判牍》,中国社会科学出版社 2005 年版。

15. (明)徐师曾:《文体明辨·序说》,罗根泽校点,人民文学出版社 1998 年版。

270

16.（清）吴曾祺：《涵芬楼文谈》附录《文体刍言》，商务印书馆 1935 年版。

17.（清）胡秋潮：《问心一隅》，载林庆彰编：《晚清四部丛刊》第一编，文听阁图书公司 2011 年版。

18.（清）张我观：《覆瓮集》，续修四库全书影印本。

19.（清）戴肇辰：《学仕录》，载四库未收书辑刊编纂委员会编：《四库未收书辑刊》，北京出版社 1997 年版。

20.（清）汪辉祖：《续佐治药言》，载沈云龙主编：《近代中国史料丛刊》第二十七辑，文海出版社 1966 年版。

21.（清）汪辉祖：《佐治药言》，载沈云龙主编：《近代中国史料丛刊》第二十七辑，文海出版社 1966 年版。

22.（宋）朱熹：《朱文公文集》，四部丛刊初编缩本。

23.（清）张廷骧：《赘言十则》，载沈云龙主编：《近代中国史料丛刊》第二十七辑，台北，文海出版社 1966 年版。

（三）报刊类

1.《大公报》，光绪三十二年至民国四年。

2.《申报》，光绪二十九年至民国四年。

3.北洋官报总局编辑：《北洋法政学报》（1906-1909 年），中国人民大学图书馆藏。

4.胡愈之编辑：《东方杂志》，中国人民大学图书馆藏。

5.《庸言》（1912-1914 年），中国人民大学图书馆藏。

6.谢冠生编辑：《中华法学杂志》（1930-1931 年），中国人民大学图书馆藏。

四、著作类

（一）文书专著类

1.陈永胜：《敦煌吐鲁番法制文书研究》，甘肃人民出版社 2000 年版。

2.刘俊文：《敦煌吐鲁番唐代法制文书考释》，中华书局 1989 年版。

3.童光政：《明代民事判牍研究》，广西师范大学出版社 1999 年版。

4.汪世荣：《中国古代判词研究》，中国政法大学出版社 1997 年版。

5.韦维清：《新旧公文程式合述》，郭卫校订，上海法学书局 1934 年版。

6.许同莘：《公牍学史》，档案出版社 1989 年版。

7.徐望之：《公牍通论》，档案出版社 1988 年版。

8.杨国桢：《明清土地契约文书研究》，人民出版社 1988 年版。

9. 张我德、杨若荷、裴燕生：《清代文书》，中国人民大学出版社 1996 年版。

10.［日］三木聪、山本英史、高桥芳郎：《传统中国判牍资料目录》，东京：汲古书院 2010 年版。

（二）其他

1.［美］埃尔曼：《比较法律文化》，高鸿钧等译，清华大学出版社 2002 年版。

2.［美］昂格尔：《现代社会中的法律》，吴玉章、周汉华译，中国政法大学出版社 1994 年版。

3. 陈顾远：《中国文化与中国法系——陈顾远法律史论集》，范忠信等编校，中国政法大学出版社 2006 年版。

4. 崔永东：《金文简帛中的刑法思想》，清华大学出版社 2000 年版。

5.［美］D. 布迪、C. 莫里斯：《中华帝国的法律》，朱勇译，江苏人民出版社 2001 年版。

6.［日］大木雅夫：《比较法》，范愉译，法律出版社 2000 年版。

7.［美］爱德华·萨丕尔：《语言论》，陆卓元译，商务印书馆 1985 年版。

8. 党江舟：《中国讼师文化——古代律师现象解读》，北京大学出版社 2005 年版。

9. 丁贤俊、喻作凤：《伍廷芳评传》，人民出版社 2005 年版。

10. 范忠信、郑定、詹学农：《情理法与中国人》，中国人民大学出版社 1992 年版。

11. 费孝通：《江村经济》，商务印书馆 2002 年版。

12. 费孝通：《乡土中国　生育制度》，北京大学出版社 2005 年版。

13.［美］费正清：《中国：传统与变迁》，张沛译，世界知识出版社 2002 年版。

14.［美］费正清：《观察中国》，傅光明译，世界知识出版社 2002 年版。

15.［美］费正清：《美国与中国》，张理京译，世界知识出版社 2002 年版。

16.［美］费正清、刘广京：《剑桥中国晚清史》，中国社会科学院历史研究所编译室译，中国社会科学出版社 2006 年版。

17.［美］费正清、费维恺：《剑桥中华民国史》，刘敬坤、叶宗敦、曾景忠、李宝鸿、周祖羲、丁于廉等译，中国社会科学出版社 2006 年版。

18.［法］伏尔泰：《风俗论》，梁守锵译，商务印书馆 1995 年版。

19. 高浣月:《清代刑名幕友研究》,中国政法大学出版社 2000 年版。

20. 眭鸿明:《清末民初民商事习惯调查之研究》,法律出版社 2005 年版。

21. 郭成伟:《清末民初刑诉法典化研究》,中国人民公安大学出版社 2006 年版。

22. [美]韩格理:《中国社会与经济》,张维安等译,台北,台北联经出版事业公司 1990 年版。

23. 黄明同、吴熙钊:《康有为早期遗稿述评》,中山大学出版社 1988 年版。

24. 黄宗智:《民事审判与民间调解:清代的表达与实践》,中国社会科学出版社 1998 年版。

25. 黄宗智:《法典、习俗与司法实践:清代与民国的比较》,上海书店出版社 2007 年版。

26. 黄源盛:《民初法律变迁与裁判(1912-1928)》,台湾政治大学法学丛书(47),2000 年版。

27. 何勤华、李秀清:《民国法学论文精萃》第三卷,法律出版社 2004 年版。

28. 李光灿:《评〈寄簃文存〉》,群众出版社 1985 年版。

29. 李贵连:《沈家本传》,法律出版社 2000 年版。

30. 李贵连:《沈家本评传》,南京大学出版社 2005 年版。

31. 李启成:《晚清各级审判厅研究》,北京大学出版社 2006 年版。

32. 李学智:《民国初年的法治思潮与法制建设》,中国社会科学出版社 2004 年版。

33. 梁启超:《饮冰室合集》,中华书局 1989 年版。

34. 梁启超:《梁启超法学文集》,范忠信选编,中国政法大学出版社 2000 年版。

35. 梁启超:《中国成文法编制之沿革》,台北中华书局 1957 年版。

36. 梁治平:《清代习惯法:社会与国家》,中国政法大学出版社 1999 年版。

37. 梁治平:《法辨》,中国政法大学出版社 2002 年版。

38. 梁治平:《寻求自然秩序中的和谐》,中国政法大学出版社 2002 年版。

39. 梁治平:《法意与人情》,中国法制出版社 2004 年版。

40. 刘俊文等编:《日本学者研究中国史论著选译》第八卷法制部分,中华书局 1992 年版。

41. [德]马克斯·韦伯:《儒教与道教》,王容芬译,商务印书馆 2002 年版。

42. 马小红:《礼与法:法的历史连接》,北京大学出版社 2004 年版。

43. 茅建海:《戊戌变法史事考》,三联书店 2005 年版。

44. [英]梅因:《古代法》,沈景一译,商务印书馆 1984 年版。

45. [法]孟德斯鸠:《论法的精神》,张雁深译,商务印书馆 1982 年版。

46. 那思陆:《清代州县衙门审判制度》,台北,文史哲出版社 1982 年版。

47. 那思陆:《清代中央司法审判制度》,北京大学出版社 2004 年版。

48. 蒲坚:《中国历代土地资源法制研究》,北京大学出版社 2006 年版。

49. 秦瑞玠:《著作权律释义》,商务印书馆 1912 年版。

50. 瞿同祖:《瞿同祖法学论著集》,中国政法大学出版社 1998 年版。

51. 瞿同祖:《清代地方政府》,范忠信、晏锋译,法律出版社 2005 年版。

52. 瞿同祖:《中国法律与中国社会》,中华书局 2007 年版。

53. (清)沈家本:《历代刑法考》,邓经元、骈宇骞点校,中华书局 1985 年版。

54. 史尚宽:《物权法论》,中国政法大学出版社 2000 年版。

55. 史志宏:《清代户部银库收支和库存统计》,福建人民出版社 2008 年版。

56. 孙中山:《孙中山全集》,中华书局 1982 年版。

57. 苏亦工:《明清律典与条例》,中国政法大学出版社 2000 年版。

58. 王健:《西法东渐》,中国政法大学出版社 2001 年版。

59. 王健:《中国近代的法律教育》,中国政法大学出版社 2001 年版。

60. 王叔明:《商标法》,上海商务印书馆 1937 年版。

61. 王玉明:《选举论》,中国政法大学出版社 1992 年版。

62. 吴承学:《中国古代文体形态研究》,中山大学出版社 2000 年版。

63. 吴吉远:《清代地方政府司法职能研究》,中国社会科学出版社 1998 年版。

64. 伍廷芳:《伍廷芳集》,丁贤俊、喻作凤编,中华书局 1993 年版。

65. 谢振民:《中华民国立法史》,中国政法大学出版社 2000 年版。

66. 熊希龄:《熊希龄集》,林增平、周秋光编,湖南出版社 1985 年版。

67. 叶孝信:《中国民法史》,上海人民出版社 1993 年版。

68. 俞江:《近代中国的法律与学术》,北京大学出版社 2008 年版。

69. 曾宪义主编:《中国法制史》,中国人民大学出版社 2000 年版。

70. 张从容:《部院之争:晚清司法改革的交叉路口》,北京大学出版社2007年版。

71. 张德美:《探索与抉择——晚清法律移植研究》,清华大学出版社2003年版。

72. 张朋园:《中国民主政治的困境(1909–1949晚清以来历届议会选举述论)》,吉林出版集团有限责任公司2008年版。

73. 张小也:《官、民与法:明清国家与基层社会》,中华书局2007年版。

74. 郑秦:《清代司法审判制度研究》,湖南教育出版社1988年版。

75. [日]真水康树:《明清地方行政制度研究》,北京燕山出版社1997年版。

76. 周枏:《罗马法原论》,商务印书馆1994年版。

77. 朱红林:《张家山汉简〈二年律令〉集释》,社会科学文献出版社2005年版。

78. [日]滋贺秀三:《中国家族法原理》,张建国、李力译,法律出版社2003年版。

79. [日]滋贺秀三等:《明清时期的民事审判与民间契约》,王亚新、范愉、陈少峰译,法律出版社1998年版。

80. 左旭初:《中国近代商标简史》,学林出版社2003年版。

五、学术论文类

1. [日]滨岛敦俊:《明代之判牍》,载《中国史研究》1996年第1期。

2. 陈顾远:《天理·国法·人情》,载陈顾远:《中国文化与中国法系——陈顾远法律史论集》,范忠信等编校,中国政法大学出版社2006年版。

3. 陈小葵:《中国古代司法的法律宣教传统——以宋代判词为例》,载《开封大学学报》2007年第4期。

4. 陈博:《南宋书判中的父母官诉讼》,中国政法大学2006年硕士学位论文。

5. 陈麟:《司法判决书的文学化》,载《浙江人大》2003年第4期。

6. 程燎原:《中国近代法政杂志的兴盛与宏旨》,载《政法论坛》2006年第4期。

7. 程武:《一篇重要的法律史文献——读傸匜铭文札记》,载《文物》1976年第5期。

8. 崔永东:《出土文献的法学价值》,载《政法论坛》2006年第2期。

9. 高峰雁：《清代地方社会中的官、民与法——以清代地方官判牍中的诬告案为中心》，华中师范大学 2007 年博士学位论文。

10. 高见：《从〈名公书判清明集〉看宋代判词的特点和精神指向》，吉林大学 2007 年硕士学位论文。

11. ［日］夫马进：《明清时代的讼师与诉讼制度》，载王亚新、梁治平编：《明清时期的民事审判与民间契约》，王亚新、范愉、陈少峰译，法律出版社 1998 年版。

12. 郭成伟：《〈唐律〉与〈龙筋凤髓〉体现的中国传统法律文化语言特色》，载《法学家》2006 年第 5 期。

13. 郭志祥：《清末与民国时期的司法独立研究》（上），载《环球法律评》2002 年春季号。

14. 韩秀桃：《民初时期兼理司法制度的内涵及其价值分析》，载《安徽大学学报》2003 年第 5 期。

15. 何勤华：《清代法律渊源考》，载《中国社会科学》2001 年第 2 期。

16. 胡元德：《古代公文文体流变述论》，南京师范大学 2006 年博士学位论文。

17. 胡凌：《中国古代判决书中的逻辑问题》，载《北京大学研究生学志》2006 年第 1 期。

18. 黄右昌：《中国司法改革之理论的基础》，载《中华法学杂志》，第 1 卷第 5、6 号合刊本，民国 26 年 2 月。

19. 霍存福：《张鷟〈龙筋凤髓判〉与白居易〈甲乙判〉异同论》，载《法制与社会发展》1997 年第 2 期。

20. 霍存福：《〈龙筋凤髓判〉判目破译》，载《吉林大学社科学报》1998 年第 2 期。

21. 蒋先福、彭中礼：《论古代判词的文学化倾向及其可能的效用》，载《长沙理工大学学报（社会科学版）》2007 年第 1 期。

22. （清）康有为：《上清帝第六书》，载杨家骆主编：《戊戌变法文献汇编》第二册，鼎文书局 1973 年版。

23. 李春雷：《清末民初刑事诉讼制度变革研究》，中国政法大学 2003 年博士学位论文。

24. 李均明：《简牍法制史料概说》，载《中国史研究》2005 年第 S1 期。

25. 梁治平：《法律中的人性》，载《法意与人情》，中国法制出版社 2004 年版。

26. 梁治平：《法意与人情》，载《法意与人情》，中国法制出版社 2004

年版。

27. 梁治平:《另一种文人判》,载《法意与人情》,中国法制出版社 2004 年版。

28. 梁治平:《妙判》一,载《法意与人情》,中国法制出版社 2004 年版。

29. 梁治平:《妙判》二,载《法意与人情》,中国法制出版社 2004 年版。

30. 梁治平:《文人判》,载《法意与人情》,中国法制出版社 2004 年版。

31. 刘小明:《唐代判文研究》,华东师范大学 2009 年硕士学位论文。

32. 苗怀明:《中国古代判词的文学化进程及其文学品格》,载《江海学刊》2000 年第 5 期。

33. 苗怀明:《唐代选官制度与中国古代判词文体的成熟》,载《河南社会科学》2002 年第 1 期。

34. 潘峰:《〈龙筋凤髓判〉律文探析》,吉林大学 2007 年硕士学位论文。

35. 瞿同祖:《清代的刑名幕友》,载《瞿同祖法学论著集》,中国政法大学出版社 1998 年版。

36. 瞿同祖:《清代地方司法》,载《瞿同祖法学论著集》,中国政法大学出版社 1998 年版。

37. 瞿同祖:《清律的继承和变化》,载《历史研究》1980 年第 4 期。

38. 曲彦斌:《“判牍”语言的道德力量与“法律文化”——读古今判牍小札》,载《法政论坛》2004 年第 5 期。

39. [日]寺田浩明:《日本的清代司法制度研究与对“法”的理解》,载王亚新、梁治平编:《明清时期的民事审判与民间契约》,王亚新、范愉、陈少峰译,法律出版社 1998 年版。

40. 苏亦工:《清代律例的地位及其相互关系》(上、下),载《中国法学》1988 年第 5 期、第 6 期。

41. [日]孙任以都:《1905-1906 年的中国宪政考察使团》,载《近代史杂志》1952 年第 24 卷第 3 期。

42. 谭淑娟:《唐代判文研究》,西北师范大学 2009 年博士学位论文。

43. 唐兰:《陕西省岐山县董家村新出西周重要铜器铭辞的译文和注释》,载《文物》1976 年第 5 期。

44. 陶葆霖:《论著作权法出版法急宜编订颁行》,载《教育杂志》1910 年 4 期。

45. 王静:《清代州县官的民事审判——一个法律文化视角的考察》,吉林大学 2005 年博士学位论文。

46. 王斐弘:《敦煌写本〈文明判集残卷〉研究》,载《敦煌研究》2002 年第 3 期。

47. 王崑、李秋萍:《爱迪生世博会展示电灯成人类"光明之神"》,载《东方早报》2009 年 8 月 10 日。

48. 王志强:《〈名公书判清明集〉法律思想初探》,载《法学研究》1997 年第 5 期。

49. 王志强:《南宋司法裁判中的价值取向——南宋书判初探》,载《中国社会科学》1998 年第 6 期。

50. 王志强:《论清代的地方法规——以清代省例为中心》,载《中国学术》2001 年第 3 辑。

51. 魏光奇:《走出传统,北洋政府时期的县公署制度》,载《史学学刊》2004 年第 5 期。

52. 吴汉东:《知识产权法律构造与移植的文化解释》,载《中国法学》2007 年第 6 期。

53. 吴永明:《民国前期新式法院建设述略》,载《民国档案》2004 年第 2 期。

54. 夏锦文:《司法的传统与变革》,中国人民大学 1999 年博士学位论文。

55. 夏锦文、秦策:《民国时期司法独立的矛盾分析》,载《南京社会科学》1999 年第 5 期。

56. 向群:《唐判论略》,载《华学》(第 2 期),中山大学出版社 1996 年版。

57. 肖晖:《中国判决理由的传统与现代》,西南政法大学 2005 年博士学位论文。

58. 晏向华:《从高莺莺案看勘验检查笔录的困惑》,载《检察日报》2006 年 9 月 19 日,第 3 版。

59. 杨一凡:《十二种明代判例判牍版本述略》,载渠涛主编:《中外法律文献研究》卷一,北京大学出版社 2005 年版。

60. 叶新:《版权和著作权两用语的由来及演变》,载《北京印刷学院学报》2000 年第 2 期。

61. 殷啸虎:《〈封诊式〉与古代司法鉴定》,载《中国司法鉴定》2005 年第 2 期。

62. 展凌:《明清判词研究》,山东大学 2003 年硕士学位论文。

63. 张广济:《唐代判文献及其社会控制思想研究》,吉林大学 2007 年硕士学位论文。

64. 赵静:《司法判词的表达与实践——以古代判词为中心》,复旦大学2004年博士学位论文。

65. 赵晓耕:《试析治外法权与领事裁判权》,载《郑州大学学报》2005年第5期。

66. 赵晓耕、何莉萍:《法治理想与现实的反差——姚荣泽案的法学思考》,载《河南社会科学》2006年第5期。

67. 赵晓耕、崔锐:《从〈申报〉看清末传媒对法制进步的影响》,载《浙江学刊》2007年第1期。

68. 朱苏力:《判决书的背后》,载《法学研究》2001年第3期。

69. [日]滋贺秀三:《清代诉讼制度之民事法源的概括性考察——情、理、法》,载王亚新、梁治平编:《明清时期的民事审判与民间契约》,王亚新、范愉、陈少峰译,法律出版社1998年版。

70. [日]滋贺秀三:《中国法文化的考察》,载王亚新、梁治平编:《明清时期的民事审判与民间契约》,王亚新、范愉、陈少峰译,法律出版社1998年版。

71. [日]滋贺秀三:《清代诉讼制度之民事法源的考察——作为法源的习惯》,载王亚新、梁治平编:《明清时期的民事审判与民间契约》,王亚新、范愉、陈少峰译,法律出版社1998年版。

六、辞典类

1.《辞源》(修订版),商务印书馆1986年版。

2. [英]戴维·M.沃克:《牛津法律大辞典》,北京社会与科技发展研究所组织翻译,光明日报出版社1989年版。

3. 贺旭志、贺世庆编:《中国历代职官辞典》,中国社会出版社2003年版。

4. 李鹏年、刘子扬、陈锵仪:《清代六部成语词典》,天津人民出版社1990年版。

5. 刘文杰:《历史文书用语辞典》(明、清、民国部分),四川人民出版社1988年版。

6. 林金水、邹萍:《中国古代官制译名简明手册》,世纪出版集团、上海书店出版社2005年版。

7. 文公直:《公文用语大辞典》,教育书店1936年版。

8. 武树臣:《中国传统法律文化辞典》,北京大学出版社1999年版。

9. 徐光烈、沈起炜：《中国历代职官词典》（精装本），上海辞书出版社1992 年版。

10.（汉）许慎：《说文解字注》，（清）段玉裁注，上海古籍出版社 1983年版。

11. 朱采真：《中国法律大辞典》，吴经熊、陆鼎揆、朱鸿达校阅，世界书局 1935 年版。